中文社会科学引文索引（CSSCI）来源集刊

絲路文化研究

第十一辑

主　　编：赖永海
执行主编：王月清
　　　　　胡　勇

商務印書館
创于1897 The Commercial Press

图书在版编目（CIP）数据

丝路文化研究 . 第 11 辑 / 赖永海主编 . -- 北京：商务印书馆，2025. -- ISBN 978-7-100-25079-5

I . K203

中国国家版本馆 CIP 数据核字第 2025RQ2060 号

丝路文化研究

第十一辑

主编　赖永海

执行主编　王月清　胡　勇

商务印书馆出版

（北京王府井大街 36 号　邮政编码 100710）

商务印书馆发行

南京新洲印刷有限公司印刷

ISBN 978-7-100-25079-5

2025 年 5 月第 1 版　　开本 787 × 1092　1/16

2025 年 5 月第 1 次印刷　　印张 24¾

定价：98.00 元

《丝路文化研究》编委会

目　录

丝路史探

丝路文脉

丝路文化遗产

丝路访谈

丝路史探

西汉康居关系考*

袁 炜

（贵州省博物馆）

【摘 要】 本文通过文献和出土实物研究西汉与康居的关系，指出西汉与康居的关系可以分为武帝时期以及宣、元、成三朝时期。武帝时期，西汉与康居正式建立外交关系，面对李广利大军，康居主动避免与西汉作战，吸收汉朝先进冶铸技术。宣、元、成三朝时期，康居和其下属国粟特（苏薤）为了商业利益与汉朝通使，且双方内部都对与对方的关系有不同意见。西汉没有把康居作为属国。

【关键词】 西汉 康居 外交关系

康居作为汉代西域大国之一，对汉代西域政策的施行具有重要意义，其与西汉交往的历史，主要记录于传世史籍《史记》、《汉书》、敦煌出土汉简中，并有康居地域出土文物作为佐证。笔者就此综合分析西汉与康居的关系。

一、武帝朝西汉与康居建立外交关系

从文献来看，早在张骞第一次出使西域到达康居（前129）前，西汉就已和康居有外交联系。[①] 其证据有两条。其一，《汉书》录董仲舒《天人三策》言："夜郎、康

---

* 本文系国家社会科学基金哲学社会科学领军人才项目"敦煌多元文化交融与中华民族共同体意识"（22VRC025）的阶段性成果。

① 王叔岷：《史记斠证》，中华书局2007年版，第3145页。

居，殊方万里，说德归谊，此太平之致也。”① 关于董仲舒上《天人三策》的时间，自宋代以来即争论不休，现主要集中在建元元年（前140）说和元光元年（前134）说上。但需要指出的是，《天人三策》不见于与董仲舒同时代的司马迁的《史记》，而见于班固的《汉书》，故学界对《天人三策》的内容还存在一定的争议。② 其二，《史记》录司马相如《喻巴蜀檄》言：“康居西域，重译请朝，稽首来享。”③《喻巴蜀檄》一文的成文时间，学界普遍认为在元光五年（前130）秋季④，可见康居“重译请朝”的时间也在前130年秋季之前。司马相如文风夸张且《喻巴蜀檄》为政治宣传文，如《喻巴蜀檄》言：“然后兴师出兵，北征匈奴，单于怖骇，交臂受事，诎膝请和。”然而实际情况是，元光二年（前133）马邑之战，韩安国、李广、王恢等三十万军队设伏，却因匈奴察觉，无功而返，此后在与匈奴的战争中，汉朝有所斩获，要到元光六年（前129）之后了。故而对康居“重译请朝，稽首来享”的描述，当审慎看待。但至少说明，在张骞第一次出使西域到达康居前，汉朝已经了解了西域康居。《天人三策》将康居与西南夷中最大的政权夜郎并列，《喻巴蜀檄》将康居与匈奴、闽越、南越并列，以此夸耀汉武帝的文治武功，说明在董仲舒和司马相如眼中，康居同样是西汉周边的大国。

有确证西汉与康居建立外交关系的事件是张骞第一次出使西域到达康居，事在前129年，“大宛以为然，遣骞，为发导绎，抵康居，康居传至大月氏”⑤。前128年，张骞返回长安后向汉武帝汇报：“康居在大宛西北可二千里，行国，与月氏大同俗。控弦者八九万人。与大宛邻国。国小，南羁事月氏，东羁事匈奴。”⑥ 可见，康居在羁事于匈奴的情况下，依然接待西汉使者张骞，一方面说明当时匈奴对康居的影响并不深入，另一方面说明康居也想和西汉建立外交关系。此处张骞用“行国”来描述康居，一方面，据希腊文献斯特拉博《地理志》引述前100年阿波罗多托斯的记述⑦，前140年左右，“最有名的部落是那些从希腊人手中夺取巴克特里亚的部落，他们是Asii、Pasiani、Tochari和Sacarauli”⑧，罗马时期尤斯丁（Justin）所编的拉丁文史书

---

①《汉书》卷五十六《董仲舒传》，中华书局1964年版，第2511页。

② 郭炳洁:《近三十年“罢黜百家，独尊儒术”研究综述》，《史学月刊》2015年第8期。

③《史记》卷一百一十七《司马相如列传》，中华书局1963年版，第3044页。

④ 许洁:《司马相如文论与武帝朝政治》，《四川师范大学学报（社会科学版）》2022年第3期。

⑤《史记》卷一百二十三《大宛列传》，中华书局1963年版，第3158页。

⑥ 同上书，第3161页。

⑦ W. W. Tarn, *The Greeks in Bactria & India*, Cambridge: Cambridge University Press, 1951, pp. 282, 283, 515.

⑧ Horace Leonard Jones, *The Geography of Strabo with a English Translation* Vol. V, Cambridge, MA.: Harvard University Press, 1961, pp. 260-261, 280-281. 汉译参见斯特拉博:《地理学》，李铁匠译，上海三联书店2014年版，第761、768页。

中引述公元前85年特罗古斯（Trogus）的资料[①]："塞种部族Saraucae和Asiani占领了巴克特里亚和粟特。"[②] 其中的塞种部族Σακάραυλοι（Saraucae），学界将其与"康居"勘同。[③] 另一方面，有学者指出司马迁"行国"史观的局限性——司马迁将"游牧"与"畜牧"混淆[④]——故而此处的康居，可视为公元前140年左右迁至粟特地区的塞种部族Σακάραυλοι（Saraucae），其生业方式为"游牧"或"畜牧"。

前121年，盘踞于河西地区的匈奴浑邪王和休屠王降汉，由此西汉联系西域的道路得以畅通。约前119年，张骞第二次出使西域，"骞因分遣副使使大宛、康居……其后岁余，骞所遣使通大夏之属者皆颇与其人俱来，于是西北国始通于汉矣"[⑤]。可见，随着张骞第二次出使西域，西汉与康居相互通使。

汉武帝派遣张骞两次出使西域的目的分别是联系大月氏共击匈奴，招募乌孙迁往河西地区以断匈奴右臂并招大夏等国为外臣，然事与愿违。《史记·大宛列传》言："宛以西，皆自以远，尚骄恣晏然，未可诎以礼羁縻而使也。自乌孙以西至安息，以近匈奴，匈奴困月氏也，匈奴使持单于一信，则国国传送食，不敢留苦；及至汉使，非出币帛不得食，不市畜不得骑用。所以然者，远汉，而汉多财物，故必市乃得所欲，然以畏匈奴于汉使焉……自大宛以西至安息……其人……善市贾，争分铢……其地皆无丝漆，不知铸钱器。及汉使亡卒降，教铸作他兵器。得汉黄白金，辄以为器，不用为币。"其中"钱器"一词，《汉书》作"铁器"。[⑥] 前29年至前25年，陈汤（前36年征讨盘踞在康居的郅支单于）回复汉成帝时指出："胡兵五而当汉兵一，何者？兵刃朴钝，弓弩不利。今闻颇得汉巧，然犹三而当一。"[⑦] 由此可见，当时康居因距匈奴近而距西汉远，故而与西汉的外交关系更多的是锱铢必较的商贸往来，以至于汉使要以购买的方式获得食物和马畜，而滞留当地的汉使将金属铸造技艺传播到了康居等地，促进了当地金属冶铸业的进步。有学者对中亚汉式铜镜进行收集研究，其中除哈萨克斯坦西北部列别杰夫卡墓地出土2件、阿富汗东北部希比尔甘出土3件外，其余

---

① W. W. Tarn, *The Greeks in Bactria & India*, Cambridge: Cambridge University Press, 1951, pp. 282, 283, 515.

② Justin, *Trogus Prologue*. 转引自 Harry Falk, *Kushan Histories Literary Sources and Selected Papers from a Symposium at Berlin, December 5 to 7, 2013*, Bremen: Hempen Verlag, 2015, pp. 58－59。

③ 余太山：《塞种史研究》，中国社会科学出版社1992年版，第112—113页。

④ 樊丽沙、杨富学：《司马迁"行国"史观及其对后世的影响》，《史学史研究》2021年第2期。

⑤《史记》卷一百二十三《大宛列传》，中华书局1963年版，第3169页。

⑥《汉书》卷九十六上《西域传上》，中华书局1964年版，第3896页。

⑦《汉书》卷七十《傅常郑甘陈段传》，中华书局1964年版，第3023页。

22个地点出土的41件汉式铜镜，全部集中于费尔干纳盆地及其周边，因汉代康居、大宛的边界学界争议很大[①]，故文章作者只能笼统地将其描述为西北诸国或中亚诸国。从哈里·福尔克文章所绘大宛、康居、大月氏、大夏区域地图来看[②]，费尔干纳盆地及其周边出土汉式铜镜均在康居境内。这41件铜镜分为汉朝所铸铜镜和仿汉式铜镜。汉朝所铸铜镜中连弧纹铭带镜出现于汉武帝时期，流行于西汉中期至新莽时期。四乳四虺纹镜出现于汉宣、元帝时期，流行于西汉晚期及新莽时期。仿汉式铜镜中，仿星云纹镜的原型在中原出现于汉武帝时期，流行于昭宣时期。[③] 除铜镜外，这一地区还出土了17柄公元前2世纪末以来的汉式剑或仿汉式剑，当地的仿汉式剑连汉式剑的细节都做了出来，其墓主并非平民，但也很难归入当地最高贵族阶层。[④] 可见自西汉武帝以来，汉文化的物质就已传入康居，这些仿汉式铜镜、仿汉式剑，可能系滞留当地的汉朝使者教授制作。

此外，“得汉黄白金，辄以为器，不用为币”一句也值得注意。粟特地区打制货币的历史由来已久，从考古发现来看，在塞琉古王朝统治粟特地区时，塞琉古王国钱币曾在粟特地区大规模流通，随着巴克特里亚的独立，粟特也脱离了塞琉古王朝的控制，到公元前3世纪末期，粟特逐渐独立。在这一时期，粟特地区仿照亚历山大及其后继者发行的希腊式钱币，由当地的希腊人打制。[⑤] 有学者指出，塞琉古王国钱币在粟特地区大规模流通的原因是，塞琉古用钱币向驻守在这一区域的军人发放军饷。在公元前2世纪中叶至公元1世纪中叶，粟特地区的钱币打制明显有一个时间段的空白[⑥]，这正好契合前100年前后汉使所观察到的“得汉黄白金，辄以为器，不用为币”。为何这一阶段粟特地区中止了打制钱币，笔者认为其原因当属“游牧”或“畜牧”部族的康居在公元前2世纪中叶占据粟特后，康居部落兵取代了希腊雇佣兵，希

---

① 余太山:《大宛和康居综考》，《西北民族研究》1991年第1期。

② Harry Falk, “The Five Yabghus of the Yuezhi”, *Bulletin of the Asia Institute*, New Series Vol. 28, 2014, pp. 1-43.

③ 白云翔:《汉式铜镜在中亚的发现及其认识》，《文物》2010年第1期。

④ С. А. Яценко, А. К. Авизова, А. И. Торгоев, А. Саипов, А. В. Кулиш, Е. П. Китов, А. Е. Рогожинский, Е. А. Смагулов, А. А. Ержигитова, Н. Ж. Тореджанова, С. С. Тур, С. С. Иванов, *АРХЕОЛОГИЯ И ИСТОРИЯ КАНГЮЙСКОГО ГОСУДАРСТВА*, Шымкент, 2020, pp. 54-55.

⑤ 齐小艳:《从马其顿到马拉坎达：粟特地区的希腊化研究》，中国社会科学出版社2022年版，第87—100页。

⑥ Lauren Morris, “Merchants and Nomads: Political and Economic Organization in Sogdiana and the Middle Syr Darya under the Kangju Confederacy”, S. von Reden(ed.), *Handbook of Ancient Afro-Eurasian Economies, Vol. 3: Frontier-Zone Processes and Transimperial Exchange*, Berlin: De Gruyter, 2023, pp. 166-177.

腊传统的用金银钱币发放军饷的制度不再实施，故粟特地区停止打制金银钱币，以至于汉使观察到“得汉黄白金，辄以为器，不用为币”。

前102年，李广利第二次征伐大宛，大宛联络康居，共同抵抗西汉，《史记·大宛列传》言大宛“遣贵人使贰师，约曰：‘……康居之救且至。至，我居内，康居居外，与汉军战。’……是时康居候视汉兵，汉兵尚盛，不敢进。贰师与赵始成、李哆等计：‘……康居候汉罢而来救宛，破汉军必矣。’军吏皆以为然，许宛之约”。与之同时，“贰师令搜粟都尉上官桀往攻破郁成。郁成王亡走康居，桀追至康居。康居闻汉已破宛，乃出郁成王予桀”①。可见在李广利第二次征伐大宛时，康居本与大宛联合对抗西汉，但面对西汉大军，康居审时度势，自行避战，李广利在权衡利弊后，也惧康居趁汉军疲敝时会同大宛共击汉军，故而答应大宛的求和，康居在大宛投降后，将与西汉为敌的郁成王交给西汉，以此与西汉和解。值得注意的是，《史记·大宛列传》将大宛袭杀汉使的原因归于大宛王贪图汉朝使者所携金马，但《汉书·张骞李广利传》言：“天子为万里而伐，不录其过，乃下诏曰：‘匈奴为害久矣，今虽徙幕北，与旁国谋共要绝大月氏使，遮杀中郎将江、故雁门守攘。危须以西及大宛皆合约杀期门车令、中郎将朝及身毒国使，隔东西道。’”② 司马迁《史记·大宛列传》不录此诏，班固《汉书·张骞李广利传》在收录此诏前专门写汉武帝“为万里而伐，不录其过，乃下诏曰”③，故此诏书所言，还当审慎。但果如此诏所言的话，大宛遣郁成王袭杀汉使，乃匈奴隔绝西汉与西域通道一系列事件中的一环，康居发兵救援大宛，收留郁成王，也反映了此时康居服从于匈奴，隔绝西汉与西域的交通。

二、宣、元、成三朝西汉与康居外交关系的波动

宣帝地节二年（前68），西汉设置西域都护。④《汉书·西域传》言：“都护督察乌孙、康居诸外国动静，有变以闻。可安辑，安辑之；可击，击之。”⑤ 可见西汉设置西域都护的一个重要目的，就是在康居等西域国家有异动时，能及时做出战与和的决断。

---

①《史记》卷一百二十三《大宛列传》，中华书局1963年版，第3177、3178页。

②《汉书》卷六十一《张骞李广利传》，中华书局1964年版，第2703页。

③ 司马迁因“沮贰师，而为李陵游说”受宫刑，是故司马迁在《史记》行文中，多褒李广而贬李广利，故而也不能排除司马迁为降低李广利征大宛的政治评价，有意不录此诏。参见《汉书》卷六十二《司马迁传》，中华书局1964年版，第2730页。

④《汉书》卷十九上《百官公卿表上》，中华书局1964年版，第738页。

⑤《汉书》卷九十六上《西域传上》，中华书局1964年版，第3874页。

20世纪90年代以来，随着悬泉汉简、玉门关汉简的发现与释读，有15枚西汉宣、元、成三朝汉与康居交往的汉简，学界对其已有深入的研究。[①] 在此，笔者着重就一些不同的观点进行论述。汉宣帝甘露二年（前52）悬泉汉简文曰：

> 甘露二年正月庚戌，敦煌大守千秋、库令贺兼行丞事，敢告酒泉大守府卒人：安远侯遣比胥楗罢军候丞赵千秋上书，送康居王使者二人、贵人十人、从者六十四人。献马二匹、橐他十匹。私马九匹、驴卅一匹、橐他廿五匹、牛一。戊申入玉门关，已阅（名）籍、畜财、财物。[②]

此木牍记载的康居使团共76人、马11匹、驴31头、骆驼35头、牛1头，可见规模之大。然西汉对接待康居派遣来汉的大规模使团，则有非议。汉成帝时，西域都护郭舜（前15年—前12年在任[③]）言康居遣使，“敦煌、酒泉小郡及南道八国，给使者往来人马驴橐驼食，皆苦之”[④]。悬泉汉简、玉门关汉简可以明证的，即有宣帝黄龙元年（前49）的“康居诸国客”、元帝永光五年（前39）的“康居王使者杨伯刀”等人、成帝阳朔二年（前23）的“送康居”。可见至少在前52年至前15年，康居多次派遣庞大使团来汉，并携有马、驴、骆驼在内的众多大牲畜。此简牍有两点值得注意：一则，康居使团的大牲畜中有一头牛，有学者认为或可为沿途遇到困难时，以供宰杀食用。[⑤] 今按，如考虑到康居作为“游牧”或“畜牧”部族，乳制品是其饮食习惯的重要组成部分，而中原地区向来无此习惯，故其高等贵族为每日饮用新鲜乳制品，以至于使团携带一头相较于马、驴、骆驼每日行进里程较少，会拖累使团进行速度的牛。二则，康居派遣来汉的使团中，有十名贵人，“贵人”一词，如按字面意思，可回译为粟特文ztpyδrk，意为“自由人”或“贵族”，是粟特人中的军事阶层，包括土地贵族和商业贵族。[⑥] 这十名

---

① 王素：《悬泉汉简所见康居史料考释》，载荣新江、李孝聪主编：《中外关系史：新史料与新问题》，科学出版社2004年版，第149—161页；郝树声：《简论敦煌悬泉汉简〈康居王使者册〉及西汉与康居的关系》，《敦煌研究》2009年第1期；郝树声、张德芳：《悬泉汉简研究》，甘肃文化出版社2009年版，第195—201、210—224页；袁延胜：《悬泉汉简所见康居与西汉的关系》，《西域研究》2009年第2期；郝树声：《汉简中的大宛和康居——丝绸之路与中西交往研究的新资料》，《中原文化研究》2015年第2期。

② 转引自张德芳：《悬泉汉简中的中西文化交流》，载氏著：《简牍楼札记》，江苏凤凰出版社2022年版，第220—221页。

③ 余太山：《两汉魏晋南北朝正史西域传要注》，商务印书馆2013年版，第132页。

④《汉书》卷九十六上《西域传上》，中华书局1964年版，第3893页。

⑤ 郝树声：《汉简中的大宛和康居——丝绸之路与中西交往研究的新资料》，《中原文化研究》2015年第2期。

⑥ 毕波：《粟特文古信札汉译与注释》，《文史》总第六十七辑，中华书局2004年版，第80、83页。

贵人出使西汉，属于商业贵族的可能性更大，可见当时康居通过外交来开拓商业。其后又有两条悬泉汉简，记载了黄龙元年（前 49）“康居诸国客”来华。①

元帝初元四年（前 45），匈奴“郅支单于怒，竟杀（汉使者谷）吉等。自知负汉，又闻呼韩邪益强，遂西奔康居。康居王以女妻郅支，郅支亦以女予康居王。康居甚尊敬郅支，欲倚其威以胁诸国……郅支单于自以大国，威名尊重，又乘胜骄，不为康居王礼，怒杀康居王女及贵人、人民数百，或支解投都赖水中……汉遣使三辈至康居求谷吉等死，郅支困辱使者，不肯奉诏”②。有学者认为，郅支单于投奔康居的时间在前 43 年。③ 至此，西汉与康居产生矛盾。从悬泉汉简《康居王使者册》来看，前 39 年，西汉敦煌郡、酒泉郡地方政府冷遇康居遣汉使者，其相关文言：

> 康居王使者杨佰刀、副扁阗，苏薤王使者姑墨、副沙囨即贵人为匿等，皆叩头自言：前数为王奉献橐佗，入敦煌关，县次购食至酒泉，昆归官大守与杨佰刀等杂平直肥瘦。今杨佰刀等复为王奉献橐佗入关，行直不得食，至酒泉，酒泉大守独与小吏直畜，杨佰刀等不得见所献橐佗。姑墨为王献白牡橐佗一匹，牝二匹，以为黄。及杨佰刀等献橐佗，皆肥，以为瘦。不如实，冤。（Ⅱ 90DXT0216 ②：877－880）④

在康居所庇护的匈奴郅支单于杀害汉使谷吉，多次困辱西汉派去的使者后，康居依然像惯常一样派遣使者赴汉，并要求西汉按往常友好关系一样为康居使者提供饮食，作高价购买骆驼。这说明，康居内部对是否为匈奴郅支单于而与西汉恶交，并未形成统一意见。⑤此外，此汉简中出现的苏薤王，简牍学者对其的研究侧重于西汉时康居五小王城址的历史地理学考证，而忽视了“苏薤”一词，学界普遍将其视为粟特（Soghd）的对音。⑥

① 郝树声、张德芳：《悬泉汉简研究》，甘肃文化出版社 2009 年版，第 196 页；甘肃简牍博物馆、甘肃省文物考古研究所、西北师范大学简牍研究院、清华大学出土文献研究与保护中心编：《悬泉汉简（叁）》，中西书局 2023 年版，第 222、510 页。

②《汉书》卷七十《傅常郑甘陈段传》，中华书局 1964 年版，第 3009 页。

③ 袁延胜：《悬泉汉简所见康居与西汉的关系》，《西域研究》2009 年第 2 期。

④ 郝树声、张德芳：《悬泉汉简研究》，甘肃文化出版社 2009 年版，第 197 页。

⑤ 从《汉书·匈奴传》“康居王数为乌孙所困，与诸翕侯计”来看，康居王和康居五小王曾就迎匈奴郅支单于以对抗乌孙达成一致。此处的康居诸翕侯可视为康居五小王，参见《汉书》卷九十四下《匈奴传下》，中华书局 1964 年版，第 3802 页；Joe Cribb，“Kujula Kadphises and His Title Kushan Yavuga”，Victor H. Mair（ed.），*Sino-Platonic Papers*，No. 280，2018，p. 3。汉译参见克力勃：《丘就却及其贵霜翖侯头衔》，袁炜译，《吐鲁番学研究》2019 年第 1 期。

⑥ 余太山：《大宛和康居综考》，《西北民族研究》1991 年第 1 期；毕波：《考古新发现所见康居与粟特》，载乌云毕力格主编：《国学视野下的西域研究》，中国社会科学出版社 2019 年版，第 320—333 页。

如果认为康居是游牧或畜牧部族 Σακάραυλαι (Saraucae)，粟特（苏薤）是定居部族粟特，那么康居王、苏薤王同时派遣使者和副使出使西汉，也可视为游牧或畜牧部族康居与其征服的当地定居者共同派遣使者出使西汉。而且，除了悬泉汉简外，在康居本土的康居国时期（公元前 2 世纪至公元 4 世纪）库勒塔佩（Kultobe）城砖铭文上也可看到康居游牧（畜牧）者与定居者的显著区别。其铭文有两组，每组铭文基本一致，由此将残缺的带铭文城砖相互拼合修订。其第二组铭文如下：

1. ZNH knth ‘BDt sp’（δ）ny Š（M）H（c）’c’nn’pc B（R）Y
2. ZY šwtt TMH KZY ZY KTLt ’ypδ（yp）c ’P ZK
3. n’p ḤLYK ’P ZK wδ’nn’pc n’p ḤLYK ’P ZK
4. smrknt（c）（M）R’Y ’P Z（K）（k）š’yk（M）R’Y ’P ZK
5. nxšpyk MR’（Y）’P Z（K）nw（km）ytnc M（R）’Y ’Ḥ（R）š
6. ZK GNZ KL’ LK Ḥt-’P（Z）K p（kwr’n）xsy n’p
7. ḤLYK NPŠH（β）δtmy

这座城市由石国（ŠMH）民众的君主之子名为 Spadhni 兴建的，他来的时候……被杀。民众的代表（石国民众的代表?），以及游牧民众（wδ’nn’p）的代表，以及康国（sm’rknδc）领主，以及史国（kšy’n’k）领主，以及那黑沙不（nxšpyk）领主，以及筱赤建（nawak-methan）领主——他们拿走了所有的财宝。而民众代表……（拿了?）……（如）（他）自己的。①

可见在康居本土的行政关系中，也明确区分了游牧或畜牧部族（wδ’nn’p）和定居的石国、康国和史国等，以至于在遣使西汉时，游牧（畜牧）部族与定居部族同时派出各自的使者与副使。此外，在悬泉汉简中，只能看到公元前 1 世纪康居、粟特以朝贡的方式与西汉交易的马、骆驼、驴，而没有记录这些马、骆驼、驴是否负有西域商品来华销售。但在敦煌出土的公元 4 世纪初的粟特文古信札中，粟特商人通过敦煌销

① 最新释读见 Sims-Williams Nicholas, “The Proto-Sogdian Inscriptions of Kultobe: New Fragments and New Reconstructions”, D. G. Tor and M. Inaba (eds.), *The History and Culture of Iran and Central Asia: From the Pre-Islamic to the Islamic Period*, Notre Dame: University of Notre Dame Press, 2022, pp. 41 – 56；过往的一些释读参见 Grenet Frantz, Sims-Williams Nicholas, Podushkin Aleksandr, “Les plus anciens monuments de la langue sogdienne: les inscriptions de Kultobe au Kazakhstan”, *Comptes rendus des séances de l'Académie des Inscriptions et Belles-Lettres*, 151e année, N. 2, 2007, pp. 1005 – 1034；林梅村:《中亚锡尔河北岸的康居王庭》,《西域研究》2017 年第 3 期。

售的商品则包含了亚麻布、麝香、白货（铅白）和胡椒等物。①

前 36 年，西域都护甘延寿、副校尉陈汤发戊己校尉屯田吏士及西域诸国兵四万，分两路征讨盘踞在康居单于城的郅支，此时的郅支“疑康居怨己，为汉内应”。而实际上，当时的康居也分为抵抗西汉的“康居副王抱阗将数千骑”，与西汉联盟或合作的康居贵人屠墨、贝色子、男开牟，以及与匈奴郅支单于相应和，却不与西汉军队交战，实乃作壁上观的康居万余骑兵。② 可见，在当时西汉与康居的外交关系中，并不能简单地将康居视作一个整体，其内部分化为亲汉、反汉、中立的各种势力。

汉成帝时，康居内部延续了亲汉、反汉的各种势力：在亲汉一方，出现了“康居太子保苏匿率众万余人欲降，会宗奏状，汉遣卫司马逢迎。会宗发戊己校尉兵随司马受降。司马畏其众，欲令降者皆自缚，保苏匿怨望，举众亡去”③ 一事；在反汉一方，出现了“小昆弥乌就屠死，子拊离代立，为弟日贰所杀。汉遣使者立拊离子安日为小昆弥。日贰亡，阻康居。汉徙已校屯姑墨，欲候便讨焉。安日使贵人姑莫匿等三人诈亡从日贰，刺杀之”④ 一事。由此，西汉对康居产生了诸多怀疑，以至于一则“（陈）汤上书言康居王侍子非王子也。按验，实王子也”⑤，二则如《汉书·西域传》记载，成帝时西域都护郭舜上书要放弃与康居的外交关系。其理由包括三条：康居并非仅向西汉派侍子，而是又与乌孙、匈奴相互派遣质子；汉朝使者前往康居，汉使的外交地位不如乌孙使者且康居王和贵族吃完饭后汉使才能饮食；敦煌郡、酒泉郡和西域南道八国难以负担康居使者及其牲畜的饮食费用。⑥ 其本质是，康居利用西汉从政治角度考虑的为便于其属国进贡而设置的传舍向西域使者提供饮食便利，进行大量商业贸易来套取利益，且又不在政治上向西汉进行实质性让步。最终西汉经过商议，“为其新通，重致远人，终羁縻而未绝”⑦，即认为继续通使康居的政治意义高于经济成本的受损。反映在汉简上，有两条：

阳朔二年四月辛丑朔，甲子，京兆尹信、丞义下左将军、使送康居校尉，承书从事下当用者，如诏书。四月丙寅，左将军丹下大鸿胪、敦煌大守，承书从事

① 毕波:《粟特文古信札汉译与注释》，《文史》总第六十七辑，中华书局 2004 年版，第 73—97 页。
②《汉书》卷七十《傅常郑甘陈段传》，中华书局 1964 年版，第 3011—3014 页。
③ 同上书，第 3030 页。
④《汉书》卷九十六下《西域传下》，中华书局 1964 年版，第 3908 页。
⑤《汉书》卷七十《傅常郑甘陈段传》，中华书局 1964 年版，第 3020 页。
⑥《汉书》卷九十六上《西域传上》，中华书局 1964 年版，第 3892、3893 页。
⑦ 同上书，第 3893 页。

下当用者如诏书。（Ⅱ98DYT28：3）[①]

阳朔四年四月庚寅朔，戊戌……送康居王质子乘……如律令。（Ⅱ90DXT0215④：17）[②]

可见汉成帝阳朔二年（前23），曾有康居使者经过玉门关。汉成帝阳朔四年（前21年），康居向西汉送侍子。此外，还有三枚悬泉汉简中出现了“康居”或“康居贵人”字样，当属西汉中后期的简牍，但无法判读其具体时代。[③] 此外值得注意的是，汉武帝时汉使出使康居等地“非出币帛不得食，不市畜不得骑用”[④]，而到汉成帝时，汉使出使，康居“王及贵人先饮食已，乃饮啖都护吏”。[⑤] 可见在西汉中后期百年中，随着汉朝经营西域、打击匈奴，康居对汉使的态度有了一定程度但不完全的改变。

经过西汉与康居一百多年的交往，康居的形象还在西汉社会内部有所反映。成书于西汉中晚期至东汉早期的《焦氏易林》，收录有多条与“康居”有关的林辞[⑥]：

（屯之）鼎：区脱康居，慕义入朝。

（蒙之）屯：安息康居，异国穹庐。非吾习俗，使我心忧。

（讼之）恒：区脱康居，慕仁入朝。

（同人之）离：区脱康居，慕仁入朝。

（谦之）比：安息康居，异国同庐。非吾邦域，使伯忧戚。

（涣之）师：安息康居，异国穹庐。非吾习俗，使我心忧。[⑦]

由《焦氏易林》可见，在西汉中晚期至东汉早期的汉人眼中，康居入朝的原因是仰慕汉朝的仁义，而不同于汉朝人习俗和疆域的康居，则又使得汉朝人忧心。《汉书·西域传》结语部分言，西域五十国“皆佩汉印绶，凡三百七十六人。而康居……以绝远不在数中，其来贡献则相与报，不督录总领也”[⑧]。可见终西汉之世，西汉没有

① 张德芳、石明秀主编:《玉门关汉简》，中西书局2019年版，第16页。
② 郝树声、张德芳:《悬泉汉简研究》，甘肃文化出版社2009年版，第199页。
③ 同上书，第200页。
④《史记》卷一百二十三《大宛列传》，中华书局1963年版，第3173页。
⑤《汉书》卷九十六上《西域传上》，中华书局1964年版，第3892、3893页。
⑥ 刘志平:《从〈焦氏易林〉看汉代人的“西域”认知》，《西域研究》2019年第4期。
⑦ 焦延寿:《易林》，无名氏注，马新钦点校，凤凰出版社2017年版，第44、48、81、174、196、776页。
⑧《汉书》卷九十六下《西域传下》，中华书局1964年版，第3928页。

把康居作为属国。

综上所述，西汉与康居的关系可以分为武帝时期和宣、元、成三朝时期。武帝时期，西汉与康居正式建立外交关系，面对李广利大军，康居主动避免与西汉作战，还吸收了汉朝先进冶铸技术。宣、元、成三朝时期，康居和其下属粟特（苏薤）为了商业利益与汉朝通使，且双方内部都对与对方的关系有不同意见。西汉始终没有把康居作为属国。

悬泉汉简所见汉代边地社会生活与文化交往

——以马匹名称为中心的探讨*

杨彦鹏

（西北师范大学历史文化学院）

【摘　要】　悬泉置遗址出土的传马名籍简中出现了近二百个马匹名称，梳理这些马匹名称的来源，可以窥见马名背后蕴藏的汉代社会习俗和边地戍卒知识信仰世界；此外，西北汉简中出现的“决鼻”记载应是马匹犁鼻之术。这些历史信息，不仅为我们提供了丝绸之路民族文化交融的历史片段，也从另一个方面展示了一幅鲜活的汉代边地生活场景。

【关键词】　悬泉汉简　传马名籍　马匹名称　汉代社会

悬泉置遗址是目前丝绸之路上唯一确定并经过考古发掘的驿站遗址。悬泉置遗址自发掘以来，得到了多方关注，其中出土的两万余枚简牍反映了西汉时期丰富多彩的社会生活，也使我们厘清了不少相关问题。在悬泉汉简中，我们发现有数量众多的关于马匹名称的记载。探讨这些马匹名称，对揭示汉代社会生活习俗、知识信仰的某些侧面具有重要价值和意义。现就悬泉汉简中有关马匹命名问题及马名中所蕴含的文化信息、汉代社会生活及边地文化交往等内容做简要论述。

---

* 本文系国家社会科学基金重大项目“中国古代北方游牧民族与中原农耕民族交融史研究”（17ZDA176）的阶段性成果。

一、学术史回顾

对于汉代简牍文献中有关马的研究，前辈学者多有关注。早在20世纪70年代，日本学者森鹿三就撰专文研究了居延汉简中的马，他关注到了驿马与传马之别、传马名籍的构成要素，也详细考察了马的饲料数量，应该说森鹿氏的研究开启了对这一问题研究的崭新篇章。[①] 此后，随着张家山汉简的出土，《津关令》中出现了更多关于汉代马匹出入制度的法律条文，更加引起了学者的关注，如李均明的《汉简所反映的关津制度》、陈伟的《张家山汉简〈津关令〉涉诸马令研究》、龚留柱的《论张家山汉简〈津关令〉之“禁马出关”——兼与陈伟先生商榷》、杨建的《西汉初期津关制度研究》第六章“马匹出入制度”等都是其中的代表之作[②]；在重点关注西北简牍数据的学者方面，高荣的《汉代“传驿马名籍”简若干问题考述》、赵莉的《悬泉汉简中的马、马政文书及相关问题》、王文涛等的《汉代西北传置的传马》等文章均是重要的代表之作[③]。除此之外，张俊民在西北汉简所见马匹问题上用力最深，他的《对汉代悬泉置马匹数量与来源的检讨》和《悬泉汉简马匹问题研究》从马匹的来源、数量、使用、饲养、管理制度等方面全面系统地考察了悬泉置汉简中涉马相关问题。此外，他还专门就传马名籍中所记载的马匹命名做了细致考察。[④] 从张俊民的统计来看，悬泉汉简中出现了近二百个马名，这些马名似乎能反映不少当时人们对马匹的命名习惯和汉代人社会思想状况的某些方面，以下仅做简单探讨。

二、悬泉汉简所见马匹名称

悬泉汉简中记载的马匹名称，绝大多数见于传马名籍，如：

---

① 森鹿三：《论居延汉简所见的马》，载中国社会科学院历史研究所战国秦汉研究室编：《简牍研究译丛》第一辑，中国社会科学出版社1983年版，第75—99页。

②《汉简所反映的关津制度》，《历史研究》2002年第3期；《张家山汉简〈津关令〉涉诸马令研究》，《考古学报》2003年第1期；《论张家山汉简〈津关令〉之“禁马出关”——兼与陈伟先生商榷》，《史学月刊》2004年第11期；《西汉初期津关制度研究》，上海古籍出版社2010年版，第135—152页。

③《汉代“传驿马名籍”简若干问题考述》，《鲁东大学学报（哲学社会科学版）》2008年第6期；《悬泉汉简中的马、马政文书及相关问题》，《发展》2012年第9期；《汉代西北传置的传马》，载张德芳主编：《甘肃省第三届简牍学国际学术研讨会论文集》，上海辞书出版社2017年版，第69—76页。

④《对汉代悬泉置马匹数量与来源的检讨》，载中国秦汉史研究会编：《秦汉史论丛》第十一辑，吉林文史出版社2009年版；后收入氏著：《简牍学论稿：聚沙篇》，甘肃教育出版社2014年版，第457—473页。《悬泉汉简马匹问题研究》，载氏著：《敦煌悬泉置出土文书研究》，甘肃教育出版社2015年版，第300—383页。

传马一匹駹牡左剽齿九岁高五尺八寸　名曰昔耶第六　I90DXT0108②：9

传马一匹骝牡萳须齿八岁高六尺两寸　名曰只骝　I90DXT0109S：8

传马一匹骝牡齿八岁高六尺两寸半　名曰龙子　I90DXT0109S：97

□白牡左剽齿八岁高六尺三寸　名曰成佳　给从者丁　I90DXT0110①：29

传马一匹骍牡左剽齿八岁高五尺八寸　名曰轻衡　I90DXT0112②：37

传马一匹駹牡齿八寸高六尺一寸　名曰李駹　I90DXT0112①：5

□敢言之爰书传马一匹騩牡齿八岁高七尺　名曰张騩　I90DXT0112②：10

传马一匹骠乘决右鼻子两耳数齿十五岁高六尺一寸　名曰野羊 I90DXT0116②：39

匹弱乘左剽齿五岁高五尺六寸半寸　名曰善载　I90DXTT0309③：75

传马一匹騩乘左剽齿九岁高五尺八寸　名曰禽寇　I90DXT0309③：278

传马一匹駹牡左剽齿七岁高六尺　名曰龙子▨　Ⅱ90DXT0114②：44①

传马一匹騩骓牡白前左后两足齿八岁高六尺　名曰杨騩△上　IIT0115③：26

传马一匹駹牡左剽齿九岁高五尺九寸　名曰苍鹰　五月中病死　IIT0216②：916

传马一匹騩牡重句白鼻左剽齿十八岁高五尺六寸　名曰盆铢　骖　VT1309③：11

传马一匹骍乘左骠白背齿十八岁高五尺八寸半寸　名曰黄鹄　老不可用 VT1812②：201②

除传马名籍外，不少其他文书中也能见到有关马匹名称的记载。按照张俊民的分类，大致有传马疾病爰书、传马骨肉买卖文书、传马出入簿和传马日作簿等几类，如：

阳朔三年十月癸巳朔乙卯县泉置佐护敢言之爰书传马一匹骓乘左剽齿十岁高五尺八寸名曰趋昏乃九月己亥病中涕出饮食不尽度马医

① 甘肃简牍博物馆、甘肃省文物考古研究所、陕西师范大学人文社会科学高等研究院、清华大学出土文献研究与保护中心编：《悬泉汉简（壹）（贰）》，中西书局 2019、2020 年版；甘肃简牍博物馆、甘肃省文物考古研究所、西北师范大学简牍研究院、清华大学出土文献研究与保护中心编：《悬泉汉简（叁）》，中西书局 2023 年版。后文简文除非特殊说明均来自以上三书，文中不再另出注释。

② 以上简文来自张俊民：《敦煌悬泉置出土文书研究》，甘肃教育出版社 2015 年版，第 315—318 页。

官奴厩同诊治久刺不能偷敢言之　IIT0115①：102

元寿二年六月癸巳朔丙午假佐顺敢言之爰书传马一匹騩牡齿八岁高六尺三寸名曰游　IIT0115②：106[①]

传马一匹駹骍乘左剽齿九岁高五尺六寸名曰蒙华　建昭二年十二月丙申病死买钱二百一十　I90DXT0111②：2

出钱四百以买死马凡二匹　其一匹名曰善逐　十一月戊寅啬夫奉光厨啬夫宫佐顺赏市一匹名曰破□　II90DXT0114②：90

传马一匹騂牡左剽齿十五高六尺八寸名曰千岁　甘露二年正月癸巳病□□□□□积廿九日死□□□□□所卖钱□　IIT0114③：511

传马一匹骍牡齿十岁高六尺一寸名曰载玉　三月壬辰死卖骨肉直二百五十　IIT0315①：6

传马一匹騩牡左剽齿十二岁高五尺七寸半名曰赤铢甘露二年正月辛亥病中尽二月己巳积廿日死　IIT0213③：77

传马一匹骍牡齿五尺高六尺一寸　名曰新骍　四月甲辰受县新▨　IIT0115①：16

传马一匹骉不肩名曰五义齿六岁高五尺九寸　受表是御贾员　IVT0317③：26

传马一匹骝牡名曰阳成赏齿六岁　高六尺两寸久左脾禄

永始四年　三月丙子长□▨

望买新昌里阳成▨　IVT0617③：18

黄鹰（下有阴刻线）　IIT1813②：22[②]

从以上简牍材料来看，悬泉汉简对于马匹信息的记载较为详备，主要涉及马匹的分类、颜色、其他特征、性别、马龄、身高以及评价、是否训练等信息。[③]

材料中所见马匹颜色较多，有用纯色表示，有用杂色表示，也有对马匹特殊体貌的表示。单字表示颜色的如：骍，即赤色；騩，即浅黑色；駹，面颊白色；骉，黄马黑喙；骝（騮），赤马黑毛尾；骓，马苍黑杂毛；骠，黄马发白色；骆，白色黑鬣尾。

① 以上简文来自张俊民：《敦煌悬泉置出土文书研究》，甘肃教育出版社 2015 年版，第 322—324 页。

② 同上书，第 325—328 页。

③ 李天虹先生将西北简所见马分为驿马（传马）、吏马、军马等三类，可参见李天虹：《居延汉简簿籍分类研究》，科学出版社 2003 年版，第 151—152 页。

用两种颜色表示的，如騂驳，《尔雅·释畜》有载曰："騂白，驳。此别马毛色不纯之异名也。孙炎曰：'騂，赤色也，谓马有騂处，有白处者，曰驳。'"① 因此騂驳就是间有赤白色的马。又如騩骓、騂駹、駹骍等，《急就篇》载："骍騩骓驳骊騂驴，骐駹驰骤怒步超。"② 从《急就篇》的记载来看，悬泉汉简中所见的马匹颜色，几乎涵盖了马匹的所有常见颜色。

关于性别，所见之马多为牡，即为公马；或乘（騬），即去势的公马。《汉书·食货志》载曰："至武帝之初七十年间，国家亡事，非遇水旱，则民人给家足，都鄙廪庾尽满，而府库余财。京师之钱累百巨万，贯朽而不可校。太仓之粟陈陈相因，充溢露积于外，腐败不可食。众庶街巷有马，阡陌之间成群，乘牸牝者摈而不得会聚。"③ 可见汉时有不乘母马的习俗，也与简牍文献中所见官马多为牡马的现象一致。④

马匹的年齿是判断马匹身体状况的重要指标，森鹿三认为马在三岁以前是幼年时期，而八岁龄的马最强壮，最能干活。⑤《齐民要术》载"（马）齿十一岁，下六齿尽臼。十二岁，下中央两齿平"⑥，此后马齿就逐渐由平而黄。而从身高来看，张俊民统计了142则关于马匹身高的记载，马高五尺八寸到六尺的有83例，占所有被统计资料的近六成。⑦ 我们不难联想到汉初的马弩关令，《汉书·景帝纪》有云："御史大夫绾奏，禁马高五尺九寸以上，齿未平，不得出关。"从悬泉汉简来看，《汉书》所载的国家控制马匹的两个标准即年齿和身高，情况与简牍材料十分吻合。而对于马匹的评价，我们也可看到上、中、下的记载。

由于传马是秦汉时期重要的战略物资，因此传马名籍管理和记录十分详尽。我们常能见到传马名籍中记载的"左剽"，《说文解字注》云："剽，砭刺也。谓砭之、刺

①《十三经注疏·尔雅注疏》卷十《释畜第十九》，上海古籍出版社2010年版，第589—590页。

② 张传官:《急就篇校理》，中华书局2017年版，第351—352页。

③《汉书》卷二四上《食货志》，中华书局1962年版，第1135页。

④ 根据张俊民先生研究，悬泉汉简中仅出现一例牝马，见《悬泉汉简马匹问题研究》第346页。又《艺文类聚·兽部·马》载："（邹子载）董仲舒勤学，三年不窥园，乘马不知牝牡。"见《艺文类聚》，上海古籍出版社1999年版，第1617页。这说明汉代母马亦可骑乘，甚至在某些特定情况下也可用作官马，这也显示了汉代养马技术的进步，即在扩大马匹种群数量和使用上尽力寻找到了平衡点。可参见拙作《说秦汉简牍中的"牝马"》，《印刷文化（中英文）》2023年第3期。

⑤ 森鹿三:《论居延汉简所见的马》，载中国社会科学院历史研究所战国秦汉研究室编:《简牍研究译丛》第一辑，中国社会科学出版社1983年版，第87—89页。

⑥ 贾思勰著，缪启愉等译注:《齐民要术校释》卷六《养牛、马、驴、骡第五十六》，农业出版社1982年版，第282页。

⑦ 张俊民:《敦煌悬泉置出土文书研究》，甘肃教育出版社2015年版，第337页。

之皆曰剽也。砭者，以石刺病也。刺者，直伤也。砭刺必用其器之末。”[1] 所谓左剽，就是在马匹左耳砭刺记号。

在考察悬泉汉简所见标识马匹的术语中，除“剽”外，我们还能考察到其他养马技术在河西地区的应用，如犁鼻：

传马一匹駹牡左剽，决两鼻两耳数，齿十九岁，高五尺九寸　V1610②：10

传马一匹騧乘左剽，决右鼻，齿八岁，高五尺九寸半寸，驂，名曰黄爵

传马一匹骝乘左剽，决两鼻白背，齿九岁，高五尺八寸，中，名曰佳□，柱，驾　V1610②12、14[2]

传马一匹，駹，乘，决右鼻，左剽，齿九岁，高五尺九寸，名曰青𩢺　ⅡT0314：305

私财物马一匹，駹，乘，左剽，决右鼻，齿十五岁，高五尺七寸半寸，名秋霜　ⅡT0214：204[3]

传马一匹駹乘决两鼻齿九岁高六尺　Ⅱ90DXT0114S：91

☐马骊乘齿十六岁攟右耳决有（右）鼻，已收头革齿耳臧　EPT59：81[4]

李洪财认为，所谓“决鼻”是对马匹外伤的描述，他还指出陈伟先生认为可能是以鼻外伤作马匹标记。[5] 但如此多例“高龄”马匹的“决鼻”记载，我们似可认为是有意为之，即“犁鼻”。《说文解字》曰：“夬，分决也。从又，𠃧象决形。”[6] 夬，本义为边缘有缺口的钩弦器，引申为缺口、空缺，《说文解字》中以“夬”为声符的字多有“缺少”“刮、穿、疏通”“创伤”“断裂”“冲破、迅疾、畅快”之意[7]，由此可见，“决鼻”应当就是贯穿马匹鼻子的“犁鼻”之术。从这些犁鼻的记载中，我们亦可窥见汉代养马技术的进步。众所周知，马由于其软腭较长的特殊呼吸系统构造，无

① 许慎撰，段玉裁注:《说文解字注》卷八《刀部》，上海古籍出版社 1988 年版，第 181 页上栏。
② 胡平生、张德芳:《敦煌悬泉汉简释粹》，上海古籍出版社 2001 年版。
③ 以上简文来自张俊民:《敦煌悬泉置出土文书研究》，甘肃教育出版社 2015 年版，第 316、330 页。
④ 甘肃省文物考古研究所、甘肃省博物馆、文化部古文献研究室、中国社会科学院历史研究所编:《居延新简：甲渠候官与第四燧》，文物出版社 1990 年版。
⑤ 李洪财曾就简牍中不同力畜的标记方式做过详尽讨论，可参见李洪财:《秦汉简中标识术语“剽”之新证》，《中国农史》2021 年第 5 期。
⑥ 许慎撰，段玉裁注:《说文解字注》卷六《右部》，上海古籍出版社 1988 年版，第 115 页下栏。
⑦ 贺粤湘:《〈说文解字〉中的“夬”族字试析》，《汉字文化》2020 年第 9 期。

法用嘴呼吸，仅能使用鼻腔呼吸，因此增大马匹肺活量尤其是奔跑中的肺活量就成为养马、驯马中的关键一环。《齐民要术》有载："肺欲得大，鼻大则肺大，肺大则能奔。"① 可见至迟到北魏时期，古人已经意识到马匹的鼻和其运动量有重要的联系并加以归纳总结，使之成为重要的养马实践经验。但检校史籍我们并未发现汉地有这种犁鼻的马匹饲养技术。相反，少数民族养马则常见这种"犁鼻"术。《突厥语大词典》就记载了有关回鹘人制造的使马工具或同养马技术相关的词汇，如：

kawa 突厥式嚼子上与马鼻子接触的皮条。（卷三，第 232 页）

butlu 意为穿进骆驼鼻子的鼻栓。（卷一，第 454 页）

burunduk 意为鼻栓。（卷一，第 526 页）

takdï 结，绾，栓。ər burunduk butluka takdï 人往栓子上绾缰绳了。乌古斯语。（卷二，第 16 页）②

杨东宇考察后发现，这种"栓"就是以一段小木棍穿透牛或骆驼等大家畜的鼻中隔使两鼻孔间贯通，给栓的两端绾上缰绳。③ 而在西亚地区，早在公元前 2000 年前后就发明了牲畜鼻内穿环，不仅给牛、驴、骡等牲畜鼻内穿环，偶尔也会给马匹鼻内穿环。④ 可见，这种"犁鼻"技术确有较早的游牧来源。回溯而上，《唐会要·诸蕃马印》条亦载："骨利干马，本俗无印，惟割耳、鼻为记。"⑤ 这里的"割耳、鼻"也不是用作标记，而应该是草原地区源远流长的养马风俗和养马技术。关于这一点，不少艺术史研究者也关注到了马匹"犁鼻缺耳"的现象，他们就宋代董逌《广川画跋》中的相关记载做过专门考述。⑥ 在《广川画跋·书张戡番马》条中，董逌认为马"犁鼻缺耳"并不是辽金之世北方民族的发明，早在三国时期就有相关记述了。他说："尝见西南夷往时入马中国，亦时有焉，因求吴诸葛恪献马，先驺其耳。范慎谓岂不伤

① 贾思勰著，缪启愉校释：《齐民要术校释》卷六《养牛、马、驴、骡第五十六》，农业出版社 1982 年版，第 278 页。

② 喀什噶里：《突厥语大词典》（汉文版），民族出版社 2002 年版。

③ 杨东宇：《〈突厥语大词典〉中的医学及相关词汇》，陕西师范大学博士学位论文，2006 年。

④ 海丽其汗·卡德尔：《驯马、马具和马车在新疆的传播》，新疆师范大学硕士学位论文，2011 年。

⑤ 王溥：《唐会要》卷七十二，中华书局 1955 年版，第 1306 页。

⑥ 可参见郑滦明：《关于辽墓"出行图"的考证》，《华夏考古》2004 年第 4 期；魏聪聪、丘新巧：《〈东丹王出行图〉作者考》，《中国美术研究》2016 年第 2 期；王彦彦：《从"缺耳"马的记载看大都会博物馆的〈人马图〉》，《艺术研究》2023 年第 3 期。文中不再赘述。

仁?”① 可见汉魏时期“犁鼻缺耳”等养马技术已被中原认知，但尚未普及应用。再向前追溯，《史记》中似也可寻得端倪，《匈奴列传》中记载匈奴所畜奇畜有所谓“駃騠”，《逸周书·王会解》中言及商汤贡献之事时亦有载：“正北空同、大夏、莎车、姑他、旦略、貌胡、戎翟、匈奴、楼烦、月氏、孅犁、其龙、东胡，请令以橐驼、白玉、野马、騊駼、駃騠、良弓为献。”② 由于史料记载的不确定，一直以来，学界对于“駃騠”谓何并未达成一致意见，常见的有三种认识:《史记集解》引徐广认为是北狄骏马③；陈良煜以为可能是野马或野驴④；王子今认为有可能是骡，但并未完全否定为野马的可能性⑤。结合上文分析，从“駃”字字形来看，我们推测是经过“犁鼻”的“北狄骏马”的可能性更大。前文言及，“犁鼻”术从生物学角度来看能有效提高马的运动机能。因此，可以推测早在先秦时期中原先民看到周边民族驯养的体能如此充沛的骏马，就以其最突出的体貌特征“缺鼻”即“駃”来命名这种马了。要之，秦汉时期草原游牧民族对马匹的饲养技术尤其是“犁鼻”术早已掌握，其也已经被中原认知，但尚未得到学习推广。但敦煌地区汉人由于其交界“夷狄”的特殊地理位置和汉匈长期交接对峙的历史背景，模仿或学习草原民族养马技术的条件更为便利。因此，从悬泉置出土汉简中记载的“决鼻”，我们不仅能够看到汉代戍卒对草原养马技术的学习模仿，透过“犁鼻”这一养马技术的个案，也可反映秦汉时期中原民族同游牧民族的交往。

三、悬泉汉简所见马匹命名相关的几个问题

（一）马匹命名的常见例

关于马匹命名，《孔丛子》曰：“犬马之名，皆因其形色而名焉。”⑥ 从现有材料来看，悬泉汉简中最常见的也是以马本身毛色来命名的。张俊民《悬泉汉简马匹问题研

---

① 董逌:《广川画跋》，商务印书馆 1939 年版，第 65 页。

② 黄怀信:《逸周书校补注译》，西北大学出版社 1996 年版，第 360 页。

③《史记》卷一百十《匈奴列传》，第 2880 页。

④ 陈良煜:《“骡、駃騠”漫议》，载四川大学汉语史研究所编:《汉语史研究集刊》第六辑，巴蜀书社 2003 年版，第 209—211 页。

⑤ 王子今:《李斯〈谏逐客书〉“駃騠”考论：秦与北方民族交通史个案研究》，《人文杂志》2013 年第 2 期。

⑥ 傅亚庶:《孔丛子校释》，中华书局 2011 年版，第 374 页。

究》附表[①]统计了马毛色、马名具存实例 128 例，其中至少 54 例命名可以显示马匹的命名参照了马匹毛色特征，张俊民进一步细分为人名姓氏＋马匹毛色，他认为这种情况至少有 18 例。[②] 现就以马匹毛色为特征试列举如下：

表 1　悬泉汉简常见马匹毛色特征

简号	马名	毛色	简号	马名	毛色
IIT0114②：155	陈騩	騩	IIT0216②：918	黄鹄	骠
IT0112②：90	黄爵	骠	IIT1610②：14	黄爵	騧
IT0112②：91	朱爵	骍	IIT0114④：190	赤铢	骍
IIT0115①：102	趋昏	骓	IT0209⑤：2	野麋	骠
IIT0215④：3B	白谨	白	VIT1222②：20	黄皃	騧
IIT0114⑥：36	苍灌	騩	IIT0114②：16	黄鹰	骠

从上表可见，悬泉汉简所见马匹的命名中，以毛色作为显著特征的十分常见，而正如张俊民所说，冠于马名之前的姓氏可能是传马原主或饲养传马人的姓氏。[③] 这种命名方式值得我们从中探寻更深层次的文化信息，《周礼·天官·庖人》载："庖人，掌共六畜、六兽、六禽，辨其名物。"其后贾公彦疏云："此禽兽等，皆有名号物色，故云辨其名物。"[④] 同样的说法也见于《天官·兽人》"兽人，掌罟田兽，辨其名物"，贾公彦疏亦云："云'辨其名物'者，野兽皆有名号物色。"[⑤]《春官·小宗伯》："毛六牲，辨其名物，而颁之于五官，使共奉之。"贾公彦疏云："言'辨其名物'者，若六牲皆有名，若马牛羊豕犬鸡。物，色也，皆有毛色，若宗庙用骍之等。"[⑥] 胡司德认为对这种现象"更合理的解释可能是，叫不出名来的（即不能靠名称和毛色来辨认的）……认不出来的动物就不能用"，要考虑动物的社会性功能，而靠名号和外貌来辨认物种，是动物管理人员的一项主要任务。[⑦] 从这里就可以理解，悬泉汉简中记录的这些马匹大多用其毛色特征来命名，应当也是考虑了这些马匹的社会性功能。除了这种

① 以下所引马匹名称及简号如无特殊说明均参见张俊民《悬泉汉简马匹问题研究》第 379—383 页之附表所列。

② 张俊民：《敦煌悬泉置出土文书研究》，甘肃教育出版社 2015 年版，第 332 页。

③ 同上。

④《周礼注疏》卷四《天官冢宰》，上海古籍出版社 2010 年版，第 121—122 页。

⑤ 同上书，第 137 页。

⑥《周礼注疏》卷二十《春官宗伯》，上海古籍出版社 2010 年版，第 702 页。

⑦ 胡司德：《古代中国的动物与灵异》，蓝旭译，江苏人民出版社 2016 年版，第 53 页。

命名方式之外，悬泉汉简中所见的其他命名方式也反映了汉代人思想生活的不少侧面。

（二）马匹名称中所见的其他动物

爬梳悬泉汉简所见的马名，我们常可以看到一些以其他动物命名马的例子，这种情况有些是取两者毛色相近，有些是取两者行动特征近似。现在可见到的这些动物有爵（雀）、虎、兔、鸿、狐、乌、鹰、鹄、鱼、鹿、羊、毒冒（玳瑁）、麋、凫、橐（驼）、鸟、鴥等。

以“爵”（雀）命名的如黄爵（IT0112②：90、VT1610②：14）凡两见、青爵（IIT0216②：548、IIT0115④：57、IIT0315②：20）凡三见。

以“虎”命名的如白虎（IIT0214③：224、IIT0215③：147）凡两见。

以“兔”命名的如赤兔（IIT0215③：332、VT1812②：62）凡两见、白兔（IIT0115④：57）、兔（IIT0216②：917）。

以“鸿”命名的如騺鸿（IIT0314②：301）。

以“狐”命名的如狐儿（IIT0215④：3B）。

以“乌”命名的如惊乌（VT1411②：9AB）。

以“鹰”命名的如游鹰（IT0109S：189）、仓鹰（IIT0216②：916）、黄鹰（91DXF12③：3）。

以“鹄”命名的如黄鹄（IIT0216②：918、VT1812②：201）凡两见。

以“鱼”命名的如游鱼（IIT0314②：57）、惊鱼（IIT0214③：282）。

以“鹿”命名的如野鹿（IIT0315①：36）、青鹿（IIT0213②：100）。

以“羊”命名的如完羊（VT1610②：18、IIT0215②：39）凡两见、野羊（IT0116②：39）。

以“毒冒”（玳瑁）命名的如毒冒（IIT0215②：69）。

以“麋”命名的如野麋（IT0209⑤：2）。

以“凫”命名的如黄凫（VIT1222②：20、VT1611③：217）凡两见。

以“橐”（驼）命名的如葆橐（VT1610②：13）。

以“鸟”命名的如野鸟（VT1311③：174AB、IIT0214②：658）凡两见。

以“鴥”命名的如黄鴥（VIT1222②：20、VT1611③：217）凡两见。鴥，鸟似凫而小。[①]

① 张玉书等:《康熙字典》，上海古籍出版社 1996 年版，第 1569 页。

以上所见用以命名马匹的动物，有些诚然是西北屯戍地区较为常见的动物，但有些动物的命名似有意为之，如鹿、麋、乌、兔、狐、鸟、鱼。马王堆汉墓出土帛书《相马经》中有如下记载："前又（有）二〈微〉，后又（有）三齐。一寸逮鹿，二寸逮麋。三寸可以袭歍（乌），四寸可以理天下。得兔与狐，鸟与鱼。得此四物，毋相其余。"[①] 整理小组认为所谓"袭乌"是马的速度快到可以袭击乌鸦，而甘肃武威雷台汉墓出土的马踏飞燕就是"袭乌"的形象。照此推测，以鹿、麋、乌等动物作为马名，应当也契合《相马经》中的说法，希冀这些马匹能够飒踏飞驰。此外，崔豹《古今注·鸟兽》中记载始皇有七名马，其中有三曰"白兔""铜爵""最凫"[②]，也涉及这几种动物，这充分说明给马匹起名这项工作寄托了秦汉时期马匹主人的美好憧憬，更说明至少部分马匹的命名有章可循、有典可据。除了以其他动物命名希冀马匹快跑的命名方式以外，还有名曰"金丸"的，如：

> ▨白牡左剽齿八岁高五尺八寸　名曰金丸▨　ⅠT0309③：77
>
> ▨□　名曰金丸▨　ⅡT0111①：243

这似乎也是希冀马能快跑以求吉利之意，《西京杂记·韩嫣好弹》载："韩嫣好弹，常以金为丸，所失者日有十余。长安为之语曰：'苦饥寒，逐金丸。'京师儿童每闻嫣出弹，辄随之，望丸之所落，辄拾焉。"[③]"金丸"难逐，正是说明马匹善跑。

在以动物命名的马匹中，有一类较为特殊。这就是用神话传说中虚构的形象命名，如"龙""鵂"等数例。

以"鵂"命名的如青鵂（IIT0314②：305、IIT0213②：100）凡两见。至于"鵂"，乃是一种怪鸟，《山海经·南山经·基山》有载："基山，其阳多玉。其阴多怪木……有鸟焉，其状如鸡而三首六目，六足三翼，其名曰鵸鵂，食之无卧。"袁珂校注引郭璞说，以为"无卧"是使人少眠之意。[④] 可推测，以此为马匹命名应当也是希冀马匹精神抖擞、不懈怠。援引《山海经》中出现的动物名称给马匹命名，足见当时汉代边民戍卒的知识文化世界。而这种知识的获取，在书写工具匮乏，"黄金满籯，不

① 裘锡圭主编，湖南省博物馆、复旦大学出土文献与古文字研究中心编纂：《长沙马王堆汉墓简帛集成（伍）》，中华书局2014年版，第169页。
② 崔豹：《风俗通义　古今注》，商务印书馆1937年版，第12页。
③ 吕壮译注：《西京杂记译注》，上海三联书店2013年版，第203页。
④ 袁珂校注：《山海经校注》，上海古籍出版社1980年版，第6页。

如遗子一经”的时代大背景下，显得既弥足珍贵又令人瞠目。我们可以推测汉代的戍卒戍边时，通过学习字书、方技小书乃至马名的解读理解，通过字简练习，掌握了不少读、写、算等技能乃至法律、经典等文书。① 这样一来，他们就不再是“不知尺籍伍符”的“鄙人”，而成长为“能书、会计、识律令”的符合基层吏员选用标准的堪用之才了，而这些堪用之才，待罢卒返籍还乡，就为文书行政的庞大汉帝国提供了基层重要支撑力量。② 不得不说，在这些戍卒身份的转变中，戍边经历为他们提供了学习的机会和可能，而这些马名则给我们提供了他们究竟掌握了哪些知识的重要认知素材。

以“龙”命名的如龙铢（IT0210①：110）、龙子（IT0109S：97、IIT0114②：44）凡两见、仓龙（IIT0114⑤：25）、参龙（IIT0115④：57）。

龙是传说中的神异动物，且在早期即和马有某种直接的联系。《山海经·中次九经》云：“凡岷山之首，自女几山至于贾超之山。凡十六山，三千五百里。其神状皆马身而龙首。”③ 可见马与龙在神话世界中就有所联系，但更直接的联系来自《周礼·夏官·廋人》所载：“马八尺以上为龙，七尺以上为騋，六尺以上为马。”④《春秋公羊传》何休解诂曰：“天子马曰龙，高七尺以上。诸侯曰马，高六尺以上。卿士大夫曰驹，高五尺以上。”⑤《汉旧仪》有载：“大宛汗血马皆高七尺。”⑥《西京杂记·文帝良马九乘》中也记载，文帝“九逸”其中一匹名曰“龙子”。⑦ 姑且不论究竟高过七尺还是八尺的马可称为龙，至少在古人心中马和龙确实有画等号的可能。从钱币来看，汉代的压胜钱上，也能看到似龙似马的图案，似可称之为“龙马”（见图 1）。

---

① 不少学者曾专文研究西北地区汉简中的典籍简，所见有《晏子春秋》《论语》《左传》《诗经》《说苑》《法言》等书籍，可参见李振宏：《汉代居延屯戍吏卒的精神文化生活》，载甘肃省文物考古研究所、西北师范大学文学院历史系编：《简牍学研究》第三辑，甘肃人民出版社 2002 年版；张英梅：《试探〈肩水金关汉简（叁）〉中所见典籍简及相关问题》，《敦煌研究》2015 年第 4 期；邢义田：《汉代边塞隧长的文书能力与教育：对中国古代基层社会读写能力的反思》，《台北“中研院”历史语言研究所集刊》（第八十八本），2017 年。文中不再赘述。

② 参见邢义田：《秦汉平民的读写能力》，载氏著：《今尘集》，中华书局 2019 年版，第 20—23 页。

③ 袁珂校注：《山海经校注》，上海古籍出版社 1980 年版，第 160 页。

④《周礼注疏》卷三十八《夏官司马下》，上海古籍出版社 2010 年版，第 1262 页。

⑤《春秋公羊传注疏》卷一《隐公第一》，上海古籍出版社 2014 年版，第 29 页。

⑥ 孙星衍等辑：《汉官六种·汉旧仪》，中华书局 1990 年版，第 79 页。

⑦ 吕壮译注：《西京杂记译注》，上海三联书店 2013 年版，第 79 页。

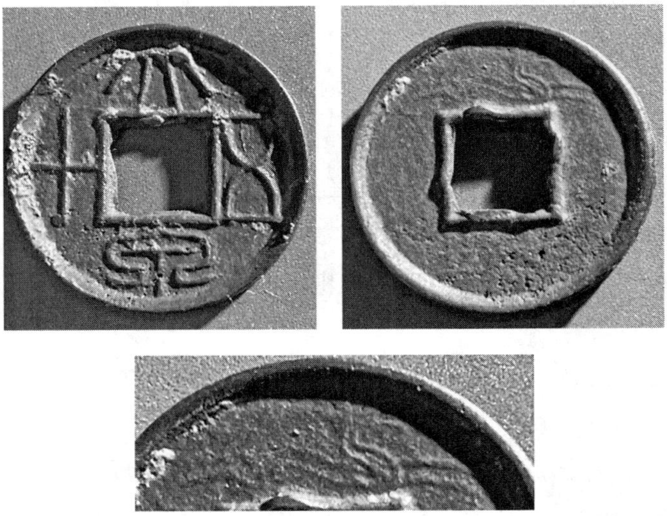

图 1　大泉五十背龙马及细部图

《宋书·符瑞志》也记载了龙马：“龙马者，仁马也。河水之精，高八尺五寸，长颈有翼，傍有垂毛，鸣声九哀。腾黄者，神马也。其色黄。王者德御四方则出。白马朱鬣，王者任贤良则见。泽马者，王者劳来百姓则至。夏马骊，黑身白鬣尾，殷马骆，白身黑鬣尾，周马骍，赤身黑鬣尾。汉章帝元和中，神马见郡国。”① 可见，龙和马之间的神秘关系是中国最为重要的动物联系之一。

根据张俊民的统计，悬泉汉简中所见的马最高的有七尺，仅一例：

□敢言之爰书传马一匹驩牡齿八岁高七尺名曰张驩　I90DXT0112②：10

这里记载传马身高七尺，但并未如字书中记载的名曰“駷”，原因不得而知。其他名称如“仓龙”，汉末镜铭有载：“角王巨虚辟非羊（祥）、赤乌玄武治阴阳。仓（苍）龙白虎神而明，国实受福家富昌。与天毋极乐未央，如日月光。”② 可见仓龙本是作为图腾而存在的祥瑞形象。“参龙”之“参”当为参宿之意，《史记·天官书》云：“参为白虎。三星直者，是为衡石。”因此，参龙就是并称龙虎之意。龙虎信仰在汉代十分流行，《论衡·解除》篇载：“宅中主神，有十二焉，青龙白虎，列十二位，

①《宋书》卷二十八《符瑞志》，中华书局 1974 年版，第 802 页。
② 王纲怀：《汉镜铭文图集》，中西书局 2016 年版，第 243 页。

龙虎猛神……犹主人勇猛，奸客不敢窥也。”① 从文物来看，以龙虎为祥瑞图案在画像砖、钱币等汉代文物中屡见不鲜（见图 2、图 3）。汉代的铜镜上，龙虎除不祥之语也常有所见，如“尚方御竟（镜）大毋伤，左龙右虎辟不羊（祥）”②。

通过以上材料，足见这些马名中所蕴含的秦汉时期的思想观念与宗教意涵。而这种以龙名马的行为，实际上是为了吸引龙的降临，是“发瑞”做法的另一形式，其目的在于为自己带来祥瑞。③ 除此之外，张俊民还总结了命名马匹时希冀马匹多拉快跑、易养群多、勇猛无敌，此处不再赘述。④

图 2　汉代画像砖

（采自吴山：《中国纹样全集 · 战国秦汉卷》，山东美术出版社 2009 年版，第 178 页。）

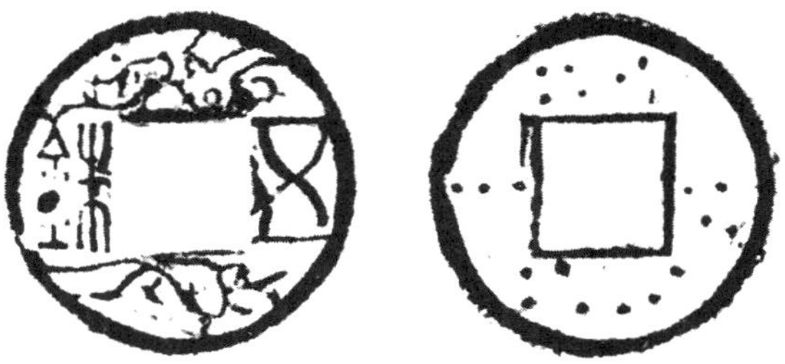

图 3　五铢龙虎背星象钱币

（采自公柏青：《汉代压胜钱》，中华书局 2020 年版，第 104 页。）

① 王充著，张宗祥校注：《论衡校注》卷二十五《解除》篇，上海古籍出版社 2013 年版，第 501 页。
② 王纲怀：《汉镜铭文图集》，中西书局 2016 年版，第 296 页。
③ 公柏青：《汉代压胜钱》，中华书局 2020 年版，第 99 页。
④ 张俊民：《敦煌悬泉置出土文书研究》，甘肃教育出版社 2015 年版，第 332—333 页。

四、结语

悬泉汉简中所见的马匹名称数量众多，但究其命名方式，则随意为之罕见，有章可循者众多，集中反映了汉代人民的知识结构、信仰观念和宗教认知，可以说这些马匹命名反映的是当时社会的一个微缩景观，对于我们考察西北边地戍卒的知识能力、日常生活概况乃至整个汉代普遍的社会意识和社会图景等都有重要意义。此外，传马名籍中的“决鼻”“夬鼻”记载从文本推测就是后世“犁鼻”之术，通过养马技术的交流也可显见西北边地胡汉民族的文化交流。但限于研究能力，还有不少命名问题不能得到很好的解释，如马匹身高和命名是否有联系、是否有异族词汇音译命名等，还有赖于更深入的挖掘和研究。

（附记：在本文的撰写过程中，甘肃省考古研究所张俊民先生给予了诸多鼓励和关怀，还慷慨提供了不少素材，对本文的顺利完成提供了很多帮助和指导；好友白先生提供了自藏的大泉五十钱币图片，特此谢忱！）

唐朝与回纥绢马贸易考论

李佩琪

（陕西师范大学历史文化学院）

【摘　要】　唐朝与回纥绢马贸易是唐史研究中的一个重要主题。既往研究主要集中在绢马贸易中的马匹价格讨论，大致有两种思路：一是虽然马匹价格高昂，但因双方互有不同方面的需要，依然坚持贸易；二是在历史大背景中寻找高价马匹出现的原因。本文运用计量史学等方法，通过对史料的爬梳，及对实际战事、马匹供需、马匹市值、绢帛市场价格、自然灾害、银钱兑换、运输路途消耗等影响市场交换因素的考察，对唐朝马匹需求与回纥马匹质量问题做了探究，认为传统文献中记载的“四十匹绢易一马”贸易价格并非贯穿整个贸易时代始终。贸易过程中的马价总是和唐朝国情与马匹实际市值具有很深的联系，同时唐朝在整个贸易过程中具有一定话语权和自主性，并非全任回纥单方面摆布。

【关键词】　唐朝　回纥　绢马贸易　马匹价格

唐朝建立了一套完整的马政体系用于保证军马的储备与供给，但安史之乱中唐朝平叛消耗了大量战马，尤其是吐蕃先后侵占陇右、河西、北庭、安西等地后，马政系统遭到极大破坏，唐朝军马供应严重不足。安史之乱后唐朝虽然没有大的征伐，但在和吐蕃的多次对抗以及平定内乱时，战马依然是重要的军用物资。在自身产马不足的情况下，唐朝对回纥马的依赖进一步加深。无战事时，充足的战马储备可以彰显国力，并备不时之需。关于唐朝与回纥绢马贸易意义的研究，学者们主要集中探讨绢马贸易本身给唐朝与回纥双方带来的积极影响。[①] 关于马匹价格高涨的原因，舒苑指出绢马贸易中，马的价值与中原养马、政治动乱、战马需求情况以及回纥本身形势有密切关系。双方都从中实际获益，马匹价格并未实质影响双方关系。[②] 马俊民指出，马价高昂是马匹优良、长途运输和路途消耗等因素导致的。[③] 关于绢马贸易正常比价的探讨，李德龙考察了敦煌残片S8444上的内容，分析指出唐末每匹马易绢23.75匹，认为该文书中反映的应是比较正常的绢马比价。[④] 翁独健率先提出唐朝以绢易马，正常比价“一匹马可换二十至三十匹绢”，但实际上是“以一匹马易绢四十匹”。显然，绢马贸易具有唐朝对回纥助平安史之乱的“报答”和“赠予”的性质。[⑤] 杨富学、安语梵认为所谓的“绢马互市”含有很多超贸易因素：一是马价过高，达到常规价的2—3倍；二是唐朝虽财政困难，但慑于回纥的压力，不得不购买数量越来越多的高价回纥马；三是回纥即使以次马充好马，唐朝依旧照单全收，以酬谢回纥助唐平定安史之乱所立下的功勋，而最主要的目的是以牺牲经济利益为代价，依靠回纥以制约吐蕃。[⑥] 孟宪实利用吐鲁番文书考察了唐前期西州、敦煌和中原地区的马价[⑦]，对本文有重要的参考作用。

学者们的笔耕不辍促进了唐代绢马贸易的研究，但在涉及马匹价格时，总是以“四十匹绢易一马”的记载衡量安史之乱后绢马贸易的始终，并且比较强调双方贸易的不公平性；往往较少关注这一时期不同阶段绢马贸易的价格，还存在对唐朝在贸易中所发挥的主观能动性关注不足、对安史之乱后唐朝马匹需求的考察深度不够等问题。笔者在搜检史料的基础上，仔细推敲现有史料记载，着重探究以往研究中的不足之处。

---

① 林显恩:《唐朝对回纥的和亲政策研究》,《边政研究所年报》1970年第1期；薛宗正:《回纥汗国的创建及其盛世的形成——兼论回纥对唐关系的历史推移》,《新疆大学学报（哲学社会科学版）》1995年第2期；刘正江:《回鹘与唐的马绢贸易及其实质》,《黑龙江民族丛刊》2011年第2期；依丽米古丽·阿不力孜:《论回纥人的马文化》,《黑龙江民族丛刊》2016年第3期；赵杨:《草原丝路与回纥汗国》，内蒙古师范大学硕士学位论文，2019年。

② 舒苑:《市以微物通以友情——唐代汉回纥贸易》,《中国民族》1981年第6期。

③ 马俊民:《唐与回纥的绢马贸易——唐代马价绢新探》,《中国史研究》1984年第1期。

④ 李德龙:《敦煌遗书S8444号研究——兼论唐末回鹘与唐的朝贡贸易》,《中央民族大学学报》1994年第3期。

⑤ 翁独健:《中国民族史纲要》（上），中国社会科学出版社2015年版，第319页。

⑥ 杨富学、安语梵:《唐与回鹘绢马互市实质解诂》,《石河子大学学报（哲学社会科学版）》2020年第4期。

⑦ 孟宪实:《唐西州马价考》,《新疆师范大学学报（哲学社会科学版）》2016年第3期。

一、唐朝前期绢马实际比价考论

关于唐代社会中广为人知的"以一缣换一马"的现象，张说在《大唐开元十三年陇右监牧颂德》一文中进行了描述：

> 肇自贞观，成于麟德。四十年间，马至七十万六千匹，置八使以董之，设四十八监以掌之。跨陇西、金城、平凉、天水四郡之地，幅员千里，犹为隘狭，更析八监，布于河曲丰旷之野，乃能容之。于斯之时，天下以一缣易一马，秦汉之盛，未始闻也。张氏中废，马官乱职，或戎狄外攻，或师圉内寇。垂拱之后，二十余年，潜耗太半，所存盖寡。……（开元）元年牧马二十四万匹，十三年乃四十三万匹。①

从张说的叙述中可以看出，贞观到麟德发展四十年后，国家葆有马匹 70 多万匹，这是一个非常庞大的数字，马匹数量多，因此达到了"天下以一缣易一马"的等值情况，这是唐以前从没有过的，可见前代都高于这个比价。《唐律疏议笺注》疏议曰："假将私马直绢五匹，博取官马直绢十匹。"② 又曰："假有杀马，直十五匹绢，准盗合徒二年。"③ 也就是说，唐朝初期 1 匹马市值在 5—10 匹绢。而私杀马匹需要赔 15 匹绢，并附加处罚，这属于对犯法者重罚的范畴，不具有普遍性。张说所写的"天下以一缣易一马"，可能是将麟德前某个时期的价值兑换放在整个时期，是放大性质的书写，也说明绢马贸易兑换比价是一个变动的过程。张说继续叙述因为战乱和马政废弛等，马匹消耗了一大半，开元元年（713）时只有 24 万匹马，到开元十三年（725）有 43 万匹马。也就是说在开元初期，马匹作为军事战略储备物资，加之生长培育周期较长，数量急速下降伴随的是马匹价格一定程度的猛涨，这是供求关系决定的。到开元十三年由于马匹数量的增加，马匹价格相比开元初应当略微有所下降。如果抛开麟德前马匹数量和马价的实际波动来谈该时期"一缣易一马"的境况，则失之毫厘谬以千里。总的来说，唐玄宗朝开始马价就已经在逐步提升。

---

① 张说撰，熊飞校注:《张说集校注》卷一二《大唐开元十三年陇右监牧颂德碑》，中华书局 2013 年版，第 622—623 页；《全唐文》卷二二六《大唐开元十三年陇右监牧颂德碑》，第 2282 页。

② 刘俊文:《唐律疏议笺解》卷六《名例・二罪从重》，中华书局 1996 年版，第 443 页。

③ 刘俊文:《唐律疏议笺解》卷一五《厩库・故杀官私马牛》，中华书局 1996 年版，第 1107 页。

通过《册府元龟》卷九七五《外臣部·褒异》中三则涉及贡赐的史料，我们也能一窥唐玄宗开元中期马匹价格的概况：

> 开元十七年（729）正月庚戌，骨咄俟斤遣男骨都施来朝，献马二匹，授郎将，赐帛三十段（匹），放还蕃。甲寅，米国遣献胡旋女子三人及狮、豹子各一，赐帛百匹以遣之。
>
> 开元十八年（730）正月壬子，大佛涅靺鞨兀异来朝，献马四十匹，授左武卫折冲，赐帛三十段（匹）。
>
> 开元十八年二月甲戌，新罗国王金兴光遣侄志蒲献小马五匹，狗一头，金二千两，头发八十两，海豹皮十张，乃授志蒲太仆卿员外置同正员，绢一百匹，紫袍、银钿带、鱼袋，留宿卫。戊寅……渤海靺鞨遣使智蒙来朝，且献方物，马三十匹，授中郎将，赐绢二十匹，绯袍银带，放还蕃。

史料一中献马两匹等价赐绢 30 匹，马绢比价大致是 1∶15。贡三个胡旋女和狮、豹各一只等价赐帛百匹，胡旋女、狮、豹与绢的比价平均大约是 1∶20。史料二中献马 40 匹等价赐绢 30 匹，马绢比价是 1∶0.75。史料三新罗王献多种物品，赐回的也是多种物品。献马 30 匹赐绢 20 匹，马绢比价大约是 1.5∶1。由此可见，贡赐体系之下，上贡和赏赐的物品价值大概都有一定的比值，并且同样是马匹，来自不同区域的马匹所值也不同。西域骨咄部马远比靺鞨马的品种好①，因此西域马 1 匹大致等价绢 15 匹，靺鞨马则大致是 1 匹马等价不到 1 匹绢。此外，这种比价的贡赐还应当考虑藩部的发展情况：西域部落的降叛直接影响整个西域的安全稳定，厚赐骨咄部旨在羁縻之；而此时的靺鞨部发展尚不成气候，唐朝不至于下极大功夫笼络。从新罗王所贡与唐朝所赐，能反映出赐物的价值不总是大于贡物。新罗王所贡最有价值的应是黄金两千两和十张海豹皮，唐朝的赐物中一百匹绢具有实际价值，紫袍、银钿带、鱼袋更多带来的是荣誉价值，也是留京宿卫衣物所需。以上大致就是开元中期的绢马价格情况。

除此之外，我们还可以对开元后期的马价进行大致的估算。这一推测的依据来源于开元二十三年（735）张九龄以唐玄宗的口吻所写的《敕突厥可汗书》中的相关记载：

①《新唐书》卷二二一下《骨咄传》载："骨咄，或曰珂咄罗。广长皆千里。王治思助建城。多良马、赤豹。"

往者先可汗在日，每年纳马，不过三四千匹，马既无多，物亦易办。此度所纳，前后一万四千。缘儿初立可汗，朕又结为父子，恩义相及，不可却回，所以总留，计物五十万匹。兼属国家大礼，并放天下租庸，用度无穷，非特和市。缘此马价通容稍迟，处剌达干未还，不是故为留滞，念悉此意，当复宽心。今见续续市易，不久望了，即当发遣；回日非赊，在此还如当家，去住亦何异也？此后将马来纳，必不可多，还如先可汗时。①

后突厥向唐朝纳马 1.4 万匹，计物 50 万匹，平均 1 匹马大致值 36 匹绢。或许这也是此时期的绢马价格，也或者有厚赐意味在其中。唐朝自己也觉得马价很高，让突厥以后纳马数量不要太多。从史料中也可以看出，绢马贸易的政治羁縻和政治认同属性非常强烈。唐玄宗朝已经有 1 匹马 36 匹绢的情况，对比乾元以后“马一匹易绢四十匹”，所差并无多少，唯一的区别是前者在盛世，后一时期已经衰落，盛世的唐玄宗朝都觉得马价贵，安史之乱后的唐王朝觉得很贵也是常理。这本质上反映的是安史之乱后贸易量的不断扩大和唐朝财政的日渐拮据，使得唐朝本身无法承担绢马贸易中的支出。实际上，乾元以后“马一匹易绢四十匹”也仅是个例，并不是常态。唐玄宗朝对不同藩属的马匹给予不同的价格，反映出“对症下药”的经略北疆思路。总的来说，安史之乱前绢马交易比价在 1 匹马易 1—36 匹绢之间波动。

二、中晚唐时期绢马实际比价考论

（一）“四十匹绢易一马”源流疏证

对于安史之乱后唐朝与回纥绢马贸易价格的考察，主要依据《旧唐书》卷一九五《回纥传》的记载：

大历八年（773）十一月，回纥一百四十人还蕃，以信物一千余乘。回纥恃功，自乾元之后，屡遣使以马和市缯帛，仍岁来市，以马一匹易绢四十匹，动至数万马。其使候遣继留于鸿胪寺者非一。蕃得帛无厌，我得马无用，朝廷甚苦之。是时特诏厚赐遣之，示以广恩，且俾知愧也。是月，回纥使使赤心领马一万

① 张九龄撰，熊飞校注：《张九龄集校注》卷一一《敕突厥可汗书》，中华书局 2008 年版，第 643 页。

> 匹来求市，代宗以马价出于租赋，不欲重困于民，命有司量入计，许市六千匹。

史料指出自唐肃宗乾元以来绢马贸易中1匹马换40匹绢，并谴责了回纥的贪得无厌。回纥赤心领一万匹马来与唐朝贸易，唐代宗“命有司量入计，许市六千匹”，回纥对此并没有表示抗议。可见，唐朝在购马数量上是有自主权的，也体现出双方贸易中有一定的协商原则。

另外一则史料来源于白居易的诗作《阴山道》中的相关记述：

> 阴山道，阴山道，纥逻敦肥水泉好。每至戎人送马时，道旁千里无纤草。草尽泉枯马病羸，飞龙但印骨与皮。五十匹缣易一匹，缣去马来无了日。养无所用去非宜，每岁死伤十六七。缣丝不足女工苦，疏织短截充匹数。藕丝蛛网三丈余，回鹘诉称无用处。咸安公主号可敦，远为可汗频奏论。元和二年下新敕，内出金帛酬马直。仍诏江淮马价缣，从此不令疏短织。合罗将军呼万岁，捧授金银与缣彩。谁知黠虏启贪心，明年马多来一倍。缣渐好，马渐多。阴山虏，奈尔何！①

白居易是以唐朝下级官吏角度书写绢马贸易的，诗中有“五十匹缣易一匹，缣去马来无了日”的记述，写到50匹绢换1匹马的比价。谢思炜在本句诗的校注中叙述道：“‘五十匹缣易一匹’公文本、曾本《白氏讽谏》、卢校作‘官家缣税五千匹’，光绪本作‘官家税缣五十匹’，上野本等抄本作‘五十匹缣马一匹’。”② “五十匹缣易一匹”在其他文稿中写作“官家缣税五千匹”。光绪本“官家税缣五十匹”，极有可能是在刻书中将“千”错刻为“十”。若原诗是“官家缣税五千匹”，则意思完全不同，是说回纥人来唐朝易马，在定额马匹数量的基础上，交易互市要向官府交纳五千匹绢的赋税，马匹价格未提及。但既然给唐朝交税，说明在贸易方面唐朝有相当大的掌控权，也说明是在榷场的民间自由贸易，并不是官方斥巨资购买。既然是纳税性质的自由贸易，又怎能让回纥人漫天要价？白居易是唐代著名诗人，其作品影响非常大，很大程度上会影响我们对当时历史的认知。而《阴山道》不同写本之间的差异让我们困惑的同时，也为我们重新考察这一时期绢马比价提供了一些思路。无论是1匹马40匹绢还

① 白居易撰，谢思炜校注：《白居易诗集校注》卷四《讽谕·阴山道》，中华书局2006年版，第398页。
② 同上。

是50匹绢的记载，都突出了马匹价格长期高昂，可事实又是否真的如此？下文将进一步挖掘相关史料，展开更为深入的分析，以解答此问题。

（二）中唐时期绢马实际比价考证

上文两则资料都反映出一个问题：绢马贸易中唐朝有一定的决定权和主导权，并不是任由回纥全盘决定双方贸易数量和具体价值。如果原诗真为“五十匹缣易一匹”，结合两段史料，这似乎真的是在向我们表达绢马贸易中1匹马等于40到50匹绢。可事实真如此吗？

在冷兵器时代，骑兵极大增加了己方战争优势。唐朝平定安史之乱和与吐蕃的作战，造成了中原马匹的大量消耗。而回纥参与平定安史之乱也造成了草原部落马匹的大量消耗。在战争的消耗下，受供求关系的影响，整个吐蕃、回纥、唐朝马匹总量大幅下降，马匹价格相比唐玄宗时期有提高也是顺理成章之事。

《旧唐书》卷一二七《源休传》载，建中元年（780）源休出使回纥碰壁，回纥汗国顿莫贺可汗派遣属臣对源休说：“我国人皆欲杀汝，唯我不然。汝国已杀突董等，吾又杀汝，犹以血洗血，污益甚尔。吾今以水洗血，不亦善乎！所欠吾马直绢一百八十万匹，当速归之。”唐朝未按照回纥所要求如数给予，只是给予帛十万匹、金银十万两，支付马匹价格。

回纥要求支付180万匹绢作为马价，若我们按照有关记载自乾元以来“马一匹易绢四十匹”的极值，则可大概算出4.5万匹马唐朝只支付了10万匹绢和金银10万，那么这次交易的绢马价格比究竟是多少呢？我们可以做一个计算，大致推断如下：唐代金银比价是1∶5到1∶6。银价大约是每两一千文。① 按照权德舆贞元十九年（803）上呈《论旱灾表》记载：“大历中绢一匹价近四千。今止八百九百。”② 假如10万两金银全是银，则知10万两银可购买2.5万匹绢，总共合计支付绢12.5万匹，平均到4.5万匹马中，1匹马价格大致是不到2.8匹绢；假如10万两金银全是金，折合银为50万到60万两银，这些银可购买12.5万匹至15万匹绢，总共合计支付绢22.5万匹至25万匹，平均到4.5万匹马中，1匹马价格为5—6匹绢的样子。也就是说这次交易，唐朝实付回纥1匹马的价格大致是3—6匹绢。在支付总值一定的情况下，如果当时回纥送过来与官方交易的马匹多于4.5万匹，那么唐朝实付1匹马的价格就要比

① 彭信威：《中国货币史》，中国人民大学出版社2020年版，第345页。

② 权德舆撰，唐元、张静校注：《权德舆诗文集编年校注》，辽海出版社2013年版，第463页。

3—6 匹绢还低；如果回纥送过来的马匹不足 4.5 万匹，那么 1 匹马的理论价格就会大于 40 匹绢，而现在没有 1 匹马大于 40 匹绢价格的官方记载，也就说明此次支付的总价必定是偿还数量大于等于 4.5 万匹马的价格。在此次交易中，唐朝的支付额远远低于回纥的要求，实际支付的价格比唐朝初期马价还低，回纥也没有提出异议，那就说明回纥认可这次交易结果。同时，有理由相信唐朝是参考了当时马匹的市场价格后支付给回纥金银绢的。遂猜测乾元以来“马一匹易绢四十匹”的内容属于历史书写的范畴，极有可能将个别有求于回纥时买的高价马匹对应进整个乾元后的绢马贸易中。

受供需关系等因素的影响，唐朝时期的绢马比价始终处于不断变化之中。元和三年（808），白居易曾以唐宪宗的名义写下《与回鹘可汗书》，其中的相关记载便说明了这一点：

> 达览将军等至，省表，其马数共六千五百匹。据所到印纳马都二万匹，都计马价绢五十万匹。缘近岁已来，或有水旱。军国之用，不免阙供。今数内且方圆支二十五万匹，分付达览将军，便令归国。仍遣中使送至界首。虽都数未得尽足，然来使且免稽留。贵副所须，当悉此意。顷者所约马数，盖欲事可久长。何者？付绢少则彼意不充，纳马多则此力致歉。马数渐广，则欠价渐多。以斯商量，宜有定约。[①]

可以看出，唐朝对回纥的马匹交易是积攒多次后支付一次的。此次需要支付的马匹总计 2 万匹，价格 50 万匹绢。1 匹马值 25 匹绢，从唐朝角度来看这应当是市场价格。贸易数量多，唐朝又从本身的水旱灾害和军事用途的考量，实付 25 万匹绢，1 匹马价格大致是 12.5 匹绢。这个价格低于市价 25 匹绢，更远远低于“马一匹易绢四十匹”的记录，回纥也未对此事表示异议，可见这时双边贸易也是在协商中进行的。无论马匹价格如何，随着回纥马大量入唐，唐朝都无力负担大量马价。“付绢少则彼意不充，纳马多则此力致歉”是在堵回纥的嘴，希望回纥运送马匹数量形成“定约”，这样唐朝支付得起，回纥也不至于不满意。综合上述内容，中唐时期唐朝与回纥之间的绢马贸易，其价格大体维持在以 1 匹马换取不超过 12.5 匹绢的范围内。

① 白居易撰，谢思炜校注：《白居易文集校注》卷二〇《翰林制诏·与回鹘可汗书》，中华书局 2011 年版，第 1174 页。

（三）晚唐时期绢马实际比价考证

《唐会要》卷六六《群牧使》关于太和七年（833）银州马的价格记录，与元和三年（808）所反映的市场价格大体相近：

> 太和七年十一月，度支盐铁等使奏："以银州是牧放之地，水草甚丰，国家自艰虞以来，制置都阙。每西戎东牧，常步马相凌，致令外夷浸骄，边备不立，臣得银州刺史刘源状，计料于河西道侧，近市孳生堪牧养马，每匹上不过绢二十匹，下至十五匹。臣已于盐铁司方图收拾羡余绢，除正进外，排比得五万匹，约得三千余匹。今于银州置银州监使，委刘源充使勾当，冀得三数年外，蕃息必多。"敕旨："刘源宜兼充银州监牧，余委度支使条流讫，闻奏。"

太和年间，银州马匹市场 1 匹马的价格在 15—20 匹绢，具体价格主要取决于马匹质量。银州在游牧与农耕的交界地，是唐朝与北方部族互市的场所之一。此时的马价也就是如此，没有达到 1 匹马换取 40 匹绢的地步，并与上文提及元和三年 1 匹马易 25 匹绢的市场价格具有一定相近性。唐朝设置了银州监牧管理市场交易，也就是说市场价格便是与回纥绢马的交易价格。在这个时期，回纥汗国逐渐走向衰败，已经没有足够的实力去将马匹贸易价格提高到 1 匹马换 40 匹绢的程度。关于唐代乾宁元年（894）至天复四年（904）的马价，李德龙在研究敦煌残片上的相关信息后得出结论，认为 1 匹马大约可以换取 23.75 匹绢。①

跟所有的王朝一样，经济随着文治武功的衰落也逐渐崩溃。经济是一切统治的基石，经济崩塌也最为致命。回纥可汗为维护自身统治，对唐朝的政治、经济依赖愈益加强。史料记载回纥汗国末期与唐朝的往来均集中于绢马贸易，在相对较长时间的贸易中，唐朝一直是债务国。这一时期贸易异常频繁，因此唐朝欠债尤甚。纵使回纥成为唐朝最大的债权国，也没能挽救得了日薄西山的回纥汗国。为维护双方关系，唐朝要输出自身钱财，最终不堪重负，制订了相应的措施。太和五年（831），唐朝以右龙卫大将军李甚的儿子向回纥借贷不偿被告发为由处罚了李甚，并颁布诏令自此以后禁止唐人私自向回纥高利贷者借贷，防止钱财流向

① 李德龙：《敦煌遗书 S8444 号研究——兼论唐末回鹘与唐的朝贡贸易》，《中央民族大学学报》1994 年第 3 期。

回纥。[1] 在这一时期的绢马贸易中，回纥因有求于唐朝，所以表现得异常温顺。《资治通鉴》卷二四四载太和四年（830）：

> 先是，回鹘入贡及互市，所过恐其为变，常严兵迎送防卫之。公绰至镇，回鹘遣梅录李畅以马万匹互市，公绰但遣牙将单骑迎劳于境，至则大辟牙门，受其礼谒。畅感泣，戒其下，在路不敢驰猎，无所侵扰。

马匹价格未记载，但可以明确看出主导权在唐朝一方。唐朝不堪重负，但仍为了彰显大国风范与怀柔远人，答应了回纥汗国的贸易请求，同时也为避免双方兵戈再起。

太和年间彰信可汗执掌回纥汗国时，汗国内的一些军将趁机对唐朝挑起事端。然而这些事件的最终解决进一步揭示了回纥的衰落和唐朝话语权的增强。《旧唐书》卷一八〇《李载义传》载：

> 太和七年（833），（李载义）迁北都留守，兼太原尹，充河东节度观察处置等使。寻加开府仪同三司。丁母忧，起复骠骑大将军，余如故。回鹘每遣使入朝，所至强暴。边城长吏多务苟安，不敢制之以法，但严兵防守，虏益骄悍，或突入市肆，暴横无所惮。至是，有回鹘将军李畅者，晓习中国事，知不能以法制驭，益骄恣。鞭捶驿吏，贪求无已。载义因召李畅与语曰："可汗使将军朝贡，以固舅甥之好，不当使将军暴践中华。今朝廷饔饩至厚，所以礼蕃客也。苟有不至，吏当坐死。若将军之部伍不戢，凌侮上国，剽掠庐舍，载义必杀为盗者。将军勿以法令可轻而不戒励之！"遂罢防守之兵，而使两卒司其门。虏知其不为下，无敢犯令。九年，加侍中。

回纥汗国末期边将骄横，有回纥将军李畅抓住唐朝以法治国的特点，为非作歹，贪得无厌，无所忌惮。边地的官吏为求安宁，遂对其行径不予处置。李载义得知后"约

---

[1]《册府元龟》卷九九九《外臣部·互市》载："太和五年六月，贬右龙武大将军李甚为宣州别驾。甚子贷回纥钱一万一千四百贯不偿，为回纥所诉，故贬甚，因下诏曰：'如闻顷来京城内衣冠子弟及诸军使并商人百姓等，多有举诸蕃客本钱，岁月稍深，征索不得，致蕃客停滞市易，不获及时。方务抚安，须除旧弊，免令受屈，要与改更。自今以后，应诸色人，宜除准敕互市外，并不得辄与蕃客钱物交关，委御史台及京兆府切加捉搦，仍即作条件闻奏。其今日已前所欠负，委府县速与征理处分。'"

谈”李畅，对其进行了深刻的训导告诫。李载义也采取了措施，“罢防守之兵，而使两卒司其门”，李畅“知其不为下，无敢犯令”。可见，回纥军士无节制滋事，并非因其有恃无恐，而往往是唐朝未对其进行有效的管理，助长了歪风邪气。这件事发生在太和七年（833）至太和九年（835），反映出彰信可汗时期国力下降，加之对唐朝的依赖，更加不敢冒犯大唐。此时，唐朝已然在双边关系中占据绝对主导地位，距离回纥汗国灭亡不足七年时间。

安史之乱后，唐朝与回纥绢马贸易的马价处于不断变化中，时而高时而低。马价受市场供需、自然灾害、唐朝与回纥政局等因素的影响而上下浮动，但大致在1匹马易1—25匹绢的范围内。当然也不否认偶尔会有高于这个价格区间的马价存在，但如果用“马一匹易绢四十匹”的标准衡量整个唐中晚期的绢马贸易明显不符合历史实际。此外，也可以看出在绢马贸易过程中，唐朝拥有发言权和自主权。唐朝与回纥在协商中和平交易，并非对回纥要求有求必应。实际上，回纥汗国中后期一再与吐蕃在西域争霸[①]，经济亏空十分严重，加上国势日颓，对唐朝的经济依赖很强，这一时期的绢马贸易主动权基本掌握在唐朝手中，贸易中尽显羁縻意味。唐朝以绢马贸易稳固北疆态势。

三、唐朝对马匹需求问题考论

《旧唐书》卷一九五《回纥传》记载：“大历八年（773）十一月，……回纥恃有功……其使候遣继留于鸿胪寺者非一。蕃得帛无厌，我得马无用，朝廷甚苦之。是时特诏厚赐遣之，示以广恩，且俾知愧也。”骑兵是中古时代的“坦克”，“我得马无用”论是否符合安史之乱后内忧外患的唐朝实际呢？单从唐与吐蕃的较量看，至德元年（756）至大中元年（847）这九十余年中，吐蕃犯边五十余次，以肃、代、德三帝时期最为频繁和密集。吐蕃初期的犯边还伴随着对唐土的占领，陇右、河西、北庭、安西等地先后失守，交战区域涉及今天的内蒙古自治区、宁夏回族自治区、甘肃、陕西、青海、四川等沿边省份。安史之乱后，唐朝马政被破坏，尤其是陇右河西的失

① 回纥和吐蕃争夺西域的主导权主要发生在腾里野合可汗、保义可汗、崇德可汗时期。《九姓回鹘可汗碑》等史料表明，在顿莫贺可汗晚期双方就已经开始了争霸战争。战争使得回纥经济困难，因而保义可汗、崇德可汗时期与唐朝的交往主要围绕绢马贸易，回纥方面也屡屡向唐朝请婚，以期获得恩赐的巨额财富。崇德可汗时期，回纥与吐蕃争霸战争结束，但巨大的经济亏空使得后继昭礼可汗对唐朝的经济依赖依旧非常强。自回纥与吐蕃西域争霸战争开始，唐朝在与回纥贸易中的话语权便逐渐加强。

守，唐朝丧失优质牧马地，马政已经不能回到以前。吐蕃每次犯边都会洗劫，其中马匹就是重要一项。唐朝在屡屡被洗劫的同时，还要对抗吐蕃骑兵，在这种情况下马匹作为战备物资很不足以抵用。吐蕃入侵最深处能到达长安，阵仗十分庞大，犯边军队人数几万至数十万皆有。这一时期唐朝的马匹主要靠关中宜牧区的畜养获得，因为马匹生长周期较长，自产马匹远远跟不上消耗，所以从回纥处购买能够有效补充马匹需求。唐朝在和吐蕃的长期对抗中战马损耗数量庞大，此外唐朝镇压内部的仆固怀恩之乱、泾原兵变也需要消耗马匹。大历年间唐与吐蕃之间的大小战争共计十四次，大历八年（773）竟有“我得马无用”的记载，这显然不符合当时唐朝政局。

《新唐书》卷五一《食货志》记载：“时回纥有助收西京功，代宗厚遇之，与中国婚姻，岁送马十万匹，酬以缣帛百余万匹。而中国财力屈竭，岁负马价。”可以肯定的是，关于回纥每年都能送来10万匹马的记载，其真实性存疑。上文已经提及，回纥与唐朝几次贸易后累计的马匹数量也距10万匹很远。但我们不妨利用这则史料估量一下唐代宗时期双方贸易的马价。10万匹马换百余万匹绢，百余万是个虚词，但最大可以是190万，也就是说此时1匹马的价格最多是19匹绢，远远低于“马一匹易绢四十匹”的记载。通过对比来看，“马一匹易绢四十匹”确实夸大了实际。当然，这则史料更多反映的是贸易量确实扩大了很多，但未必达到每年10万匹的数量。回纥加紧与唐朝绢马贸易，显示出回纥对唐朝的经济依赖非常强。唐朝面临的并非“我得马无用”，而是财政日蹙与贸易量的扩大超出了自身承受力。

四、回纥马匹质量问题考论

唐朝与回纥交易马匹质量的记载并不多。《新唐书》卷五〇《兵志》载：“乾元后，回纥恃功，岁入马取缯，马皆病弱不可用。”《资治通鉴》卷二二四记载：“动至数万匹，马皆驽瘠无用；朝廷苦之，所市多不能尽其数。”前文也提到“岁送马十万匹”，若交易的马匹数量如此多且都病弱不可用，自产马匹被吐蕃抄掠后，唐朝又以哪里的马来对抗吐蕃突袭？所以“马皆病弱不可用”“马皆驽瘠无用”的记载有可能是极度贬低了马匹质量，这中间不免有对回纥的愤恨意味。而“朝廷苦之”的本质是财力枯竭，担负不起大宗绢马贸易，并不是真的苦马驽瘠无用。白居易诗《阴山道》“每至戎人送马时，道旁千里无纤草。草尽泉枯马病羸，飞龙但印骨与皮”，指出大量马匹长途运输到唐朝时已经羸弱不堪，也说明回纥马的羸弱并不是主观造成的，而是长途运输使然。再者，如果从回纥牧场出来的所有马匹一开始便是羸弱的，那么根本走不到唐土便会死在途中。大宗马匹的运输需要时时有优质牧草和良好水源，但运输过程中并不是总能找到丰富的水草供马匹补给，间或马匹还需要忍饥挨饿，且运输周期较长，马匹体能远不如始发时。

《资治通鉴》卷二二四载，唐代宗大历四年（769）回纥派人来催马价时，董晋对使者说："吾非无马而与尔为市，为尔赐不即多乎！尔之马岁至，吾数皮而归资。"胡三省注中云："吾数皮而归资是指言不计其生死，皆偿马值也。"这是说唐朝对死马也进行了付费，这中间确实渗透着强卖思想，反映出唐朝本着息事宁人的态度来羁縻与笼络回纥。既然是催马价，就说明唐朝对于马价并不总是每次都能付清，往往是攒几次之后一起支付。这样的弊端便是几次累积下来需要支付的额度就很大，一次支付巨款使得朝野普遍觉得马匹非常昂贵。从遥远之地运来马匹，运输成本加上后期死掉马匹的亏损回纥自身难以承受，这也不符合他们本族利益。唐朝以宗主大国的姿态承担了回纥的亏损。实际上这是双方默契下的贸易，回纥争取利益最大化，唐皇"念尔有劳，故下诏禁侵犯"（《资治通鉴》卷二二四），以默许这种贸易存在的方式达到羁縻与怀柔的目的，用经济利益换取回纥的顺化。以货易货时期，唐朝以绢作为货币，也会有参差不齐的情况。白居易诗中写道："缣丝不足女工苦，疏织短截充匹数。藕丝蛛网三丈余，回鹘诉称无用处。"贸易量的增加导致女工非常辛苦，于是在纺织环节弄虚作假，这可能并不是少数情况。双方在绢马贸易中往往存在这样那样的问题，但从未因这些琐事破坏双方关系。

五、结语

唐朝与回纥之间长达八十余年的绢马贸易，是推动双方友好关系发展的关键因素之一。在研究这一时期的绢马贸易时，需要综合考量历史现实，才能还原贸易的真实面貌。关于回纥马价问题，需要结合史实进行具体分析，这是一个波动变化的过程。"马一匹易绢四十匹"中包含着安史之乱后对外族情绪化的历史书写。以此记录贯穿整个绢马贸易始终，以之为质疑多年绢马贸易正面意义的因素，断不可取。唐朝与回纥在交往中，一定是普遍性与特殊性、复杂性和简单性共存，要具体问题具体分析。比较清楚的是，绢马价格是一个不断变动的过程，时而高时而低，价格受市场供需、自然灾害、政局变化等因素的影响。整个唐朝，1 匹马的价格大致在 36 匹绢以内：安史之乱前，绢马交易比价大致为 1 匹马易 1—36 匹绢不等；安史之乱后，总体上是 1 匹马易 1—25 匹绢不等。同时，不排除偶尔有高出价格区间的马价存在，但不是常态。如果用“马一匹易绢四十匹”的标准衡量整个唐中晚期的绢马贸易，则明显不符合历史实际。此外，也可以看出在绢马贸易过程中，唐朝有发言权和自主权，双方在协商中和平交易，并非任由回纥单方面摆布。实际上，回纥汗国中后期一再与吐蕃争霸，经济亏空十分严重，加上国势日颓，对唐朝的经济依赖十分强，这一时期的绢马贸易主动权尽数掌握在唐朝手中。唐朝以绢马贸易羁縻笼络回纥。马匹需求也与唐朝的时局有关，无论是对抗外敌还是抑制藩镇，战马储备对唐朝都非常重要。纵使在无对抗的时期，战马储备也可备不时之需，是国力的体现。马匹与绢的质量也受到主客观因素的影响而参差不齐，唐朝与回纥都存在货品质量低劣的情况。马价、马匹需求、绢马质量都包含了安史之乱后唐人对外族情绪化的历史书写，但这些问题并没有影响唐朝与回纥关系，贸易本身也成为维系双方友好关系的重要纽带。绢马贸易在特定历史时期具有非常重要的价值，翁独健曾指出，唐朝与回纥的绢马贸易所带来的影响远超贸易本身。回纥通过这一贸易获得了所需的绢帛，增加了财富，进而促进了经济的发展。对于唐朝而言，这一贸易则有助于保障边防安全及促进内部稳定。①

① 翁独健:《中国民族史纲要》(上)，中国社会科学出版社 2015 年版，第 319 页。

归义军初期悟真出使长安问题新探*

钟　妍　黄　京

（西北师范大学历史文化学院　敦煌研究院）

【摘　要】　作为归义军史上的重要人物，悟真一直以来备受学界关注，特别是悟真出使长安与京城大德交往，是研究敦煌与中原文化交往的重要事件，相关成果丰硕。以往研究大多将悟真出使放在张议潮起事即归附唐朝的历史背景下进行探讨，从而产生了一些误解。通过对归义军初期相关史料的再梳理，可知悟真出使长安是第三班次使团，并非第一或第二班次使团。其出使长安的历史背景是张议潮起事后并未立即归唐，而是继续依靠吐蕃政权担任吐蕃瓜州节度使。直至大中四年，张议潮才决定正式回归大唐。悟真出使长安，其实是一次民族文化认同之旅，目的是向京城传达沙州虽然经过吐蕃多年统治，其文化面貌依然如中原。悟真的出使，对于改变长安政要的偏见、推进沙州与内地民族的文化交流具有重要意义。

【关键词】　归义军　悟真　出使　长安　民族文化认同

悟真，俗姓唐，是晚唐沙州佛教高僧。其主要生活于吐蕃统治敦煌晚期及敦煌归义军初期，参与过张议潮（又作“张义潮”）起事，代表沙州军政界与僧界出使长安，受到唐宣宗的接见和敕封，他还撰写有上百篇诗文佳作流传后世。悟真是研究吐蕃及归义军时期敦煌佛教、文学、历史不可忽视的重要人物，因而备受学界重视，研究成

* 本文系甘肃省文物保护科学和技术研究课题“中晚唐河西陇右历史政治地理格局研究——以敦煌石窟与文献为中心”（GWJ202007）、西北师范大学 2023 年度研究生科研资助项目“文本·图像·政治：唐前期两译药师经问题研究”（2023KYZZ-B006）的阶段性成果。

果丰硕，[①] 这对于我们了解悟真生平及归义军史极具价值。由于学者们对相关史料记载理解不同，进而对悟真出使长安及相关问题的认识存在一定偏差，如悟真出使长安的使团班次、悟真出使长安的历史使命等等。对于这些问题的探讨，有助于归义军初期史脉络的厘定。笔者拟在前人研究的基础上，对悟真出使长安问题做进一步研究，以就教学界师友。

一、悟真出使长安班次辨析

目前学界对于悟真出使长安的班次，主要有两种意见：一是悟真参加了高进达等入奏长安的第一班次使团。即大中二年（848）张议潮起事后，随即派遣高进达等十人，进京禀报沙州事，悟真即十人中之一员。持此观点的学者主要有齐陈骏、李军等，[②] 理由是敦煌文献 P. 2748V 有悟真撰写的《唐和尚百岁书》，其序言和诗歌之间粘连了“天德军防御使”给皇帝的上表，其中提到“大中四年七月廿日以及六人奉河西地图”，而《新唐书・吐蕃传》载：“以部校十辈皆操挺，内表其中，东北走天德城，防御使李丕以闻。”[③] 根据这种文书间的粘连关系，以及文书内容与《新唐书》的参照，学者们认为悟真是第一班次使团成员。同时，李军先生还进一步以悟真与京城大德唱和诗中经常提及的“瓜沙僧”与大中二年张议潮起事时仅收复了沙州、瓜州两地的史实相符，更肯定了悟真是第一班次出使长安。[④] 二是悟真参与了第二班次使团入长安。即在大中五年（851），张议潮派遣悟真等人出使长安，悟真受到宣宗的接见

① 主要有陈祚龙：《悟真的生平与著作：关于敦煌文化的研究》，法国远东学院 1966 年版；竺沙雅章：《中国佛教社会史研究・后编・敦煌佛教教团の研究》，同朋舍 1982 年版，第 332 页；续华：《悟真事迹初探》，兰州大学硕士学位论文，1990 年；齐陈骏、寒沁：《河西都僧统唐悟真作品和见载文献系年》，《敦煌学辑刊》1993 年第 2 期；张先堂：《敦煌写本〈悟真与京僧、朝官酬赠诗〉新校》，《社科纵横》1996 年第 1 期；伏俊琏：《唐代敦煌高僧悟真入长安事考略》，《敦煌研究》2010 年第 3 期；杨宝玉、吴丽娱：《悟真于大中五年的奉使入奏及其对长安佛寺的巡礼》，《吐鲁番学研究》2011 年第 1 期；杨宝玉：《悟真与大中五年到朝的沙州使团》，载刘晓、雷闻主编：《隋唐辽宋金元史论丛》第六辑，上海古籍出版社 2016 年版，第 119—125 页；李军：《再论张议潮时期归义军与唐中央政府之关系》，《中国边疆史地研究》2017 年第 1 期；钟书林：《敦煌遗书 S. 4654〈赠悟真等法师诗抄〉探赜——兼论光复后的敦煌与大唐中央政权的微妙关系》，《中国典籍与文化》2018 年第 3 期；胡可先、虞越溪：《由〈悟真受牒及两街大德赠答诗合钞〉论归义军建立初期与唐中央的宗教交往》，《敦煌学辑刊》2020 年第 3 期；等等。

② 齐陈骏、寒沁：《河西都僧统唐悟真作品和见载文献系年》，《敦煌学辑刊》1993 年第 2 期；李军：《再论张议潮时期归义军与唐中央政府之关系》，《中国边疆史地研究》2017 年第 1 期。

③《新唐书》卷二一六下《吐蕃传下》，中华书局 1975 年版，第 6108 页。

④ 李军：《再论张议潮时期归义军与唐中央政府之关系》，《中国边疆史地研究》2017 年第 1 期。

和敕封，并巡游京城主要佛寺，与政界、僧界唱和诗词。持此观点的学者主要有杨宝玉、钟书林、胡可先等。① 杨宝玉针对“悟真参与第一班次使团说”，反驳指出：第一，《张淮深碑》中仅记载高进达等人入使京城，只字不提悟真，这与悟真当时的地位、声望不符；第二，史书记载张议潮是派部校十人入京，悟真为僧人，这与史书记载的身份不符；第三，悟真入长安后，在京城逗留数月之久，这与首批入奏使者急于回沙州报告情况的心态不符；第四，高进达等人是大中五年二月到达长安，唐中央是当年五月册封洪辩、悟真僧官，此等军国大事如此拖延，有悖常理。②

那么，悟真到底是随哪一班次使团入京？上述学界意见哪一个最贴近当时的历史事实呢？要回答这些问题，我们需要重新梳理现有史料。

《资治通鉴》（下文简称《通鉴》）载：

> 五年，春，正月，壬戌，天德军奏摄沙州刺史张义潮遣使来降。义潮，沙州人也，时吐蕃大乱，义潮阴结豪杰，谋自拔归唐；一旦，帅众被甲噪于州门，唐人皆应之，吐蕃守将惊走，义潮遂摄州事，奉表来降。以义潮为沙州防御使。③

《通鉴考异》引《宣宗实录》载：

> 五年，二月，壬戌，天德军奏沙州刺史张议潮、安景旻及部落使阎英达等差使上表，请以沙州降。十月，义潮遣兄义泽以本道瓜、沙、伊、肃等十一州地图户籍来献。河、陇陷没百余年，至是悉复故地。十一月，建沙州为归义军，以张义潮为节度使，河、沙等十一州观察、营田、处置等使。④

敦煌文献 S. 6161＋S. 3329＋S. 6973＋P. 2762＋S. 11564《敕河西节度兵部尚书张

---

① 杨宝玉、吴丽娱：《悟真于大中五年的奉使入奏及其对长安佛寺的巡礼》，《吐鲁番学研究》2011 年第 1 期；杨宝玉：《悟真与大中五年到朝的沙州使团》，载刘晓、雷闻主编：《隋唐辽宋金元史论丛》第六辑，上海古籍出版社 2016 年版，第 124—125 页；钟书林：《敦煌遗书 S. 4654〈赠悟真等法师诗抄〉探赜——兼论光复后的敦煌与大唐中央政权的微妙关系》，《中国典籍与文化》2018 年第 3 期；胡可先、虞越溪：《由〈悟真受牒及两街大德赠答诗合钞〉论归义军建立初期与唐中央的宗教交往》，《敦煌学辑刊》2020 年第 3 期。

② 杨宝玉：《悟真与大中五年到朝的沙州使团》，载刘晓、雷闻主编：《隋唐辽宋金元史论丛》第六辑，上海古籍出版社 2016 年版，第 120—122 页。

③《资治通鉴》卷二四九，中华书局 2011 年版，第 8166—8167 页。

④ 同上书，第 8171 页。

公德政之碑》（下文简称《张淮深碑》）载：

> 敦煌、晋昌，收复已讫，时当大中二载。题笺修表，纡道驰函。（沙州既破吐蕃，大中二年，遂差押牙高进达等，驰表函入长安城，以献天子。）上达天闻。皇明批览，龙颜叹曰："关西出将，岂虚也哉。"①

上揭《通鉴》所记沙州使团，分别有两个批次，一是由张议潮、安景旻、阎英达等人派遣的使团。目前学界对于大中五年（851）二月的使团班次，较为统一的认知是大中二年派遣出来的高进达团。② 由于道路险阻，直到大中五年高进达等才到天德城，丰州都防御使于大中五年二月中旬③奏称他们请"以沙州降"，随后唐中央给予张议潮沙州防御使的册封。二是由张议潮派遣其兄张议潭（原文"泽"误）于大中五年十月入京，携带"瓜、沙、伊、肃等十一州地图户籍来献"，唐中央遂于当年十一月设置归义军，"以张议潮为节度使，河、沙等十一州观察、营田、处置等使"。

从时间看，悟真显然不是张议潭使团的成员。因为现存敦煌莫高窟第 17 窟的《洪䛒碑》及敦煌文献 P. 3720"悟真告身、黄牒"，明确纪年是大中五年五月廿一日。④ 说明悟真到达长安的时间，至少在大中五年五月之前。

至于大中五年二月份使团班次，如果依目前学界认定是高进达团的话，前揭杨宝玉先生已逐一批驳悟真非高进达使团成员。简言之，悟真未参加高进达团出使长安。

同时，大中五年二月使团到底是不是高进达团，也需要重新辨识。因为这关涉到从大中二年至大中五年沙州到底派遣了多少个使团入奏，悟真到底是第几班次专使。

敦煌文献 P. 3481V《释门杂文》载：

---

① 郑炳林、郑怡楠：《敦煌碑铭赞辑释（增订本）》，上海古籍出版社 2019 年版，第 155 页。

② 主要有荣新江：《归义军史研究——唐宋时代敦煌历史考索》，上海古籍出版社 2015 年版，第 64 页；杨宝玉、吴丽娱：《悟真于大中五年的奉使入奏及其对长安佛寺的巡礼》，《吐鲁番学研究》2011 年第 1 期；李军：《再论张议潮时期归义军与唐中央政府之关系》，《中国边疆史地研究》2017 年第 1 期。

③ 前揭《通鉴》所谓"五年，春，正月，壬戌"，《通鉴》本注已指出其误，同时杨宝玉先生也进一步认为是二月壬戌，即二月中旬。见杨宝玉：《悟真与大中五年到朝的沙州使团》，载刘晓、雷闻主编：《隋唐辽宋金元史论丛》第六辑，上海古籍出版社 2016 年版，第 122 页。

④《洪䛒碑》具体内容，见李永宁：《敦煌莫高窟碑文录及有关问题（一）》，《敦煌研究》（试刊）1981 年第 1 期。杨宝玉、吴丽娱先生在此基础上重新校录，见杨宝玉、吴丽娱：《归义军政权与中央关系研究——以入奏活动为中心》，中国社会科学出版社 2015 年版，第 16—17 页。敦煌文献 P. 3720 具体内容，见上海古籍出版社、法国国家图书馆编：《法藏敦煌西域文献》第 27 册，上海古籍出版社 2002 年版，第 112—113 页；唐耕耦、陆宏基：《敦煌社会经济文献真迹释录》第四辑，全国图书馆文献缩微复制中心 1990 年版，第 29—32 页。

则有我大檀越大蕃部落使、河西节度、太原阎公。……一昨春，制使回车。乃令贤郎等躬躯征轩，造谒明主，布露肝胆，觐奉阙廷，郎君自荣驾长㫁，言登岐洛，阔别如昨，自径三旬。①

郑炳林、郑怡楠先生指出，这里的阎公是阎英达，此卷是阎英达诸郎君入朝后三旬，为保道途平安，其家人所作的发愿文，时间约在归义军收复敦煌的初年。② 魏睿骜博士认为:《通鉴》记载的大中五年二月，天德军奏称的那一批由张议潮、安景旻、阎英达等派遣的使团，其实就是上揭 P. 3481V《释门杂文》所谓“太原阎公……令贤郎等躬躯征轩，造谒明主”的这批人。大中二年张议潮派遣高进达等部校十人入奏京城，早就于大中三年（849）返回沙州。宣宗皇帝在接到高进达等奏报后，随即遣使往沙州，并在大中四年春返长安，此时沙州张议潮、安景旻、阎英达等再次派遣使者与朝廷天使一道去京城。③ 对此，我们比较认同魏睿骜博士的观点。因为，结合前揭《通鉴》记载和 P. 3481V《释门杂文》内容，可见二者是能相互印证的。首先，《通鉴》载“沙州刺史张议潮、安景旻及部落使阎英达等差使上表”，《释门杂文》则有阎英达“令贤郎等躬躯征轩”。其次，《通鉴》载“请以沙州降”很值得注意。所谓“降”，是敌对方向己方投诚、屈服。沙州自贞元二年（786）后已是吐蕃领土，张议潮等人也是吐蕃的官员。大中二年张议潮起事赶走的其实是吐蕃微松派势力，后来张议潮还与吐蕃大将尚婢婢联合④，并接受吐蕃节度使的官衔（下文详论）。如此种种表明，沙州张议潮等在大中五年之前相对大唐来说，仍是敌对势力。P. 3481V《释门杂文》就有“伏惟我圣神赞普”“大哉赞普，难可在言”等用语。所以当张议潮、安景旻、阎英达遣使表达想回归大唐的意愿时，史家用了“降”这个字，可谓恰如其分。最后，《通鉴》记载“部落使阎英达等差使”，P. 3481V《释门杂文》则有“我大檀越大蕃部落使”，可见大中五年二月的这批沙州使者并非高进达等人，而是由张议潮、

① 郑炳林、郑怡楠:《敦煌碑铭赞辑释（增订本）》，上海古籍出版社 2019 年版，第 458 页。

② 同上书，第 458—459 页。

③ 魏睿骜:《大中初年张议潮遣使活动探究——以 P. 2686V、P. 3481Vc 为中心》，《敦煌学辑刊》2022 年第 1 期。

④ 有学者研究认为，大中年间，以张议潮为代表的归义军势力与以尚婢婢为代表的吐蕃势力是敌对关系，两者并不融洽。参见李浩博:《张议潮收复肃、甘二州系年再议——兼论大中时期归义军与尚婢婢等吐蕃势力的关系》，载杜文玉主编:《唐史论丛》第三十六辑，三秦出版社 2023 年版，第 97—102 页。此观点依然是在张议潮起义即归唐的历史语境下，考察当时的河西局势及张议潮与吐蕃的关系。如果详细梳理当时的相关敦煌藏文文献即可知，张议潮起事后仍然尊奉吐蕃政权，接受吐蕃官职。

安景旻、阎英达等再次派遣的使团，其中包括部落使阎英达的郎君。

那么，悟真是否也在其中？结合前举莫高窟第17窟的《洪辩碑》及敦煌文献P.3720“悟真告身、黄牒”明确纪年为大中五年五月廿一日，悟真不可能是这批使团的成员。前文已论，张议潮、安景旻、阎英达等派遣的使团大中四年春出发，跟随朝廷天使从沙州去往长安。大中四年七月廿日，抵达天德军城，由丰州都防御使上奏皇帝，介绍这批使团的情况及来意。大中五年二月，朝廷做出部署，册封张议潮为沙州防御使。如果悟真是这批使团成员，那就应该在大中五年二月朝廷册封张议潮沙州防御使的同时，封洪辩、悟真为僧官。但迟至五月廿一日才封，中间延了三个月，显然不符合唐代行政运作程序[①]。可见，悟真是继张议潮、安景旻、阎英达等派遣的使团后，又一批沙州进奏使。从班次看，应是第三班次专使。杨宝玉、吴丽娱指出，大中五年至少有三个沙州使团到达长安，第一批是大中五年二月，悟真所率的使团是两三个月后到长安的，比第一批晚得多。[②] 两位先生虽然认为大中五年二月的使团是高进达团，可能与实际有所偏差，但对于悟真使团入长安的时间判断还是较为准确的。换言之，悟真使团是沙州派往长安的第三班专使，他们到达长安的时间应该在大中五年四—五月。

二、悟真出使长安的历史背景勾稽

以往学界在探讨归义军与唐中央入奏关系时，往往从大中二年张议潮起事后即回归大唐的历史语境去理解相关史料，进而会忽略一些重要线索，并产生认识偏差。通过上文对悟真出使长安的班次探讨来看，其相关历史背景要重新认识。

《通鉴》载：

> （会昌二年十二月）丁卯，吐蕃遣其臣论普热来告达磨赞普之丧……初，吐

---

① 据《唐六典》载，唐代制、敕、符等文书的运作都有具体的日程规定，一般小事五日，中事十日，大事二十日，加上受事发辰、审署钞目等时间，一般一个月左右，如果遇到急事，还会更快。详见李林甫：《唐六典》卷一《三师三公尚书都省》，中华书局2014年版，第11页。按：大中五年二月的这批使团，实际上在大中四年七月就由天德军向中央汇报了。唐中央在大中五年二月对于沙州防御使的处理部署，其实就是对这批使团上奏事务的回应。而悟真等人的僧官册封，却在大中五年五月廿一日下发，如果悟真是这批使团成员，在行政运作日程上未免太慢，不符合唐代制度规定。

② 杨宝玉、吴丽娱：《悟真于大中五年的奉使入奏及其对长安佛寺的巡礼》，《吐鲁番学研究》2011年第1期。

> 蕃达磨赞普有佞幸之臣，以为相；达磨卒，无子，佞相立其妃綝氏兄尚延力之子乞离胡为赞普，才三岁，佞相与妃共制国事，吐蕃老臣数十人皆不得预政事。首相结都那见乞离胡不拜，曰："赞普宗族甚多，而立綝氏子，国人谁服其令，鬼神谁飨其祀！国必亡矣；比年灾异之多，乃为此也。老夫无权，不得正其乱以报先赞普之德，有死而已！"拔刀剺面，恸哭而出。佞相杀之，灭其族，国人愤怒。①

上引《通鉴》所载，会昌二年（842）达磨赞普去世，因无子嗣，其生前"宠佞之臣"与綝氏立乞离胡为赞普，从而遭到国人反对，吐蕃陷入内乱。《新唐书·吐蕃传》亦有类似记载。② 据相关藏文史料，达磨赞普死后，另有遗腹子欧松（vod srung）③ 被蔡邦妃立为赞普，吐蕃出现二王并立的局面，两者相互攻伐，史称伍、腰二茹之争。④

吐蕃中央的王位之争，影响范围较广，河西、陇右地区也卷入其中。陇右的洛门川讨击使论恐热以"贼舍国族立綝氏"为由，打出"入诛綝妃及其用事者以正国家"的旗号，纠合三部落及青海节度使，拥兵十余万，自称国相，攻杀宰相尚思罗。⑤ 继而又与鄯州节度使尚婢婢为敌，相互征战。

《新唐书》载：

> 婢婢，姓没卢，名赞心牙，羊同国人，世为吐蕃贵相……（会昌）三年，国人以赞普立非是，皆叛去。恐热自号宰相，以兵二十万击婢婢……婢婢遣将厖结心、莽罗薛吕击恐热于河州之南，伏兵四万……恐热单骑而逃……明年，恐热复攻鄯州，婢婢分兵五道拒守，恐热保东谷山，坚壁不出……旬日，恐热走薄寒山，募散卒稍至，得数千人，复战鸡鸡山，再战南谷，皆大败……大中三年，婢婢屯兵河源，闻恐热谋度河，急击之，为恐热所败。婢婢统锐兵扼桥，亦不胜，焚桥而还……婢婢粮尽，引众趋甘州西境，以拓拔怀光居守……恐热大略鄯、瓜、肃、伊、西等州。⑥

---

①《资治通鉴》卷二四六，中华书局 2011 年版，第 8090—8091 页。
②《新唐书》卷二一六下《吐蕃传下》，中华书局 1975 年版，第 6105 页。
③ 又称为微松。参见陈庆英：《敦煌藏文写卷 P. T. 999 号译注》，《敦煌研究》1987 年第 2 期；扎西当知：《吐蕃末代赞普欧松赞身世辨》，《中国藏学》2009 年第 1 期。
④ 班钦索南查巴：《新红史》，黄颢译注，西藏人民出版社 1984 年版，第 36 页。
⑤《资治通鉴》卷二四六，中华书局 2011 年版，第 8091—8092 页。
⑥《新唐书》卷二一六下《吐蕃传下》，中华书局 1975 年版，第 6105—6106 页。

上揭《新唐书》叙述了从会昌三年（843）到大中三年（849），论恐热与尚婢婢在陇右一带相互征战的情况。论恐热是反对綝氏和乞离胡赞普的，那么尚婢婢自然是拥护乞离胡的。大中三年尚婢婢西奔甘州，又被追赶至瓜州，此时，张议潮已经起事。也就是说，尚婢婢与张议潮发生联系，合兵一处。① 陆离、陆庆夫先生指出，尚婢婢因乏粮率众西走甘州，后被论恐热追到瓜州，这就直接与张议潮发生了联系，论恐热追到瓜州后突然不追，而是掉头去围攻鄯州的拓拔怀光，其中必有隐情，应该是尚婢婢与张议潮联合，论恐热面对张议潮与尚婢婢联军，自知不敌，故而退却。② 魏睿骜博士也认为张议潮与尚婢婢有了联盟关系。③

如上述论证不误，既然张议潮与尚婢婢能够联盟，就说明张议潮也站在吐蕃乞离胡一派，而其在大中二年发动起事，反对的自然是吐蕃微松派势力。这一点，可从敦煌藏文文献 P. T. 999《祈愿文》得到验证，文曰：

> 鼠年季夏（六月）八日，沙州二部僧伽，为赞磨王妃潘母子官殿微松之功德，也为沙州地方百姓之功德举行回向供施法会。从官廷指令及信函、教法大臣及安抚大臣之信函中得知，在 2700 人法会之时，教法大布施所奉献之财务，交与长老僧人洪辩和旺乔登记，并由管经僧人云海和李丹贡核对经卷记录和正是凭据付账。以后结算经卷总账之时，以此登记账目和总账本相核对，如吻合则登记偿付，并发给盖有印章之凭据。④

《祈愿文》中提到鼠年，即 844 年，沙州二部僧伽为微松举行法会颂功德。微松宫廷指令，沙州僧界长老洪辩登记布施财物，并由僧人云海和李丹核对账务。这说明，当时的沙州吐蕃军政界是站在微松一派的。张议潮起事，赶走的正是微松派吐蕃势力。

---

① 有学者已考证张议潮收复肃州、甘州的时间，并非大中三年，而是大中十年（856）至十二年（858）。并指出“不逾星岁”，此“星岁”的含义是一纪（十二年）。因此，尚婢婢逃至甘州并未与张议潮发生联盟关系。参见李浩博：《张议潮收复肃、甘二州系年再议——兼论大中时期归义军与尚婢婢等吐蕃势力的关系》，载杜文玉主编：《唐史论丛》第三十六辑，三秦出版社 2023 年版，第 96—98 页。但是，尚婢婢随后又被论恐热追赶至瓜州，此时瓜州已经是张议潮的势力范围。

② 陆离、陆庆夫：《张议潮史迹新探》，《中国边疆史地研究》2011 年第 1 期。

③ 魏睿骜：《大中初年张议潮遣使活动探究——以 P. 2686V、P. 3481Vc 为中心》，《敦煌学辑刊》2022 年第 1 期。

④ 陈楠：《P. T. 999 号敦煌藏文写卷再研究——以往汉译本比较及相关史事补正与考辨》，《中国藏学》2008 年第 3 期。

大中二年张议潮起事赶走微松派势力后，并没有立即归唐。这从大中三年其与尚婢婢的联合能得到印证。同时，敦煌文献 P. 2686V《大蕃沙州敦煌郡摄敕授节度张公功德颂》也能说明。移录如下：

大蕃沙州敦煌郡摄敕授节度张公

本郡器等谨贺

右三危故境，列积垓壤之封；五郡城域，逐并南蕃之化。虽仍并一旅，承问天阙；幕府倾移，旌信不散。全城纳效，爰及六十余载。又遇陷落蕃庭，灾害随生；运属艰危，声复律吕；举国倾坏，兵甲竞兴。彼此相攻，父南子北；铜头铁额，同马狡而煞人；结憎连郡，隳山村而掠野。伏惟节度公心如铁石，志等松筠，知去就之心，识存亡之兆。孤贞绝域，抗节危城，丑类披犀汗血。或列千乘雷振，曳红旗而闪天；或进骑云屯，声鼓鼙而动地。昼攻夜守，春候秋防；一郡赖大树之荫，四塞怯接飞之手。是以南蕃匍匐，北狄来济，杂舍羌浑，悚然归伏。既而王祥有修，易俗移风之教，缮行来，歌息盗。所以轻云夜散，［得］睹苍天；重雾晨开，还瞻白日。伏惟节度公功方德厚，瀚海之勋靡申；调下琴悲，际天之劳须奏。□□□□，□□坎分。①

上引文，郑炳林、郑怡楠先生初定名为《大蕃沙州敦煌郡摄节度功德颂》。经魏睿骜博士仔细辨析题名，认为“摄”字后有“敕授节度张公”，② 故现用此篇名。对于该文献的具体撰写年代，郑炳林、魏迎春指出应在 849 年。③ 文献中提到的节度公是张议潮。④ 849 年是大中三年，此时已是张议潮起事后第二年。该文献依然以“大蕃沙州敦煌郡”题名，显然说明张议潮起义后仍尊奉吐蕃政权。我们知道，吐蕃攻陷沙州后，在瓜、沙地区设置有瓜州节度使进行管辖，上揭文献所谓“节度张公”，应该是

① 录文参考郑炳林、郑怡楠：《敦煌碑铭赞辑释（增订本）》，上海古籍出版社 2019 年版，第 148 页；郑炳林、魏迎春：《敦煌写本〈大蕃沙州敦煌郡摄节度功德颂〉研究》，《敦煌学辑刊》2019 年第 4 期；魏睿骜：《大中初年张议潮遣使活动探究——以 P. 2686V、P. 3481Vc 为中心》，《敦煌学辑刊》2022 年第 1 期。

② 魏睿骜：《大中初年张议潮遣使活动探究——以 P. 2686V、P. 3481Vc 为中心》，《敦煌学辑刊》2022 年第 1 期。

③ 郑炳林、魏迎春：《敦煌写本〈大蕃沙州敦煌郡摄节度功德颂〉研究》，《敦煌学辑刊》2019 年第 4 期。

④ 同上。

指张议潮起事后接受了吐蕃政权册封的瓜州节度使，任命者应是张议潮支持的乞离胡派。①

另外，前文所引敦煌文献 P. 3481V《释门杂文》提到“我大檀越大蕃部落使……太原阎公”，也可进一步印证，直到大中三年底，张议潮统辖下的沙州、瓜州等地，依然尊奉吐蕃政权。这也是尚婢婢与张议潮联合的基础。到了大中四年（850）初，唐朝专使来到沙州，当地才开始尊奉唐王朝，改用唐大中年号。如敦煌文献 P. 2825《太公家教一卷》尾题有“大中四年庚午正月十五日学生宋文显读，安文德写”②，又如日本京都有邻馆藏敦煌文书 51 号《大中四年十月沙州令狐进达申请户口牒》③，等等。可见，在传世史料记载的大中五年二月，唐中央任命张议潮为沙州防御使前一年，沙州才开始行用唐朝年号。大中二年至三年，虽然张议潮起事，但瓜、沙二州依然是吐蕃制下的势力范围，张议潮是吐蕃政权的官员。

正是在这种历史背景下，悟真法师受命出使唐都长安，目的是寻求刚刚由蕃入唐的沙州与中原两地的民族文化认同。

三、悟真在长安的民族文化认同活动

“认同”是“自我”与“他者”关系的心理学名词。弗洛伊德从心理学的角度，阐释了“认同”的概念，即个人与他人、群体或模仿人物在感情上、心理上趋同的过程。④ 文化认同就是人们之间或个人群体之间共同文化的确认，⑤ 其核心是对自我的身份以及自我身份的合法性、正当性，对自己生活世界的必然性，对特定的文化理念、思维模式和行为准则等的价值认同和价值观认同⑥。因此，民族文化认同是民族成员对民族文化价值内核的承认、认可与赞同，进而获得归属意识与理性自觉的心理过程。民族文化认同强调的是民族成员身份的归属和意义的探寻。⑦ 换言之，民族文

① 魏睿骜:《大中初年张议潮遣使活动探究——以 P. 2686V、P. 3481Vc 为中心》，《敦煌学辑刊》2022 年第 1 期。

② 上海古籍出版社、法国国家图书馆编:《法国国家图书馆藏敦煌西域文献》第 19 册，上海古籍出版社 2001 年版，第 4 页。

③ 见池田温:《中国古代籍帐制度研究》录文与插图，龚泽铣译，中华书局 2007 年版，第 422 页。

④ 车文博主编:《弗洛伊德主义原著选辑（上卷）》，辽宁人民出版社 1988 年版，第 375 页。

⑤ 崔新建:《文化认同及其根源》，《北京师范大学学报（社会科学版）》2004 年第 4 期。

⑥ 姜华:《全球语境下文化自觉与文化认同的哲学思考——韦伯关于德国文化问题研究的启示》，《求是学刊》2012 年第 2 期。

⑦ 苏泽宇:《民族文化认同当代建构的应然向度》，《广西社会科学》2016 年第 4 期。

化认同从自我的角度看，就是本群体对特定文化理念、思维模式、行为准则的价值认同，讲究的是一种归属；从他者的角度看，就是对期望寻求文化价值认可的成员，予以接纳。

前文已论，张议潮起事后虽然很快就派遣高进达等向唐朝汇报沙州情况，但其又继续依附于吐蕃政权，并接受吐蕃瓜州节度使官职，还与吐蕃鄯州节度使尚婢婢联盟。① 这种同时与两个政权联系的行为，反映了张议潮矛盾的心理。这种矛盾心理很可能是：一方面张议潮率众赶走了吐蕃微松派势力，但当时就整个河西的局势看，吐蕃微松派势力较强大，这点可从论恐热率军追赶尚婢婢时能大掠鄯、瓜、肃、伊、西等州得以印证。而 P. 2686V《大蕃沙州敦煌郡摄敕授节度张公功德颂》也提到张议潮起事后“孤贞绝域，抗节危城”，可谓势单力孤。如果此时贸然脱蕃入唐，不仅自身没有那个实力，还会遭到原本作为盟友的尚婢婢及其他势力的反对，进而导致起义失败。另一方面以张议潮为代表的沙州汉人豪强集团，在历经六十余年吐蕃统治后，乘吐蕃内乱，想回归大唐。但这种回归，并非简单地派人向大唐汇报情况并表示回归的意愿，就能轻易地被唐中央所接纳，毕竟河西地区已被吐蕃统治多年，在政治、文化、生活等多方面已经吐蕃化。像沙州这样被其他民族统治许久的地区及民众，唐中央会以怎样的心态去对待、能否接纳，这些问题对张议潮等人来说都是未知数。因此，在派遣使者向唐中央表明政治意向的同时，在长安进行文化宣传，不失为一种有效途径。

从具体的历史实践来看，当高进达使团从长安返回后，唐朝立即派遣专使来沙州。目前史料显示朝廷的这次来使并未给沙州带来什么实质性的政治进展，很可能只是宣慰及调查情况。因为，直到大中五年二月，官方才正式宣布张议潮以沙州降，封张议潮为沙州防御使，而这已经是阎郎君等第二班次使团去长安获得的政治成果。从时间上推算，如果以悟真为代表的第三班次使团到长安是大中五年的四到五月份，那么其从沙州出发的时间，可能是大中四年四月左右，最晚也得是六、七月份就要出发。② 而此时，沙州第二班次阎郎君使团还在去往长安的路上，朝廷最终如何处理沙州“投诚归唐”，也未可知。

大中五年悟真使团到达长安时，得到了觐见宣宗皇帝的机会。悟真向皇帝面呈沙

① 张议潮起事并与尚婢婢联盟，客观上说明张议潮也卷入了吐蕃当时王位争夺的政治漩涡中。

② 上文已经提到，第二批沙州使者即阎郎君使团，是大中四年初从沙州出发，大中四年七月才到天德军，大中四年底到长安。唐中央于大中五年二月宣布沙州降，以沙州为防御州。所以，根据当时局势，从沙州到长安往往要一年。

州归唐事宜，正如P.4640《悟真邈真赞》所描述的那样：“入京奏事，履践丹墀。升阶进策，献列宏规。忻欢万乘，颖脱囊锥。丝纶颁下，所请无违。承九天之雨露，蒙百譬之保绥。宠章服之好爵，赐符告之殊私。”① 对于沙州归唐后如何进行相关治理，悟真建言献策，其卓越的政治、外交才干，得到了皇帝的赏识，受封僧官。当然，最重要的是皇帝特许其巡游长安，与京城政界、僧界交往，所谓“皇都硕德，诗咨讽孜”②。这次巡游京城，正是张议潮为首的沙州政界所期许的，因为可以展示受吐蕃统治多年后沙州的文化面貌，同时唐中央也想借此探察沙州政情。此点，可从长安千福寺三教首座大德辩章《赞奖词》得到印证：“圣君念以聪惠，贤臣赏以精持。诏许两街巡礼诸寺，因兹诘问佛法因由，大国戎州，是同是异。”③ 所谓“因兹诘问佛法因由，大国戎州，是同是异”，我们知道，自东汉时期佛教传入中国，儒、释、道三家思想逐步融合，并成为中国传统文化的主导。唐代，佛教中国化已经有较深入的发展。以佛法论两地异同，就是探寻当时沙州的社会文化是否与中原相同，这是一种民族文化认同的心理暗示。

关于悟真在长安巡游的具体史事，因相关史料缺乏，现已不可详知。所幸，在敦煌文献P.3720、P.3886V、S.4654V、P.3645、S.9424中保存了悟真与京城僧俗政要唱和诗词，除去各写本间重复的诗词，据统计有十六首④。这些诗词为我们窥见悟真在长安进行文化宣讲、寻求民族文化认同提供了可能。

对于唐都长安的政要、高僧来说，沙州是偏处一隅的小地方。在政治地理层面，沙州是唐代的边州；从民族文化角度看，沙州是多民族混合聚居地。千福寺辩章法师视沙州为“遐荒”“戎州”，视悟真为“出自西蕃，来移上国”。钟书林先生指出这体现了辩章等自视甚高，将敦煌瓜沙异域视为蛮蕃之地，其言论为悟真与京城政要的交往唱和定下了基调。⑤ 在此后的巡游中，目前所见的诗词，都充满着类似语句。如朝臣杨庭贯诗曰：“瓜沙古塞没多时，人物虽存改旧仪。”⑥ 杨庭贯虽然肯定了沙州等地自古就是中原王朝统治下的地区，但经过吐蕃长年统治，沙州与中央隔绝日久，人虽存但以前的华夏文化风貌改变了。又如千福寺沙门子言诗曰“圣泽布遐荒，僧来自远

① 郑炳林、郑怡楠:《敦煌碑铭赞辑释（增订本）》，上海古籍出版社2019年版，第380页。
② 同上。
③ 徐俊纂辑:《敦煌诗集残卷辑考》，中华书局2000年版，第332页。
④ 钟书林:《敦煌遗书S.4654〈赠悟真等法师诗抄〉探赜——兼论光复后的敦煌与大唐中央政权的微妙关系》，《中国典籍与文化》2018年第3期。
⑤ 同上。
⑥ 徐俊纂辑:《敦煌诗集残卷辑考》，中华书局2000年版，第339页。

方。愿移戎虏地，却作礼仪乡”①，认为沙州是遐荒、戎虏之地，将沙州归唐视为其要改变现状，成为文化礼仪之地。再如可道法师曰“远国观光来佛使，边庭贡籍入王宫”②，将沙州视为远国、边庭。可见，当时长安政要对于沙州的文化存在偏见。

对于长安大德们的认知，悟真如何回复，以寻求文化认同，目前仅能从大德们对悟真的赞赏中略知大概。如荐福寺大德栖白称“知师远自敦煌至，艺行兼通释与儒”③，又有孚法师诗曰“词藻推耀颖，经论许纵横”④，还有报圣寺道钧大德诗曰“谈论妙闲金粟教，诗情风雅逸篇才”⑤，辩章法师言“身居中正地，远慕凤凰城。已具三冬学，何言徒聚萤”。⑥ 杨宝玉、吴丽娱先生指出，悟真之才华学养及佛理精识既使长安的大德高僧心仪，也会消除他们一向认为的敦煌仅是边戎之地的看法，而增加对其地汉文化的亲切认同感。⑦

虽然悟真以自己的才华赢得了京城大德们的称赞和赏识，也部分消除了他们对沙州的陈见，但毕竟沙州被吐蕃统治多年，其民族文化认同不是一朝一夕能实现的。相应变化要从自身做起，才能得到更广泛的认同和接纳。悟真返回沙州后，即投身归义军政权建设，《悟真邈真赞》记载：“旋驾河西，五郡标眉。宣传敕命，俗易风移。”⑧多年后，当朝廷专使来到沙州，感慨“独有沙州一郡，人物风华，一同内地”。⑨

四、结语

悟真是晚唐沙州佛教高僧，同时也是归义军史上的重要人物。他代表沙州军政界、僧界出使长安，受到宣宗皇帝的接见，并特许巡游京城，与长安高僧唱和诗词。这成为悟真一生中最为光辉的时刻，也是归义军史上重要的一幕。以往学界对悟真出使长安，往往放在张议潮起义后即归唐的历史语境下去探讨，从而产生了一些误解。通过对归义军初期相关史料的再次梳理，可知悟真出使长安，是张议潮派出的第三班

---

① 徐俊纂辑：《敦煌诗集残卷辑考》，中华书局2000年版，第335页。
② 同上书，第338页。
③ 同上书，第337页。
④ 同上。
⑤ 同上书，第336页。
⑥ 同上书，第333页。
⑦ 杨宝玉、吴丽娱：《悟真于大中五年的奉使入奏及其对长安佛寺的巡礼》，《吐鲁番学研究》2011年第1期。
⑧ 郑炳林、郑怡楠：《敦煌碑铭赞辑释（增订本）》，上海古籍出版社2019年版，第380页。
⑨ 黄征、张涌泉校注：《敦煌变文校注》，中华书局1997年版，第194页。

次使团。大中二年张议潮起事后，并未立即脱离吐蕃回归唐朝，而是继续依靠吐蕃政权，并接受吐蕃的节度使官职。张议潮起事，实质是吐蕃内部王位争夺在沙州的反映。大中四年后，经过多方利弊权衡，张议潮才决定投靠唐朝，但考虑到沙州长期以来受吐蕃统治，在政治、文化等方面与中原存在差异，为了展示沙州文化与中原无异，进而推进唐朝对沙州归唐事件的处理，张议潮派遣悟真出使长安，实行民族文化认同战略。京城高僧及政界官员起初对沙州存在误解，认为沙州是遐荒、戎州，但经过与悟真的文化交往，京城大德们被悟真的才华感染，初步改变了对沙州的偏见，为中原和敦煌两地的文化交流以及归义军的创建打下了坚实的基础。大中五年悟真的出使，可谓敦煌民族文化交流史上的重要篇章。

丽末鲜初中朝关系里的联姻议题

章　豪

（复旦大学文史研究院）

【摘　要】　明朝肇建之时，为缓和明丽/明鲜之间的矛盾，共同对抗北边的游牧民族，明太祖先后向王氏高丽和李氏朝鲜提出了联姻的建议。在其联姻之策被高丽/朝鲜以各种理由推脱后，以朝鲜进贡的马鞍质量不佳为由，明太祖不再讨论联姻一事。永乐初年，因中官黄俨来访时重提明鲜联姻一事，朝鲜君臣又掀起了一场关于明鲜联姻问题的讨论。由于历史上蒙古与高丽的联姻留下的深刻教训，朝鲜半岛政权对与明朝结亲一事始终保持高度警惕。明鲜关系并不是看似强势的明朝一方塑造的，看似“卑弱恭顺”的朝鲜也有对自身利益的考量。不论是明朝采取主动联姻的外交策略，还是朝鲜半岛政权对联姻提议的谨慎拒绝，其背后决策都深受蒙古因素的影响。尽管元朝业已瓦解，但东亚海域秩序仍必须在其解体的基盘上重新构建与整合。

【关键词】　联姻　明太祖　朝鲜半岛　蒙古　东亚海域

在中国古代，婚姻联盟作为外交策略之一，曾在促进国家间的政治稳定、文化交流与经济往来中扮演了重要的角色，如汉唐政权与边疆少数民族的联姻都曾起到缓和民族矛盾、促进民族融合的作用。一般观念认为明朝是一个“不联姻”的王朝，可在明朝肇建之时，明太祖曾主动向高丽/朝鲜提出联姻的建议；永乐即位后，朝鲜君臣也曾兴起过围绕明鲜联姻问题的讨论。[①] 明朝初年这场未能成功的联姻提议，没有得

---

① 关于元明易代之际的中朝关系，已有较多的研究成果，如末松保和:《麗末鮮初における對明關係》，东京岩波书店 1941 年版；叶泉宏:《明代前期中韩国交之研究，一三六八——一四八八》，台湾商务印书馆 1991 年版；朴元熇:《明初朝鮮關係史研究》，首尔一潮阁 2002 年版；范永聪:《事大与保国——元明之际的中韩关系》，香港教育图书公司 2009 年版；郑红英:《朝鲜初期与明朝政治关系演变研究》，社会科学文献出版社 2015 年版；屈广燕:《元明嬗代之际中朝政治关系变迁研究》，中国人民大学出版社 2021 年版。

到足够的关注。[①] 围绕这场和亲风波，仍有许多问题可供探讨。明朝为什么主动向高丽/朝鲜提出做亲的建议？明廷的建议为什么遭到拒绝？本文旨在以前人研究为基点，聚焦明朝与朝鲜半岛政权关于联姻议题的讨论，力求对该时期东部亚洲海域新型秩序结构的理解提供深化见解，以期对后蒙古时代该区域历史动态有更为全面和深入的阐释。

一、洪武二十一年明丽结亲的讨论

明朝第一次向朝鲜半岛政权提出联姻的建议，发生在洪武二十一年（高丽禑王十五年，1388）。是年，李成桂、曹敏修发动威化岛回军攻破开京，废黜辛禑。[②] 曹敏修未遵从李成桂的意愿，转而与李穑一同拥立辛禑之子昌王即位。为获取明廷的支持来制衡以李成桂为代表的新兴武人集团，同年十月，年已六旬的儒臣李穑亲自越海来朝。李穑此次入朝任务有四项——贺正朝、请昌王亲朝、请王官监国、请子弟入学，其中最关键的任务就是请求昌王亲朝。[③]

不幸的是，李穑的入朝最终未能为拥王派捞取足够的政治资本，他提出的请求大多被明太祖所拒绝。出人意料的是，翌年四月李穑返回高丽后，带回了明太祖做亲的要求。“我这里有几个孩儿，恁高丽有根脚好人家女孩儿，与将来教做亲。”[④] 明太祖要求必须是“根脚好人家”的女孩儿，即出身优渥的上层阶级，结亲对象是明太祖

---

① 现有研究多是在讨论高丽贡女问题时提及明丽/明鲜联姻问题，可皇（王）室联姻与贡女制度有着较大差异。婚姻关系中双方在名义上属于平等地位，贡女制度则是双方地位不对等的产物。如肖春娟:《明初朝鲜贡女问题研究》，中央民族大学硕士学位论文，2006年；徐凡:《明朝与朝鲜的和亲外交起因探析——以“贡女”问题为中心》，《宁夏大学学报（人文社会科学版）》2011年第1期；林常薰:《明初 韓中關係와 貢女—洪武·永樂年間의 懷柔와 宥和策—》，《明清史研究》第51辑，2019年。目前仅有韩国学界关注到了这一问题。정다함《조선 태종대 世子와 明 帝女의 혼인 논의와 그 정치적 맥락》一文比较了朝鲜君臣在朝鲜太宗三年与七年两次讨论联姻问题的背景，尤其关注闵氏一族在此过程中与朝鲜太宗李芳远的碰撞、摩擦，以此分析该阶段朝鲜王朝内部权力结构的变化。정다함认为朝鲜初期与明朝的联姻问题并未得到韩国学界的重视。见《역사와 담론》第105辑，2023年。此外，윤정《태종 7-8 년 世子（讓寧大君）朝見의 정치사적 의미 - 태종 왕통과 대명관계의 상관성에 대한 분석 -》一文亦提及永乐时期的联姻问题，认为永乐时期朝鲜世子李禔入朝作为明鲜联姻失败后的一种补充手段，以巩固世子李禔的地位。见《역사문화연구》第69辑，2019年。

② 关于威化岛回军，可以参见须川英德:《高麗末における遼東への視線：威化島回軍の再検討》，《韓国朝鲜文化研究》第22辑，2023年。

③ 屈广燕:《高丽李穑出使明朝事件始末——兼论洪武朝对高丽政策变化》，载复旦大学韩国研究中心编:《韩国研究论丛》第三十辑，社会科学文献出版社2015年版，第58页。

④《高丽史》卷137《辛禑传》，《四库全书存目丛书》史部第162册，齐鲁书社1996年版，第495页。

诸子。

明太祖明确说是“做亲”，但在高丽一方看来，明太祖此举旨在向高丽索取处女，而非与高丽结亲。洪武二十二年（高丽昌王元年，1389）六月，高丽遣门下评理尹承顺、签书密直司事权近“如京师，请亲朝，且禀处女事”[①]。高丽方为什么会将明太祖“结亲”的提议理解为索取贡女？这与元朝在高丽长期索取贡女的历史及高丽此时的政治局势有关。

元朝曾长期向高丽索取贡女。[②] 最早关于蒙古索取高丽贡女的记载出现在元太宗三年（高丽高宗十八年，1231）。《高丽史》载：“将军赵叔昌与撒礼塔所遣蒙使九人持牒来，牒曰：‘……你底太子将领大王令子并大官人男孩儿要一千个，女孩儿亦是一千个，进呈皇帝做扎也者，你这公事疾忙句当了。’”[③] 此后，蒙古索取贡女的记载在《高丽史》《高丽史节要》中频繁出现。据统计，元朝与高丽长达数十年的贡女史上，高丽先后向元廷进献贡女六七十次，且人数众多。[④] 在挑选贡女期间，高丽往往“禁国中婚嫁”[⑤]，给百姓生活造成极大的不便。苏天爵（1294—1352）在元统年间曾上《灾异建白十事》，强调元朝屡征贡女对高丽百姓造成的困扰：“比年以来，朝廷屡遣使者至于其国，选取子女，求娶妾媵，需索百端，不胜其扰。”[⑥] 大量高丽女子经贡女这一途径进入元朝宫廷，“自至正以来，宫中给事使令，大半为高丽女”[⑦]。元明易代后，元朝宫廷内大量的高丽贡女又转而进入明朝宫廷。高丽判缮工寺事周英赞之女“曾入元，为大明兵所掳，选为宫人，有宠于帝”[⑧]。尽管部分高丽士大夫反感向元朝进献处女的行为，如高丽忠肃王后四年（元至元元年，1335）李穀曾向元廷上《代言官请罢取童女书》声明贡女一事给高丽造成的苦难，但元丽之间近百年的贡女制度并非一朝一夕可以废止的。[⑨] 可能正是由于元丽之间悠久的贡女传统，高丽一方错将明

①《高丽史》卷137《辛禑传》，《四库全书存目丛书》史部第162册，齐鲁书社1996年版，第495页。

② 关于元代高丽贡女问题，可以参见柳洪烈：《高麗의 元에 대한 貢女》，《진단학보》第18辑，1957年；喜蕾：《元代高丽贡女制度研究》，民主出版社2003年版；裵淑姬：《蒙．元의 征服戰爭과 高麗女性》，《中国史研究》第48辑，2007年；이명미：《몽골에 대한 고려의‘貢女’양상과 배경》，《学林》第52辑，2023年。

③《高丽史》卷23《高宗世家》，《四库全书存目丛书》史部第159册，齐鲁书社1996年版，第466页。

④ 喜蕾：《元朝宫廷中的高丽贡女》，《内蒙古大学学报（人文社会科学版）》2001年第3期。

⑤《高丽史》卷28《忠烈王世家》，《四库全书存目丛书》史部第159册，齐鲁书社1996年版，第574页。

⑥ 苏天爵：《滋溪文稿》卷26《灾异建白十事》，中华书局1997年版，第441页。

⑦ 权衡：《庚申外史》，《四库全书存目丛书》史部第45册，齐鲁书社1996年版，第233页。

⑧《高丽史》卷44《恭愍王世家》，《四库全书存目丛书》史部第160册，齐鲁书社1996年版，第99页。

⑨ 关于李穀此次上书，可以参见이명미：《몽골에 대한 고려의‘貢女’양상과 배경》，《学林》第52辑，2023年，第179—184页。

太祖所说的“做亲”理解为贡女。

当然，也存在高丽方准确理解了明太祖的真实意图但有意将“结亲”之提议视为索取贡女的可能。昌王生于洪武十三年（1380），彼时年岁尚幼，其身世成迷，亦无近亲，更无子嗣。[①] 昌王一脉不存在与朱元璋“结亲”的可能。若明太祖的“结亲”对象并非昌王一系，高丽政坛可能会崛起“以明朝皇室姻亲为核心的”第三方派系。以李穑为代表的“拥王派”寻求的是明廷对自己派系的支持，而非为混乱的政局再引入一支新的政治势力。以李成桂为代表的新兴武人集团更不愿意看到明廷势力延伸到朝鲜半岛。所以，在抵制明丽联姻这一问题上，高丽内部两派势力的意见基本达成一致。

洪武二十二年六月，高丽派尹承顺、权近等人“如京师，请亲朝，且禀处女事”[②]。对于高丽使者此次入朝，明太祖可能有些许不快。高丽方不仅无视其对昌王亲朝的严词拒绝，又将其“做亲”的提议误解为“索取贡女”。明太祖敕谕礼部尚书李原名：“尔礼部其谕高丽使，童子不必来朝，果其国有贤智之臣，明君臣之分，妥民安国，虽数世不朝，亦无所责。不然，虽连岁来朝，亦何益哉?”[③] 又命“勿送处女”。[④]

明丽“做亲”一事就此不了了之。有学者认为尽管明太祖此时对高丽持不干预的态度，但明太祖的结亲之策亦能为其介入高丽政事创造条件。[⑤] 该观点仍可商榷，彼时明廷本就有合理介入高丽政事的手段，洪武二十一年李穑入朝时向明太祖提出的包括“王官监国”在内的四项请求，本就是为了引入明朝势力，壮大“拥王派”以对抗李成桂。明太祖对昌王亲朝、王官监国等提议的多次拒绝可以证明明廷无意干预高丽内政。[⑥]

与其将明太祖所提出的“结亲之策”视为明廷介入高丽政局的诡计，或许将之视为明廷试图改善明丽关系的“体面”途径更为合理。洪武二十年（高丽禑王十三年，1387），明朝与高丽因“铁岭卫”事件的矛盾爆发，双方关系降至冰点，甚至到了足

① 昌王被废后，随后被扶立上位的定昌府院君王瑶是高丽神宗七世孙，为高丽王室疏属。
②《高丽史》卷 137《辛禑传》，《四库全书存目丛书》史部第 162 册，齐鲁书社 1996 年版，第 495 页。
③《明太祖实录》卷 197，洪武二十二年八月癸卯条，台北“中研院”史语所 1962 年版，第 2954 页。
④《高丽史》卷 137《辛禑传》，《四库全书存目丛书》史部第 162 册，齐鲁书社 1996 年版，第 498 页。
⑤ 윤정:《麗末鮮初世子朝見의 추이와 그 의미: 昌王의 親朝요청과 恭讓王세자의朝見》，《한국문화》第 80 辑，2017 年，第 170—171 页。
⑥ 关于明代前期“世子”亲朝的相关问题，可以参见章豪:《“世子”来朝：明代中朝交往中的一种特殊类型》，待刊。

以引发军事冲突的程度。[①] “朝廷欲置铁岭卫，武臣崔莹挟伪主，欲举兵攻辽。”[②] 李成桂威化岛回军后，高丽对明姿态极速转变：主战派崔莹被囚，昌王取代亲元派的辛禑即位，高丽拥王派甚至需要借助明廷的威势以对抗李成桂。高丽国内政局的风云突变使明太祖不得不重新思考、处理与高丽的关系，“结亲”正是明太祖所给出的答案。中原王朝与周边政权的联姻往往能起到缓和局势、稳定边疆的作用。[③] 在明太祖看来，相比起高丽方所提出的王官监国等举措，“结亲”之策能使高丽最大程度地葆有自主权。同时，这一举措亦更符合明太祖“听彼自然，不干名爵”[④] 的对外原则。

二、洪武二十九年明鲜间的“做亲”纷争

明太祖与朝鲜半岛政权“结亲”的想法并未因高丽方的“误解”而打消。或许是因为高丽王位频繁更迭，过于混乱，高丽恭让王在位期间，明太祖并未再次流露出“做亲”的想法。可在丽鲜嬗代后不久，洪武二十九年（朝鲜太祖五年，1396），明太祖又向朝鲜政权提及“做亲”一事。

明廷使臣至朝鲜传谕圣旨：“恁那里来的火者，俺这内园里，到处里行走都看来。俺这里去的，到那王的内园里，到处行走看一看，明日好做亲家。”[⑤] 与这则“做亲”圣旨一同到来的，还有明廷对朝鲜表笺不恭的责难：“前者朝鲜国进正朝表笺文内，轻薄戏侮，着李某将撰文者发来，止送撰笺者至，其撰表人郑道传、郑擢，至今不见送到。今再差尚宝司丞牛牛、内使杨帖木儿、宋孛罗、王礼，一同原差来通事杨添植，从人金长前去本国，催取撰表人郑道传等，及催原搬取本国使臣柳珣等家小，前来完聚。”[⑥]

考虑到明太祖“做亲”的提议与对朝鲜表笺不恭的责难一同进入朝鲜，所以这两件事并不能割裂看待。现有研究成果多强调明太祖在“表笺纷争”事件中对朝鲜方的刁难又或是借“表笺纷争”对朝鲜内部“强硬派”进行敲打，未能注意到明太祖同时

① 明丽之间围绕铁岭卫产生的这场冲突，学界已有较多研究，可参见刘阳：《明初铁岭卫事件再考察——兼论明朝的东北边疆观及其反作用》，《中国历史地理论丛》2016 年第 4 期；李花子：《明清时期中朝边界史研究》，知识产权出版社 2011 年版，第 25—37 页。

② 河仑：《浩亭集》卷 3《牧隐李先生墓志铭》，《韩国文集丛刊》第 6 册，首尔景仁文化社 1990 年版，第 476 页。

③ 朱振杰：《中国历史上和亲的类型及作用》，《新疆大学学报（哲学社会科学版）》1987 年第 4 期。

④ 朱元璋：《明太祖御制文集》卷 6《谕中书却高丽请谥》，台湾学生书局 1965 年版，第 193 页。

⑤《朝鲜太祖实录》卷 9，“五年六月丁酉”条，韩国国史编纂委员会 1968 年影印本，第 93 页。

⑥ 同上。

提出“做亲”一说的特殊用意。[①] 若将明太祖“做亲”的提议与该事件一并考量，在表现出对朝鲜强硬一面的同时，明太祖也释放了希望与李氏朝鲜和平相处的信号。[②] 此次表笺冲突始于洪武二十八年（1395）十二月，朱元璋以朝鲜太学士柳珣所上贺表“其辞不逊”为由将其扣押。随后，明廷又扣押了前来“求请印诰”的朝鲜使臣郑揔。洪武二十九年六月的这则诏谕，就是要求朝鲜方将撰表之人郑道传、郑擢与被扣押人员的家属一并押解到京师。

对于明太祖此次“做亲”的提议，朝鲜方先是“以帝许做亲，告宗庙”[③]，后又“遣判门下府事权仲和、商议中枢院事具成老，如京师谢做亲事”[④]。可见对于与明朝结亲一事，朝鲜此次本已同意（仔细考量前后文，此处“谢做亲事”并不是拒绝做亲的意思。高丽方应该是先同意后又不成更符合实际情况）。朝鲜使臣河仑自京师返回后，带回了明太祖的圣旨：“我实要做亲。我的子孙，厮儿多，女儿小。恁那里才八岁，到十六岁，便是成丁。恁那里实事小，虚事多。是实呵，我和尔做亲。恁只要至诚，不要生事。”[⑤] 明太祖表达得非常直白，做亲是为了朝鲜“不要生事”。为了表现自己的善意，明太祖还将此次扣押的朝鲜使臣柳珣“发还本国”。对此，朝鲜立刻“谨遣陪臣偰长寿等，钦赍鞍马礼物，赴京谢恩”[⑥]。

但朝鲜方始终不愿意交出“表笺之祸”的主人公郑道传，同时又以李成桂等尚“在孝服中”为由进行拖延。先前，因表笺纷争而被扣押在京师的朝鲜使臣郑揔亦曾表示因“王妃殁”，要服“齐衰”。[⑦] 尽管口头声称“本国虽有丧事，在朝廷不敢这般”[⑧]，可郑揔依然穿着素服入宫觐见明太祖，引得明太祖大怒。郑揔此举的目的无从揣测，但可知朝鲜方所提“服丧”的借口并非毫无来由。[⑨] 无论是“服丧”还是拒绝

---

① 关于明鲜之间的“表笺风波”，可参见朴元熇：《明初朝鮮關係史研究》，首尔一潮阁 2002 年版，第 1—61 页；刁书仁：《洪武时期中朝外交中的“表笺风波”》，载中国明史学会编：《明史研究》第 10 辑，黄山书社 2009 年版，第 374—382 页；夫马进：《明清时期中国对朝鲜外交中的“礼”和“问罪”》，载中国社会科学院历史研究所明史研究室编：《明史研究论丛》第 10 辑，故宫出版社 2012 年版，第 283—304 页；张澍：《洪武年间明・朝鲜“表笺之祸”探析》，东北师范大学硕士学位论文，2013 年。

② 末松保和就敏锐地注意到朱元璋“做亲”之请与表笺风波不能割裂地看待。见末松保和：《高麗朝史と朝鮮朝史》，东京吉川弘文馆 2017 年版，第 220—228 页。

③《朝鲜太祖实录》卷 9，“五年六月己亥”条，韩国国史编纂委员会 1968 年影印本，第 93 页。

④ 同上。

⑤《朝鲜太祖实录》卷 10，“五年十一月丁丑”条，韩国国史编纂委员会 1968 年影印本，第 97 页。

⑥ 同上。

⑦《朝鲜太祖实录》卷 11，“六年四月己亥”条，韩国国史编纂委员会 1968 年影印本，第 103 页。

⑧ 同上。

⑨ 此时去世的王妃应是李成桂之妻显妃康氏（1356—1396），即朝鲜神德王后。

交出郑道传，朝鲜所显现的态度仍是不愿与明太祖“做亲”，明太祖也只能答以“待终制后年正月，交人去做亲”①。可在明太祖命内官拆解朝鲜所献鞍马后，其对“做亲”一事的态度也发生了转变。朝鲜所贡马鞍有些写着“天”，有些写着“玄”，还有些画着十字。制作马鞍的人通常会在鞍子内部写上字样，以识别等级，一旦装好，就会刮掉。可朝鲜此次所贡马鞍不仅未去除字样，马鞍本身亦皆非“天品”。朝鲜以劣质的马鞍作为对明廷示好的回赠，惹得明太祖勃然大怒：“如何敢做亲！不敢做，不争做。我实实的做亲，他却这般不停当，怎的成！”②

在偰长寿等人所带回的圣旨中，明太祖先是表达了与朝鲜结亲想法的由来，并再次声明联姻仅是为了睦邻友好：“中国周邻四夷，远近不等，惟朝鲜密迩东陲，比之他处，甚为切近。前者，王氏怠政而亡，李氏新兴，数生边衅，朕与语再三，终不能止。恐久生兵祸，实欲互为姻亲，以妥两国生民。”③ 谁知朝鲜心有不诚，派遣使者所进奉的鞍马器物皆有瑕疵。“今朝鲜，朕以诚往，彼以诈应。其千里神交而志通，可乎？事不断其初，后将必悔。其朝鲜姻亲之事，难以再议。尔礼部移文朝鲜，罢姻亲之议，善待行人，归谕以毋生边衅。”④ 与先前明太祖提出结亲建议时所惯用的口语圣旨不同，这则表达明太祖不满情绪的圣旨经礼部润色后而成。如果说明太祖以白话文表达子女做亲的建议有家长式的温情，那么经过礼部移文成为正式的具有法律性质的外交文书体现的则是明太祖对外的强硬姿态。

表 1　明太祖“做亲”之请口语圣旨

时间	圣旨内容
洪武二十二年（高丽昌王元年，1389）四月	我这里有几个孩儿，恁高丽有根脚好人家女孩儿，与将来教做亲。
洪武二十九年（朝鲜太祖五年，1396）六月	恁那里来的火者，俺这内园里，到处里行走都看来。俺这里去的，到那王的内园里，到处行走看一看，明日好做亲家。
洪武二十九年（朝鲜太祖五年，1396）十一月	我实要做亲。我的子孙，斯儿多，女儿小。恁那里才八岁，到十六岁，便是成丁。恁那里实事小，虚事多。是实呵，我和尔做亲。恁只要至诚，不要生事。
洪武三十年（朝鲜太祖六年，1397）四月	我这里孙儿，朝鲜国王孙儿做亲肯的时节，着他汉儿话省得宰相来。我这里说归他。⑤

①《朝鲜太祖实录》卷 11，“六年四月己亥”条，韩国国史编纂委员会 1968 年影印本，第 103 页。
② 同上。
③ 同上。
④ 同上。
⑤《朝鲜太祖实录》卷 11，“六年四月辛酉”条，韩国国史编纂委员会 1968 年影印本，第 101 页。

无论是高丽末期还是朝鲜初期，朱元璋对与朝鲜半岛政权联姻一事都展现出了极大的包容度。即使朝鲜一再推托，明太祖仍多次派遣使者表达做亲的诚意。一般认为明太祖是一位以强权构建起明朝的框架体系，且对朝鲜半岛持强硬姿态的君主。[①] 这样的洪武帝为了东北亚的稳定，愿意对朝鲜采取和亲这一怀柔手段，是很难看到的场面。[②] 可见，在明朝与朝鲜半岛政权的关系中，高丽/朝鲜并非只是简单的被迫、屈服的一方。[③]

从高丽末期到朝鲜初期，明太祖对与朝鲜半岛"做亲"一事一直抱有极大的热忱。他对联姻的执着来源于对北边形势的判断。即使洪武二十一年捕鱼儿海一役后，北元朝廷几近分崩离析，可在明太祖看来，位于北方的游牧民族始终是明廷的劲敌。洪武二十八年颁布的《皇明祖训》论述对外关系的"首章"就明确说明："四方诸夷皆限山隔海，僻在一隅，得其地不足以供给，得其民不足以使令……但胡戎与西北边境互相密迩，累世战争，必选将练兵，时谨备之。"[④]《太祖皇帝钦录》中亦多有明太祖对"胡兵寇边"的戒备。[⑤] 在明朝面对北方游牧民族的压力时，朝鲜半岛政权无疑可以成为明廷的巨大助力。高丽末期的历史已经证明，若半岛政权倒向游牧民族，亦会给明廷造成麻烦。[⑥] 缔结婚姻关系不仅可以减少明鲜之间因边境问题造成的一些轻微冲突，若蒙古再次来袭，明鲜二国亦可为互为倚靠。

三、永乐时期朝鲜半岛的联姻风波

一般认为在国家、民族交往过程中，和亲的作用应当给予肯定。[⑦] 翦伯赞就认为，和亲政策在封建社会是维持民族友好关系最好的办法。[⑧] 从这个角度看，王氏高丽与

---

① 林常薰:《明初 洪武帝의말 强要 와 麗明關係》,《中国史研究》第 99 辑，2015 年。

② 林常薰:《明初 韓中關係와 貢女—洪武·永樂年間의懷柔와 宥和策—》,《明清史研究》第 51 辑，2019 年，第 11 页。

③ 如李氏朝鲜肇建之时，朝鲜使节在与明廷交涉中曾利用外交辞令与礼节以实现自己的目的，见 Sixiang Wang, *Boundless Winds of Empire: Rhetoric and Ritual in Early Chosŏn Diplomacy with Ming China*, Manhattan: Columbia University Press, 2023。

④ 朱元璋:《皇明祖训》，载《明朝开国文献》第三册，台湾学生书局 1966 年版，第 1588—1589 页。

⑤ 朱元璋:《太祖皇帝钦录》，载中国明史学会编:《明太祖与凤阳》，黄山书社 2009 年版，第 677—700 页。

⑥ 参见李新峰:《恭愍王后期明高丽关系与明蒙战局》，载北京大学韩国学研究中心编:《韩国学论文集》第七辑，新华出版社 1998 年版，第 306—312 页。

⑦ 崔明德:《中国古代和亲通史》，人民出版社 2007 年版，第 523 页。

⑧ 翦伯赞:《从西汉的和亲政策说到昭君出塞》，载《翦伯赞史学论文选集》第 3 辑，人民出版社 1980 年版，第 475 页。

李氏朝鲜对明太祖“做亲”提议的多次拒绝就更具研究价值了。明永乐、朝鲜太宗在位时期明鲜之间曾又兴起过联姻风波，《朝鲜太宗实录》中保留的朝鲜君臣的讨论非常详细地展现了朝鲜一方对结亲的看法。①

为塑造篡位登基的法理性，朱棣继位不久后就着手册封朝鲜国王李芳远。永乐元年（朝鲜太宗三年，1403）四月内官黄俨携诰命、印章、敕书等至朝鲜。此次黄俨前来，应已与朝鲜君臣提及明鲜联姻一事。同年九月，为避免与朱棣结亲，李芳远抢先将第二女庆贞嫁与护军赵大临，《朝鲜太宗实录》载：

> 初，上欲以第二女，下嫁平壤府院君赵浚之子大临，谏院上疏略曰：“亲丧，固所自尽，圣人定为三年之制。臣等窃闻，起复大临为护军，将以连姻王室。大临丁母忧，仅逾四月，释服即婚，岂其情也哉！且夫妇，人伦之本；朝廷，风化之源。其于王化谨始之道何如，人子慎终之义何如？愿待其终制而后许婚。”上令朴锡命传命曰：“谏院所论，固合于理。然向者使臣黄俨及今来石璘等皆言：‘帝有结婚于我之意。’此非予所愿，故如此其急。予志已定，宜勿更言。”遂命骊江君闵无咎主婚。②

此时赵大临正处于母丧期间，婚嫁之事本应在丧期满后再讨论，可无论是明廷所派使臣黄俨还是朝鲜所派使者成石璘都表达了明廷有意与朝鲜结亲，但李芳远并不愿将女儿嫁入明朝。即使面对谏院的指摘，他也坚持违背礼制操办其女庆贞与赵大临的婚事。③

此次朱棣提出的联姻模式与朱元璋所倡导的模式基本一致，即朝鲜王室嫁女于明朝皇室。除了李芳远匆忙嫁女外，永乐初年皇室的联姻情况同样支持这一判断。黄俨第一次到达朝鲜是永乐元年四月，最早在这个时间点，李芳远才从黄俨口中得知了朱棣有结亲之意。朱棣仅有五女，至永乐时期，前三女均已出嫁。第四女咸宁公主、第五女长宁公主分别在永乐元年二月、六月嫁与勋贵子弟。至黄俨离京赴朝时，尚未出嫁的公主

---

① 永乐时期明鲜联姻的讨论对朝鲜内部政局产生的影响，见정다함:《역사와 담론》第105辑，2023年。

②《朝鲜太宗实录》卷6，“朝鲜太宗三年九月辛卯”条，韩国国史编纂委员会1968年影印本，第277页。

③ 郑多涵（정다함）从“此非予所愿”推测李芳远想要的联姻模式是明朝嫁女而非朝鲜嫁女，但李芳远亦有可能并无与明朝联姻的想法。见정다함:《조선 태종대 世子와 明 帝女의 혼인 논의와 그 정치적 맥락》，《역사와담론》第105辑，2023年，第174页。

仅剩长宁公主。而至黄俨出使朝鲜回京时，朱棣已无亲女可供出嫁。[①]

在李芳远嫁女后，永乐元年这场联姻风波终不了了之。至永乐四年（朝鲜太宗七年，1406），朝鲜半岛又掀起了一场联姻风波。从朝鲜君臣的讨论看，此次联姻的模式发生了转变，由朝鲜嫁女转变为明朝嫁女。永乐四年五月，内官黄俨第三次携带圣旨来到朝鲜。朝鲜君臣就是否该与明朝结亲一事又展开了一番争论。支持明鲜结亲者，如孔俯认为："今帝女之未嫁者二三，傥得连姻帝室，虽北有建州之逼，西有王狗儿之戍，何足畏哉！"[②] 孔俯所提及的"建州之逼"指明朝设置于两江流域的女真卫所建州卫。[③] 为争夺两江流域的女真人口，建州卫与朝鲜偶有纷争。"王狗儿"则是此时明廷派驻辽东都司的总兵官。河仑则以为："若得大国之援，同姓异姓，谁敢作乱，乱臣贼子，何由作乎！前朝厘降公主于大元，百年之间，内外无虞。此已往之验也。"[④] 大抵认为有明朝之助力，朝鲜的内忧外患皆不足为虑，高丽与元朝联姻所创造的和平环境可为佐证。尽管口头上仍声称"结婚中国，予所愿也"，可同样的元丽结亲，在李芳远眼中却是另一番景象："尚虑夫妇相得，人情所难，又必中国使者往来络绎，反扰吾民矣。昔奇氏入为皇后，而其一门杀戮无遗，安足保乎？"[⑤]

如果说此次以使者往来扰民及奇皇后的案例为理由仍有所保留，在月末权近等继续上书讨论明鲜联姻问题时，李芳远则更为直接地表达了对结亲的看法："世子未婚，而予汲汲与使臣言已婚者，正恐其连姻上国也。傥若许婚，或非帝之亲女，虽或亲女，语音不通，非我族类，而恃势骄恣，压视舅姑，或因妬忌，片言只辞，私通上国，不无构衅。且诸闵必将席世子伉俪之势，益难制矣。故予以此为私议，而欲沮吉礼之为非耳。"[⑥] 为了避免与明廷联姻，李芳远对黄俨谎称世子已婚。在他看来，无论

---

① 朱棣四女咸宁公主嫁与西宁侯宋晟之子宋瑛，五女嫁与黔国公沐英之子沐昕。宋氏与沐氏不仅皆属明初勋贵，在永乐时期更是分别镇戍凉州与云南两个边境要地。永乐即位后，为巩固自身地位，开国勋贵、靖难勋贵与皇室联姻达到高峰。参见顾诚：《靖难之役和耿炳文、沐晟家族——婚姻关系在封建政治中作用之一例》，《北京师范大学学报》1992 年第 5 期；潘娜：《明初功臣与皇室婚姻考论》，云南大学硕士学位论文，2019 年。

②《朝鲜太宗实录》卷 13，"朝鲜太宗七年六月庚寅"条，韩国国史编纂委员会 1968 年影印本，第 398 页。孔俯所言并不符合实际情况，如前文所提，朱棣此时已无亲女待嫁。

③ 关于明代的建州卫，可以参见园田一龟：《明代建州女直史研究》，东京国立书院 1948 年版；和田清：《東亜史研究·满洲篇》，东京东洋文库 1955 年版。

④《朝鲜太宗实录》卷 13，"朝鲜太宗七年六月庚寅"条，韩国国史编纂委员会 1968 年影印本，第 398 页。

⑤ 同上。

⑥ 同上书，第 400 页。

联姻对象是否为朱棣亲女，其必定“非我族类”，她的立场必然站在明朝一侧。在这个阶段，朝鲜政坛上骊兴闵氏已渐成尾大不掉之势，若闵氏借世子婚姻而与明朝产生纠葛，李芳远的王位也不见得牢固。①

尽管在朝鲜掀起了如此多的讨论，但在永乐元年与永乐四年两场联姻风波中，朱棣并未颁布任何关于联姻的诏谕，朱棣有意与朝鲜联姻的想法通过来往于中朝之间的使臣传达，相关记载仅见于朝鲜方的史料。所以，朱棣对明鲜联姻的决心应不似明太祖那般执着。永乐元年，朱棣继位后的第一要务是确保皇位的稳定，所以他为子女选择的联姻对象多为开国勋贵或靖难勋贵。永乐四年，明廷内部局势逐渐稳定后，与朱元璋一样，朱棣的目光也投向了北方的蒙古。尽管联姻未成，通过册封、“世子亲朝”、赐书、赐药等方式，朱棣仍与朝鲜维持了友好的关系。这种关系的维持不仅基于朝贡体系的实际利益，更深层次的原因可能源于对元朝可能复兴的深刻担忧。朱棣的外交政策显示出他对北部边疆稳定的高度重视，以及对潜在威胁的前瞻性防范。

四、元丽联姻的历史记忆

对于明丽/明鲜联姻，朝鲜半岛政权的认识与明廷相去甚远。无论是河仑、权近等臣子提及元丽联姻期间高丽稳定的内外局势，还是李芳远直接点明的“奇后故事”，对于明鲜结亲可能产生的后果，朝鲜君臣往往通过元丽结亲的历史经验进行理解。同理，再考虑到洪武末年高丽政府与李成桂对于明太祖“做亲”之提议的推脱、拒绝，很难认为他们没有受到元丽联姻的影响。所以，要理解李氏朝鲜对明朝“和亲”的抵触情绪就不得不回到元丽联姻的历史中寻找答案。②

元朝与高丽结亲肇始于高丽忠烈王③。彼时高丽外有元军的军事压力，内有相继崛起的武臣集团。内外交困之际，为重新掌握权柄，高丽王室通过牺牲国家主权的方

① 李芳远所提的诸闵，即其王后闵氏（元敬王后）的亲族，此时的世子李禔是李芳远与元敬王后闵氏所生的嫡长子。闵后之父闵霁与其弟闵无咎、闵无疾为李芳远夺权上位做出了巨大贡献，至此有尾大不掉之势，已对李芳远的王权形成威胁。永乐六年（朝鲜太宗八年，1408）闵霁死后，李芳远借机下罪闵无咎、闵无疾，整肃骊兴闵氏家族。关于李芳远清洗外戚闵氏一族，可以参见金成俊:《太宗의外戚除去에對하여：閔氏兄弟의獄》，《历史学报》第17・18合辑，1962年。

② 关于元丽联姻，可以参见萧启庆:《元丽关系中的王室婚姻与强权政治》，载氏著:《内北国而外中国：蒙元史研究》，中华书局2007年版，第766—789页；森平雅彦:《高麗王家とモンゴル皇族の通婚関係に関する覚書》，《东洋史研究》第67卷第3号，2008年，第363—401页；乌云高娃:《元朝与高丽关系研究》，兰州大学出版社2011年版，第136—169页。

③ 即元宗时期的世子惜，后与忽必烈的女儿忽都鲁揭里迷失公主联姻。

式换取元廷的支持，最终铲除了林衍及其势力。① 对高丽来讲，通过联姻以元朝的权威为后盾，击退所有武臣政权，称得上是恢复国王权力的象征。② 对元朝而言，与高丽王室通婚有助于加强对高丽的控制，为其随后进攻日本、南宋提供帮助。通过联姻这一途径，元朝与高丽看似实现了共赢。元朝公主忽都鲁揭里迷失入开京时，高丽父老相庆曰："不图百年锋镝之余，复见太平之期。"③ 自此之后，高丽王室与元朝公主的联姻世代相袭。从忠烈王至恭愍王，高丽七位国王中有五位均与元朝公主通婚。④

内忧外患消弭之后，联姻所带来的负面影响逐渐显现。面对强势的元朝公主，高丽国王往往权柄旁落，甚至不得不仰其鼻息。李齐贤如此描述忠烈王与元朝公主的关系："公主性严明果断，内外震慑。王济之以柔。"⑤ 忽都鲁揭里迷失公主生气时，甚至会对忠烈王大打出手，"以杖迎击之"⑥。高丽忠烈王王愖在这段婚姻关系中处于明显的弱势地位。至于高丽王位的继承人，必然只能在元朝公主的子嗣中进行选择。忠烈王长子江阳君王滋"以非公主子，不得立"⑦。尽管随后下嫁高丽国王的七位元朝公主皆为蒙古诸王之女而非皇帝之女，但因元朝在元丽关系中处于强势地位，元朝公主在高丽往往拥有极高的政治地位。高丽忠宣王与忠惠王均被元朝废除过王位，其被废与随后不能顺利复位亦与元朝公主有关。⑧ 萧启庆认为元朝公主对高丽政事的广泛参与，在东亚史上可说是前所未见。朝会、宴飨、巡幸、狩猎、接见使臣，公主几乎无不参与，而且常坐于国王的上位。官吏的任免，公主可以任意为之；国王的决策，公主亦可推翻。⑨ 高丽王室的权威大大受到影响。

此外，若高丽女性受宠于皇帝，其家族势力往往能在高丽朝堂迅速崛起，进而威

① 也有研究者认为元丽联姻中高丽王室并非牺牲国权来换取王权，反而是牺牲王权以换取国权。见崔允精：《駙馬國王과國王丞相—13—14 세기麗元관계와 고려왕조國體보존 문제 이해를 위한 새로운 모색 -》，《大丘史学》第 111 辑，2013 年，第 53 页。

② 森平雅彦：《駙馬高麗国王の成立：元朝における高麗王の地位についての予備的考察》，《东洋学报》第 79 卷第 4 号，1998 年，第 353 页。

③《高丽史》卷 89《后妃传》，《四库全书存目丛书》史部第 161 册，齐鲁书社 1996 年版，第 333 页。

④ 乌云高娃：《元朝与高丽关系研究》，兰州大学出版社 2011 年版，第 143 页。

⑤ 李齐贤：《益斋乱稿》卷 9 上《太祖忠宪王世家》，《韩国文集丛刊》第 2 册，首尔景仁文化社 1990 年版，第 587 页。

⑥《高丽史》卷 89《后妃传》，《四库全书存目丛书》史部第 161 册，齐鲁书社 1996 年版，第 335 页。

⑦ 李齐贤：《益斋乱稿》卷 9 上《太祖忠宪王世家》，《韩国文集丛刊》第 2 册，首尔景仁文化社 1990 年版，第 589 页。

⑧ 乌云高娃：《元朝与高丽关系研究》，兰州大学出版社 2011 年版，第 153 页。

⑨ 萧启庆：《元丽关系中的王室婚姻与强权政治》，载氏著：《内北国而外中国：蒙元史研究》，中华书局 2007 年版，第 780 页。

胁王室的地位。除了李芳远提及的元顺帝时期的奇皇后外，元仁宗时期的高丽化平君金深之女达麻实里、高丽平阳公王暄之女伯颜忽笃亦被封为皇后，其亲族在高丽亦多犯不法事。① 当然，对高丽影响最大的当属奇皇后及其亲族。② 奇氏家族是传统的两班阶层，家族祖居幸州，奇皇后曾祖允肃曾“附崔忠献，骤拜上将军”，后官至“门下侍郎平章事，谥康靖”。③ 奇氏入宫时，其家族已日渐衰微。奇氏入宫得到元顺帝宠幸后，其亲族迅速显贵，其父兄“依后势纵恣，其亲党亦缘骄横”，其兄奇辙“尝会宗族，宴其母，器皿珍羞，穷极侈丽，见者以为东韩以来罕有也”。④ 奇皇后甚至通过其亲族影响高丽政事。奇氏家族在高丽所为严重影响了高丽王室的权威，一时多有“密告奇氏谋乱者”⑤。最终，恭愍王以此为由尽诛奇氏家族及其党羽。为替奇氏家族报仇，奇皇后煽动太子爱猷识理达腊出兵高丽并试图废除恭愍王的王位，立奇三宝奴为高丽世子。⑥ 奇皇后的种种行为严重损害了彼时的元丽关系。

元丽联姻的历史记忆，已经证明和亲或许能在短时间内缓和大陆政权与朝鲜半岛政权之间的关系。可形势的变化往往难以预测，短时的利益可能会带来久远的弊病。对处于东亚多边关系中的朝鲜半岛政权而言，联姻的利弊取决于彼时实际的政治需求。朝鲜诗人柳潚（1564—1636）就曾感慨：“自古和亲误国多。”⑦ 梁诚之（1469—1494）亦言：“我国家实东方荒服之地也，邈处日出之滨，且有山溪之险。隋唐之盛，犹不得臣。辽用邻国之礼，金称父母之邦，宋以宾礼，元通婚媾。然元则用兵数十年，卒以臣服。虽称甥舅，东海之事，与昔日不同矣。”⑧ 元丽通婚以后，高丽再难摆脱元朝的干涉和影响。在李氏朝鲜建立之初，李朝王室与多数官员经历过奇后影响下

① 喜蕾：《元代高丽贡女制度研究》，民主出版社 2003 年版，第 64—92 页。

② 关于奇皇后及其亲族对高丽的影响，可以参见郑求先：《高麗末 奇皇后 一族의 得勢와 沒落》，《동국사학》第 40 辑，2004 年；李梅花：《试论奇皇后对元末元丽政治关系的影响》，《内蒙古大学学报（哲学社会科学版）》2008 年第 3 期；이명미：《공민왕대 초반 군주권 재구축 시도와 奇氏一家：1356년（공민왕 5）개혁을 중심으로》，《한국문화》第 53 辑，2011 年；肖遥：《论奇皇后及其对元丽关系的影响》，延边大学硕士学位论文，2016 年。

③《高丽史》卷 131《奇辙传》，《四库全书存目丛书》史部第 162 册，齐鲁书社 1996 年版，第 375 页。

④ 同上。

⑤ 李穑：《牧隐稿》卷 15《高丽国赠李公神道碑》，《韩国文集丛刊》第 5 册，首尔景仁文化社 1990 年版，第 123 页。

⑥ 李命美：《奇皇后세력의 恭愍王 폐위시도와 高麗國王權—奇三寶奴 元子책봉의 의미 -》，《历史学报》第 206 辑，2010 年。

⑦ 柳潚：《醉吃集》卷 4《雨中杂咏》，《韩国文集丛刊》第 71 册，首尔景仁文化社 1990 年版，第 69 页。

⑧ 梁诚之：《讷斋集》卷 1《论君道十二事》，《韩国文集丛刊》第 9 册，首尔景仁文化社 1990 年版，第 294 页。

的高丽政坛，他们对明太祖、太宗的联姻提议持反对态度，正是基于历史记忆做出的符合其长远利益的判断。

五、互动与新秩序的确立

随着元朝的瓦解，东北亚的局势日渐混乱。旧的秩序已被破坏，新的规则却尚在襁褓中，继承了元朝部分遗产的明朝以不同于前辈的姿态出现在东北亚舞台上。与元朝不同，明朝自肇建其国际关注重心就从过去的西北逐渐转向了东南，环东海南海区域诸国是明朝全力经营的“朝贡圈”。[①]

丽鲜之际（洪永时期）明朝与高丽/朝鲜双方在互动、探索后所确立的双边关系，大体影响了此后五百年的两国关系。元朝制度曾经是双方确立关系的一个重要参考，但最终明丽/明鲜关系的面貌与前代大相径庭。或因如此，在环东亚海域的关系网中，明朝与高丽/朝鲜的关系得到了尤其多的关注。部分研究者会倾向于关注明朝在对外及外交活动中表现出的强势立场，如强调明朝在权力转换的关键时期，如何通过军事、政治和外交手段巩固对朝鲜半岛的影响力，又或是如何通过外交礼仪将朝鲜纳入其朝贡体系之中。[②] 葛兆光先生敏锐地注意到在明初君臣设想中的朝贡/册封体系中，尽管明朝仍以“天朝”自居，但对于“属国”的态度相对比较现实。在实际的政治与外交活动中，明王朝对异国也采取了比较妥协的态度。[③]

在如何对待朝鲜半岛政权这一问题上，明朝拿出了与元朝完全不同的处理方法。元朝通过军事征服和外交手段迫使高丽成为藩属国，与高丽的联姻帮助其在高丽建立了稳定的统治，并通过高丽间接影响了整个朝鲜半岛。元廷更以公主下嫁方式，渗透高丽，控制高丽，统治高丽，使高丽处于半独立状态。[④] 这种看似“成功”的元丽关系，由于元朝不足百年的国祚而被明初君臣否定。明朝外交模式及其特征的形成，本

① 葛兆光：《作为一个历史世界——蒙古时代之后的东部亚洲海域》，《文史哲》2022 年第 4 期。

② 此类成果如宫崎市定：《洪武から永樂へ：初期明朝政権の性格》，载《宫崎市定全集》第 13 册，东京岩波书店 1992 年版，第 40—65 页；檀上宽：《明代海禁＝朝貢システムと華夷秩序》，京都大学学术出版会 2013 年版；檀上宽：《永乐帝——华夷秩序的完成》，王晓峰译，社会科学文献出版社 2015 年版；岩井茂樹：《朝貢・海禁・互市》，名古屋大学出版社 2020 年版，第 1—68 页。

③ 葛兆光：《蒙古时代之后——东部亚洲海域的一个历史关键时期（1368—1420）》，《清华大学学报（哲学社会科学版）》2021 年第 4 期。

④ 朴延华、朱红华：《试论元丽两国政治联姻关系》，《延边大学学报（社会科学版）》2004 年第 1 期。

身就是对元朝因大规模扩张而百年内就土崩瓦解的教训的汲取。① 明太祖一方面刻意追寻古贤帝王以成为“天下主”因而延续了传统的朝贡关系，另一方面又以“不征”作为对外关系的基本国策，明确摒弃了自古以来中国天子至高无上的征伐之权。②

新兴的明王朝无意复刻元朝与高丽的相处模式。但在洪永时期，明廷依然希望与高丽/朝鲜建立姻亲关系。在明太祖的想象中，明朝未来的敌人仍是北方的游牧民族。通过与朝鲜半岛联姻等手段，明鲜双方可以构建起一条共同抵抗游牧民族的防线。为实现这一目的，朱元璋先后四次向高丽/朝鲜直接表达了“做亲”的想法，却被朝鲜半岛政权以各种理由拒绝。永乐时期，明鲜之间又先后兴起了两场联姻风波，对朝鲜内部政局产生极大的影响。两国之间关于联姻的讨论终难以落地。③ 在联姻事宜上，明王朝常常扮演着积极推动的角色。④ 作为朝贡体系中的一员，半岛政权仍旧坚持避免重蹈高丽时期的覆辙，不愿再次陷入政治联姻的纠葛之中。对于明朝的行为，朝鲜往往通过元丽交往历史的经验进行理解。可见，在明初这个时间节点，无论是明朝还是朝鲜，无论是试图“做亲”还是拒绝“做亲”，明鲜双方背后都能看到元朝的影子。

所以，明鲜关系并不是看似强势的明朝一方塑造的，看似“卑弱恭顺”的朝鲜也有对自身利益的考量。只有在元朝的阴霾彻底散去后，在明鲜双方一次又一次摩擦碰撞后，双方才能逐步认清对方的意图与底线。朝鲜士大夫卞季良（1369—1430）曾言：“夫有事于我国，帝必无是心也。”⑤ 卞季良的这句话，既是朝鲜君臣对明鲜关系的认识，也是对朝鲜自我定位的深刻反思。元朝之后东北亚的新秩序，正是在这种互动、摸索中逐步确立起来的。

---

① 万明：《明代外交模式及其特征考论——兼论外交特征形成与北方游牧民族的关系》，《中国史研究》2010 年第 4 期。

② 万明：《明代初年中国与东亚关系新审视》，《学术月刊》2009 年第 8 期。

③ 需要思考的是，所有涉及明丽/明鲜联姻的材料基本来自朝鲜半岛一方的记载，身为联姻主动方的明廷却几乎没有留下任何记载。

④ 尚需一提的是，在明王朝主动与高丽商讨联姻的同时，诸多文人对历史上的昭君出嫁问题又有所非议。见张佳：《图像、观念与仪俗：元明时代的族群文化变迁》，商务印书馆 2021 年版，第 41 页。

⑤ 卞季良：《春亭集》卷 6《谨事大》，《韩国文集丛刊》第 8 册，首尔景仁文化社 1990 年版，第 90 页。

贸易与朝贡
——乾隆时期南疆地区的丝织品蠡探*

冯纪儒

（陕西师范大学中国西部边疆研究院）

【摘　要】　乾隆时期南疆地区的蚕丝业、丝织品等情况，汉文文献记载寥寥。本文充分挖掘清代新疆满文档案中的相关记载，对该时期南疆地区的蚕丝业发展概况及丝织品的广泛应用等内容进行了梳理考察，揭示了其对新疆民众生产生活的重要性以及在余粮折物、绢马贸易、方物贡献中扮演的重要角色。同时，丝织品的流通一定程度上也促进了相关工艺文化的交流与互鉴。

【关键词】　乾隆时期　南疆　蚕丝业　丝织品　贸易　朝贡

南疆地区的蚕丝业具有悠久的历史，其中尤以和阗地区最为有名，[①] 历朝文献也多有相关记载，所谓“西域蚕桑之利，始自和阗”便是最好的概括。[②] 光绪年间，左宗棠、王树枏先后于新疆倡兴蚕桑，并招吴越蚕工、织工教授养蚕缫丝、轧花织染技

* 本文系国家社会科学基金中国历史研究院重大历史问题研究专项项目“中原地区与西域各民族交往交流交融史料整理与研究”（LSYZD21005）的阶段性成果。

① 有关南疆养蚕缫丝技术来源，以玄奘《大唐西域记》中所述东国公主西传蚕种故事影响最大。见季羡林等：《大唐西域记校注》卷12《瞿萨旦那国》，中华书局1985年版，第1022页。

② 王树枏等纂修：《新疆图志》（上）卷28《实业一》，朱玉麒等整理，上海古籍出版社2015年版，第543页。

艺，全疆蚕丝业兴盛一时，① 前辈学人对此着墨颇多。② 但在乾隆朝收复、开发并治理新疆的重要时期，汉文史志典籍、档案文册中多见内地各色绸缎大量调运新疆之记录，而关于南疆本地的蚕丝业及丝织品情况却语焉不详，未能引起学人的足够关注。③ 本文以清代满文档案为中心，结合相关史料，拟对乾隆时期南疆地区蚕丝业的发展概貌及丝织品的流通使用等内容进行梳理探讨，以弥补汉文记载之阙，进而增进相关认识。④

一、乾隆时期南疆地区的蚕丝业概况

乾隆朝在平定大小和卓叛乱、治理新疆地区的过程中，先后从内地调运了大量绸缎分拨新疆各地支用，各色绸缎在政治赏赐、贸易往来、变价饷银等方面发挥了重要作用。但南疆本地的蚕丝业发展情况却鲜见于汉文史志典籍，即使有所载亦是寥寥数笔，所幸相关满文档案提供了重要补充，综合相关材料我们便可窥见其发展概貌。

乾隆年间成书的《西域地理图说》载："回部各城，除霍田出蚕有丝，所余各处，仅有桑而无蚕。"⑤《回疆志》亦曰："新疆各城惟和阗回人知养蚕缫丝织绢，他处桑树虽多，食椹而已，惟赖种棉织布为衣。"⑥ 可见，该时期的和阗无疑仍为南疆地区的蚕丝业中心。关于蚕丝用途，《西域地理图说》云：

> 其霍田之丝，无非织绢，染以杂色，为衣服衬用，或盖顶、缠头用，余则织以妆饰妇人练垂之察赤巴克，或亦织以男人束腰之碧里巴克而已。⑦

---

① 王树枏等纂修：《新疆图志》（上）卷 28《实业一》，朱玉麒等整理，上海古籍出版社 2015 年版，第 544—546 页。

② 魏长虹：《新疆丝绸蚕桑的传入与发展》，《新疆大学学报（哲学社会科学版）》1979 年增刊第 1 期；罗绍文：《新疆蚕桑业史概述》，《蚕业科学》1982 年第 1 期；马啸：《左宗棠与近代西北蚕桑业》，《新疆师范大学学报（哲学社会科学版）》2003 年第 4 期；魏兆和：《清末新疆蚕业的发展》，《中国蚕业》2004 年第 1 期；赵毅：《清末吐鲁番蚕桑业》，载周伟洲主编：《西北民族论丛》第 14 辑，社会科学文献出版社 2016 年版。

③ 为行文方便，涉及相关研究成果文中述及，此处不作罗列。

④ 相关满文档案中频繁出现的 "hoise i ba"，为避免歧义译作"回部"，主要指南疆诸地。此外，满文 "hoise" "hoise urse" 一般译为"回子""回众"等，档案中其丝织品常被写作"回子绢"（hoise ceceri）、"回子缎"等，同样为免歧义，本文行文中统一采用"回部民众""回绢""回缎"等称呼。

⑤ 阮明道主编：《西域地理图说注》卷 4《市粜钱币》，延边大学出版社 1992 年版，第 94 页。

⑥《回疆志》卷 3《织纴》，台北成文出版社 1969 年版，第 86—87 页。

⑦ 阮明道主编：《西域地理图说注》卷 4《市粜钱币》，延边大学出版社 1992 年版，第 94 页。

该段简要的描述实际上几乎涵盖了南疆民众衣着的全部内容。加之和阗织造的绸、绢、布“极缜密光实可贵”①，因此对于普通民众而言，本地的蚕丝及其制品已基本可满足生活需求。而所谓察赤巴克（Chach bağ），“妇人之发，系以花绸，扭为两股，垂于背后，稍坠花石，长约四尺，土人名之曰察赤巴克”②。《西域图志》亦云回部妇人“辫发双垂，名萨特巴额，束以红帛，上下两匝，不用珠缀”③。“萨特巴额”即“察赤巴克”，为装饰妇人辫发之物，富贵者以蚕丝为编织材料，下文述及阿克苏“富户之妇女”养蚕抽丝即为此用。乾隆五十年（1785）查获阿克苏回部民众夹带私玉案中，一案犯即用所得钱文购买过“恰齐巴克”一个，用钱七百文。④ 按时价一百文合银一两，共合银七两，足见其价之昂。碧里巴克（Belbağ）则为束腰之物，亦可以丝绸为之。

汉文文献中，有限的记载很难反映南疆蚕丝业及丝织品的全貌。乾隆朝，即便内地大量绸缎涌入新疆，南疆本土的蚕丝品对其民众生产生活依然至关重要。乾隆四十七年（1782）的一份满文奏折为我们提供了重要信息，其内容汉译如下：

> 查，和阗六城内，伊里齐、哈拉哈什、玉陇哈什、车埒四城之地，皆植橡养蚕。今岁蚕丝收获极好，新疆诸城需用之绸线丝皆仰赖于此，商众携之贩卖，于诸城行商者甚多，是以和阗回子等生活越发富裕起来。⑤

据奏折所言，清代和阗六城中，蚕丝业主要集中于伊里齐、哈拉哈什、玉陇哈什、车埒四城，其人普遍养蚕。所产蚕丝绸线不仅可供诸城用度，而且大量商人以此贸易谋生，和阗地区民众生活也得以日渐宽裕。光绪年间，萧雄仍在其诗词中云：“新疆到处多桑，而养蚕治丝，仅有和阗水土相宜，由来已久。能织绢素大绸、回回

① 椿园：《西域闻见录》卷2《新疆纪略》，载中国西北文献丛书编辑委员会编：《中国西北文献丛书》第四辑《西北民俗文献》第一卷，兰州古籍书店1990年版，第199页。

② 阮明道主编：《西域地理图说注》卷7《衣冠服饰》，延边大学出版社1992年版，第175页。

③ 钟兴麒等：《西域图志校注》卷42《服物二》，新疆人民出版社2002年版，第539页。校注本将原“萨持巴额”改作“萨特巴额”，当误。

④《库车办事大臣阳春保奏审拟拿获阿克苏回子夹带私玉案折（附供单清单2件）》，乾隆五十年三月初九日，载中国边疆史地研究中心、中国第一历史档案馆合编：《清代新疆满文汇编》第167册，广西师范大学出版社2012年版，第239页。后文简称《汇编》。

⑤《和田办事大臣德文等奏报和田所属伊拉齐等回城蚕丝丰收折》，乾隆四十七年十二月二十日，《汇编》第154册，第115页。

锦绸，运往各处售卖，男女习勤，与农并重，故和阗之民，尤为富足。”① 由此观之，乾隆时期和阗的蚕丝也切实影响着南疆诸地民众的生产生活，其用途及意义远超该时期汉文史料中的有限记载。

南疆其他地区虽以种棉织布为主，但在和阗蚕桑业的影响下，阿克苏地区亦有养蚕的记录。史载：

> 再则阿克素或有富户之妇女，特往霍田，取当年蚕觖，赶正、二月桑芽发青之前，携往阿克素，俟蚕子变动，则以该处之桑青饲喂成蚕，收茧抽丝，以织察赤巴克等为顽意。其再拜之蚕觖，至次年则必不复活矣，故每年养者，务须当年赶取方可以活，盖因其地土不宜之故耳。②

据此，阿克苏地区亦养蚕，其蚕种引自和阗，但因地理环境问题，须每年复往和阗求取新种。该地养蚕者多为“富户”，待剥茧抽丝后，也主要是为织造“察赤巴克”以消遣时光，故该地的蚕桑养植并未形成规模。实际上，地理环境确为诸回城蚕丝业发展的主要限制因素，直至光绪年间，王树枏综合考察南疆蚕桑，改变植桑养蚕之法，他城蚕业方兴。③

相较于植桑养蚕的地理限制，乾隆时期南疆地区的丝织品织造地则较为广泛。除普通丝绢，喀什噶尔、叶尔羌、和阗诸地也产荡缎、荡绸、金银丝绸缎一类名贵丝织品。④ 谢遂《职贡图》记载，回部民众织造的“番锦”，俗称为“回子锦”（hoidz gin），“每锦一端，可易马十余匹，或羊数十只”⑤。诸物在新疆地区有较广的需求，从《西域图志》所载回部“服物”相关内容中可窥一斑。⑥ 因此，诸城丝织品的稳定输出为新疆民众生活提供了保障。如阿克苏地区，据乾隆二十四年（1759）所奏，该

---

① 萧雄：《听园西疆杂述诗》卷 3《蚕桑》，中华书局 1985 年版，第 78 页。

② 阮明道主编：《西域地理图说注》卷 4《市籴钱币》，延边大学出版社 1992 年版，第 94—95 页。

③ 王树枏等纂修：《新疆图志》（上）卷 28《实业一》，朱玉麒等整理，上海古籍出版社 2015 年版，第 544—546 页。

④ 椿园：《西域闻见录》卷 2《新疆纪略》，载中国西北文献丛书编辑委员会编：《中国西北文献丛书》第四辑《西北民俗文献》第一卷，兰州古籍书店 1990 年版，第 200 页。龚柴：《天山南北路考略》，载郭院林主编：《清代新疆政务丛书》第二册《新疆总说下》，凤凰出版社 2019 年版。

⑤ 庄吉发：《谢遂〈职贡图〉满文图说校注》，台北“故宫博物院”1989 年版，第 135 页。

⑥ 钟兴麒等：《西域图志校注》卷 42《服物二》，新疆人民出版社 2002 年版，第 539—540 页。

地民众此前所用缎布皆来自叶尔羌地区。① 总之，乾隆时期南疆地区的蚕丝业及丝织品，对本地民众的生产生活十分重要且一时难以替代。

二、余粮折征与绢马贸易中的回绢

清朝治理新疆之初，因改铸新钱、征收粮石等措施失当，造成南疆出现货币流通危机、余粮积压等问题，但在北疆、伊犁地区，与哈萨克绢马贸易则需大量布缎，因此经众大臣商议，将南疆地区余粮折取布、绢等物转运伊犁用于贸易，以解决困局。② 清朝同哈萨克等部的绢马贸易中，巨大的市场需求为在南疆地区顺利折征布、绢等物提供了重要前提。回布折收与贸易的有关内容前人已论述颇丰，③ 但对回绢折征等问题的关注则相对较少。尤其是盛产丝绢的和阗地区，历年余粮积压尤甚。据档案记载，余粮折交布、绢方案的出台与其密切相关。

乾隆二十六年（1761）十月，据叶尔羌办事大臣新柱等奏报，和阗二十五年交付粮石及二十四年用度余粮，除却官兵一年口粮等项支出外，仍可余剩粗粮 14 459 石。虽几经作价出售，但收效甚微。和阗总兵丑达解释称，因该地存粮富足，且民众将各类瓜果皆作口粮，加之铸造新钱之际，诸人手中普尔相对减少，故余剩官粮实难出售，而和阗地区原驻三百兵丁中，今岁又抽调移驻伊犁一百人，现今一年所需官兵口粮、驿马饲料也仅八九百帕特玛。以上种种原因导致旧粮陈陈相因、新粮继续堆压，以致粜粮霉坏不堪。阿奇木伯克阿什默特等人便建议，以驴、羊、绢、布作价购买余粮。④ 新柱等分析认为："回人绸布价值较粮石颇贱，牲只价虽稍昂，仍减于内地办运，金亦通行之物，俱可济用。且伊犁布价甚贵，若由台站转运，于兵丁等衣服有益。"⑤ 伊犁地区绸布价高正是内地商人前往贸易成本过高所致，其路途遥远，驮运、

① 《参赞大臣额敏和卓等奏阿克苏回子副总管颇拉特等请用粮石折换内地缎布片》，乾隆二十四年三月初一日，《汇编》第 36 册，第 383 页。

② 王科杰：《新疆回布贸易兴起原因再析》，《清史研究》2020 年第 1 期。

③ 王熹、林永匡：《清乾隆年间新疆的"回布"贸易问题》，《新疆社会科学》1987 年第 5 期；林永匡、王熹：《清代西北民族贸易史》，中央民族学院出版社 1991 年版，第 384—405 页；王科杰：《新疆回布贸易兴起原因再析》，《清史研究》2020 年第 1 期。

④ 《叶尔羌办事大臣新柱等奏将和田余剩粮石作价出售折》，乾隆二十六年十月二十五日，《汇编》第 53 册，第 243—247 页。有关"帕特玛"，《清高宗实录》记载："查回人一帕特玛，准官石四石五斗。"（卷 593，乾隆二十四年七月庚午，中华书局 1986 年版，第 599 页。）

⑤ 《平定准噶尔方略·续编》卷 14，乾隆二十六年十一月，癸亥。

口粮等费用一并算入，其时一匹布售价约达二两之多。[①] 因此，南疆地区余粮折收布、绢不仅可行，且于各方皆有裨益，故得到了乾隆的准允。

回绢的折征主要为和阗地区。据新柱等人所奏，和阗地区丝绢最初折抵价值为“上等绢一匹，价值腾格四个普尔二十五文；次等绢一匹，价值腾格三个普尔二十文；下等绢一匹，价值腾格二个普尔二十文”[②]。在具体折征过程中，则依叶尔羌“二分折钱，八分折布、绢”之例办理。[③] 此外，驻疆大臣也通过采买方式购入回绢，其折征、采买情况统计如下：

表1　和阗地区折交、采买绢量统计表

时间	每匹价值（腾格）	折交、采买量（匹）	合计（腾格）
二十六年（1761）		291	
二十七年（1762）	2.46	1300	3796
二十八年（1763）	2.41	1503	2820
二十九年（1764）	2.35	1000	2700
三十年（1765）	2.30	200	520

资料来源:《叶尔羌办事大臣新柱等奏查报叶尔羌送往伊犁之布匹绳子数目折》，乾隆二十七年十月初二日，《汇编》第58册，第335页；《叶尔羌办事大臣新柱等奏报和田回子额纳余剩粮石折交金子布匹数目折》，乾隆二十七年十月二十五日，《汇编》第59册，第114页；《叶尔羌办事大臣新柱等奏和田今年剩余粮数并请折价购买绢布折》，乾隆二十八年八月二十八日，《汇编》第64册，第278页；《叶尔羌办事大臣额尔景额等奏将叶尔羌布匹经阿克苏运送伊犁折》，乾隆三十年二月初六日，《汇编》第72册，第147页；《叶尔羌参赞大臣额尔景额奏和田回子应交金子绢布粮食数目折》，乾隆二十九年十月初十日，《汇编》第70册，第395页；《叶尔羌参赞大臣额尔景额等奏报和田剩余粮石变价折交金子绢布数目折》，乾隆三十年十月二十日，《汇编》第76册，第353页。

和阗地区回绢折收后，主要通过驿站车马运往阿克苏，再由阿克苏穿越穆素尔岭解到伊犁，用于绢马贸易。[④] 清朝与哈萨克贸易前期，各色缎布丝绢较为紧缺。早在乾隆二十四年（1759），侍卫永德奏称，贸易中哈萨克方只求数量而不辨缎、绢之优劣，因此“若多有价贱平常缎匹、绢、纺丝等货物，与价昂质好之绢缎搭配交易，随

①《叶尔羌办事大臣新柱等奏将和田余剩粮石作价出售折》，乾隆二十六年十月二十五日，《汇编》第53册，第247页。

② 同上书，第249页。

③《叶尔羌办事大臣新柱等奏将回子额纳余剩粮石折交布匹送往伊犁换取哈萨克马匹折》，乾隆二十七年三月初六日，《汇编》第55册，第226页。

④《叶尔羌办事大臣新柱等奏将和田余剩粮石作价出售折》，乾隆二十六年十月二十五日，《汇编》第53册，第248页。

其多得之意，则可愈易交易”[①]。余粮折物方案实施后，即可就近从回城折收相较价廉的丝绢，在满足“绢马贸易”需求的同时也节省了部分脚价银等费用开支，因此在前期绢马贸易活动中即多见回绢。其使用情况统计如下：

表 2　绢马贸易中回绢使用情况统计表

时间		运送地	丝绢	数量（匹）	本脚银（两）
二十七年（1762）	十月	叶尔羌	中等绢	2	3
			下等绢	12	12
	十二月	叶尔羌	中等绢	15	22.5
			下等绢	21	21
二十八年（1763）			回绢	37	
三十一年（1766）	八、九月	和阗	回白绢	21	25.6
	十、十一月	和阗	回白绢	1	1.21
	十二月	和阗	回白绢	19	23.16
三十二年（1767）	正月	和阗	回白绢	19	23.16
	二、三月	和阗	回白绢	7	8.53
	七月、闰七月	和阗	回白绢	146	177.97
	闰七月、八月	和阗	回白绢	549	646.17
	九、十月	和阗	回白绢	24	31.24
三十三年（1768）	一月	和阗	回白绢	46	59.89

资料来源：《伊犁办事大臣明瑞等奏与哈萨克贸易用过缎布及换获马匹数目折》，乾隆二十七年十月二十七日，《汇编》第 59 册，第 146 页；《伊犁将军明瑞等奏报换获哈萨克马匹数目折》，乾隆二十七年十二月二十日，《汇编》第 60 册，第 87 页；《伊犁将军明瑞等奏报与哈萨克贸易马匹所用银两绸缎数额折》，乾隆二十八年正月十九日，《汇编》第 60 册，第 328 页；《伊犁将军明瑞等奏报伊犁换获哈萨克牲畜数目折》，乾隆三十一年九月十五日，《汇编》第 81 册，第 152 页；《署伊犁将军阿桂奏伊犁换获哈萨克马匹数目折》，乾隆三十一年十二月十三日，《汇编》第 82 册，第 208 页；《署伊犁将军阿桂奏闻与哈萨克贸易换获马牛情形折》，乾隆三十一年十二月二十九日，《汇编》第 82 册，第 302 页；《署伊犁将军阿桂奏闻与哈萨克易换马牛羊数目折》，乾隆三十二年二月初七日，《汇编》第 83 册，第 43 页；《署伊犁将军阿桂奏报在伊犁与哈萨克贸易还（换）获牲畜及用过绸缎布匹数目折》，乾隆三十二年三月二十八日，《汇编》第 83 册，第 245 页；《伊犁将军阿桂奏闻与哈萨克贸易情形折》，乾隆三十二年八月初八日，《汇编》第 85 册，第 140 页；《伊犁将军阿桂奏闻与哈萨克换获牲畜及所用缎匹数目折》，乾隆三十二年八月二十一日，《汇编》第 85 册，第 210 页；《伊犁将军阿桂奏闻与哈萨克贸易情形折》，乾隆三十二年十一月十二日，《汇编》第 86 册，第 224 页；《伊犁将军阿桂奏在伊犁与哈萨克贸易换获牲畜及用过绸缎数目折》，乾隆三十三年正月十五日，《汇编》第 87 册，第 43 册。

① 林永匡、王熹：《清代西北民族贸易史》，中央民族学院出版社 1991 年版，第 149 页；《驻乌鲁木齐办事三等侍卫永德奏请调拨廉价杂色绸缎以备同哈萨克交换马匹折（附清单 1 件）》，《汇编》第 42 册，乾隆二十四年十一月十一日，第 397 页。

上表所列回绢主要为贸易中明确动用之数，而实际解送伊犁的数量更甚。据新柱等奏：乾隆二十七年叶尔羌、和阗余剩粮石折价及动用新钱购买布、绢合计十万余匹，此项布、绢皆陆续解送伊犁用于交易马畜。① 二十八年、二十九年春秋二季，四次共计解运丝绢一千一百六十二匹。② 三十年又陆续将和阗折收的五百零三匹绢及棉、布陆续运往阿克苏，以备解送伊犁储备。③

相较而言，回绢的折收、需求量远不及回布。乾隆三十年其折收份额进一步被压缩，据云："陆续从叶尔羌解送绢，共收一千四百五十三匹。此内除与哈萨克等贸易、赏赐等项用过一百三十六匹外，仍余绢一千三百十七匹贮藏库房。"④ 有鉴于此，叶尔羌参赞大臣额尔景额等计划压缩和阗地区原本应折丝绢份额，以多折征布匹。据满文奏折翻译如下：

> 然则此项丝绢使用之处稀少，此后应解绢十分内，办解两分，剩余八分皆折收布匹解送，利于贸易。奴才窃查，和阗每年余剩粮石除折收布匹外，仍折收绢一千匹，与布匹一同解运伊犁。和阗二十八年以前折收绢、布皆编队陆续起程往此解运。二十九年余粮折绢，仍尚未解到叶尔羌，理应咨文伊犁将军等处和阗折收一千匹绢，解送二百匹，剩余八百匹皆应折办布匹。⑤

南疆地区原应折收的丝绢，其中八分转为折征布匹，唯留两分折绢。依此方案，和阗二十九年应折一千匹丝绢中唯交二百匹，剩余八百匹皆折收为布，按时价可得布三千六百匹，此后和阗每年剩余粮石皆依此例折办。

导致回绢折收量缩减的原因是多方面的。其一，南疆丝绢的产量远不及棉布。如前文所述，南疆诸城养蚕织绢主要集中于和阗地区，而和阗之外他城则"惟赖种棉织布为衣"，⑥ 其产量相对较为有限。其二，相较于昂贵的丝绢，棉布的适用性更强，需

①《叶尔羌办事大臣新柱等奏回子额纳余剩粮石折交布匹送伊犁换取哈萨克马匹折》，乾隆二十七年十一月初六日，《汇编》第 59 册，第 180 页。
②《乌什参赞大臣永贵等奏叶尔羌和田余粮折收棉布送往伊犁等情折》，乾隆三十一年二月二十八日，《汇编》第 78 册，第 174—175 页。
③《叶尔羌办事大臣额尔景额等奏将叶尔羌布匹经阿克苏运送伊犁折》，乾隆三十年二月初六日，《汇编》第 72 册，第 147 页。
④《叶尔羌参赞大臣额尔景额等奏令和田将应交丝绸折收布匹运送伊犁折》，乾隆三十年二月初六日，《汇编》第 72 册，第 148 页。
⑤ 同上书，第 148—149 页。
⑥《回疆志》卷 3《织纴》，台北成文出版社 1969 年版，第 87 页。

求量更大。不仅“回部亦炎热，甚宜纱、布一类衣物”①，且其附近的布鲁特等外藩“要用者布匹耳”②，亦常以羊马等牲畜前来贸易，回部民众颇为得利。③ 尤其在清朝与哈萨克等部进行“绢马贸易”后，回布需求量陡增。再者，伊犁地区携眷驻扎之满洲、索伦、察哈尔等人口众多，布匹尤为适用，其需求甚殷。④ 总之，布匹的市场需求量远超丝绢。其三，哈萨克等部在多年绢马贸易中对绸缎质地要求提高也是影响因素之一。在贸易往来中，哈萨克等外藩对绸缎的质地好坏有了明确认知。乾隆三十一年伊犁将军明瑞奏称：“今年苏州、杭州解到缎匹，较前货料平常。即如摹本大缎一项，乾隆三十年以前解到者，每匹重四十二三两不等。三十一年解至者，每匹仅重三十五六两。”⑤ 而“哈萨克等经年贸易，知悉诸缎之厚薄优劣”⑥。因此，在绢马贸易中，绸缎质地不佳不仅影响贸易活动，且有违乾隆帝要求保证绸缎质量“以示柔远”之圣意。⑦ 故此项未能达标的绸缎便由明瑞等减价出售，而所减之价则由各承办之织造局照数赔补。⑧ 此后在筹办乾隆三十三年新疆贸易所需绸缎时，乾隆即要求三织造“慎选物料，妥协造办”，避免明瑞所奏情况再次出现。⑨ 以上多重原因，导致南疆本地所产丝绢在官方贸易中被进一步压缩。

当然，折收的回绢也并非全部解运伊犁用于绢马贸易，也可用于奖赏或官方变价出售。如乾隆二十七年，和阗余粮所折一千三百匹丝绢内，一百三十八匹即用于奖赏协办事务的伯克，⑩ 而乌什永宁城于乾隆三十三年也变价出售过仓库收贮之回绢。⑪ 总之，回绢在清朝治理南疆初期发挥了其应有的价值。而相较于普通回绢，新疆出产

---

①《阿克苏办事大臣海明等奏报阿克苏等处丝绸贸易情形折》，乾隆二十八年八月二十六日，《汇编》第64册，第246页。

② 阮明道主编：《西域地理图说注》卷4《市粜钱币》，延边大学出版社1992年版，第95页。

③《回疆志》卷3《织纴》，台北成文出版社1969年版，第87页。

④《平定准噶尔方略·续编》卷22，乾隆二十八年六月，甲子。

⑤《清高宗实录》卷775，乾隆三十一年壬戌，第511—512页。

⑥《伊犁将军明瑞奏江南织造送来伊犁与哈萨克贸易用绸缎较前质次等情折》，乾隆三十一年十一月三十日，《汇编》第82册，第160页。

⑦ 杨应琚奏：《奏为奉谕留心验看三处织造办解新疆贸易绸缎折》，乾隆二十八年五月二十二日，台北“故宫博物院”藏《宫中档奏折——乾隆朝》，第040685号。

⑧《清高宗实录》卷775，乾隆三十一年壬戌，第512页。

⑨ 萨载奏：《奏报奉办贸易绸缎全部起解赴甘肃事》，乾隆三十二年十一月二日，台北“故宫博物院”藏《宫中档奏折——乾隆朝》，第048993号。

⑩《叶尔羌参赞大臣额尔景额等奏叶尔羌布匹丝绸用于奖赏回子数目及余者起运阿克苏折》，乾隆二十九年正月初六日，《汇编》第66册，第283—284页。

⑪《乌什参赞大臣永贵奏闻乌什永宁城卖过绸缎纱绫皮张瓷器等项价银数目折》，乾隆三十三年五月二十日，《汇编》第88册，第141页。

的毯、缎等丝织品则成了地方与中央朝贡往来的重要媒介之一。

三、方物朝贡中的新疆丝毯与绸缎

清朝收复新疆后，南疆地区的珍贵丝织品也作为重要方物纳贡入京，其中以丝毯和金丝绸缎最为有名。

（一）丝毯

清宫地毯中，以新疆地区所产数量最多，其织造工艺最佳，因此深受帝王喜爱。① 雍正初年，准噶尔的策旺拉布坦即遣使进送哆罗呢毡（do lo ni jafu）一块。② 回部底定后，该地便成为新疆各色贡毯最主要的织造地。乾隆二十五年（1760）九月，乾隆便降旨要求回部地方织造几块精良的地毯解送京城。③ 舒赫德等进一步奏请所织地毯见方尺寸后，乾隆二十六年（1761）八月，叶尔羌办事大臣新柱等即派人将所织地毯从叶尔羌押解起程护送进京。④

回城所织地毯一般被铺设于重要宫殿内。圆明园的正大光明殿作为御园，是举行朝会、朝贺庆典、筵宴外藩王公等典礼活动的重要场所。乾隆二十七年五月，内务府奉旨将正大光明殿地毯及踏跺图样寄送新疆办事大臣新柱以织造地毯，并吩咐“花纹要周正”。⑤ 此次所织地毯为庆贺新年筵宴时铺设之用。至十月初，新柱便命人将所织大小三十六块地毯从叶尔羌起运，经驿站解送京城。⑥ 再如斋宫，是明清时期帝王在祭祀大典前举行斋戒仪式之地。乾隆二十七年十一月初，乾隆要求将斋宫地毯图样寄

---

① 童燕：《故宫藏清代新疆地毯》，《文物》1986年第7期。

② 年羹尧奏：《奏报策旺拉布坦遣使赠毡毯》，雍正元年十一月初七日，台北“故宫博物院”藏《宫中档满文奏折——雍正朝》，第157005号。

③《叶尔羌办事大臣新柱等奏将叶尔羌进贡丝毡派员送京折》，乾隆二十六年八月初八日，《汇编》第52册，第264页。

④《军机处奏请示回子匠役制作御用毯尺寸或令其酌情编织送京片》，乾隆二十五年十一月，《汇编》第49册，第194页；《叶尔羌办事大臣新柱等奏将叶尔羌进贡丝毡派员送京折》，乾隆二十六年八月初八日，《汇编》第52册，第265页。

⑤《清宫内务府造办处档案总汇》第27册，乾隆二十七年五月二十三日，人民出版社2005年版，第517页。

⑥《叶尔羌办事大臣新柱等为将叶尔羌编织地毯送京事咨呈》，乾隆二十七年十月初一日，《汇编》第58册，第317—319页；《叶尔羌办事大臣新柱等将正大光明殿所需丝毯送京折》，乾隆二十七年十月初二日，《汇编》第58册，第329—331页。

交新柱织办,① 二十八年五月地毯织成后便解送京师。②

新疆织造贡毯所用原材料中最为重要的为生丝，而大批量的生丝即从当地采买而来。关于“生丝”，其材质不一，因此有必要作一说明。贡毯所用“生丝”，相关满文奏折中写作“sirge”③。据《五体清文鉴》,“sirge”对应汉文为“丝”，察合台文为“mashūt”。④ 许慎《说文解字》云“丝，蚕所吐也”⑤，察合台文“mashūt”亦可指蚕丝未加工者，故档案记载贡毯所耗“生丝”即含蚕丝。以下对织毯所用生丝情况作一统计：

表 3　叶尔羌织送丝毯生丝用量统计表

时间	织造地	生丝总量（察拉克⑥）	单价（腾格）	总价（腾格）	重量（斤）	折耗（斤）	丝毯净重（斤）	丝毯尺寸
二十六年（1761）	叶尔羌	45	34	1530	162	92	70	见方一丈四尺
二十七年（1762）	叶尔羌	50	16	800	180	102	78（丝毯56斤、35块跺22斤）	见方一丈三尺七寸
二十八年（1763）	叶尔羌	30	15	450	108	63	45	长一丈七寸四分，宽一丈五尺六寸五分

资料来源：《叶尔羌办事大臣新柱等奏将叶尔羌进贡丝毡派员送京折》，乾隆二十六年八月初八日，《汇编》第 52 册，第 266 页；《叶尔羌办事大臣新柱等将正大光明殿所需丝毯送京折》，乾隆二十七年十月初二日，《汇编》第 58 册，第 331—333 页；《叶尔羌办事大臣新柱等奏报织造丝毯所用原料数目并解京折》，乾隆二十八年五月初四日，《汇编》第 62 册，第 220—221 页。

由上表可见，乾隆二十六年生丝价格昂贵，为其后两年购价的二倍之多。生丝的折耗极大，折损超一半以上，其折损率基本稳定在 57%—58%。新疆的织毯工匠主要

①《清宫内务府造办处档案总汇》第 27 册，乾隆二十七年十一月初五日，人民出版社 2005 年版，第 386 页。

②《叶尔羌办事大臣新柱等奏报织造丝毯所用原料数目并解京折》，乾隆二十八年五月初四日，《汇编》第 62 册，第 218—220 页。

③《叶尔羌办事大臣新柱等奏将叶尔羌进贡丝毡派员送京折》，乾隆二十六年八月初八日，《汇编》第 52 册，第 265 页。

④ 故宫博物院藏:《五体清文鉴》中册，民族出版社 1957 年版，第 3191 页。

⑤ 许慎:《说文解字》十三上《丝部》，中华书局影印本 1963 年版，第 278 页。

⑥ 织造丝毯中每“察拉克”折合三斤九量六钱。“察拉克”为回部地区旧有计量单位。据《回疆志》：“计量米粮并无升斗，以察拉克、噶尔布尔、巴特满计之。每一察拉克乃十斤；每八察拉克为一噶尔布尔，乃八十斤；每八噶尔布尔为一巴特满，乃六百四十斤。惟察拉克系用挺木一根，两头各系一木盘，类乎天平，却无法马。”（《回疆志》卷 3《交易》，台北成文出版社 1969 年版，第 88—89 页。）但不同时期其计量换算存在差异，并不固定。

分布于阿克苏、叶尔羌、喀什噶尔、和阗诸城，综合来看，叶尔羌、和阗所织地毯相比喀什噶尔等地更为精细。① 新疆贡毯主要由叶尔羌承办，汇集和阗等地工匠共同织造，为追赶进度，上表三次织造丝毯的回匠人数分别从最初的13、57、18人增加为60、70、40人。织造丝毯所需生丝、染料以及回匠工钱等项合计支出，则由喀什噶尔、叶尔羌、和阗三城余粮变价普尔均摊办理，丝毯织造完成后由专人押运，经驿站解送入京。② 新疆织造贡毯费用不菲，以乾隆二十六年为例，所用二千三百十二腾格，折合内地银九百六十三两五钱余。③ 新疆呈贡地毯远不止以上几例，如乾清门行走哈密郡王品级贝勒额尔德锡尔，进献过花毯一块并交予热河。④ 乾隆三十五年（1770）库车办事大臣明福所进方物中即有五彩花毯五块。⑤ 相关零散记录较多，无需一一列举，直至清末慈禧太后七十万寿时（1904），新疆仍呈进了“丝织大龙地毯”，是为“和阗缠民之上等工艺品也”。⑥

新疆各色贡毯中，尤以栽绒毯最为有名。栽绒毯历史悠久，新疆考古出土了大量早期栽绒毯残片。⑦ 清代新疆贡入清廷的栽绒毯，以盘金银丝线工艺最为突出，⑧ 故宫现藏有大量乾隆时期新疆呈贡的精美栽绒地毯，为我们提供了实物参照。⑨ 独具新疆地域风格的各色丝毯大量贡入京师，也为其工艺技术文化传入内地创造了条件。当

①《军机处奏请示回子匠役制作御用毯尺寸或令其酌情编织送京片》，乾隆二十五年十一月，《汇编》第49册，第194页；《叶尔羌办事大臣新柱等奏将叶尔羌进贡丝毡派员送京折》，乾隆二十六年八月初八日，《汇编》第52册，第264—265页。

②《叶尔羌办事大臣新柱等奏将叶尔羌进贡丝毡派员送京折》，乾隆二十六年八月初八日，《汇编》第52册，第264—266页；《叶尔羌办事大臣新柱等将正大光明殿所需丝毯送京折》，乾隆二十七年十月初二日，《汇编》第58册，第329—333页；《叶尔羌办事大臣新柱等奏报织造丝毯所用原料数目并解京折》，乾隆二十八年五月初四日，《汇编》第62册，第218—221页。

③ 时叶尔羌、喀什噶尔五十普尔为一腾格，一百二十普尔折银一两。《军机处奏遵旨查报叶尔羌造送绒毯所费普尔钱与内地银两之比价数目片》，乾隆二十六年十月，《汇编》第53册，第277—278页。

④《哈密郡王品级贝勒额尔德锡尔热河觐见进献物品清单（乾隆朝）》，载中国第一历史档案馆、承德市文物局合编：《清宫热河档案》第7册，中国档案出版社2003年版，第579页。

⑤《库车办事大臣明福奏报派员解送进贡玉器折（附清单1件）》，乾隆三十五年五月初十日，《汇编》第96册，第116页。

⑥ 谢彬：《新疆游记》，杨镰、张颐青整理，新疆人民出版社1990年版，第59页。该地毯“运至兰州，以停止进贡折回”。

⑦ 赵丰、李文瑛：《新疆出土的栽绒毯》，载赵丰主编：《大漠联珠：环塔克拉玛干丝绸之路服饰文化考察报告》，东华大学出版社2007年版，第137—145页；祁小山：《新疆洛浦县山普鲁乡出土的人物纹栽绒毯》，《西域研究》2010年第3期；贾应逸：《新疆古代毛织品研究》，上海古籍出版社2015年版，第166—190页。

⑧ 童燕：《故宫藏清代新疆地毯》，《文物》1986年第7期；付超：《清代宫廷新疆地毯考》，《满族研究》2011年第3期。

⑨ 苑洪琪、刘宝建主编：《故宫藏毯图典》，紫禁城出版社2010年版，第68—87页。

然，在新疆与内地的密切交流往来过程中，内地的缠枝、折枝花卉以及蝙蝠、夔龙、凤鸟等织锦图案也不断传入新疆，丰富了新疆织毯的艺术文化。[①] 如故宫所藏清中期的“红地万字梅花纹盘金银线栽绒丝毯”，其编织采用了回部传统工艺，但构图中梅花、夔龙等则为内地传统纹样，“这种传统编制工艺与内地花纹相融合的现象，成为清中期以后南疆编织地毯的流行趋势”[②]。

（二）绸缎

清朝收复新疆前，准噶尔部首领即常将新疆地区的绸缎作为重要礼品进献西藏寺院、喇嘛等以请安、祈福，如乾隆八年（1743）、十三年（1748），噶尔丹策零及其子策妄多尔济那木扎勒先后进献回部缎、绸多达 194 匹。[③] 而准噶尔与清朝贸易往来期间，新疆地区的缠头缎、绸也被作为货物易入内地。[④] 至清朝收复新疆后，该地区的绸缎则被纳入方物朝贡序列。乾隆二十六年（1761），南疆诸城伯克即纷纷进呈回缎诸物。[⑤] 在重大节日朝贺、地方例贡等活动中，亦多见新疆地方各色金丝绸缎的进贡记录。

在重大节日朝贺中，万寿节尤为隆重。该节日旧为帝王诞辰，“唐、宋、辽、金，每一帝必别立节名，元则称‘天寿节’，或云‘圣诞节’，明则惟称‘万寿节’焉”[⑥]。清朝因之，每逢万寿节王公大臣、文武职官等皆于黎明时分，整装排列圆明园正大光明殿前按序朝赞。若遇皇帝行幸木兰围场，诸王公大臣则于午门外遥祝万寿，[⑦] 地方及周边藩属部落也会呈贡方物以示庆贺。

乾隆二十六年，适值皇太后七旬寿辰，为筹备万寿庆典，乾隆帝即寄谕参赞大臣

---

① 贾应逸、张亨德编著:《新疆地毯史略》，轻工业出版社 1984 年版，第 49 页。

② 苑洪琪、刘宝建主编:《故宫藏毯图典》，紫禁城出版社 2010 年版，第 84 页。

③《驻藏大臣索拜奏准噶尔噶尔丹策零等进献给达赖喇嘛等伯勒克物品数目折（附清单 1 件）》，乾隆八年十二月初五日，《清代新疆满文档案汉译汇编（汉译本）》第 6 册，广西师范大学出版社 2020 年版，第 163—167 页；《西宁办事大臣众佛保奏报准噶尔人等前往青海各寺庙熬茶情形折》，乾隆十三年正月初四日，中国第一历史档案馆编:《清代军机处满文熬茶档》（下），上海古籍出版社 2010 年版，第 1614—1617 页；《侍郎玉保等奏报准噶尔人等进献各寺庙物件布施银两数目折》，乾隆十三年四月初七日，中国第一历史档案馆编:《清代军机处满文熬茶档》（下），第 1853—1858 页。

④ 如乾隆十二年清准贸易，准噶尔带来的缠头花缎子多达 242 匹，缠头绸子也有 150 匹。见《理藩院左侍郎玉保奏闻准噶尔商队带来货物数目及商议贸易事宜折》，乾隆十二年十月十三日，《清代新疆满文档案汉译汇编（汉译本）》第 7 册，广西师范大学出版社 2020 年版，第 301 页。

⑤《总管内务府奏报库储外国及回子等进贡物品数目片》，乾隆二十六年三月二十八日，中国第一历史档案馆、故宫博物院合编:《清宫内务府奏销档》第六十一册，故宫出版社 2014 年版，第 86—90 页。

⑥ 秦蕙田:《五礼通考》卷 140《嘉礼十三》“圣节朝贺”条，方向东、王锷点校，中华书局 2020 年版，第 6497 页。

⑦ 昭梿:《啸亭杂录》卷 1《万寿节》，何英芳点校，中华书局 1980 年版，第 389 页。

舒赫德云："著于回地所产之布帛内，挑选质优可进献者，采买数样，差派专人即送前来。此之采买，若加价回子等仍不肯出售，亦不必强买，唯听自愿，按时价采买可也。"① 因此，喀什噶尔、叶尔羌、阿克苏、和阗等地大臣、伯克以及回部百岁老人等先后进贡各色绸缎布帛等物，其中绸缎统计如下：

表 4　皇太后七旬万寿节南疆诸城大臣、伯克等进献绸缎统计表

<table>
<tr><th>时间</th><th>进献地</th><th>进献者</th><th>进献绸缎</th><th>产地</th></tr>
<tr><td rowspan="7">二十六年（1761）七月</td><td>喀什噶尔</td><td>参赞大臣舒赫德</td><td>金丝缎九匹、银丝锻九匹、五彩金花帕十八条、五色荡花绸十八匹</td><td>温都斯坦</td></tr>
<tr><td>阿克苏</td><td>办事大臣海明等</td><td>五色花绸九匹、五色花带九条</td><td>回部地方</td></tr>
<tr><td rowspan="2">叶尔羌</td><td>阿奇木伯克鄂对</td><td>金花缎二匹、金花帕二条、荡花绸二匹</td><td rowspan="5">温都斯坦</td></tr>
<tr><td>众伯克</td><td>金花缎四匹、金花帕二条、荡花绸二匹</td></tr>
<tr><td>喀什噶尔</td><td>阿奇木伯克噶达默特</td><td>金花缎二匹、金花帕一条、荡花绸四匹</td></tr>
<tr><td>和阗</td><td>阿奇木伯克阿尔默特</td><td>金花缎一匹、金花帕二条、荡花绸四匹</td></tr>
<tr><td>喀什噶尔、英吉沙尔、和阗</td><td>众伯克</td><td>金丝缎一匹、金花缎四匹</td></tr>
<tr><td rowspan="2">二十六年（1761）八月</td><td>阿克苏</td><td>阿奇木伯克色提巴勒</td><td>锦缎一匹、玛什鲁缎四匹</td><td>温都斯坦</td></tr>
<tr><td>库车</td><td>阿奇木伯克鄂斯满</td><td>缎二匹、缎带一条</td><td>不明</td></tr>
<tr><td>二十六年（1761）十月</td><td>喀什噶尔、叶尔羌</td><td>回部百岁老人</td><td>玛什鲁缎五匹</td><td>不明</td></tr>
</table>

资料来源：《阿克苏办事大臣海明等为请将转奏恭进方物庆贺皇太后万寿事容呈》，乾隆二十六年七月二十二日，《汇编》第 52 册，第 177 页；《喀什噶尔参赞大臣舒赫德等奏报叶尔羌等城伯克恭贺皇太后万寿所进物品数目折》，乾隆二十六年七月二十四日，《汇编》第 52 册，第 199—200 页；《阿克苏办事大臣海明奏阿奇木伯克色提巴勒第进贡物品以贺皇太后万寿折》，乾隆二十六年八月初三日，《汇编》第 52 册，第 242 页；《阿克苏办事大臣海明奏阿奇木伯克色提巴勒第进贡物品以贺皇太后万寿折》，乾隆二十六年八月初三日，《汇编》第 52 册，第 242 页；《库车办事大臣书山等为库车阿奇木伯克鄂斯满进呈绸缎以贺皇太后万寿事容呈》，乾隆二十六年八月初八日，《汇编》第 52 册，第 276 页；《喀什噶尔参赞大臣永贵等奏叶尔羌等处回子百岁老人进献方物以贺皇太后万寿折》，乾隆二十六年十月十七日，《汇编》第 53 册，第 126 页。

① 《寄谕参赞大臣舒赫德询问回城未纳贡金情由并采买布帛进献皇太后》，乾隆二十六年三月二十五日，载中国第一历史档案馆编：《乾隆朝满文寄信档译编》第 2 册，岳麓书社 2011 年版，第 580—581 页。

由上表可见，驻疆大臣、回部伯克等呈进的各色绸缎，其产地或为新疆本土，或为温都斯坦。这种内、外金丝绸缎一体入贡的局面，也正体现了乾隆帝“意集各番国方物，分类进献”① 之意志，而外藩金丝绸缎在南疆地区的广泛流通，则为驻疆大臣、伯克采买进献提供了便利。南疆地区与西藏、中亚、南亚次大陆等地贸易往来密切，诸回城常见西藏、安集延、浩罕、克什米尔等地的商队，② 其贩入南疆地区的商品中即常见各色金丝、金花缎绸等物。③ 所谓温都斯坦人“抽金银为丝，织绸缎、毡布，遍货于西域各国及各回城”④ 即为真实写照。因此，上述驻疆大臣、伯克所贡金丝绸缎中土产与外来并存便不足为奇。

但南疆地区在丝织品的交流互鉴过程中，无疑也促进了本地绸缎织造工艺的进步。至乾隆朝中后期，新疆地区呈贡的各色绸缎中基本以本土所产为主。金丝、花缎织造中，金银丝抽取、镶嵌工艺至关重要，喀什噶尔便是当时南疆地区金银丝匠（aisin menggun sese faksi）、染匠（icere faksi）的主要集中地。⑤ 清朝收复新疆后，喀什噶尔不仅成为金丝缎的例贡地，而且历任大臣、伯克亦不定时呈进各色金丝绸缎。兹列表汇总如下：

表 5　乾隆年间喀什噶尔大臣、伯克进贡绸缎统计表

时间	贡者	绸缎种类、数量	产地
三十一年（1766）	帮办大臣柏堃	金花缎等物	回部地方
三十三年（1768）	阿奇木伯克噶岱默特	销金缎三匹、babuta 缎三匹、玛什鲁缎三匹、piyasra 绸九匹	不明
三十四年（1769）	办事大臣安泰等	金丝花缎五匹、金线手帕九条、直荡花绸九料、金花绸布九匹	温都斯坦
三十五年（1770）	办事大臣福森布等	金花绸	回部地方
	阿奇木伯克噶岱默特	金丝缎二匹、金丝带二条	不明

①《寄谕参赞大臣舒赫德询问回城未纳贡金情由并采买布帛进献皇太后》，乾隆二十六年三月二十五日，《乾隆朝满文寄信档译编》第 2 册，第 580 页。

② 相关研究可参见林永匡、王熹：《清代西北民族贸易史》，中央民族学院出版社 1991 年版，第 508—532 页；潘志平：《乾嘉年间新疆的商业贸易研究》，《西北民族研究》1996 年第 2 期；贾建飞：《浅析乾嘉时期中亚与南疆的贸易》，《敦煌学辑刊》2005 年第 2 期。

③ 关于诸商团在回部地区的商品贸易活动，档案多有记载。如《叶尔羌办事大臣新柱等奏报拉达克商人前来贸易情形折》，乾隆二十七年三月初六日，《汇编》第 55 册，第 220—224 页。

④ 椿园：《西域闻见录》卷 3《外藩列传》，载中国西北文献丛书编辑委员会：《中国西北文献丛书》第四辑《西北民俗文献》第一卷，兰州古籍书店 1990 年版，第 214 页。

⑤ 据舒赫德关于南疆诸城工匠分布情况奏报内容，金银丝匠、染匠当时主要见于喀什噶尔地区。参见《阿克苏办事大臣舒赫德等奏报叶尔羌等九城工匠管理情形及交纳赋税数目折》，乾隆二十六年正月初三日，《汇编》第 50 册，第 17 页。

续表

时间	贡者	绸缎种类、数量	产地
三十七年（1772）	办事大臣福森布等	紫花荡绸九匹、红花荡绸九匹	不明
四十年（1775）	办事大臣福森布等	金丝倭缎三匹、金丝缎五匹、花荡缎五匹、红荡缎五匹、细荡缎五匹、红荡绸五匹	回部地方
四十一年（1776）	办事大臣雅德等	金丝缎等物	回部地方
四十二年（1777）	办事大臣雅德	金丝缎五匹、花荡金花缎五匹、花荡缎五匹、金荡倭缎五匹、花荡绸五匹、花锦五匹	回部地方
四十四年（1779）	办事大臣玛兴阿等	金丝缎	回部地方
四十五年（1780）	办事大臣玛兴阿等	金丝缎五匹、金花荡缎五匹、红荡缎五匹、红荡倭缎五匹、红毕机缎五匹、金花绸五匹、花荡绸五匹	回部地方
四十六年（1781）	办事大臣景福等	金丝缎五匹、金花缎五匹、金花荡缎五匹、花荡缎五匹、金荡倭缎五匹、金花绸五匹、花荡绸五匹	回部地方
四十七年（1782）	办事大臣阿扬阿等	金丝缎五匹、金花缎五匹、花荡缎五匹、花倭缎五匹、金花绸五匹、花荡绸五匹、红花绸五匹	不明
四十八年（1783）	办事大臣保成等	金丝缎	回部地方
四十九年（1784）	办事大臣保成等	金丝缎五匹、金花荡缎五匹、红荡缎五匹、花荡缎五匹、花荡绸五匹	回部地方
五十年（1785）	办事大臣保成等	金丝缎	回部地方

资料来源：《喀什噶尔帮办大臣柏堃奏进贡玉石绸缎等物折》，乾隆三十一年三月十六日，《汇编》第78册，第380页；《喀什噶尔办事大臣伊勒图奏报喀什噶尔阿奇木噶岱默特进贡物品清单》，乾隆三十三年二月，《汇编》第87册，第210页；《喀什噶尔办事大臣安泰等奏进贡回疆所产绸缎等物折》，乾隆三十四年二月十一日，《汇编》第91册，第357页；《喀什噶尔办事大臣福森布等奏进贡物品折》，乾隆三十五年五月十六日，《汇编》第96册，第165页；《军机处奏喀什噶尔阿奇木伯克噶岱默特进贡金丝缎已送到片》，乾隆三十五年七月，《汇编》第97册，第169页；《喀什噶尔办事大臣福森布等为贡玉器等事咨呈》，乾隆三十七年五月初八日，《汇编》第106册，第393页；《喀什噶尔办事大臣福森等派员进贡绸缎布匹折》，乾隆四十年四月二十九日，《汇编》第123册，第444—445页；《喀什噶尔办事大臣雅德等奏委员解送臣等进贡玉器等物折》，乾隆四十一年五月初八日，《汇编》第129册，第29页；《喀什噶尔办事大臣雅德为进贡玉器金丝缎事咨呈》，乾隆四十二年九月初三日，《汇编》第133册，第148—149页；《喀什噶尔办事大臣玛兴阿等奏进献玉器金丝缎折》，乾隆四十四年八月二十四日，《汇编》第140册，第314页；《喀什噶尔办事大臣玛兴阿等为进贡玉器缎匹事咨呈》，乾隆四十五年八月二十五日，《新疆满文档案汇编》第144册，第94页；《喀什噶尔办事大臣景福等为将回地玉器等物送京事咨呈》，乾隆四十六年八月十一日，《汇编》第147册，第394页；《喀什噶尔办事大臣阿扬阿等进贡青白玉洗等物清单》，乾隆四十七年十二月，《汇编》第154册，第171—172页；《喀什噶尔办事大臣保成等奏报派员解送所贡玉器金丝缎折》，乾隆四十八年八月二十五日，《汇编》第156册，第398页；《喀什噶尔办事大臣保成等奏为派员解送进贡玉器等物事咨呈》，乾隆四十九年八月二十二日，《汇编》第165册，第7—8页；《喀什噶尔办事大臣保成等奏进贡玉器等物折》，乾隆五十年九月初一日，《汇编》第169册，第332页。

相较于乾隆二十六年皇太后七旬万寿时新疆贡缎（表4），表5所见各色贡缎、贡绸基本产自回部地方，这从侧面反映了新疆地区金丝绸缎织造工艺的进步。乾隆三十六年（1771），值皇太后八旬万寿，舒赫德等人于南疆地区织造呈进了“八丝绒圈龙缎”等八十匹各色样缎，绸缎色系多达二十余种。[①] 由此观之，南疆地方的织染技术无疑已十分成熟。即便在乾隆帝八旬万寿（1790）朝贺期间，新疆各地伯克所贡各色绸缎亦基本产自本土。[②] 清宫御用品中也已多见新疆各色绸缎织物，如造办处的物料中即有“回子锦”“金丝回子绸”“绿地回子花锦”“红地金花回子绸”以及“石青回子绸”等诸物。[③] 据统计，乾隆五十六年（1791）热河园内外备用物件中，回部缎、锦、绢、布多达五百六十七块。[④] 目前故宫博物院收藏的各色“回回锦”“玛什鲁布”“和阗绸”等清代新疆贡物工艺皆佳，也为我们提供了实物参考。[⑤] 当然，为迎合万寿节朝贡需求，新疆织贡的绸缎布匹中也加入了内地流行的文化元素。如乾隆三十六年，塔尔巴哈台参赞大臣安泰即呈贡了“万喜锦缎”“顺纹花绸”“长春细布”“芙蓉细布”等诸物。[⑥]

新疆独特的金银丝抽取、镶嵌以及地毯织造等工艺受到了清廷的肯定，大量丝织品呈贡京城的同时，相关工匠也被选调入京。乾隆二十四年九月，定边将军兆惠奏报回人中有通晓镶嵌金银丝技术的匠人等，欲从叶尔羌、喀什噶尔地方拣选六人送京。[⑦] 二十五年五月，驻叶尔羌办事侍郎海明等从叶尔羌及喀什噶尔选派安置京城的金匠等人，除却病故者，大小共计四十一人，共赏银一百八十一两，部分家眷或受赏银，或一并带往京城。[⑧] 入京的新疆金银匠一般被置于内务府造办处当差，[⑨] 金银线制作与

---

①《钦差大臣舒赫德奏皇太后万寿节进贡物品折》，乾隆三十六年七月初二日，《汇编》第101册，第96—98页。

②《新疆喀什噶尔郡王伊斯堪达尔等热河觐见进献物品清单》，五十五年七月十九日，载《清宫热河档案》第6册，中国档案出版社2003年版，第495—296页。

③《清宫内务府造办处档案总汇》第27册，人民出版社2005年版，第238页；第42册，第383页；第44册，第598、730页；第48册，第21—22页。

④《热河园内外现用陈设备用物件清单》，乾隆五十六年十一月二十七日，载《清宫热河档案》第7册，中国档案出版社2003年版，第87页。

⑤ 实物图像资料参见宗凤英主编:《明清织绣》，上海科学技术出版社、香港商务印书馆2005年版，第141—154页。

⑥《塔尔巴哈台参赞大臣安泰奏进贡绸缎等物折》，乾隆三十六年九月二十日，《汇编》第102册，第285—286页。

⑦《定边将军兆惠等奏拣选回子金银匠连同玉石一并由叶尔羌解京折》，乾隆二十四年九月二十三日，《汇编》第41册，第297页。

⑧《驻叶尔羌办事侍郎海明等奏将回子金银工匠选送京城折》，乾隆二十五年五月二十一日，《汇编》第45册，第353页。

⑨《为回子金匠六人著于造办处当差事》，乾隆二十五年正月初一日，中国第一历史档案馆藏，档号：03-18-009-000029-0001。

镶嵌是其重要工作内容。乾隆二十五年十一月，内务府奉命奏报了回匠制造金线的价值耗费情况，相较于从东南沿海地区买办，回匠的技艺也不落下风。[1] 造办处匠人来源广泛、民族多样，回匠与满、蒙、汉、藏等各族匠人共同生活、协同生产，促进了多元文化的交流与融合。

四、结语

乾隆时期，在清朝经略、治理新疆的过程中，内地的各色绸缎布匹在绢马贸易、变价饷银、政治赏赉等方面发挥了重要作用。从史志档案可见，每年内地大量绸缎按时按量调往新疆各地以备支用，几乎充满了整个新疆地区社会。而相较之下，新疆本地蚕丝业及丝织品似乎乏善可陈。正因如此，学人较多关注该时期新疆地区的内地丝绸诸问题也理所当然。但已有千余年植桑养蚕历史的南疆地区，其蚕丝业及丝织品并未泯没于史，从相关满文档案来看，该时期植桑养蚕仍对南疆民众生产生活有着重要影响。在清朝治理新疆初期，回绢在解决和阗余粮积压及绢马贸易等方面体现了其价值，而新疆各色毯、缎等丝织品则在维持地方与中央的朝贡关系方面扮演了重要角色。如喀什噶尔地区，两匹金丝缎成为该地每年的例贡品之一，而各色丝毯、绸缎直至清末仍是新疆地区最重要的贡物之一。新疆丝织品的贸易、入贡也推动了相关织造工艺的交流互鉴，一定程度上有助于增强新疆与内地的联系。

---

①《清宫内务府造办处档案总汇》第 25 册，乾隆二十五年十一月二十九日，人民出版社 2005 年版，第 441—442 页。

晚清南疆县治的建立和完善*

王洪亮　师　帅

（河南工业大学马克思主义学院　新疆师范大学历史与社会学院）

【摘　要】　左宗棠收复新疆之后，南疆县治的改革势在必行。善后时期，左宗棠、谭钟麟、刘锦棠先后提出了不同的设县方案，其中刘锦棠的方案更符合实际需要，最终被清政府采纳。自光绪九年（1883）起，南疆的县治逐步建立，改变了清朝中期治理南疆的基本模式。饶应祺治疆期间，由于时局的变动和发展，南疆的建置也有了新一轮改革。至此，南疆社会的建置基本定型。南疆设县消除清中期治疆的"官民隔阂"问题，为政令推行至南疆基层提供了便利，为中华民族共同体的形成和塑造奠定了基础。

【关键词】　晚清　南疆　县治

乾隆二十四年（1759），清朝统一天山南北，其后采取怎样的制度对新疆进行治理成为清政府急需解决的重要问题，这就要求清政府必须用更少的花费且达到稳定的效果。尽管杨应琚等人也曾提出过南疆设县的规划，但因花费甚巨而作罢。南疆社会则通过民族上层人士充任伯克，代表清朝政府统治南疆基层。此治理措施在初期能够迅速稳定南疆，但同样存在伯克"任意妄为"导致的"官民隔阂"，南疆不稳定的因素仍然存在。收复新疆之后，左宗棠、谭钟麟、刘锦棠先后上书希望南疆设县，开地方官直接治理民众之先河，跨"官民隔阂"之渊薮，保国土长治久安。

---

* 本文系河南省高等学校哲学社会科学创新团队支持计划"中华优秀传统文化融入高校思想政治教育研究"（2020－CXTD－11）、新疆师范大学自治区"十四五"重点学科民族学招标课题"晚清新疆治理近代化转型研究"（23XJKD0105）的阶段性成果。

一、南疆设县方案的讨论与确定

光绪三年（1877）左宗棠收复吐鲁番后进军南路前，即开始对“南疆八城”进行战后恢复的规划。

（一）左宗棠的设县方案

光绪三年六月，左宗棠上《遵旨统筹全局折》，再次强调西北对于整个中国国防的意义。西北地区广袤无垠，但能够驻守的兵力有限，只有从新疆至蒙古再到京师一线屯田驻军，整个北方防御体系才会完整。新疆不稳则蒙古不固，那样陕、甘、晋各省都会成为国防前线，因此新疆是整个中国北部国防体系中的重要一环。同时左宗棠也提到乾隆时期平定新疆，财政是个突出问题，因此他认为南疆若经营得当，粮饷问题都可以解决。左宗棠提请朝廷考虑设行省、改郡县的方案。①

光绪四年（1878）正月，左宗棠以甘肃荒瘠，提请朝廷改设行省郡县②，清政府回复左宗棠再次调查行省制、郡县制的可行性。十月，左宗棠上《复陈新疆情形折》，对新疆建省的可行性进行了论证，依据有以下几个方面：其一，自光绪三年起，南疆的善后工作已经有条不紊地进行，其清查地亩、开河引渠、发展生产、开征租税、修复军事设施，且南疆其他土地物产尚需开发，这是建省的良机，不容错过。其二，南疆“因俗而治”导致内地与边疆的隔阂，伯克制给百姓带来了沉重负担，且官民语言不通，也使南疆地区社会问题长期得不到有效解决。若收伯克之权严格管理，可收长治久安之效。此外，从财政角度去考虑，甘肃贫瘠，无利源可拓，若采取前制，新疆驻军全恃各省协饷，即便不设省，新疆各利国裕民的措施也不能停。③

光绪六年（1880），左宗棠向清廷提交了另一份更为详细的建省方案，主要包含以下几方面。其一，新疆设总督一员，治乌鲁木齐，巡抚一员驻阿克苏。将军仍驻伊犁，管辖旗营事务，并设伊犁兵备道一员。塔城设都统，统旗绿各营，并设同知。其二，北路乌鲁木齐地区保留原有的阜康、昌吉、绥来、奇台四县，新设呼图壁、济木

---

① 左宗棠:《遵旨统筹全局折》，载《左宗棠全集》（奏稿六），刘泱泱等校，岳麓书社 2009 年版，第 648—650 页。

② 左宗棠:《新疆应否改设行省开置郡县请敕会议折》，载《左宗棠全集》（奏稿七），刘泱泱等校，岳麓书社 2009 年版，第 4—5 页。

③ 左宗棠:《复陈新疆情形折》，载《左宗棠全集》（奏稿七），刘泱泱等校，岳麓书社 2009 年版，第 172—174 页。

萨二县，升原呼图壁巡检、济木萨县丞为知县。巴里坤地区，升镇西厅为镇西州，仍以宜禾县为附郭；将哈密散厅改为直隶厅，原驻哈密通判改为直隶厅同知。吐鲁番地区，增设广安道，驻吐鲁番，原吐鲁番散厅改为直隶州，辟展、托克逊均设县，附郭吐鲁番直隶州。其三，新设郡县主要集中在南路。其中东四城新设温宿县（治温宿）、尹河县（治阿瓦提）、拜城县（治拜城），此三县置温宿府管辖；新设鸠兹县（治库车）、沙雅县（治沙雅尔），此二县置鸠兹府管辖。此外，设焉耆直隶州（治喀喇沙尔），附郭库勒县（治库尔勒）；设乌什直隶厅。东四城新设府厅州县上增设阿克苏巡道，治阿克苏，统筹管理。西四城新设疏勒县（治汉城）、疏附县（治回城），此二县置疏勒府管辖；新设莎车县（治汉城）、莎附县（治回城），二县置莎车府管辖。增设于阗直隶州（治和阗），附郭于田县；英吉沙尔直隶厅（治英吉沙尔）。西四城地区所有府州厅县上设喀什噶尔兵备道，统筹管理。① 按照左宗棠设想，南疆共设两道、四府、两直隶州、两直隶厅、十一县。按照清朝传统，为防止官僚机构过于庞大，各省官员均有定额，不能随意增加，且新设州县一般也在治理较为成熟的地区，因此左氏方案所设立州县无疑过多。

（二）清廷对南疆设县方案的讨论

光绪八年（1882），清廷内部对南疆建省之事进行了详细的论证，其广度和深度较之前更甚。陕甘总督谭钟麟、钦差大臣帮办新疆军务刘锦棠、两江总督左宗棠也加入了这场论战。光绪八年三月，陕甘总督谭钟麟在《奏为筹度新疆南路情形拟分设各城职官以资治理而固民心折》中支持左宗棠在南疆设县的想法，“目前办理善后，因革损益、百废待兴，而要以固结民心为主。即设立行省，亦当从州县办起。如果地方日增富庶，然后递设督抚以统辖之”。但南疆具体设县的数量、规模和左宗棠的方案有所不同。他认为“（南路七城）一城不过数十庄，不及东南一小县。七城各设一官足矣。更于喀什噶尔、阿克苏两处各设巡道一员，如镇迪之例皆归钦差大臣统辖”②。而刘锦棠认为“若设官太少，又虑鞭长莫及，难资治理，不足为经久定制”。考虑到谭钟麟的顾虑，刘锦棠在左氏方案的基础上，稍作改动，即仍在南路设阿克苏、喀什噶尔二道分辖东、西四城，但减少设县总体数量，县上不再设府。如东四城设喀喇沙

① 左宗棠：《复陈新疆宜开设行省请先简督抚臣以专责成折》，载《左宗棠全集》（奏稿七），刘泱泱等校，岳麓书社 2009 年版，第 474—475 页。

② 谭钟麟：《奏为筹度新疆南路情形拟分设各城职官以资治理而固民心折》，见谭延闿等编：《谭文勤公奏稿》卷 9，第 5—6 页，载《近代中国史料丛刊》第 33 辑，第 507—510 页。

尔、库车两个抚民直隶厅，乌什设抚彝直隶厅，温宿设直隶州（治阿克苏城）并附郭拜城县。西四城设英吉沙抚彝直隶厅、玛喇巴什直隶厅，并设莎车直隶州（治汉城），附郭叶城县（治回城），疏勒设直隶州（治汉城），附郭疏附县（治回城），和阗设直隶州，附郭于阗县（治哈拉哈什）。[①] 经刘锦棠改订，南疆不再设府，二道下设四直隶州、五直隶厅、四县，较左宗棠方案设治更少。此后，刘锦棠的方案得到了清政府的支持。

至于新疆建省，刘锦棠则提出不同看法。他在《新疆各道厅州县请归甘肃为一省折》中认为："熟度关外情形，求所以长治久安之道，固舍设郡县、易旧制，别鲜良图，此臣之所见与左宗棠等相同者也。惟将新疆另设一省，则臣颇以为不然。"刘锦棠认为，全国设郡县最少的省份是贵州、广西等省，而新疆设立的郡县不及二省的一半，况且新疆、甘肃唇齿相依，粮饷、物资转运皆需以关内为根本。因此刘锦棠认为，新疆难以自成一省。他建议可添设甘肃巡抚一员驻乌鲁木齐，加兵部尚书衔统辖全疆官兵及南北两路各道厅州县，并归陕甘总督遥制。如此，谭氏方案中的钦差大臣也可裁撤。[②]

光绪八年（1882）九月，左宗棠再次上折，力主新疆建省。他分析了建省前的新疆"与陕甘督臣、陕西抚臣治所均相距甚远……然治兵之官多，治民之官少，已有偏重之势"。他认为，即使在内地，各省督抚都需要相互合作才能保证政策的顺利推进，况且新疆新复，各项工作都需平稳进行，官制和各项制度需尽早确定。对于刘锦棠和谭钟麟的方案，他认为"欲责陕督以遥制，则有鞭长不及之虑，欲责使臣以兼治，则有越俎而代之嫌"。新疆的善后措施，如生产、蚕桑、税收等工作都已经初见成效，说明新疆可以不用仰赖内地协济，只要治理得当即可就地取利。而国防方面，列强侵略日益加深，对边疆的治理必须加强。有了清明的政府，上下一心，边疆自然稳固；若仍然采取羁縻之治，列强暗中煽惑分裂，则前功尽弃，后患无穷。[③]

（三）南疆设县方案的确定

可以说，善后时期的众多建省之议，是极有价值和富有成效的，其中陕甘总督左

---

① 刘锦棠：《遵旨拟设南路郡县折》，载刘锦棠、李续宾：《刘锦棠奏稿　李续宾奏疏》，杨云辉校，岳麓书社 2013 年版，第 87—88 页。

② 刘锦棠：《奏明拟设新疆南路郡县由》，台北"故宫博物院"馆藏《军机处档折·光绪朝》，故机 125244 号。

③ 左宗棠：《新疆行省急宜议设关外防军难以遽裁折》，载《左宗棠全集》（奏稿八），刘泱泱等校，岳麓书社 2009 年版，第 135—137 页。

宗棠、继任陕甘总督谭钟麟、钦差大臣刘锦棠三人关于建省之策在清廷是具有一定影响力的。三人对于南路设立郡县均无异议，只是在新疆是否建省、南路设官规模上略有出入。自新疆初平，伊犁续归，左宗棠就先后上折，力主新疆建省，并在光绪六年就拿出一份规模较为庞大的建省方案。光绪八年谭钟麟则认为，新疆地广人稀，因此设省设官都应渐次进行。刘锦棠基本赞同左宗棠的建省方案，在其基础上设县更少、建置级别较低，新疆南北两路各郡县应归陕甘总督遥制。从其本质上来说，善后时期的建省之议，仍然是乾隆时期关于新疆治理模式争论的延续，其焦点问题仍然是新疆财政是否足资治理。而 19 世纪末期，新疆成为防俄前线，国防地位更为重要，对于治理也提出了新的要求。光绪八年九月的奏折中，左宗棠用过渡时期的经济数据力图向朝廷证明，新疆治理特别是南疆治理可就地取利，不赖内地接济，以消清廷顾虑。

二、南疆设县的实践

（一）建省前的委员试署

善后时期，参与新疆建省讨论的左宗棠、刘锦棠、谭钟麟等人，对南疆设立郡县均无异议，因此，在南疆设县派官较之于建省更早。光绪八年七月，刘锦棠先后上折提出自己关于设立郡县的想法，得到朝廷批准。光绪九年五月，刘锦棠奏请委员于南疆试署，为建省做准备："前陈应设、应改、应移诸端，仰荷睿衡，饬部会议。兹各部院议覆折内于议设者……暂从缓议。而议裁、议改、议移者……应俟南八城建置事宜办有成效，奉旨准设巡抚，再行会奏请旨……至请南路改设道厅州县各官，均经先行议准，令将应办事宜会商妥协，次第奏明办理。"于是刘锦棠派员先行试署，详查各道、厅、州县之边界，考察或新建办公、坛庙、仓廒、监狱等场地。①

光绪九年八月，首批委署南路官员遴选完毕，分别为：二品顶戴按察司衔陕西题奏道罗长祜，委署阿克苏兵备道员；三品衔升用道甘肃候补知府陈名钰，委署温宿直隶州知州；三品衔甘肃遇缺题奏道补用知府委署镇迪道陈宝善，委署喀什噶尔兵备道员；道衔分省补用知府蒋诰，委署疏勒直隶州知州；分省补用知县许鼎九，委署疏附

① 刘锦棠：《奏为承准部复准设新疆南路道厅州县各官现拟委员试署并筹现办情形事》，中国第一历史档案馆藏，档号：04－01－01－0949－009。

县知县。[①]

光绪九年年底，第二批委署南路官员遴选完毕。分别为：分省补用直隶州知州龙魁，委署理事同知衔喀喇沙尔抚民直隶同知；分省补用知府潘时策，委署库车抚民直隶厅同知；留陕补用知县衔蒋泽煦，委署拜城县知县；盐提举衔甘肃补用知县罗正湘，委署乌什抚彝直隶同知；留甘补用直隶州知州刘嘉德，委署英吉沙尔抚彝直隶同知；三品顶戴道衔分省补用知府忠曾，委署莎车直隶州知州；分省补用知县周振岳，委署叶城县知县；分省补用知府杨溢中，委署玛喇巴什直隶通判；同知衔留甘补用直隶州知州刘世南，委署和阗直隶州知州；同知衔分省补用知县许茂光，委署于田县知县。因委署喀什噶尔道陈宝善因病无法履职，改派叶尔羌、和阗善后总局，二品顶戴甘肃遇缺题奏道黄光达继任。[②]

在南疆选官派署的同时，南疆各城城池、衙署等工程也开始兴建。据刘锦棠所述，南疆八城库车、乌什、喀什噶尔、英吉沙尔、叶尔羌、玛喇巴什等六处城池可改建，喀喇沙尔、阿克苏、拜城、和阗、于阗、叶城等六处城池需要新建。八城新设到厅州县共十五缺，新建衙署十五起，改建、新建城池十三座。[③]

（二）建省后的添置佐官

光绪十年（1884）十月，新疆建省，添设巡抚、布政使等高级官员之议被通过，而南疆经过试署官员一年左右的工作，添设佐官的时机也日渐成熟。由于各地钱粮征收、估拨、报销等需要，喀什噶尔道、阿克苏道请设道库大使一员专管收支事，并于道署仪门侧新建建库大使衙署，道署大堂侧新建库房。其他厅州县也先后设立佐官，“温宿、莎车、和阗、疏勒四直隶州，设立吏目各一员。拜城、于阗、叶城、疏附四县，设立典史各一员。喀喇沙尔、库车、乌什、英吉沙尔、玛喇巴什五直隶厅，各设立照磨一员，兼司监狱、缉捕”。此外，因稽查匪类之需，阿克苏旧城需添设一员巡检；因辖境广大，喀喇沙尔所属之布告尔地方需添设一员巡检；因县城移建，叶城县需在原莎车回城添设一员巡检。[④] 表 1 为南疆设立州县的情况。

---

① 刘锦棠：《委署南路道厅州县员缺片》，载杜宏春校正：《刘锦棠奏稿校正》，中华书局 2019 年版，第 402 页。

② 刘锦棠：《奏报委署新疆南路官员并暂刊木质关防事（折片）》，台北“故宫博物院”藏军机处档折件（光绪朝），故机 125991 号。

③ 刘锦棠：《奏为南疆新设郡县建置工费浩繁请饬拨实饷事》，中国第一历史档案馆藏，档号：04－01－37－0128－034。

④ 刘锦棠：《奏为新疆南路各道厅州县拟设佐杂及分防巡检各缺事》，中国第一历史档案馆藏，档号：04－01－01－0950－037。

表 1　光绪十年十一月南疆设县、设官情况

分巡道：职责	州/厅（治所）	县（治所）	官职	首任长官	委署/设职时间
阿克苏道：驻阿克苏，以守兼巡，兼水利、屯垦、钱粮、刑名，抚驭蒙部，弹压布鲁特，稽查卡伦	温宿直隶州（阿克苏城）		分巡甘肃阿克苏等处地方兵备道	罗长祜	光绪九年八月
			道库大使		光绪十年十一月
			知州	陈名钰	光绪九年八月
			吏目		光绪十年十一月
			分防旧城巡检		光绪十年十一月
		拜城县（拜城）	知县	蒋泽煦	光绪十年正月
			典史		光绪十年十一月
	喀喇沙尔直隶厅（喀喇沙尔城）		抚民同知	龙魁	光绪十年正月
			照磨兼司狱事		光绪十年十一月
			分防布告尔巡检		光绪十年十一月
	库车直隶厅（库车城）		抚民同知	潘时策	光绪十年正月
			照磨兼司狱事		光绪十年十一月
	乌什直隶厅		抚彝同知	罗正湘	光绪十年正月
			照磨兼司狱事		光绪十年十一月
喀什噶尔道：驻喀什噶尔回城，以守兼巡，兼通商、水利、屯垦、钱粮、刑名，弹压布鲁特，控驭外夷，稽查卡伦	疏勒直隶州（汉城）		分巡甘肃喀什噶尔等处地方兵备道	黄光达	光绪十年正月
			道库大使		光绪十年十一月
			知州	蒋诰	光绪九年八月
			吏目		光绪十年十一月
		疏附县（回城）	知县	许鼎九	光绪九年八月
			典史		光绪十年十一月
	莎车直隶州（汉城）		知州	忠曾	光绪十年正月
			吏目		光绪十年十一月
		叶城县（哈哈里克）	知县	周振岳	光绪十年正月
			典史		光绪十年十一月
			分防回城巡检		光绪十年十一月
	和阗直隶州（和阗城）		知州	刘式南	光绪十年正月
			吏目		光绪十年十一月
		于阗县（克里雅）	知县	许茂光	光绪十年正月
			典史		光绪十年十一月

续表

分巡道：职责	州/厅（治所）	县（治所）	官职	首任长官	委署/设职时间
喀什噶尔道：驻喀什噶尔回城，以守兼巡，兼通商、水利、屯垦、钱粮、刑名，弹压布鲁特，控驭外夷，稽查卡伦	英吉沙尔直隶厅（英吉沙尔）		抚彝同知	刘嘉德	光绪十年正月
			照磨兼司狱事		光绪十年十一月
	玛喇巴什直隶厅（玛喇巴什城）		水利抚民通判	杨溢中	光绪十年正月
			照磨兼司狱事		光绪十年十一月

资料来源：刘锦棠《委署南路道厅州县员缺片》，载《刘锦棠奏稿校正》，杜宏春校正，中华书局2019年版，第402页；《奏报委署新疆南路官员并暂刊木质关防事（折片）》，故机125991号；《奏为新疆南路各道厅州县拟设佐杂及分防巡检各缺事》，档号04-01-01-0950-037。

官员试署期约为一年。光绪十年年底，刘锦棠奏请为部分官员实授官职。如温宿直隶州“地当冰岭冲要，辖境辽阔，抚驭率属，政务殷烦，应作为冲、烦、疲三项要缺……该署温宿直隶州知州甘肃候补知府陈名钰，老成稳练，为守兼优”，疏勒直隶州“抚辑回氓，兼需弹压外部，现值办理上午，中俄交涉事繁，应作为冲、烦、疲、难四项要缺……署直隶州知州分省补用知府蒋诰，性情质直，通达治理”，“迎请补授各该员实缺，俾得纵容展布，期收成效”。[①] 光绪十一年（1885）四月，黄光达“才识练达，操守谨严，从事戎行二十余年，懋著勤劳……历办库车、叶尔羌、和阗善后各局，于边地情形极为熟悉。上年委署斯缺，措置裕如，均无贻误”，请补实缺。[②]

（三）奏请办公津贴

除委署官员外，刘锦棠也于光绪九年向清廷奏请南路官员办公津贴补助，以资助艰苦地区官员的生活，“回疆户口虽较繁殷，惟沦胥日久，叠遭安夷搜刮席卷，杼柚罄空。其玛喇巴什、喀喇沙尔、拜城等处，蹂躏特甚。孑遗之民，翊戴皇仁，弥殷瞻就……惟道员廉银岁只三千两，同知、直隶州知州八百两，通判、知县六百两，俸工役食照章减折支给，为数更属无多”，又因为新疆地域广大，物价高昂，往来交通之费数倍于内地，生活困难。因此，刘锦棠请拨津贴银道员每年1200两，南路喀喇沙尔、玛喇巴什、拜城之同知、通判、知州等员每年津贴银720两，而叶城、和阗、喀

① 刘锦棠：《奏请以陈名钰借补温宿直隶州知州蒋诰借补疏勒直隶州知州事》，中国第一历史档案馆藏，档号：04-01-12-0531-140。

② 刘锦棠：《奏请以黄光达补授喀什噶尔兵备道事》，中国第一历史档案馆藏，档号：04-01-012-0532-063。

什噶尔、英吉沙尔、阿克苏、乌什、库车等地区“土沃民殷，均请毋庸津贴”。① 另外，自光绪十年南疆各道厅州县职缺等级也慢慢确定下来，其简况如下表：

表 2　1887 年南疆各道厅州县职缺等级，养廉、办公、津贴银两　　单位：两/年

员缺单位	职缺等级	四要素②	养廉银	办公银	办公津贴
喀什噶尔道	最要缺	冲繁疲难	3000	700	1200
阿克苏道	要缺	冲繁疲	3000	700	1200
喀喇沙尔直隶厅	要缺	冲繁难	800	700	720
库车直隶厅	中缺	冲繁	800	700	
乌什直隶厅	最要	繁疲难	800	700	
温宿直隶州	要缺	冲繁难	800	700	
拜城县	中缺	冲疲	600	700	720
英吉沙尔直隶厅	要缺	冲繁难	800	700	
玛喇巴什直隶厅	要缺	冲繁疲难	600	700	720
疏勒直隶州	要缺	冲繁疲难	800	700	
疏附县	要缺	冲繁疲难	600	700	
莎车直隶州	要缺	冲繁难	800	700	
叶城县	要缺	繁疲难	600	700	
和阗直隶州	中缺	疲难	800	700	
于阗县	中缺	繁难	600	700	

数据来源：《试署直隶州知州员缺请实授折》、《请实授黄光达喀什噶尔道员折》、《请给南北两路官员办公津贴折》、《请将袁垚龄补授阿克苏道员缺折》、《拣员请补叶城县知县要缺折》、《缙绅全书》（光绪十三年冬）。③

由上表可知，养廉银的发放与官缺的级别有关。如上表，县与直隶厅同为基层政区，直隶厅同知与州同知的养廉银均为 800 两，而直隶厅的通判则与知县均为 600 两。办公津贴方面，较为艰苦的喀喇沙尔、拜城、玛喇巴什地区，刘锦棠还额外申请了每

① 刘锦棠：《奏报新疆道员及正杂官吏按缺分优劣分别酌给津贴事》，中国第一历史档案馆藏，档号：04-01-35-0985-059。

②“四要素”是划分官员职缺等级的参考标准，以便选官任官。“四要素”中，地当孔道曰“冲”，政务纷纭曰“繁”，赋多逋欠曰“疲”，民刁俗悍、命盗案多曰“难”。兼四字为最要缺，三字为要缺，两字为中缺，一字或无字均为简缺。（参见刘铮云：《“冲、繁、疲、难”：清代道、府、厅、州、县等级初探》，《“中研院”历史语言研究所集刊》第 64 辑，第 176—177 页；方大湜：《平平言》卷 1《初任宜简僻缺》，吴克明点校，湖南科学技术出版社 2010 年版，第 29 页。）

③ 参见刘锦棠：《刘锦棠奏稿校正》，杜宏春校正，中华书局 2019 年版；清华大学图书馆等编：《清代缙绅录集成》第 48 册，大象出版社 2008 年版［据来鹿堂丁亥（1887）冬季《大清缙绅全书》影印］。

年720两的办公津贴。这也从侧面印证了建省初期南疆的艰苦情形。

三、南疆建置的逐渐完善

光绪八年刘锦棠的置县方案基本维持了十五年，其间没有较大变动。在此期间社会整体较为稳定，人口也日渐增加。南疆地广人稀、各县距离过远也造成了诸多不变。因此，南疆建置的完善势在必行。于是光绪二十四年（1898），饶应祺在喀喇沙尔厅增设县治，推动了晚清新疆建置的改革。

（一）喀喇沙尔升府

喀喇沙尔位于天山南麓，吐鲁番西部，是从乌鲁木齐、吐鲁番通向南疆的交通要地。光绪八年置喀喇沙尔厅时，刘锦棠提到喀喇沙尔为“土尔扈特、和硕特游牧地方”，交涉事件需由抚民同知处理。经魏光焘、陶模等抚臣分别采取设抚辑招徕善后局、营建蒲昌城、发展屯垦等措施，喀喇沙尔地方生产渐有起色，人口也日渐增加。光绪二十二年（1896），饶应祺奏请将参与河湟之变的回众八千余人安置在罗布淖尔地区，“散赈粮，修房屋，发给牛具籽种，会营修筑渠堡，广辟近水可耕之地，并与该民筹挖矿、牧羊、通商惠工等事”①。至二十四年，喀喇沙尔地区已有一万九千余丁口，新修房屋一千二百七十余间，已垦地二十万亩，经济恢复和发展已见成效。饶应祺在申请增设建置的奏折中说，“惟地周六千余里，均属边要，户口一万余众，土客杂居，非建治设官难资镇抚。自应因时制宜，将各局裁撤，改设文武营属，以定经久”②，因此在英气盖河、孔雀河流域之北，喀喇沙尔城以南的平坦地区置新平县，并设知县一员、典史一员管辖各类事务；新设新平县之东卡克里克地方，置县丞一员，仿阜康、济木萨县丞例，专管地方钱粮、词讼、弹压等事，命盗重案与新平县会商；将喀喇沙尔厅升焉耆府，其养廉、公费，以及各佐杂官、书役岁支、工食均照章办理。光绪二十四年朝廷在罗布淖尔地区设县，喀喇沙尔升厅为府仅仅是晚清新疆建置改革之始。

（二）南疆建制的再调整

饶应祺主政新疆期间，南疆的行政建制日趋完善。光绪二十八年（1902）七月，

---

① 饶应祺：《奏为新疆罗布淖尔屯垦安插就绪谨拟建治设官事》，中国第一历史档案馆藏，档号：03-5368-116。

② 同上。

饶应祺上《奏为新疆原设地方官太少拟请增改厅州县并升三直隶州为府折》，认为新疆改设州县十八年来，社会平稳，人口增长，内地与新疆交流日益频繁，而原有的州县辖境或千余里，或数百里，难于治理，因此很多事务需要委派乡约、回目共同完成，如此会带来头目欺压良民、命盗案处理困难、官员权力不够大、升调积极性不高等问题。其改设的具体方案如下：

西四城各厅州县中，疏勒州为喀什噶尔道首辖，地广粮多，各民族杂处，地位极为重要，因此拟请升疏勒州为疏勒府，并在距府一百八十里排素八特附近爱里克大庄增设伽师县。玛喇巴什直隶厅因与疏勒有争水争界之事，因此升玛喇巴什直隶厅为巴楚州，归疏勒府管辖。莎车州地区，地广而腴，且为英商①群集之处，交涉频繁，故拟请升莎车州为莎车府，并在叶城县以北、莎车府以南肯苏各庄增设泽普县，在莎车西南七百四十里附近色勒库尔处设置蒲犁通判，扼守坎巨提要地，协助驻防营与英俄交涉。和阗州地方，于阗县四百里洛浦庄增设洛浦县。

东四城地方，温宿州地腴民富，且为南疆要冲，将温宿州升为温宿府，原温宿旧城巡检升设温宿县，并于温宿西南四百八十里增设柯坪县丞以资佐理。焉耆府南三百六十里布告尔巡检改设轮台县，以专责钱粮、词讼之事，卡克里克县丞拟请升为婼羌县。库车直隶厅拟改为直隶州，州治所南一百八十里沙雅尔地区“民风强健，地僻而宽”，因此另设沙雅县以资治理。

此外，相应的佐官也一并更改。如州升府地区，原设州吏目，改为府经历，厅改州地区，原设厅照磨改州吏目。养廉银和办公银方面，知州养廉移为知府养廉，厅改州地区亦然。新设、改设之县，以州县原有公费移作养廉。其余县丞、典史薪俸、衙署杂项开支均仿内地标准执行。②

该方案实施满一年之时，潘效苏对此方案进行了改进。原拟设立泽普县的坡斯坎庄，地处莎车府和叶城县之间，且距二城均约九十里，若在此处设县，则相对于南疆其他县治更为密集。而叶城县之东、和阗县之西数百里地区并无县治，这样在征收银粮、百姓诉讼等问题上有诸多不便。建省初期，叶城县在县治东二百二十里处的嗰玛庄设立办事点，嗰玛庄以东、以南至山内各庄，均在嗰玛庄完纳钱粮。因此潘效苏拟

---

① 1898 年 3 月，在英国驻喀什噶尔领事马继业的交涉下，莎车州知州开通了桑株和库吉雅两条从列城翻越喀喇昆仑山到达莎车的商路。由此，莎车成为新疆与英属印度贸易的重要交通点。（参见许建英：《近代英国和中国新疆（1840—1911）》，中国社会科学院研究生院博士学位论文，2002 年。）

② 饶应祺：《奏为新疆原设地方官太少拟请增改厅州县并升三直隶州为府折》，台北“故宫博物院”藏宫中档奏折（光绪朝），故宫 142661 号。

移坡斯坎庄之泽普县至嗰玛庄设县，因古皮山国于此地，移设之县称皮山县。该地距叶城县与和阗州距离适中，完纳钱粮、清理讼狱均较为方便。①

另外，关于玛喇巴什厅与疏勒、莎车等地的水源争端，潘效苏也向清廷提交了调查结果。昆仑山下自南向北有听杂拉布河和泽普勒善河两条河流，都流经叶城、莎车、巴楚等地。叶城、莎车在上游，巴楚在下游。其中听杂拉布河流经的上游叶城、莎车等地和下游玛喇巴什属麦盖提庄等地都有大量土地需要灌溉，争水之讼大多因此而始。另外，泽普勒善河流经玛喇巴什各台站，均地高水低，难以灌溉，且玛属五台处水势较陡，逢夏秋季上游水涨，五台处就有决堤风险。此前多次计划从莎车、叶城引水至玛喇巴什，均遭二处民众阻拦，未能成功。因此，潘效苏计划将改设之巴楚州，原隶疏勒府，改隶莎车府，通过在一府内协调解决用水难题。② 详见下表：

表 3　1903 年南疆的各府州厅县改设新设情况

分巡道	统县政区	基层政区	改（新）设时间	原设情况
阿克苏道属	温宿府		光绪二十八年七月	原温宿直隶州知州升
		温宿县	光绪二十八年七月	原旧城巡检改
		拜城县		原光绪八年七月设
		柯坪分县	光绪二十八年七月	于柯尔平处置县丞
	焉耆府		光绪二十四年	原光绪八年七月所设喀喇沙尔直隶厅升
		新平县	光绪二十四年	于罗布淖尔置县
		婼羌县	光绪二十八年七月	原光绪二十四年设卡克里克分县置县
		轮台县	光绪二十八年七月	原布告尔巡检改
	库车直隶州		光绪二十八年七月	原库车直隶厅改
		沙雅县	光绪二十八年七月	于沙雅尔处设县
	乌什直隶厅			原光绪八年七月设
喀什噶尔道属	疏勒府		光绪二十八年七月	原光绪八年七月所设疏勒直隶州升
		疏附县		原光绪八年七月设

① 潘效苏:《奏为新疆改设巴楚州增设泽普县各缺应行移设改隶事》，中国第一历史档案馆藏，档号：04-01-01-1059-026。

② 同上。

续表

分巡道	统县政区	基层政区	改（新）设时间	原设情况
喀什噶尔道属	疏勒府	伽师县	光绪二十八年七月	于排素巴特处置县
		巴楚州	光绪二十八年七月	原光绪八年七月所设玛喇巴什直隶厅改
	莎车府		光绪二十八年七月	原光绪八年七月所设莎车直隶州升
		蒲犁厅	光绪二十八年七月	于色勒库尔处新设
		叶城县		原光绪八年七月设
		皮山县	光绪二十九年八月	泽普县移设，县治嘓玛庄
	和阗直隶州			原光绪八年七月设
		于阗县		原光绪八年七月设
		洛浦县	光绪二十八年七月	于洛浦庄增设
	英吉沙尔直隶厅			原光绪八年七月设

资料来源：《奏明拟设新疆南路郡县由》，故机 125244 号；《奏为新疆原设地方官太少拟请增改厅州县并升三直隶州为府折》，故宫 142661 号；《奏为新疆改设巴楚州增设泽普县各缺应行移设改隶事》，档号 04-01-01-1059-026。

据上表可知，晚清时期南疆的建置主要有两次较大的变动。其一，光绪九年建省时期刘锦棠在南疆设二道（阿克苏道、喀什噶尔道）、四直隶州（温宿州、疏勒州、莎车州、和阗州）、五直隶厅（喀喇沙尔厅、库车厅、乌什厅、英吉沙尔厅、玛喇巴什厅）、四县（拜城县、疏附县、叶城县、于阗县），其中四县分属四直隶州管辖。其二，由于社会较为安定，经济发展，人口增加，但南疆地域广大，县域辖境过广，治理难度颇大。因此光绪二十四年之后，饶应祺、潘效苏分别在原设州县的基础上，对南疆的建置进行改革。原设之二道名称、辖境均未改变，原设四直隶州，有二州升为府（温宿州升为温宿府，疏勒州升疏勒府），其他二州除增设县外，直隶州制不变。原设五厅中，喀喇沙尔厅升为府，库车厅升为直隶州，玛喇巴什厅改为属州（巴楚州），其余二厅（乌什厅、英吉沙尔厅）仍为原制不变。基层新设改设的政区有温宿县（原旧城巡检改）、柯坪分县、新平县、婼羌县（新设卡克里克县丞升）、轮台县（原布告尔巡检改）、沙雅县、伽师县、蒲犁厅、皮山县、洛浦县等 10 个地区，南疆的建置得到进一步完善。

此外，宣统三年（1911），新疆巡抚袁大化还向清政府提交了在卡墙地区设置巡检的方案。卡墙地区位于今且末县境内，东昆仑山、阿尔金山之北，卡墙河（今车尔臣河）流域，清属于阗县境，东与婼羌县为邻。至清朝末年，卡墙地区已有七百余户，二千九百余丁口。因该地区距婼羌县较于阗县治更近，且土地肥沃、人口增长，婼羌县知县唐光炜申请将卡墙地区并入婼羌。袁大化认为卡墙地方为联络婼羌县和于阗县的交通要地，“按现时情形而言，居其地者大率于阗缠回迁往，货殖交易，婚姻通向利便于阗者实占多数。若改隶婼羌县，距因势利导之宜，生齿既已日繁，治理未便仍略县令控驭不及”①。因此袁大化为加强地方管理，拟在卡墙地区添设巡检，仍属于阗县，以资治理。

至清朝末年，南疆的行政建制为二道、四府、二直隶州、二直隶厅、一属州、一属厅、十二县、一分县，其行政区划之复杂可见一斑。然而，即使是至清末新增的府县制改革，也仍然遵循着由简至繁、多改少增的总体原则。

四、结语

光绪三年十二月，南疆的收复标志着收复新疆之战结束，新疆进入了过渡时期。过渡时期的各项事务由善后局兼管。由于清政府在19世纪面临的边疆防务压力更大，再加上阿古柏对南疆基层治理系统的破坏，过渡时期对基层的治理力度更大，短短几年的治理成效也给了清廷改变的契机，南疆设立州县的条件日趋成熟。此时关于新疆特别是南疆的前途与命运在清廷内部引发激烈讨论，经过深入对比和审慎思考，清政府采取了刘锦棠的方案在南疆设立州县，光绪九年南疆开始筹备设立州县之事，光绪十年九月三十日新疆建省。

尽管面临诸多困难，但南疆的县治终于建立起来。这标志着中央政府的权力在南疆基层社会的普遍下沉。南疆社会终结了“间接统治”的治理模式，国家对于南疆基层社会的管理能力得到了进一步加强。这在英俄日益蚕食新疆、清朝政府积贫积弱的历史大背景下，是十分不易的。因此可以说，南疆设县对维护国家统一和领土完整起到了至关重要的作用。在设县的基础之上，清政府的各项政策在南疆基层社会逐步推行，各民族的治理模式趋于统一，也为民族之间的交往交流交融创造了条件，为中华民族共同体的形成和塑造奠定了基础。

① 袁大化：《奏为于阗县属卡墙地方生齿日繁县令控驭不及请添设分防巡检事》，中国第一历史档案馆藏，档号：03-7440-071。

近代西南沿边开放与四川生丝外销格局的重构及其空间变化（1889—1945）*

和乐乐　张永帅

（云南师范大学历史学院　云南师范大学历史学院）

【摘　要】　生丝是四川出口创汇的大宗商品，在四川出口贸易中占有重要地位。近代西南沿边开放，尤其是腾越关开埠以后，川丝外销市场得到进一步的拓展，其外销空间格局不再以沿海、沿江口岸连接的外部市场为唯一销场，双线外销格局逐渐形成，川丝出口贸易在新的外销空间格局下获得了进一步发展。川丝外销格局在沿边口岸的调节作用下呈现出动态变化的过程，沿边开放之前以长江航线为主，开放之后形成以长江航线为主、西南通道为辅的空间格局。全国抗战爆发后，长江航线断绝，沿边口岸成为川丝外销主要通道，这一外销格局的形成对川丝资源的优化配置与出口贸易发展产生了重要影响。

【关键词】　川丝外销　沿边开放　空间格局　外部市场

作为我国生丝主产区之一，四川的生丝产量仅次于浙江、广东。随着四川被纳入世界市场，川丝成为四川土产外销的大宗创汇商品，在四川近代出口贸易中扮演着重要角色，生丝经营与外销也成为学界研究的热点。对现有研究成果的梳理发现，川丝

---

* 本文系国家社会科学基金西部项目“空间视角下近代西南沿边开放与区域经济变迁研究（1889—1945）”（22XZS014）、第二次青藏高原综合科学考察研究土地利用变化及其环境效应“中缅边境贸易通道历史变迁与现状调查”（2019QZKK0603）、云南师范大学研究生科研创新基金项目“空间视角下近代西南沿边开放与四川市场格局变迁研究（1889—1945）”（YJSJJ24－A10）的阶段性成果。

外销更多的是论者在研究蚕丝业时有所涉及，他们主要关注川丝的改良，沿海、沿江开埠通商对四川生丝外销的影响①，西南沿边口岸亦有涉及②，论点主要是川丝外销在四川出口贸易中的地位。关于四川生丝的外销空间格局及其变迁，却无专文论及。有鉴于此，进一步探究西南沿边开放之后川丝外销格局的动态变化及其在不同阶段的空间特征，有利于进一步深化对四川生丝出口贸易的整体认知。

一、沿边开放与四川生丝外销市场的拓展

生丝是四川重要的外销土货产品，近代以来，随着川江航运以及长江流域航道的开发，川丝主要经由重庆、万县沿长江一线外销。由于江浙、湖广等地生丝的竞争，以及沿海、沿江各口岸连接的外部市场对生丝的要求，有不少川丝被当作废丝来销售；由于长江航运的便利以及外部市场的需求量大，长江流域一线依然是川丝外销的重要渠道。沿边开放尤其是腾越关开埠之后，川丝外销环境进一步变化，川丝与印缅市场建立密切的联系，川丝外销不再局限于沿海、沿江口岸，西南沿边通道是其外销的又一选择，在一定程度上拓宽了川丝的外销市场。

印缅是四川生丝经由沿边各关出口的主要市场，这主要是印缅的地理环境与衣料需求使然。就缅甸而言，“缅甸位于中南半岛的西部，东与泰、越位邻，东北毗连我云南省，西北则与印度相接壤，北方则与我西康省的距离极近……由上述缅甸之山河大势及海岸情形观之，缅甸全部实为一山多地少之高原”③，“缅甸的纬度北起北纬二十八度三十分，南止北纬九度五十八分，故就纬度而言，北部已入温带，而大部分仍在热带”④。可以看出缅甸“大部分地区在北回归线以南，基本上是一个终年溽暑的热带国家，四季如夏、终年炎热，常年温度在 25 ℃—30 ℃”⑤。因此，缅甸“不论男女，下身都穿着裙子一样的衣服，名为纱笼，穿起来比裤子舒适，适合热带的需要”⑥。由

① 张友谊：《重庆开埠与近代四川对外贸易的变化》，《重庆社会科学》2005 年第 9 期；马唯嘉、刘佳：《民国前期四川蚕丝业的繁荣与隐忧——兼论民国政府在四川蚕丝业近代化转型中的时空错位》，《成都师范学院学报》2020 年第 7 期。

② 张永帅：《空间视角下的近代云南口岸贸易研究（1889—1937）》，中国社会科学出版社 2017 年版；苏月秋：《近代云南与东南亚的丝棉贸易》，《东南亚南亚研究》2010 年第 3 期；谭刚：《西南土产外销与大后方口岸贸易变迁（1937—1945）——以桐油、猪鬃、生丝和药材为中心》，《近代史研究》2013 年第2 期。

③ 蒋君章：《缅甸地理》，建设出版社 1944 年版，第 13、22 页。

④ 同上书，第 27 页。

⑤ 赵松乔：《缅甸地理概述》，中国青年出版社 1958 年版，第 12—13 页。

⑥ 以沛：《缅甸》，生活 · 读书 · 新知三联书店 1949 年版，第 18 页。

于地理环境使然，缅甸人对衣料的选择有着特殊的要求，即倾向于“透气性好，吸汗能力较强”①，“上色容易、耐洗、不易揉皱”② 的纺织产品，而生丝恰恰能满足缅甸人民织造“笼基”的需要。蚕丝与其他纤维有着很大的区别，“是一种多孔性的动物蛋白，能吸收和排放气体，与人的皮肤接触，不仅有舒适感，而且还起到保护皮肤有利于健康的作用，蚕丝在吸汗至本身重量30%时，皮肤还感不到冷湿，具有较好的韧性、弹性”③。

川丝在材质上更是远较其他生丝为优，“江浙及日本丝，光泽品质固远在川丝之上，然以其底质柔软，遇有汗水，辄紧贴体肤，诸多不便，故人不愿服用。川丝则否，质虽较粗而易利汗，虽汗湿亦不易贴着皮肤，人争服用，销路故广”④，并且“反光甚强”⑤。印度对衣料的需求亦复如是。因此，“缅甸每年从云南进口的生丝关系缅甸百姓的日常衣着来源，成为缅甸人民的生活必需品”⑥。

可以看出，除了欧美等市场外，东南亚亦是川丝外销的重要市场，拓宽这一市场将为川丝打开多元外销的格局。沿边口岸的开放，使这一外销市场的进一步开拓成为可能。在这里有必要说明一点，四川与东南亚市场建立贸易联系，并非始于沿边开放之后，而是由来已久，道光年间“腾冲华侨商号三成号等在进口缅甸棉花的同时，又将丝绸输入缅甸都城阿瓦城等地，并帮助缅人设丝绸加工厂”⑦，输出主要侧重于丝绸织品，但在沿边开放之前无论贸易性质抑或贸易量均未超出传统贸易的范畴。

西南沿边开放，尤其是腾越口岸的开埠通商，使川丝外销环境发生改变。根据《中英续议滇缅商务条约》第八条，“中国所出之货及制造之物，由旱道运入缅甸，除盐之外，概不收税，英国制造之物及缅甸土产，运出缅甸，由旱道赴中国，除米之外，概不征税”⑧，“生丝如从仰光进口，则要征收15%的进口税，自滇缅道进口则不收税”⑨。

这一出口优惠的税率政策，以及缅甸对生丝和丝织品的大量需求，吸引着大量黄

---

① 陆韧:《南方丝绸之路研究丛书·历史地理卷》，安徽人民出版社2022年版，第248页。
② 申旭:《中国西南对外关系史研究——以西南丝绸之路为中心》，云南美术出版1994年版，第263页。
③ 罗恒成:《广西蚕业史》，广西民族出版社1993年版，第11—12页。
④ 尹良莹:《四川蚕业改进史》，商务印书馆1947年版，第40页。
⑤ 林文英:《滇行杂记（一）》，《抗战与交通》1939年第15期。
⑥ 苏月秋、陆韧:《清代至民国云南与东南亚丝棉贸易研究》，社会科学文献出版社2019年版，第54页。
⑦ 马兆铭、黄槐荣、罗佩瑶:《腾冲——西南丝路重镇》，载腾冲县政协文史资料编辑委员会编:《腾冲文史资料选辑》第3辑，腾冲县印刷厂，1991年，第4页。
⑧ 王铁崖:《中外旧约章汇编》第一册，生活·读书·新知三联书店1957年版，第578页。
⑨ 李镜天:《永茂和商号经营缅甸贸易简史》，载政协云南省委员会文史资料委员会、中国民主建国会云南省委员会、云南省工商业联合会编:《云南文史资料选辑》第四十二辑《云南进出口贸易》，云南人民出版社1993年版，第79页。

丝经沿边各关出口至印缅市场，黄丝逐渐取代丝绸成为经由沿边口岸销往印缅的大宗商品，打开了川丝外销的新局面。基于沿边口岸的调整机制以及印缅市场对黄丝的需求，黄丝经由沿边各关输出量“最高年份达 20 000 担”①。出口的黄丝亦有部分为云南所产，“约产三千余斤，每斤五元五角，运销瓦城”②；据楚雄县劝业所资料，“民国元年后的 15 年间，每年运往瓦城的生丝约 500 千克，民国 20 年出口生丝价值银元 1.4 万元”③；大理县“至于络丝一项，本属向无操其业者，近有人由四川搬请技师到，如法操作，已销行瓦城一带，获利亦丰”④；保山县“全县总产量为 160 余驮……大部分出口缅甸，少部分运销腾冲、龙陵一带”⑤。茂恒商号是经营生丝贸易的大商号，主要从四川采购生丝成品和部分湖北丝及少量云南省保山、楚雄等地的条丝运销缅甸，一年中最高销售 4000 包（每包约重 50 市斤）⑥。但云南由于地理环境等因素的制约，“生丝所产不多，在本省商品中殊无地位可言”⑦。可以说生丝并未真正规模性地成为云南出口的大宗商品，经由云南外销的生丝，依然以川丝为主，“黄丝产于四川，本省不过居于转运地位”⑧，这是沿边开关前经由云南出口不曾有过的现象。

总之，沿边开放之后，川丝外销环境发生改变，打开了外销市场多元化的格局，不再一味地局限在经由重庆、万县沿长江一线对接沿海沿江口岸连接的外部市场，西南沿边各关连接的外部市场愈发重要，逐渐形成东向外销与西南方向外销的“双线格局”，为川丝走向多元化的国际市场奠定了良好的基础。

二、沿边开放与川丝出口贸易的发展及新的“增长极”的产生

沿边开放，尤其是腾越关的开埠通商，真正意义上为川丝外销开辟了印缅市场。

① 马兆铭、黄槐荣、罗佩瑶：《腾冲——西南丝路重镇》，载腾冲县政协文史资料编辑委员会：《腾冲文史资料选辑》第 3 辑，腾冲县印刷厂，1991 年，第 4 页。

② 楚雄县署编辑：《民国楚雄县地志》第十四目《产业·蚕业》，云南人民出版社 2005 年版，第 1383 页。

③ 云南省楚雄市地方志编纂委员会编纂：《楚雄市志》，天津人民出版社 1993 年版，第 375 页。

④ 大理劝业所辑：《大理县地志资料》，1923 年。

⑤ 陈槐何：《清末及民国时期永昌的名特产品》，载政协云南省保山市委员会文史资料研究委员会编：《保山市文史资料选辑》第七辑，保山红旗印刷厂，1989 年，第 73 页。

⑥ 参见古高荣、杨润苍：《茂恒商号及其云茂纺织厂始末》，载政协云南省委员会文史资料委员会、中国民主建国会云南省委员会、云南省工商业联合会编：《云南文史资料选辑》第四十二辑《云南进出口贸易》，云南人民出版社 1993 年版。

⑦ 云南省地方志编纂委员会办公室编：《续云南通志长编》卷 75《商业二》，玉溪印刷厂，1985 年，第 610—611 页。

⑧ 云南省公署枢要处第四课编印：《云南对外贸易近况》，1926 年，第 83 页。

沿边各关中地位相对较高的蒙自关虽在1889年就已经开埠通商，但对川丝外销来说，并未很好地发挥调节作用，“1897—1901年，五年生丝出口总量不足100担，出口货值未及全省出口总值的1%”[①]。可以说腾越开关前，生丝外销始终处于“滇川土粗条丝为数甚微，未成庄口”[②]的状态。

腾越开关之后，生丝源源不断地由四川流向云南，然后转运出口。川丝运滇路线主要有两条，“起自川南乐山，经过宜宾抵达云南老鸭滩，改用驮力运至昆明，再用人力、驮力与舟力辗转运至缅甸，计由川运至昆明有二十四栈，由昆明运至阿瓦有二十八栈，此乃川丝特殊运销之途径，他处蚕丝均无法与之竞争”[③]。比如“南丝路上的宜宾蚕丝业，其产品由滇帮外销”[④]，进入国际贸易核心区。筠连县业内人士分析筠连蚕丝市场道：“横观本县蚕丝业经营之历史，可得出结论，产田自我，销赖滇商。因条丝之最大销市，仍经由本县部分分销商及丝经纪之媒介，而归滇商统购，运销印缅，以供中等以下人家的被服原料。印缅地居热带，其国民之着粗绸衣，有如我乡民的服用土麻布。至厂丝分扬返丝和洋纺丝二种，仍多以印缅为销市，盖滇胞与缅人互结姻娅，历史信誉甚著，而本县与滇商地境毗连，友谊也密，故二地人民于近二十年来，无形间有其经济之连销。”[⑤]腾越关开埠之后，宜宾生丝主要由此路出川，然后经云南输入印缅市场。

另外一条路线，从宁远或会理分出，经盐源、丽江或大姚、宾川可达滇西重镇大理[⑥]，川丝多由此路输往大理集结，再由马帮输往缅甸。民国八年（1919），凤仪先出口黄丝500驮，即所谓黄丝“产四川运至下关，转销瓦城”[⑦]，虽然运输远不及长江水运便捷，但“黄丝因缅甸商人极其乐购，脚价虽大，仍不为影响所及”[⑧]。

另据海关贸易报告的记载，出口生丝“系来自蜀省，该省中部各县，西自嘉定，东迄重庆，均为产丝区域，向赖马驮，经由云南省城，运抵此间，转输缅甸，沿途

① 苏月秋、陆韧：《清代至民国云南与东南亚丝绵贸易研究》，社会科学文献出版社2019年版，第102页。
② 云南省地方志编纂委员会办公室编：《续云南通志长编》卷75《商业二》，玉溪印刷厂，1985年，第611页。
③ 尹良莹：《中国蚕丝业发展与传播之研究》，载蚕蜂所志编纂委员会编：《蚕蜂所志》，云南省新闻工作者协会图书编辑部，2005年，第369页。
④ 凌受勋：《清代民国时期南丝绸之路上宜宾的蚕桑业》，《宜宾学院学报》2016年第9期。
⑤ 祝世德：《筠连县志》，台北成文出版社1976年版，第152页。
⑥ 王福明：《近代云南区域市场初探（1875—1911）》，《中国经济史研究》1990年第2期。
⑦《凤仪县地志资料》十四《商业》，1919年。
⑧《民国七年腾越口华洋贸易情形论略》，载中国第二历史档案馆、中国海关总署办公厅编：《中国旧海关史料（1859—1948）》第86册，京华出版社2001年版，第265页。

约需时二三月之谱。惟以马驮贸易之故，缅甸政府准予免税进口，是以中国所产生丝，经由本埠出口者，在全国输出总额中，所占成分向属甚巨。即以民国二十五年而论，本埠出口川丝取道重庆装轮转运外洋者，虽运输较便，仅值国币一百五十万元。据此以推，足征贸易之盛衰，其决定之关键，由于交通便捷与否者少，而关乎税则之高下者大也”①。由此可以看出，沿边开放为川丝提供了联系外部市场的先决条件以及出口的免税政策，是川丝出口贸易发展的重要因素。川丝逐渐成为腾越关乃至云南全省的大宗出口商品，云南出口的“纺织纤维织（包括黄丝、羊毛等），占滇省输出之第二位，其中85%以上为川产黄丝，取道云南出口”②，生丝出口以腾越关为主。

从腾越关的海关贸易报告亦可以看出，沿边开放之后川丝外销的概况。1902年，腾越关“出口土货共估值价银十四万八千三百九十二两，内有四川黄丝四百三十二担，估值价银十万七千九百两，以百分计之，该丝即占七十三分”③。1911年腾越海关贸易报告记载，“夫自滇缅通商时起人人皆知进出中国最多之货莫若棉、丝，而彰明较著者，即系从新街至腾越，在本关所报货值一年全数在关平银一百八十二万五千两之多，其中四川运来之土丝占四十六万两”④。1913年，“四川黄丝占出口贸易总值的69%”⑤。1917年，腾越关“全年共发三联报告单七百二十四张，内有七百三张为四川黄丝，几乎全数由四川直接运腾”⑥。1919年，腾越关“本年共估值关平银二百二万九千两，比开关以来最高共估值关平银一百四十二万五千两之去年增多六十万四千两，几达百分之四十，致多之故，大都赖有川丝，其估值占出口估值总数百分之八十四，数至三千八百四十六担”⑦。川丝关乎腾越关出口贸易的兴衰，腾越关“出口货之增进，殊堪重视，其故多由于川丝之膨胀”⑧，“黄丝产于四川，本省不过居于转运

①《中国海关民国二十六年华洋贸易报告书》，载中国第二历史档案馆、中国海关总署办公厅编：《中国旧海关史料（1859—1948）》第124册，京华出版社2001年版，第394页。
② 郭垣：《云南省经济问题》，正中书局1940年版，第270页。
③《光绪二十八年腾越口华洋贸易情形论略》，载中国第二历史档案馆、中国海关总署办公厅编：《中国旧海关史料（1859—1948）》第38册，京华出版社2001年版，第330页。
④《民国元年腾越口华洋贸易情形论略》，载中国第二历史档案馆、中国海关总署办公厅编：《中国旧海关史料（1859—1948）》第63册，京华出版社2001年版，第474页。
⑤ 中国人民政治协商会议云南省腾冲市委员会编：《腾冲历史上的海关》，云南民族出版社2018年版，第50页。
⑥《民国六年腾越口华洋贸易情形论略》，载中国第二历史档案馆、中国海关总署办公厅编：《中国旧海关史料（1859—1948）》第82册，京华出版社2001年版，第1494页。
⑦《中华民国八年腾越口华洋贸易情形论略》，载中国第二历史档案馆、中国海关总署办公厅编：《中国旧海关史料（1859—1948）》第86册，京华出版社2001年版，第215页。
⑧《中华民国十年通商海关各口全年贸易总论》，载中国第二历史档案馆、中国海关总署办公厅编：《中国旧海关史料（1859—1948）》第92册，京华出版社2001年版，第45页。

地位，但黄丝出口对于腾越关占出口百分之八十，对于全省占出口百分之五十七”①，“是以中国所产生丝，经由本埠出口者，在全国输出总额中，所占成分向属甚巨，以民国二十五年而论，本埠出口生丝共值国币三百五十万元，计合全国出口生丝价值总数，十分之一而弱”②。在战时出口较为困难的情况下，经由腾越关出口的生丝依然有“七万四百三十八公斤”③，其中“1938 年经由腾越关输出的生丝即达 9052 担”④。

当然，这只是单一年份零星的反映，川丝经由西南沿边各关的出口，在关册记载中始见于 1897 年，以 1897—1937 年为时间段进行考察，川丝外销的动态发展将会更加直观。

表 1　1897—1937 年四川生丝历年借道云南出口数量　　单位：国币千元

年份	云南省出口总值	川丝出口			
		三关合计	占全省出口比重（%）	腾越关	占腾越关出口比重（%）
1897	1696	7	0.41		
1898	1955	4	0.20		
1899	2999	11	0.37		
1900	3855	10	0.25		
1901	4833	5	0.10	51 643	
1902	6033	171	2.83	168	72.72
1903	4360	234	5.37	231	60.95
1904	7895	351	4.45	349	66.22
1905	7900	248	3.14	245	66.40
1906	8483	232	2.73	231	54.87
1907	6361	262	4.12	254	34.94
1908	8996	262	2.91	260	33.85
1909	7402	280	3.78	275	38.30
1910	10 880	359	3.30	356	41.01

① 云南省公署枢要处第四课编印：《云南对外贸易近况》，1926 年，第 83 页。

② 《中国海关民国二十六年华洋贸易报告书》，载中国第二历史档案馆、中国海关总署办公厅编：《中国旧海关史料（1859—1948）》第 128 册，京华出版社 2001 年版，第 395 页。

③ 中国第二历史档案馆、中国海关总署办公厅编：《中国旧海关史料（1859—1948）》第 140 册，京华出版社 2001 年版，第 200 页。

④ 中国人民政治协商会议云南省腾冲市委员会编：《腾冲历史上的海关》，云南民族出版社 2018 年版，第 1 页。

续表

年份	云南省出口总值	川丝出口			
		三关合计	占全省出口比重（%）	腾越关	占腾越关出口比重（%）
1911	11 262	456	4.05	454	65.32
1912	19 589	718	3.67	717	67.45
1913	18 439	790	4.28	790	69.48
1914	13 989	609	4.35	609	69.44
1915	16 497	707	4.28	706	60.65
1916	15 646	673	4.30	673	68.81
1917	21 329	985	4.62	985	79.63
1918	20 030	1980	9.89	1980	89.11
1919	18 616	2680	14.40	2680	84.78
1920	21 685	1939	8.94	1939	77.53
1921	14 220	2467	17.35	2467	81.96
1922	16 837	1901	11.29	1901	80.11
1923	16 551	1875	11.33	1864	77.83
1924	18 836	2782	14.77	2778	86.06
1925	24 032	2285	9.51	2285	83.58
1926	18 330	2010	10.97	1853	83.71
1927	18 634	3138	16.84	2927	84.94
1928	19 092	1001	5.24	987	65.11
1929	19 060	1469	7.70	1469	73.49
1930	19 174	1814	9.46	1814	78.02
1931	18 844	1474	7.82	1474	74.90
1932	19 624	1788	9.11	1788	87.56
1933	27 880	2701	9.69	2896	94.03
1934	18 786	2207	11.75	2208	87.27
1935	23 767	2564	10.79	2558	85.55
1936	31 315	3529	11.27	3516	89.63
1937	40 135	2961	7.38	2956	82.52

资料来源：民国资源委员会经济研究室编《云南经济研究报告（第20号）》，第27—28页，表5b。钟崇敏:《云南之贸易》，载云南文史研究所编《云南丛书续编》第40册，国家图书馆出版社2021年版，第158—161页。

以出口货值来看，1902年之前，川丝出口始终没有很大的起色，1897—1901年出口货值仅 3.7 万元。从 1902 年起，开始有了明显的起色，1918 年突破百万元大关，出口值达 198 万元，1919 年达 268 万元，1936 年更是达到了 352.9 万元。以川丝所占出口比重来看，1902—1917 年占全省出口总值的 3.89%，1918—1937 年占比达 10.77%，较开埠初期有了较大增长。从表中可以明确看出，川丝出口所依赖的口岸主要是腾越关，1902—1937 年三关合计出口川丝 5190.2 万元，腾越关出口 5164.3 万元，占三关总数的 99.50%。甚至可以说，川丝经由沿边各关出口，是腾越关的独口贸易。

四川本省拥有重庆、万县两个通商口岸，是生丝出口的重要通道。沿边开放为川丝外销提供了新的窗口，川丝实现了双线外销的格局。因此在统计四川生丝外销数量与货值时，就不能单线地来统计，双边统计的货值才能真正反映川丝外销的真实状况。

表 2　1911—1920 年四川生丝双线外销量

单位：数量（担）、货值（海关两）

年份	腾越		重庆		万县		合计	
	数量	货值	数量	货值	数量	货值	数量	货值
1911	833	291 550	18 403	2 647 349			19 236	2 938 899
1912	1314	459 900	12 838	3 956 374			14 152	4 416 274
1913	1536	506 880	28 824	3 378 138			30 360	3 885 018
1914	1166	391 000	32 242	4 458 337			33 408	4 849 337
1915	1352	452 880	26 234	4 098 762			27 586	4 551 642
1916	1445	432 120	29 855	4 938 155			31 300	5 370 275
1917	1833	632 540	27 462	5 282 313	737	171 536	30 032	6 086 389
1918	3183	1 271 082	36 733	5 275 914	1911	456 223	41 827	7 003 219
1919	3846	1 720 031	30 680	3 964 967	2087	445 995	36 613	6 130 993
1920	2578	1 244 440	13 894	3 013 290	1589	822 873	18 061	5 080 603
合计	19 086	7 402 423	257 165	41 013 599	6324	1 896 627	282 575	50 312 649

资料来源：据 1911—1920 年腾越关、重庆关、万县关海关贸易报告统计册数据整理而成［《中国旧海关史料（1859—1948）》］。甘祠森《最近四十五年来四川省进出口贸易统计》，民生实业公司经济研究室，1936 年，第 76、99 页。

从表 2 可以看出，川丝主要经重庆关、万县关、腾越关外销；由于长江航运的便利性，生丝出口以重庆关的输出为主。从 1911—1920 年的数据来看，腾越关共输出生丝 19 086 担，值 7 402 423 两，占四川生丝出口货值的 14.13%；重庆关 257 165 担，值 41 013 599 两，占比 81.52%；万县关亦负责出口一部分。虽然沿边开放之后，生丝出口依然是重庆关占主导地位，但腾越关在很大程度上促进了川丝出口贸易的发展，逐渐发展为川丝出口的重要一极。

因此关于四川生丝出口的统计，不能仅仅停留在重庆、万县两关的出口数量。沿边开放之后，虽然部分生丝由沿边口岸负责转运出口，但生丝的主要来源地为四川，应该被纳入四川生丝的出口统计范围之内，这样才能全面、真实、动态地了解川丝外销的全景。

三、沿边开放与四川生丝外销格局空间的变化及其特征

川丝外销是一个动态的发展过程，相应地，其外销格局在不同时期亦呈现出不一样的空间特征。沿边开放在固有的川丝外销格局体系内打开了一个缺口，使原有的外销格局发生改变，由单向流通变成双向流通，由单一市场格局变成多元市场格局，整体上呈现一种从“一”字形到“人”字形再到“一”字形的空间变化过程。为了更好地体现川丝外销空间特征的变化，现将其主要分为三个时间段：沿边开放前（1902 年之前）、沿边开放至全国抗战爆发前（1902—1937）、全国抗战时期（1938—1945）。

第一个阶段，沿边开放之前，川丝外销整体上经由沿海、沿江口岸沿长江流域一线外销。近代以来，中国逐渐被纳入世界市场体系之中，这一过程可以简单地概括为“自东向西、由边到内”①。东部沿海口岸首先受到外部力量的冲击，率先实现开埠通商。上海开埠之后，以沿边口岸汉口为中介，上海与四川的商贸联系逐渐增强。四川物产资源丰富，以生丝为例，四川是著名的丝织业地区，“生丝、绢织物四川无地无之”②。全国除浙江、广东两省外，“四川为全国出丝省份之第三位”③。据日本人上原重美氏估计，四川每年的产茧量为 468 000 担，占全国产茧量的 12.78%，折合生丝的年产量为 35 000 担，占全国产丝量的 13.89%④。胡邦宪指出“最高产量曾达 47 000 担”⑤。四川逐渐被纳入上海的经济腹地范围之内，成为“以上海为中心的长江流域市

① 吴松弟：《中国近代经济地理变迁中的“港口—腹地”问题阐释》，《河南大学学报（社会科学版）》2018 年第 3 期。

②《四川》第 2 号，1908 年第 2 期。

③《四川月报》第 2 卷第 2 期，1933 年。

④《支那蚕丝大观》，第 11 页，转引自徐新吾：《中国近代缫丝工业史》，上海人民出版社 1990 年版，第 239 页。

⑤ 胡邦宪：《四川蚕业》，《经济汇报》1941 年第 8 期，第 12 页。

场网络的重要一环”①，源源不断地将土产运往上海转运出口。1871 年，“四川有 6000 包生丝经上海港输往国外”②。随着外部市场对生丝需求的增加，川丝外销逐渐增加，1886 年仅“锦州一地经重庆往上海的生丝出口值就达 100 万海关两”③。

英美等西方列强并不满足于对四川原材料的掠夺，为了进一步控制四川市场，威逼利诱清政府将重庆开放为通商口岸。1891 年重庆海关设立之后，列强为了便于生丝的掠夺，同年 5 月“英国在重庆设太古、招商、怡和等报关行”④，直接将生丝发运出口。重庆开关当年，“生丝出口 13 154 担，货值 702 031 关平两”⑤，此后生丝出口开始有系统的统计数据，故可以重庆关的海关贸易数据分析这一时期生丝出口的发展状况。

表 3　1891—1901 年重庆关生丝出口统计

年份	数量（担）	货值（关平两）	占全省出口金额（%）	备注
1891	13 154	702 031	38.76	这一时期的生丝外销，主要由生丝产地将生丝汇集至重庆，沿长江航道运至汉口或上海转运出口。
1892	14 113	992 260	38.10	
1893	16 443	1 129 686	36.60	
1894	13 771	808 934	23.69	
1895	11 837	811 954	23.05	
1896	13 048	912 261	25.65	
1897	11 650	1 251 186	88.92	
1898	10 853	796 716	21.57	
1899	14 771	1 356 411	29.42	
1900	18 876	1 001 626	32.91	
1901	18 573	1 592 165		

资料来源：1891—1901 年重庆海关贸易报告，《中国旧海关史料（1859—1948）》。甘祠森《最近四十五年来四川省进出口贸易统计》，民生实业公司经济研究室，1936 年，第 76 页。四川省地方志编纂委员会编《四川省志 丝绸志》，四川科学技术出版社 1998 年版，第 218 页。

重庆开埠之前，“1851—1874，川丝年平均输出量大致在 5000—6000 担”⑥；重庆开埠之后，生丝出口年平均大致保持在 14 281 担，较开埠之前有了很大的增长。出口

① 戴鞍钢：《近代上海与川滇藏货运网络》，《天府新论》1997 年第 2 期。
② 彭泽益：《中国近代手工业史资料（1840—1949）》第 2 卷，中华书局 1962 年版，第 90 页。
③ 姚贤镐编：《中国近代对外贸易史资料（1840—1895）》第 3 册，中华书局 1962 年版，第 1496 页。
④ 四川省地方志编纂委员会编：《四川省志 丝绸志》，四川科学技术出版社 1998 年版，第 218 页。
⑤ 甘祠森：《最近四十五年来四川省进出口贸易统计》，民生实业公司经济研究室，1936 年，第 76 页。
⑥ 四川省地方志编纂委员会编：《四川省志 丝绸志》，四川科学技术出版社 1998 年版，第 250 页。

金额方面，1901 年达到了 1 592 165 两，出口比重平均占全省出口的 35.87%，成为四川出口的大宗商品。由于长江航运的交通优势以及沿海、沿江口岸的开埠，主要向东经上海港出口。当然，西南沿边口岸亦有输出，“1898 年，思茅关出口川丝、川缎值银五千六百余两”①，“1897—1901 年五年生丝输出不足百担”②，几乎可以忽略不计。

由此可以看出，1902 年之前，在沿海、沿江口岸的作用下，川丝输出沿长江一线流向欧美市场，并且这一外销格局在重庆开埠后更加明显。西南沿边口岸蒙自关、思茅关虽在 1889 年、1897 年开埠通商，但其输出的生丝甚微，并未对川丝外销产生实质性的影响。整体上来看，川丝外销在这一时期是一种单向外销，可以将其概括为“一”字形的出口结构。

第二个阶段，即腾越关开埠至全国抗战爆发（1902—1937），沿边开放的作用力逐渐增强，“蚕丝输出，多由内河用木船运到渝、万两地集中，然后用轮船转运至上海输出，一部分集中宜宾，经云南转销缅甸”③，川丝开启了实质意义上的双线外销，呈现东线（长江一线输出）为主、西南方向（沿边口岸输出）为辅的外销空间格局。腾越关开放前，川丝经由沿边口岸输出甚微，对四川生丝外销的固有格局未能产生实质性的影响。1902 年腾越开关后，其对川丝的牵引力逐渐增强，“1902 年生丝出口 432 担，1911 年增加至 913 担，1915 年突破千担，为 1352 担”④，“1927 年，出口更是达到了 3456 担，值 1 878 930 海关两”⑤。受第一次世界大战以及 1923 年日本大地震的影响，川丝外销进入一个短暂的繁荣时期，在国际市场上出现了供不应求的现象，“川丝年产 3 万多担，外销上海口岸转销欧美各国的约 15 000 担，省内销用约有 8000 至 10 000 担，云南帮运销缅甸的约 5000 至 6000 担”⑥，外销市场“以缅甸、印度为主”⑦，可见沿边口岸已经成为川丝外销的重要一极。这一时期川丝外销已经有了系统的海关贸易数据统计，可以从海关数据中发现川丝外销空间的变化。

①《光绪二十四年思茅口华洋贸易情形论略》，载中国第二历史档案馆、中国海关总署办公厅编：《中国旧海关史料（1859—1948）》第 30 册，京华出版社 2001 年版，第 287 页。

② 苏月秋、陆韧：《清代至民国云南与东南亚丝绵贸易研究》，社会科学文献出版社 2019 年版，第 102 页。

③ 姜庆湘、李守尧：《四川蚕丝业》，四川省银行及研究处，1946 年，第 102 页。

④ 李根源、刘楚湘主纂，许秋芳点校本主编，李光信、刘硕勋、马守昌、马有樊点校：《民国腾冲县志稿》（点校本），云南美术出版社 2004 年版，第 385—386 页。

⑤ 云南省地方志编纂委员会办公室编：《续云南通志长编》卷 75《商业二》，玉溪印刷厂，1986 年，第 611 页。

⑥ 温少鹤：《回顾重庆生丝输出业》，载四川省政协文史资料委员会编：《四川文史资料集粹》第 3 卷《经济工商编》，四川人民出版社 1996 年版，第 419 页。

⑦ 周立三：《四川经济地图说明》，中国地理研究所，1946 年，第 18 页。

表 4　1927—1931 年重庆、万县、蒙自、思茅、腾越关川丝外销概况

单位：数量（担）、货值（海关两）

年份	重庆		万县		蒙自		思茅		腾越	
	数量	货值	数量	货值	数量	货值	数量	货值	数量	货值
1927	16 648	7 194 964	1559	427 261	4	2000	338	135 200	3456	1 878 930
1928	20 573	8 095 516	2804	446 449	3	1380	13	9100	1133	633 440
1929	26 379	10 787 848	2592	637 810	23	10 920			1746	942 840
1930	22 578	11 875 568	2080	627 951	13	4850			2533	1 164 337
1931	20 220	8 690 053	1866	412 321	30	9945			2057	946 381
合计	106 398	46 643 949	10 901	2 551 792	73	29 095	351	144 300	10 925	5 565 928

资料来源：云南省地方志编纂委员会办公室编《续云南通志长编》卷 75《商业二》，玉溪印刷厂，1986 年，第 611 页。甘祠森《最近四十五年来四川省进出口贸易统计》，民生实业公司经济研究室，1936 年，第 76、99 页。

从表 4 可以明显看出，这一时期川丝外销已和第一阶段有着明显的不同，沿边各关已经承担一部分的川丝外销。1927—1931 年，四川生丝出口共计 128 648 担，沿边三关合计 11 349 担，占比 8.82%，重庆、万县两关合计 117 299 担，占比 91.18%。以货值而言，共计 54 935 064 海关两，沿边三关合计 5 739 323 海关两，占比 10.48%，重庆、万县两关合计 49 195 741 海关两，占比 89.52%。沿边各关消纳的川丝已经占据了一定的数量，但还是以重庆关出口的生丝为主，生丝外销的空间格局已经由第一阶段的单线外销变成了双线外销。“川丝销路以法、美及缅甸为主，前者多由上海出口，后者多由叙府、昆明转运”①，1933—1935 年，仅庆正裕商号缅甸销丝数量，“每年亦不过千多担，不超过两千担”②，沿边口岸的牵引力量进一步增强。

可以发现一点，沿边口岸的生丝利润在一定程度上要高于沿海、沿江口岸。同一时期、相同单位，以出口数量来看，沿边各关占比仅为 8.82%，而以生丝货值来看的话，沿边各关占比为 10.48%。当然，沿边各关出口生丝免税的政策是其重要原因，同时由重庆运往上海转运外部市场的缫丝技术落后，“以至于废茧、废丝大量出现，1893 年川丝出口总额为 13 507 担，其中废丝占 8268 担；蚕茧出口总额 562 担，其中废茧占 298 担；1901 年蚕丝总额为 7023 担，其中废丝占 797 担，蚕茧总额 11 346 担，全为废茧”③，可以看出，

① 胡焕庸：《四川地理》，正中书局 1939 年版，第 40 页。

② 政协云南省委会文史资料委员会、中国民主建国会云南省委员会、云南省工商联合会编：《云南文史资料选辑》第四十二辑《云南进出口贸易》，云南人民出版社 1993 年版，第 120 页。

③ 张学君、张莉红：《四川近代工业史》，四川人民出版社 1990 年版，第 114 页。

“用大车缫制的土丝不完全适合欧美市场的需要”①。虽然为了与江浙生丝竞争，川丝改善了缫丝技术，但在质量上与江浙生丝依然存在一定的差距，影响了川丝的价格。

沿边各关连接的印缅市场对生丝质量的要求，没有欧美市场严格，为“四川生丝低品位的主销市场”②，而且川丝深受印度、缅甸人民的喜爱，川丝在“瓦城每驮重约一百五六十斤，可售至印洋一千二三百枚”③，其利润相对来说要高于沿海地区。因此，经由沿边口岸输出的生丝有进一步发展的空间。1931—1935 年是世界经济恐慌时期，欧美市场需求急剧下降，“川丝运至上海每年仅 500 担，运往缅甸市场的仍有 2000 担”④，此时被称为川丝外销的衰退时期。民国二十五年（1936）至二十六年（1937），“重庆、万县两关运销上海的生丝共计 11 103 担”⑤，同一时期“经由沿边各关输出的生丝约 8195 担”⑥，川丝外销共计 19 298 担，沿水路输入上海转运的生丝占 57.53%，沿陆路经由沿边口岸转运的占 42.47%，沿边口岸在川丝外销中的作用逐渐充分发挥出来。

这一阶段，川丝已由第一阶段的单线外销转变为双线外销，并且西南方向一线的外销由于免税等因素的影响，所发挥的作用逐渐增强，在全国抗战前夕几乎形成与长江一线外销相抗衡的态势。这一阶段川丝外销格局，可以形象地概括为“人”字形的双线外销格局。

第三阶段，可以说是特殊时局下的一种外销格局，即全国抗战时期生丝外销几乎全部由沿边口岸转运出口。抗战爆发以后，四川对外贸易路线发生重大改变，便利的长江航运受到了很大的影响，“抗战初期，上海口岸输出减少 50%”⑦，“1937 年 12 月，南京陷落以后，转入铁道运输时期，利用粤汉铁路经由广州出口”⑧。武汉、广州沦陷后，西南、西北成为对外贸易的重要通道，西北地区由于路程较远等因素，运输不便，川产外销在很大程度上“只能经云南蒙自、腾越口岸运缅甸、印度再转销英美等国”⑨。海关贸易

① 彭通湖：《四川近代经济史》，四川大学出版社 2000 年版，第 195 页。
② 四川省地方志编纂委员会编：《四川省志 丝绸志》，四川科学技术出版社 1998 年版，第 264 页。
③《民国八年腾越口华洋贸易情形论略》，载中国第二历史档案馆、中国海关总署办公厅合编：《中国旧海关史料（1859—1948）》第 88 册，京华出版社 2001 年版，第 1376 页。
④ 尹良莹：《四川蚕业改进史》，商务印书馆 1947 年版，第 41 页。
⑤ 四川省地方志编纂委员会编：《四川省志 丝绸志》，四川科学技术出版社 1998 年版，第 250 页。
⑥ 政协云南省委会文史资料委员会编：《云南文史资料选辑》第 42 辑《云南进出口贸易》，云南人民出版社 1993 年版，第 18 页。
⑦ 四川省地方志编纂委员会编：《四川省志 丝绸志》，四川科学技术出版社 1998 年版，第 262 页。
⑧ 周天豹等主编：《抗日战争时期西南经济发展概述》，西南师范大学出版社 1988 年版，第 286 页。
⑨ 四川省地方志编纂委员会编：《四川省志 丝绸志》，四川科学技术出版社 1998 年版，第 262 页。

报告对此也有记载，“年来西南各省进出货物，胥以滇越铁路与滇缅公路为运输孔道，该二路线，既贯通滇省，蒙自海关所在地之昆明，其贸易情形遂有蒸蒸日上之势”①。

战时沿边口岸对外贸易的作用显得愈发重要，从这一时期云南对外贸易的概况可以窥探一二：“民国二十六年滇省对外洋直接贸易顿增异彩。本年最大之事件，即七月七日，我国神圣抗战的开始，至八月十三日，上海亦发生战事，于是我国沿海口岸，先后为暴敌所封锁，我国整个的对外贸易当受莫大的打击，然而滇省的输出贸易则呈突飞猛进之象，由民国二十五年的二千八百余万元，竟增至民国二十六年的三千八百二十六万余元，增加有一千万元之多，数额不可谓不巨矣，同时也是滇省贸易空前的现象。溯其原因，皆为川康各地出口货物改变贸易路线之故。”②

以川丝而言，“抗战以后，运销上海之丝，不能不另谋出路，云南丝商除向（四川）各地采购生丝运销缅甸外，并向四川丝业公司订购六十条份之粗丝七百余担，运销缅甸”③。1937 年 12 月，“四川生丝公司总经理范崇实，为探求川丝南路出口，亲赴河内与海防考察，制定川丝改销安南的策略”④，随即委托“安南代销一千五百包生丝”⑤。1940 年，“贸易委员会收购丝业公司二千一百担运销缅甸”⑥。除了订购之外，四川丝业公司所产生丝“由汽车运至昆明然后转运至加尔各答”⑦。

表 5　1938—1945 年四川丝业公司外销数量及价值

年份	外销数量（关担）		价值（法币、元）	备注
	春季	秋季		
1938	760	684 000		四川丝业公司所产生丝以外销为主。战时，尤其是粤汉通道断绝后，主要由滇越铁路、滇缅公路外销，此两路断绝后，采用航空运输。
1939	1500	500	4 760 000	
1940	1700	400	126 000 000	
1941	650	1000	15 167 500	
1942	600	600	62 100 000	

①《民国二十八年海关中外贸易报告》，载中国第二历史档案馆、中国海关总署办公厅合编:《中国旧海关史料（1859—1948）》第 132 册，京华出版社 2001 年版，第 593 页。
② 郭桓:《云南省经济问题》，正中书局 1940 年版，第 276 页。
③ 钟崇敏、朱寿仁:《四川蚕丝产销调查报告》，中国农民银行经济研究处，1944 年，第 77 页。
④ 四川省档案局编:《抗战时期的四川：档案史料汇编》下册，重庆大学出版社 2014 年版，第 1513—1514 页。
⑤ 重庆银行:《川丝改销安南》，《四川月报》1937 年第 11 卷第 6 期，第 148 页。
⑥ 钟崇敏、朱寿仁:《四川蚕丝产销调查报告》，中国农民银行经济研究处，1944 年，第 77 页。
⑦《介绍四川丝业界之巨擘——四川丝业公司》，《国际贸易》1946 年第 2 期，第 21 页。

续表

年份	外销数量（关担）		价值（法币、元）	备注
	春季	秋季		
1943	600	370	135 780 000	
1944	500	450	384 500 000	
1945	400	200	1 065 400 000	

资料来源：罗君辅《谈四川丝业》，《四川经济汇报》1948 年第 5—6 期，第 22 页。

战时由于交通以及战争等因素生丝输出较战前相差甚远，四川丝业公司为了川丝出口创汇，支持抗战，收购改良生丝由复兴公司出口，1938 年由丝业公司收购的生丝仅 760 担，1939 年突破 2000 担，1938—1945 年共计出口 10 230 担，生丝主要由滇越铁路与滇缅公路运输，此两路遭到破坏之后，改为空运。

再以云南海关记载的四川生丝经由沿边各关出口的情况，做进一步的分析。

表 6　1937—1940 年川丝销缅数量

年份	数量（公斤）	备注
1937	380 850	重庆关集散的川丝绝大多数运至昆明，然后由滇缅公路运销缅甸市场。
1938	492 926（9858.5 担）	
1939	465 283	
1940	264 199	

资料来源：四川省地方志编纂委员会编《四川省志 丝绸志》，四川科学技术出版社 1998 年版，第 264 页。

全国抗战爆发以后，云南各关成为川丝外销的主要口岸，1937 年川丝销缅 380 850公斤，最高输出年份为 1938 年，达 492 929 公斤（9858.5 担），四年合计共 1 603 258公斤（32 065.2 担）。“1940 年川丝占缅甸总进口量的 49.8%，次年上升到 92.2%”①，生丝销缅有进一步扩大的趋势，“战时最高出口为 20 000 担（100 万公斤）”②。当然，运入缅甸市场的川丝，并非全部由缅甸市场销纳，有一部分转运至欧美、印度等市场。

这一阶段，由于长江航道以及粤汉铁路的断绝，川丝改为经西南沿边口岸外销。值得强调的是，这一阶段的川丝外销格局，相对前两个阶段要复杂，主要表现为：在

① 四川省地方志编纂委员会编：《四川省志 丝绸志》，四川科学技术出版社 1998 年版，第 264 页。
② 胡琨主编，昆明市对外贸易经济合作局编：《昆明市对外经济贸易志》，云南民族出版社 2003 年版，第 108 页。

武汉、广州陷落前，外销出口转移到广州，同时沿边口岸的作用进一步加强，抗战进入相持阶段以后[①]，沿边口岸成为川丝主要的外销口岸。整体上来说，此一时期，沿海、沿江通道逐渐断绝，川丝主要由西南沿边口岸进行外销。这一阶段的川丝外销空间格局，可以用“一”字形来概括。

纵观这三个阶段，可以看出，在不同的时期川丝外销格局会在外部力量的影响下发生一些空间上的变化。变化的基点在于西南沿边开放之后，沿边地区并不能满足外部市场对腹地区域的原料需求，因此外部市场逐渐深入到四川寻求原料的补给。在这一牵引力的作用下，川丝外销逐渐改变固有格局，形成双线外销，在双边外部市场的博弈以及时局变化的过程中，四川生丝的运销格局随之发生变化。

四、结语

近代西南沿边开放以来，四川进一步加强了与南亚、东南亚地区的贸易联系，川丝外销市场得到进一步拓展，沿海、沿江口岸所连接的外部市场不再是川丝外销的唯一市场，市场多元化在一定程度上促进了四川生丝出口贸易的发展。在市场多元化的基础上，川丝外销的空间格局在双边市场博弈以及时局的变化过程中，发生了一些空间上的变化，主要表现为：西南沿边开放前，沿长江一线经由沿海沿江口岸动线输出；沿边开放至全国抗战爆发前，沿海、沿江口岸与沿边口岸共同发挥作用，形成以东向输出为主、西南方向输出为辅的西南沿边口岸输出；全国抗战时期，以沿边口岸输出为主，发挥了沿边口岸在川丝外销中的重要作用。

沿边开放是四川多维度走向世界市场的重要一环，川丝资源在沿边口岸的作用下进行优化重组，多途径外销实现利润最大化。四川因深处内地，在南向开放过程中，很大程度上要借助沿边地区实现与东南亚市场的接轨，深化沿边开放，充分发挥其桥头堡的作用，四川对外经济贸易将会取得更高质量的发展。

① 抗战进入相持阶段以后，川丝外销经由广西各关输出的亦有一部分，本文主要聚焦对云南沿边各关的考察，经由广西南宁、梧州、龙州关的外销不在本文考察范围之内。

丝路文脉

敦煌文学中产图、坐草分娩习俗与血禁忌文化*

蒋勤俭

（云南中医药大学）

【摘　要】　敦煌文学首次对唐五代时期产育过程中产图的运用、坐草、落草、产房设置禁忌等习俗进行了描写，这是远古血禁忌文化对唐五代妇女产育生活的影响的写照。本文在辨析王梵志诗“西家看产图”的“产图”为妇女生产之图，考辨坐草分娩习俗称呼由来的基础上，结合医籍讨论分娩产房设置禁忌，联系关于血祭、血忌习俗、地陷为湖、伐木出血等文献，尤其是佛道教血湖信仰、丧葬习俗中破血湖科仪，认为敦煌文学所表现的根据产图设置产房、坐草等分娩习俗和禁忌，无不是民众崇拜血液，亦忌讳见血、流血现象复杂情感的流露。

【关键词】　产图　坐草　血禁忌

敦煌文学通过书写妇女怀胎、分娩、产子、育儿生活来歌颂父母恩德，劝导众生行孝。这是中国文学史上首次将妇女怀胎、生育题材作为文学表现对象，进行形象、细致的描写。它真实反映了唐五代时期分娩过程中对产图的运用及其坐产分娩习俗，具有较高的史料价值。学界多从民俗学、医学角度对产图、坐产分娩展开研究。李贞德爬梳医书文献，勾勒出汉唐之间妇女在入月滑胎、设帐安庐、临产坐草、难产救治以及产后处理等方面的情形，并探讨与生产相关的社会文化内涵。①

* 本文系云南省教育厅项目“社会医疗史视野下唐诗对疾病医疗的书写”（2023J0572）的阶段性成果。

① 李贞德：《汉唐之间医书中的生产之道》，《“中研院”历史语言研究所集刊》第 67 本第 3 分，1996 年 9 月。

本文从王梵志诗《悲喜相缠绕》《父母恩重经讲经文（一）》《孝顺乐》等讲经文、歌辞入手，辨析王梵志诗“西家看产图”中的“产图”为妇女生产之图，在考辨坐草分娩习俗称呼由来的基础上，结合医籍讨论分娩产房设置禁忌，联系关于血祭、血忌习俗、地陷为湖、伐木出血等文献，尤其是佛道教血湖信仰、丧葬习俗中破血湖科仪，认为敦煌文学所表现的根据产图设置产房、坐草等分娩习俗和禁忌，无不与血禁忌文化密切相关。

一、产图的运用与产房设置禁忌

本文所研究的产图是指古代妇女分娩时，为避免血污冲撞神明导致不祥后果，指导产妇产帐设置、产妇坐向、埋胞方位的图画。“产”本义指动物生产。《说文》六篇下“生部”：“产，生也。”段注云：“通用为兽犍字。”[①]《说文》六篇下“口部”：“图，画计难也。”段注引《左传》《国语》称其引申之意为“绘画为图”。[②] 自先秦时期起，就已经存在妇女生产依产图行事的习俗。[③]《隋书·经籍志》五行类著录“《产图》二卷、《杂产图》四卷”[④]，未注明著者及时代。《旧唐书·经籍志》五行类著录：“《产图》一卷，崔知悌撰。”[⑤]《新唐书·艺文志》五行类著录：“崔知悌《产图》一卷。”[⑥]崔知悌为唐高宗时名医，但此书已散佚，幸亏唐王焘《外台秘要》卷三三收录此图[⑦]，才得以见到唐时产图具体内容。此图后为北宋王怀隐等所编《太平圣惠方》卷七六“十二月产图”所承袭。[⑧] 李贞德认为“最晚到了唐代，已有包括分娩诸事的统一产图，而最迟到宋代，产图已贴于产房内，安产、埋胞皆依图在房内进行”[⑨]，可见产图在唐宋时期已经广为运用，成了指导安帐、坐向、埋胞等产房内各项事务的参考准则。

---

① 许慎撰，段玉裁注：《说文解字注》，上海古籍出版社 1981 年版，第 274 页。
② 同上书，第 277 页。
③ 李贞德：《汉唐之间医书中的生产之道》，《“中研院”历史语言研究所集刊》第 67 本第 3 分，1996 年 9 月。
④ 魏徵等：《隋书》第 4 册，中华书局 1973 年版，第 1037 页。
⑤ 刘昫等：《旧唐书》第 6 册，中华书局 1975 年版，第 2042 页。
⑥ 欧阳修、宋祁：《新唐书》第 5 册，中华书局 1975 年版，第 1557 页。
⑦ 王焘：《外台秘要》，据经余居刊本并附排程衍道敬通及日本平安山胁（尚德）校注本影印，人民卫生出版社 1955 年版，第 927—930 页。
⑧ 王怀隐等编：《太平圣惠方》下册，人民卫生出版社 1958 年版，第 2422—2425 页。
⑨ 李贞德：《汉唐之间医书中的生产之道》，《“中研院”历史语言研究所集刊》第 67 本第 3 分，1996 年 9 月。

唐代妇女生产过程运用产图的风俗在王梵志诗中有所表现。P. 3833《悲喜相缠绕》将生死二事对照描写，在言及东家葬地时，提到“产图”：

东家比葬地，西家看产图。生者歌满路，死者哭盈衢。①

项楚校注此诗时，把“产”作“产业”意，把“产图”释作“描绘产业之画图”，引白居易《题洛中第宅》“终身不曾到，唯展宅图看”中的“宅图”佐证，并指出“宅图”是“产图”的一种。② 据白居易诗文，“宅图”应指宅邸图纸，确实属于家庭产业的图画一种。部同麟根据史籍经籍志著录、医书所引，对项楚所注提出疑问，认为“产图”类书大致是关于妇女生产巫术的内容，与生子有关。③ 结合诗文内容，我们认为此“产”作妇女“生产”来理解，或许更符合诗文大意。根据王梵志诗文内容，全诗把生和死对照起来描写，传达出喜忧参半、世事无常的人生理念，以表达人世生死轮回的观念。诗中与“产图”相对应的是“葬地”，即人死亡安葬之地，与之相对的“产图”当指生产之图，描绘的是分娩处的场景设置，即人出生处的场景。同时，“生者歌满路，死者哭盈衢”句，正可作为“产图”是分娩处场景设置图的佐证。此句通过分别描述生子与送葬两家不同场面的氛围，形成生死鲜明对比。其中，诞子这家呈现出举家同庆、欢歌笑语的情景。王梵志诗将笔触深入社会下层，从内部观察人民的生活，其所展示的生活图景显得更为真实、具体、深刻。可以说，王梵志诗在表现生死场面时，真实反映出产图在唐代下层社会民众生育生活中的运用。

根据《外台秘要》“十二月立成法一首”引《崔氏产图》，产图由乾、坤、艮、巽四卦、八天干、十二地支、东西南北四方、十三大神日等部分构成。十二张图按月、方位标识出一年十二月每月的产期设帐、安产、埋藏胞衣的吉地以及神明所在地。“十二月立成法”指出奇数月福德在丙壬，偶数月福德在甲庚，产帐应设在“月空”福德之地，并为设帐提供了建议：

夫人临产，必须避诸凶神，逐月空福德之地。若神在外，于舍内产。若在

① 王梵志著，项楚校注：《王梵志诗校注（增订本）》，上海古籍出版社 2010 年版，第 245 页。
② 同上书，第 246 页注 1。
③ 部同麟：《〈王梵志诗校注〉商兑》，《敦煌研究》2014 年第 6 期。

内，于舍外产。令于福德及空地为产帐。其舍内福德处，亦依帐法。①

根据清《御定星历考原·月事吉神》“月空”引《天宝历》，“月空”为“月中阴德之神，所理之地，宜会亲姻，安产室”②，可知月空神是吉神，所在之处，适宜婚嫁、安置产房。医籍把“避诸凶神”“逐月空福德之地”对举，并称其为福德之地，正好印证月空为吉神。在古人看来，人是“禀五行之气，阳施阴化”而成，妇人生产时，也需要“顺四时五行之气”，以防五行“刚柔刑杀，互相害克”。③ 从阴阳观念来说，作为月中阴神的“月空”，为极阴之神，所在之处便于产妇吸取阴气，有助于产妇生产。同时，这与民众观念中月亮为女性保护神，二者存在阴阳属性、自然、生理周期相似性有关。④ 对于处于生死关头的女性而言，危难之际祈求保护神护佑，再自然不过。这些正好可以理解“月空”之地宜安置产室。

相对于月空吉神，“诸凶神”涵盖了十三神明。不仅产妇临产设帐需要逐月空福德之地，避开诸多凶神，产妇坐产、埋胞衣同样也需要遵循此禁忌：“产妇犯之，大凶，宜依月空处坐，吉。其儿衣亦依天德月空之处藏之，吉。”⑤ 可见，产图围绕趋吉避害的原则指导产帐、埋胞衣位置的选址问题，即避开每月诸凶神所在方位，按产图中吉神“空地”福德所在方位行事。这为产期设帐、安产等提供了设置和行动指南。在安置产房、埋胞衣等事时尽量避免诸凶神所在，以免产妇分娩时的秽气触犯诸神，导致不测。

按月设帐方法在成书于东晋至隋朝期间德贞常《产经》（原书已亡佚）早见记载。《医心方》卷二三“产妇安产庐法第五”引《产经》云，“案月之方安产庐，吉”，并指出每月设庐的吉利方位：正、六、七、十一月东南向作庐；二、三、四、五、八、九、十、十二月西南向作庐。⑥ 将方位与月份对应用来指示每月设庐吉祥方位。其实，在《产经》之前，已有教导产家安置产妇蹲坐方向的图解手册，在此基础上，德贞常重新采撰向坐法手册，称为“十二月图”。十二月图主要以临产月份、方位和待产姿

① 王焘：《外台秘要》，据经余居刊本并附排程衍道敬通及日本平安山胁（尚德）校注本影印，人民卫生出版社 1955 年版，第 927 页。

② 李光地等：《御定星历考原》，载《四库术数类丛书》（九），上海古籍出版社 1991 年版，第 40 页。

③ 巢元方等：《诸病源候论》，据清光绪周学海本影印，人民卫生出版社 1955 年版，第 229 页。

④ 拙文《从敦煌曲子词看中古民间祷祝活动》，《文化遗产》2016 年第 5 期。

⑤ 王焘：《外台秘要》，据经余居刊本并附排程衍道敬通及日本平安山胁（尚德）校注本影印，人民卫生出版社 1955 年版，第 930 页。

⑥ 丹波康赖：《医心方》，人民卫生出版社 1955 年版，第 508 页。

势三者的搭配，避诸神所在，寻找吉地分娩。① 从《产经》按月“安产庐”法到《外台秘要》“十二月立成法”所引《崔氏产图》，正好印证了汉唐之间产图经历了内容逐渐整合、规格逐渐统一的过程②。相对而言，《崔氏产图》把临产月份和设帐、安产、埋胞等综合于一图，稍显繁杂。

产妇临产时的坐卧之处多有讲究，尽量避开凶神。《诸病源候论》卷四三记载临盆时的诸多禁忌：“至于将产，则有日游、反支禁忌，若犯触之，或横致诸病。故产时坐卧产处，须顺四时五行之气。故谓之产法。”③ “日游”“反支”是历书中记载的凶神。因日游、反支皆为凶神，加之古代妇人生产的危险性，连医家都认为妇人家属在设置产房时，要尽量避免日游、反支神，遵守日游、反支禁忌，以免发生不测之事。日游神为传说白天四处巡游的凶神。宋吴处厚《青箱杂记》卷二“望火马日游神”条载日游神事。④ 据历书记载，凡日游神所在之方，不可安产室、设床帐，否则会有产难之惊。

不仅如此，分娩之地的布置也需顺应自然规律。《外台秘要》卷三三载推日游法一首并附图⑤，其云：“右日游在内，产妇宜在外，别于月空处安帐产，吉。”“右日游在外，宜在内产，吉。凡日游所在内外方，不可向之产，凶。”⑥ 这显然是要避开日游神安置产帐，是选择产帐地理位置时需要考虑的因素。

当然，除了日游禁忌，反支禁忌同样是产妇家属严格遵守的禁忌。“反支”属凶煞类，由每月朔日纪日干支之地支决定。《医心方·产妇反支月忌法》引《产经》称：“反支者，周来害人，名曰反支。”⑦ 反支源于先秦时期，汉代历谱已将“反支”列入历注项目。⑧ 甘肃天水放马滩秦简《日书》乙二四七简记载“反支”，睡虎地秦简《日书甲种》“反支”篇已记载推求反支规律，这说明秦代已流行反支历忌。《汉书·陈遵传》载张竦为贼兵所杀事，颜师古注引李奇曰：“（张）竦知有贼当去，会反支日，不

① 李贞德：《汉唐之间医书中的生产之道》，《“中研院”历史语言研究所集刊》第 67 本第 3 分，1996 年 9 月。

② 同上。

③ 巢元方等：《诸病源候论》，据清光绪周学海本影印，人民卫生出版社 1955 年版，第 229 页。

④ 吴处厚撰，李裕民点校：《青箱杂记》，中华书局 1985 年版，第 18 页。

⑤ 王焘：《外台秘要》，据经余居刊本并附排程衍道敬通及日本平安山胁（尚德）校注本影印，人民卫生出版社 1955 年版，第 930 页。

⑥ 同上书，第 931 页。

⑦ 丹波康赖：《医心方》，人民卫生出版社 1955 年版，第 507 页。

⑧ 江晓原：《历书起源考》，《中原文化》1992 年第 6 期。

去，因为贼所杀。"[①] 反支日为禁忌之日，《后汉书·王符传》载明帝时"公车以反支日不受章奏"，李贤引《阴阳书》阐释反支推演注解此句。[②] 东汉王符《潜夫论·爱日》亦载汉代有反支日不受章奏之事，明帝"敕公车受章，无避反支"[③]。《颜氏家训·杂艺》："至如反支不行，竟以遇害；归忌寄宿，不免凶终：拘而多忌，亦无益也。"[④] 此说明魏晋南北朝时亦盛行反支禁忌，直至唐代医籍仍见记载。

反支禁忌除了要避开反支神，也要尽量避开反支月。《医心方·产妇反支月忌法》引《产经》："若产乳妇人犯者，十死，不可不慎。若产乳值反支月者，当在牛皮上，若灰上，勿令污水血恶物着地，着地则杀人。又浣濯皆以器盛之，过此忌月乃止。"[⑤] 反支月妇女分娩时，避免污水血污物污染水土。《备急千金要方》卷二亦载："妇人产乳，忌反支月。"[⑥] 触犯反支禁忌，也会带来胎死腹中等不祥后果："凡反支月不得使血露污地，或令子死腹中，或产不顺，皆须先布灰草，然后敷马驴牛皮于其上产，吉。"[⑦] 此亦流露出生产位置的具体布置情况，先撒灰草，在此基础上铺上马、驴、牛等各类牲畜皮中的一种。尽管日游、反支禁忌并无科学依据，但在分娩地撒上灰草，可以起到清洁卫生的效果，铺上牲畜皮更能对产儿落地时起到一定的保护作用。

二、坐草、落草习俗

敦煌文学不仅反映了产图在分娩过程的运用，而且生动描写了分娩场面。如《父母恩重经讲经文（一）》"草上落时风触体，尖声号叫不能言"、《孝顺乐》第三首"眼见孩儿生草上，阿娘欢喜喜百般"等已涉及胎儿出母胎落草的情况。前者"风触体"把产儿身体的柔弱、敏感以夸张手法表现了出来，后者主要歌唱母亲看到产儿平安落草时的欢喜之情。讲经文、歌辞均描写了胎儿产于草上的情景。这源于讲经文、歌辞所敷衍佛经的相关记载。《佛说父母恩重经》佛言："寄托母胎，怀身十月，岁满月

---

① 班固撰，颜师古注：《汉书》第11册，中华书局1964年版，第3714页注。
② 范晔撰，李贤等注：《后汉书》第6册，中华书局1965年版，第1640页注。
③ 王符撰，汪继培笺：《潜夫论笺校正》，中华书局1985年版，第221页。
④ 王利器：《颜氏家训集解（增补本）》，中华书局1993年版，第583页。
⑤ 丹波康赖：《医心方》，人民卫生出版社1955年版，第507页。
⑥ 孙思邈：《备急千金要方》，据日本江户医学影摹北宋刊本影印，人民卫生出版社1955年版，第30页。
⑦ 王焘：《外台秘要》，据经余居刊本并附排程衍道敬通及日本平安山胁（尚德）校注本影印，人民卫生出版社1955年版，第927页。

充，母子俱显，生堕草上。”[①] 可见，产妇分娩之处可能铺垫了草蓐等物，以免胎儿出母体落地时受伤。佛经所载分娩地上铺垫草蓐与《备急千金要方》所载反支月采取“布灰草”“敷马驴牛皮”等方法皆是避免胎儿受伤、血污污染地面所采取的防范措施。

“孩儿生草上”的文学描写侧面描述了古代产妇在草上分娩的史实，妇人分娩与草相关的说法至少可追溯至汉末。在考证马王堆出土《五十二病方》“婴儿索痉”条“索痉者，如产时居湿地久，其肯直而口拘，筋挛而难以伸”时，李贞德认为先秦时期下地坐草似乎是主要分娩方式。[②] 汉代以来大量文献记载了与草相关的分娩之事。《淮南子·本经训》“刳谏者，剔孕妇”，东汉高诱注：“孕妇，妊身将就草之妇。”[③] 南朝宋刘义庆《世说新语·政事第三》载东汉名士陈寔“道闻民有在草不起子者”。[④]“在草”指“在草蓐”，代指生子一事，南朝梁刘孝标怀疑此事是后汉贾彪事迹，而非陈寔，清余嘉锡认为是陈寔后人剽取旧闻，附会到陈寔身上，以为美谈。陈寔、贾彪均为东汉时人，可知东汉时分娩与“草”已经相关。明郎瑛《七修类稿·辨证上·谚语始》考证明代谚语“坐草”指“临产”，源自晋代，并引用陈仲弓回车治“在草不起子”事证之。[⑤]“在草”意指“生子”，早在汉代就已存在。清李详《〈世说新语〉笺释》云：“高诱去太邱（陈寔）时不远，‘在草’‘就草’，皆汉季坐蓐俗称。”[⑥] 可见，汉代分娩时已注意在产妇产处铺垫草蓐。

汉时已把“在草”“就草”等说法与妇人分娩相关联，这在医籍文献多见记载。汉张仲景《金匮要略》“妇人产后病脉证治第二十一”附方“《千金》三物黄芩汤”云“治妇人在草蓐，自发露得风”。[⑦] 清徐彬（忠可）谓“在草蓐”是“未离产所”之意。[⑧]“产所”当是妇女分娩的场所。《医心方》卷二三引刘宋医家陈延之《小品方》陈述妇女分娩的危险时，言及坐草分娩方式：“古时妇人产，下地坐草，法如就死

① 张涌泉：《敦煌本〈佛说父母恩重经〉研究》，《文史》1999 年第 4 辑，后收入《敦煌文献论丛》，上海古籍出版社 2011 年版，第 278 页。

② 李贞德：《汉唐之间医书中的生产之道》，《“中研院”历史语言研究所集刊》第 67 本第 3 分，1996 年 9 月。

③ 刘文典撰，冯逸、乔华点校：《淮南鸿烈集解》，中华书局 1989 年版，第 256 页。

④ 刘义庆著，刘孝标注，余嘉锡笺疏，周祖谟等整理：《世说新语笺疏》，中华书局 1983 年版，第 193—194 页。

⑤ 郎瑛：《七修类稿》，上海书店出版社 2009 年版，第 257 页。

⑥ 李详：《李审言文集》，江苏古籍出版社 1989 年版，第 186 页。

⑦ 张仲景：《金匮要略》，中国医药科技出版社 2016 年版，第 112 页。

⑧ 王玉兴主编：《〈金匮要略〉三家注》，中国中医药出版社 2013 年版，第 342 页。

也。”[①]《外台秘要》卷三三引崔知悌《产图》强调了草在产房布置中的作用：“余便叫屏除床案，遍一房地，布草三四处，……下敷侵毡，恐儿落草误伤之。”[②]《产图》明确指出在草下铺侵毡，也是为了更好地保护娇嫩的产儿，预防产儿摔伤。

在产妇分娩之处的地上布草，不仅可避免产儿直接落地受伤，更是防止分娩时的羊水、血污等物污染地面。李贞德认为，铺草是古时为防止分娩污秽物弄脏地面、保持清洁和干爽常采用之法，以此揭示“坐草”的由来：

> 产妇既然蹲坐生产，而非卧床，分娩排泄物便极可能流到地上。铺草洒灰，应是保持清洁与干爽最常采用的办法。“坐草”一词即由此而来。[③]

李贞德笼统地指出产处铺草洒灰，并未明确指出“坐草”是如何源于生产处铺草的。我们认为，“坐草”可能是指在蹲坐分娩处铺草，产妇在铺草处以蹲坐的方式于草上分娩，近似坐草上分娩，所以称为“坐草”。

产妇以坐产姿势于草上分娩，坐草一词真实描述了产妇坐草上产子的分娩情况，后来逐渐用来指代分娩。《备急千金要方》卷二“产难第五”记载了二十一条治产难的药方，其中第一条方载“坐草数日不产，血气上抢心，母面无颜色，气欲绝者方”。[④]“坐草”当指分娩，此方治疗几日未能成功娩出胎儿的难产情况。未收入《大藏经》用于救助难产的敦煌写经 P. 3916《佛顶心观世音菩萨疗病催产方》卷中描写了解救产难的情况：“（女人）或身怀六甲，至十月满足，坐草之时，忽分解不得。”[⑤]根据经卷所描述的情形，十月临盆之际，“坐草”正是指产妇蹲坐于草上分娩。

从产妇角度，“坐草”是指产妇临产分娩；对于胎儿而言，其诞生称为“落草”。新生儿从母亲产道滑出落在草上，“落草”形象地表现了新生儿出生落在草上的情形。敦煌文学出现胎儿“草上落时”、“孩儿生草上”等情景描写源自中古社会产妇分娩的真实生活。文中的“草”并非仅仅指以防产妇染上产疾和防止胎儿落地受伤的草蓐，

① 丹波康赖：《医心方》，人民卫生出版社 1955 年版，第 517 页。

② 王焘：《外台秘要》，据经余居刊本并附排程衍道敬通及日本平安山胁（尚德）校注本影印，人民卫生出版社 1955 年版，第 924 页。

③ 李贞德：《汉唐之间医书中的生产之道》，《“中研院”历史语言研究所集刊》第 67 本第 3 分，1996 年 9 月。

④ 孙思邈：《备急千金要方》，据日本江户医学影摹北宋刊本影印，人民卫生出版社 1955 年版，第 30 页。

⑤ 郑阿财：《敦煌写本〈佛顶心观世音菩萨大陀罗尼经〉研究》，《敦煌学》第 23 辑，2002 年 3 月，第 21—48 页，后收入《见证与宣传——敦煌佛教灵验记研究》，新文丰出版公司 2010 年版，第 129 页。

亦指坐产分娩方式。

草是分娩时的必备品，在产妇分娩之前，家人安置产房时需要在分娩处铺草。《外台秘要》卷三三详细记载了产妇临盆时，家人布置分娩处的情景：

> 儿妇腹痛，似是产候，余便叫屏除床案，遍一房地，布草三四处，悬绳系木做衡，度高下，令得蹲当腋，得凭当衡，下敷侵毡，恐儿落草误伤之。①

“屏除床案”，于“房地”布草，意味着是在地上铺草，产妇分娩就在地上，所以《小品方》称“下地坐草”。除了铺草之外，在草下也铺有毡，这说明地上所铺的草可能并不厚。在铺草、铺毡处上方以悬绳系木方式做有“衡”。“衡”的作用在于助产，使妇女分娩用力时有支撑点。诸事安排妥当后，产妇才能入位分娩。“令得蹲当腋”表明产妇可利用“衡”的作用，蹲坐分娩。

在产房布置过程中铺草在于“草”具有清洁功能，防止血污污地。南朝宋刘义庆《幽明录》载：“建德民虞敬上厕，辄有一人授手内草与之。”② 入厕之纸称作“草纸”的称呼，现在一些地方仍在使用。出于清洁卫生考虑，铺草洒灰确实是简单方便的方法。保持清洁卫生，首先是出于产妇母子产后健康考虑，同时亦避免污秽、触犯各大神明。可见，铺草有保护母子健康，防止胎儿落地时受伤，避免分娩排泄物污秽、冲撞神明给处于过渡期产妇母子带来伤害的双重功效。

三、落草习俗、产图与血禁忌

无论是参照产图避开日游、反支设置产帐，产妇坐产方位、埋胞衣地址的选择，还是分娩生产地上铺上毛毡、草等物，皆出自民众血禁忌的观念，是人们思想中对妇女经血、产后恶露不洁观念的集中体现。弗洛伊德指出，禁忌既是“崇高的”“神圣的”，也是“神秘的”“危险的”“禁止的”“不洁的”。③ 西方象征人类学家 E. H. 利奇称“无论禁忌为何，它都是神圣的、重要的、有价值的、有力量的、危险的、不可触

① 王焘:《外台秘要》，据经余居刊本并附排程衍道敬通及日本平安山胁（尚德）校注本影印，人民卫生出版社 1955 年版，第 924 页。

② 刘义庆:《幽明录》，鲁迅辑录《古小说钩沉》本，载《鲁迅全集》第 8 卷，人民文学出版社 1973 年版，第 402 页。

③ 弗洛伊德:《图腾与禁忌》，文良文化译，中央编译出版社 2005 年版，第 19 页。

犯的、猥亵的、不宜言说的”，并且指出“人体的排泄物或分泌物普遍的构成严格禁忌的对象”①。经血、恶露即在禁忌范围之内，是不洁和危险之物，实际上这正是远古民众血禁忌对唐五代妇女生活产生的影响。

有关血的禁忌，蕴含着人们对血既崇拜又忌讳的复杂情感。人们对血的推崇，最早可追溯至新石器时代先民丧葬习俗中出现随葬朱砂、撒赤铁矿粉、在头骨上涂朱等现象。云南沧源红色崖画亦是以血与赤铁矿粉调成颜料绘制而成，现在西盟佤族仍以牛血调“红土”作绘画材料。朱砂、赤铁矿粉、“红土”等象征着血液。

古文献所载的血祭，也是血崇拜的表现。《说文》五篇上血部载：“血，祭所荐牲血也。”②《礼记·郊特牲》载“血，告幽全之物”，“血祭，盛气也”。《周礼·大宗伯》载：“以血祭祭社稷、五祀、五岳。”贾公彦疏：“荐血以歆神。”《后汉书·邓骘传》载朱宠痛邓骘无罪遇祸，上疏曰：“奉承血祀，以谢亡灵。”李贤等注“血祀”云：“祭庙杀牲取血以告神也。”人们对血的崇拜源于血是生命之源，是维持人生命活动的重要物质，是生命、活力的象征。古人对血的推崇，从宗教祭祀、用动物血衅钟鼎器皿、歃血为盟、滴血认亲、沥血认尸等现象可见一斑。

血为崇拜的对象，按照禁忌原理，也就成为禁忌的对象。③ 秦汉时流行血忌日（不宜见血的日子）习俗，恰好说明了血为禁忌之物。东汉王充《论衡·四讳》曰“祭祀言触血忌”，“有鬼神凶恶之禁。人不忌避，有病死之祸”。④《讥日》曰：“假令血忌、月杀之日固凶，以杀牲设祭，必有患祸。”⑤《辨祟》曰“血忌不杀牲”。⑥ 宋罗泌《路史·后纪》卷五“推贼曹”注引《黄帝元辰经》：“血忌，阴阳精气之辰，天上中节之位，亦名天之贼曹，尤忌针灸。”⑦ 血忌日不施针灸，可能与血忌日避免身体损伤、流血习俗有关。香港中文大学文物馆藏汉简《日书》第 73 号简释文：“娄、虚。是胃（谓）血忌，出血若伤死。”⑧ 可见，秦汉时期血忌日避免流血、见血的习俗深入民心，人们对出血、见血之事亦讳莫如深。

① E. H. 利奇：《语言的人类学：动物范畴和骂人话》，载史宗主编：《20 世纪西方宗教人类学文选》，金泽等译，上海三联书店 1995 年版，第 331—362 页。

② 许慎撰，段玉裁注：《说文解字注》，上海古籍出版社 1981 年版，第 213 页。

③ 万建中：《地陷型传说中禁忌母题的历史流程及其道德话语》，《广西民族学院学报（哲学社会科学版）》2001 年第 2 期。

④ 王充撰，黄晖校释：《论衡校释》，中华书局 1990 年版，第 969 页。

⑤ 同上书，第 992 页。

⑥ 同上书，第 1013 页。

⑦ 罗泌纂，罗苹注：《路史》，《四部备要》史部，上海中华书局据原刻本校刊，1936 年，第 87 页。

⑧ 陈松长编著：《香港中文大学文物馆藏简牍》，香港中文大学文物馆，2001 年，第 38 页。

围绕血忌信仰，汉魏时产生了很多以见血、出血为预兆的志怪故事。屡见文献记载的洪水地陷故事之重要情节——城门出血（鸡血、犬血涂门）、石狮口眼红（以朱点目）现象①，汉魏伐木出血志怪故事②，出血、眼红现象成了城池地陷为湖、伐木者遭遇不测的不祥之兆。在这些故事中，血成为忌讳、禁忌的对象。

当然，人血亦在禁忌之列。女性月经经血、产妇分娩及产后恶露等都是忌讳的，被视为不洁之物。这种不洁观念自先秦以来就根深蒂固地存在于人们的思想中。《说文》十二篇下“女部”云“姅，妇人污也”，并引《汉律》“见姅变不得侍祠”。段注云：“谓月事及免身及伤孕，皆是也。”③“免身”指有孕、待分娩之身，而“伤孕”指小产。段注明确指出了“姅”字的内涵，是指女性月经、怀孕分娩、小产等生理性流血现象。怀孕、分娩、小产等情况下，女子处于血污期，所以人们认为其间女子不净。其间女子不得参与祭祀活动，已被汉代律法明文规定，可见民众甚至汉代当朝对产妇污秽等观念的认可程度。《礼记·内则》记载了妇女隔离分娩的情况：“妻将生子，及月辰，居侧室。”这既是男女有别礼仪的体现，也折射出先秦民众的血污观念。血污观念普遍存在于世界各民族中。南非地区许多民族认为妇女分娩的污染比月经来潮更为严重、更加危险。④《太平经》将血忌、反支日纳入性禁忌范畴，卷一一二《写书不用徒自苦诫》记载违背血忌、反支禁忌同房给产妇分娩带来的灾祸：“血忌反支，以合阴阳。生子不遂，必有祸殃。”⑤

血污观念或者说产妇不洁观念在汉代江南地区较为盛行。东汉应劭《风俗通义》佚文（出《意林》）“不宜归生，俗云令人衰”⑥，认为女子分娩的血污会给娘家人带来不幸。《论衡·四讳》云：“讳妇人乳子，以为不吉，将举吉事。……皆不与之交通。乳子之家，亦忌恶之，丘墓庐道畔，逾月乃入，恶之甚也。”⑦ 可见，江南民众从事吉

① 高诱注《淮南子·俶真训》“夫历阳之都，一夕反而为湖”句引杀鸡血涂门，历阳城陷为湖；《水经注·沔水》“谷水出吴小湖，径由卷县故城下”引《神异传》载由卷县地陷为湖；《风俗通义·祀典》“杀狗磔邑四门”；《风俗通义·怪神》“世间多有狗作变怪”；干宝《搜神记》卷二七“由拳县（以犬血涂门）”；任昉《述异记》卷上“历阳沦为湖”（“以朱点龟眼”）。以上故事均有以鸡（犬）血或朱涂城门（点龟目）情节，这与先民丧葬习俗中运用朱砂、赤铁矿粉功效近似，是血崇拜观念的流露。

②《风俗通义·怪神》“世间多有伐木血出以为怪者”，《搜神记》卷一六“彭侯”、卷一五“聂友板”及刘敬叔《异苑》卷八“赵翼”等记载了伐树出血现象。

③ 许慎撰，段玉裁注:《说文解字注》，上海古籍出版社 1981 年版，第 625—626 页。

④ 参见 J. G. 弗雷泽:《金枝》，汪培基、徐育新、张泽石译，商务印书馆 2019 年版，第 200 页。

⑤ 王明编:《太平经合校》，中华书局 2014 年版，第 588 页。

⑥ 应劭撰，吴树平校释:《风俗通义》，天津人民出版社 1980 年版，第 435 页。

⑦ 王充撰，黄晖校释:《论衡校释》，中华书局 1990 年版，第 975 页。

事、祭祀等事对产妇避之唯恐不及，生怕刚经历分娩的产妇所带血污冲撞神明，招致不测。这可能是坐月子习俗产生的深层原因。东晋陈延之《小品方》“治产后诸方”云：“妇人产后满月者，以其产生，身经暗秽，血露未净，不可出户牖，至井灶所也，亦不朝神祇及祠祀也。”① 可知，避灶君、井神、神祇、祠庙以及各大凶神等，都是源于产妇产后不净的思想，是血禁忌的集中体现。

产妇不洁观念在敦煌文献中亦有体现。P.2661v《诸杂略得要抄子》“推诸禁忌讳”云：“妇人产不满百日，不得为夫裁衣、浣衣，大凶。”②“大凶”有两层含义，可以说出于产妇和丈夫二人的利益考虑：一为产后未满三月，产妇忙于裁衣、浣衣等事不利于产后休息，出于产妇长期健康的考虑，是“大凶”。更深一层含义是，为夫君裁衣等事，会因产妇污秽，给丈夫带来厄运，故名“大凶”。敦煌禄命写本 P.3838《推九宫行年法》载人足、体上生疮，祟在山林、灶君、社庙，原因正是“孝子产妇秽污祭之”③。世人认为产妇不净，正在于产妇刚分娩完，身体尚未恢复。作为仍处于过渡期、不洁和危险之中的产妇而言，她参与祭祀、吉事等活动，自然是对所祭祀神明的不敬，并对其构成威胁。

妇女因分娩血污致使不洁的观念，在道教文献中也见记载。宋元时期《元始天尊济度血湖真经》正传达出因生产血污带来的诸多厄难：

> 是故生产有诸厄难，或月水流行，洗浣污衣，或育男女，血污地神，污水倾注溪河池井，世人不知不觉汲水饮食，供献神明，冒触三光。……或致子死腹中，母亡产后，或母子俱亡，至伤性命。……横伤非命，死入酆都血湖地狱，备受诸苦，由积血以成湖，认幻缘而有狱。④

妇女生产带来的诸多罪孽乃至沉沦受苦，主要因为分娩过程中月水等血、污水污染或触犯地神之类的诸多神明，导致多种厄难的发生。在道家看来，这些厄难不仅包括分娩时子死腹中、母子俱亡等产亡现象，性命受伤等多种横祸，甚至死后还需到地狱受苦。这一切都是因分娩时血水污秽或触犯神明而起。

---

① 陈延之撰，高文铸辑校注释：《小品方》，中国中医药出版社 1995 年版，第 143 页。

② 上海古籍出版社、法国国家图书馆编：《法国国家图书馆藏敦煌西域文献》第 17 册，上海古籍出版社 2001 年版，第 132 页。

③ 陈于柱：《区域社会史视野下的敦煌禄命书研究》，民族出版社 2012 年版，第 430 页。

④ 张继禹主编：《中华道藏》第 6 册，华夏出版社 2014 年版，第 205 页。

不仅如此，此段材料还蕴含了血湖信仰，人们认为女性行经、分娩生产所致的经血血污污染水土，冲犯诸神，死后入血湖池，下血湖地狱。根据佛经目连故事演绎而来的《血湖宝卷》、《血盆经》（《怀胎经》）是在《盂兰盆经讲经文》基础上，借鉴了《佛说父母恩重难报经》、敦煌本《父母恩重经》十恩德的内容发展而来的，这些正是血湖信仰背景下产生的讲唱于丧葬场合以救助亡母出血湖的文本。如湖南永兴《十月怀胎经》揭示了诵读《怀胎经》的目的在于“怀胎经上无别事，句句说的母恩深。荐拔我娘出血盆，出得地狱上天庭”[①]。因此，民间盛行在丧葬活动中举办道教“血湖”科仪，超度母亲亡灵。

成书于民国时期的《古今怪异集成》中编记载江苏昆山乡女居母丧，以红色布为裤，服三年的风俗，原因即“谓母育己身时，恶露甚多，有血污之秽，死后必入血污地狱。服红裤者，为其祓除不祥也”[②]。这是古代血湖信仰在昆山一带的遗存。

血湖信仰是在我国远古民众血禁忌文化信仰基础上融合佛、道教妇女因生产产血污染水土致使死后入血湖地狱而产生的因果轮回观念。杨德睿、武清旸从原罪论角度讨论血湖信仰[③]，原罪论原是基督教核心概念，而道教《元始天尊济度血湖真经》及血湖科仪，受佛经影响产生的《血湖宝卷》《血盆经》等所蕴含的血湖信仰，着重突出妇女分娩孩子的剧痛、多重危险以及触犯血禁忌带来的严重后果。美国卡莫迪根据血湖传说，指出产后排泄物是“女性潜在能力的标志”，“它又是婴孩骨肉的根源”，“这种血既肮脏又强大”，“生育本身即是不洁的和危险的”，母亲死后“会因其造成过这种污染而受到惩罚”。[④] 同时，她还认为大多数重要的宗教都把女性和现实中不洁净的一面联系在一起，并举例称“月经和生孩子总是被看成肮脏污秽的”[⑤]。许多（其实是大多数）古代民族都相信，男人必须回避月经期的女人，因为她们会释放出某种危险的“女性力量”。（在较高级的宗教中，人们也通常认为月经会导致对仪式的污染。[⑥]）

可见，产房设置中铺草不仅是避免产儿娩下时受伤，更是防止产血污染地面，避免触犯血禁忌的有力措施。汉唐民众参照产图避开日游、反支设置产房产帐、产妇坐产方位、埋胞衣地选址等分娩习俗，都受到血禁忌文化的影响。

---

① 王明喜、邝良桃、刘爱廷:《永兴民俗》，花城出版社 2010 年版，第 129 页。

②《古今怪异集成》中编，上海书店出版社 1991 年版，第 92 页。

③ 杨德睿:《“血湖”研究刍议》，载陈进国主编:《宗教人类学》第 6 辑，社会科学文献出版社 2015 年版，第 193—212 页；武清旸:《道教“血湖地狱”罪魂身份的演变论析》，《云南社会科学》2016 年第 6 期。

④ D. L. 卡莫迪:《妇女与世界宗教》，徐钧尧、宋立道译，四川人民出版社 1989 年版，第 80—81 页。

⑤ 同上书，第 177—178 页。

⑥ 参见上书，第 29—30 页。

《普庵咒》非以梵文音律为基础新证

——以咒语梵汉对音表现为切入点

姜复宁

（山东大学儒学高等研究院）

【摘　要】　《普庵咒》撰作是否以梵文音律为基础，迄今聚讼纷纭。通过分析咒语的梵汉对音表现，可以发现其中存在相当数量的既与“悉昙章”类文献创制通例不合，又与梵文音系结构不符的情况，并且这些疏误都不能以宋代通语语音特点、普庵禅师母方言的语音特点予以解释。由此来看，普庵禅师并不懂得梵文，其所创作的《普庵咒》自然也不可能以梵文音律为基础所创。

【关键词】　《普庵咒》　普庵禅师　梵汉对音　梵文音律

《普庵咒》，即南宋禅师普庵所创《普庵大德禅师释谈章神咒》之省称。普庵（1115—1169），俗姓余，江西袁州（今江西宜春一带）人，绍承临济宗法绪。《普庵咒》作为乐曲，始见于明人张德新编订《三教同声》琴谱，晚出的《太古正音》《琴学心声》《琴剑合谱》《古音正宗》等诸多琴谱都收有此曲，嗣后更是被改编为一种曲牌，在除琴曲之外的其他音乐形式中被广泛运用。

但此曲的溯源工作却困难重重。所谓“释谈章神咒”，指的是以梵文创制的咒语。“释谈章”一词由梵文 siddam（意为“成就”）的音译“释谈”与汉语表示“篇章”意的“章”组合而成，更多的佛教著述中将此类文献称为“悉昙章”。“悉昙章”最初乃印度人学习语言文字之学所用的童蒙著作的统称，随着时代发展，“悉昙”“悉昙章”的词义扩大，衍生出表示“与梵文有关的语言文字之学及相关文献”的新含义，将其

"作为佛教化的字母表及缀字拼音方法的图表及论著的敬称"，"亦可进一步转为总称世间一切语言文字之学"。[①] 这便引发了后世研究者的联想与争议：《普庵咒》全名中既然带有"释谈章"（"悉昙章"的异写）之语，那是否暗示其为依据梵文音律而编制成的曲调或乐章？这一问题迄今未得确解。通过分析《普庵咒》文本，并综合梵汉对音创制规则、汉语语音史考证，我们为"《普庵咒》非以梵文音律为基础"之说找到了新的内部证据，可为解决这一聚讼纷纭的问题提供新思路。

一、《普庵咒》与"梵文音律"关系探讨中的不同观点及其论证薄弱环节

归纳前辈学者讨论《普庵咒》与梵文音律之间关系的论著，可以将其核心观点概括为以下两种：第一种观点认为《普庵咒》与梵文音律关系密切。持此说者主要是明清时期的学者和从事思想史研究的学者，如明人郑邦福以及现代研究者韩军、杨本华等[②]，其立论依据是时人对《普庵咒》所具有的所谓神秘力量的描述（念诵此咒可以"普安十方、安定丛林、祛除虫蚁、蚊蚋不生""旋天地，转阴阳，世事传之，布于弦僧，而弭灾焉"）和对普庵禅师生平经历与佛教修为的考证、我国古代古琴音乐与佛教音乐的交流互渗传统等。第二种观点则否认两者间的关系，认为《普庵咒》并非依据梵文音律所创。持此说者主要有徐梵澄、杨春薇等[③]，其立论依据是普庵"果真明白所诵习的咒语本义与否，则不得而知"，并通过考察古梵文唱法在中国的流传，认为"普庵禅师并不能得到早于佛教的古婆罗门教中古梵文的吟唱技法，从而更不可能应用'梵文音律'编出《普庵大德禅师释谈章神咒》一曲的曲调"。杨春薇还发现，《三教同声》序言称张德新"素精琴理，凡可持诵讽之者，悉能被之于弦，以清入耳。余为比部时"，陈太希《太音希声》收录《释谈章》曲中却称"此曲乃李水南所作，始无此律。继缘崇德希周吕选君，好佛老，令李水南按律构音"。但《三教同声》《太音希声》所收此曲的曲调基本相同，进而推论"《释谈章》一曲曲调，应该来源于当时明代寺院中流行的诵讽《普庵大德禅师释谈章神咒》的音调，既非张德新所作，也

① 谭世宝：《悉昙学与汉字音学新论》，中华书局2009年版，第1页。

② 郑邦福：《〈三教同声〉序言》，载张德新：《三教同声》卷首，《琴曲集成》第六册所收本，中华书局2010年版；韩军：《五台山佛教音乐》，上海音乐出版社2004年版；杨本华：《从"夷夏之辨"到"民族交响"——琴曲〈普庵咒〉形成与演变中的多民族文化交流》，《西北民族大学学报（哲学社会科学版）》2020年第5期。

③ 杨春薇：《〈普庵咒〉研究》，《中国音乐学》2000年第4期；徐梵澄先生手札，转引自杨春薇：《〈普庵咒〉研究》。

非李水南所作，当然更不可能是普庵所作”。①

实际上，对《普庵咒》曲调与梵文音律之间关系的探讨，与对其作者普庵禅师的研究本身就是紧密相连的，那就是普庵禅师的梵文水平究竟如何。虽然不同学者在《普庵咒》与梵文音律之间的具体关系上存在分歧，但其立论依据、论证过程具有共通之处——都以普庵禅师的佛教修为（尤其是对梵文的掌握程度）、《普庵咒》的创作对梵文水平的要求等作为论证的参照。认为《普庵咒》与梵文音律关系密切的学者，其论证实际在某种程度上乃是证明“普庵禅师懂得甚至精通梵文”的可能性；而否认《普庵咒》与梵文音律之间存在密切关系的学者，在进行论证时则不可避免地质疑普庵禅师的梵文水平。在分析这些既有论著时，我们发现前辈学者的论证过程存在一些薄弱之处。

第一，讨论《普庵咒》这种具有浓厚宗教背景的思想史文本，其作者的宗教修持水平固然要予以高度重视，但在运用同时代人或后人著述、信札等材料中出现的对文本作者的评价作为立论材料时，需要对这些材料的客观性程度予以高度重视。这是因为宗教、民间信仰等都带有“观念的共同体”色彩，此类事项的信仰者、参与者也在“制造共识”的过程中，进一步凝聚了作为“信仰共同体”的向心力和作为宗教信仰参与者的自我认同，因此对前辈禅师的评价很可能带上来自这种建构起的群体认同感的“光晕”，进而导致某些不够公允甚至与客观事实相左的过高评价。时间相去更邈远的记载更是很可能杂入相当数量的“道听途说”类内容，其可信程度究竟若何就更值得思忖了。因此以这些材料作为佐证，进而论证普庵禅师的梵文水平，究竟具有多强的可信程度？这难以定论。

第二，佛教音乐的流传具有极强的稳固性，这与其口耳相传的教习方式和恪守师法的思想观念有关，究其根源则是将声律（既包括音乐层面的旋律，又包括语言层面的审音辨韵）神秘化，视为沟通天人、神人以和的纽带的产物。赖惟勤发现，许多日本天台宗音乐古谱虽然最终写定于 12 世纪，但反映的汉字声调特点却与最初传入时的 8 世纪汉字声调特点一致。② 以这样的视角观照《三教同声》《太音希声》记录所暗示的“《释谈章》一曲曲调，应该来源于当时明代寺院中流行的诵讽《普庵大德禅师释谈章神咒》的音调”信息，会自然地联想到，会不会《释谈章》曲调的传承也与此

① 杨春薇：《〈普庵咒〉研究》，《中国音乐学》2000 年第 4 期。

② 赖惟勤：《漢音のとその聲調》，载《頼惟勤著作集Ⅰ·中國音韻論集》，东京汲古书院 1988 年版，第 383—439 页。

相类，存在“写定时代”与“曲谱创制时代”的分层？也即是否明代人依据寺庙诵讽之音写定的曲谱，所依据的“寺庙诵讽之音”乃是古已有之、传承有序的，长期以口耳相传方式流传的普庵禅师初创之作？仅从时人序跋入手讨论这一问题，会不可避免地陷入无法证实却又无法证伪的困境。

第三，思想观念、音乐文本创作等均具有承嗣性，后人从事创作时完全有可能（实际上也经常如此）吸收前人的观念，甚至将数种观点熔为一炉。因此仅仅从梵文唱法传入中国后的流传情况，以及目前所能见到的“东南亚保留之吟唱，则佛教所留，多巴利文经典，有其唱偈，乃非古梵唱”的表现作为否认普庵禅师生活的时代能够接触到梵文演唱的证据，也颇有以今律古之嫌，存在论证欠缺。

探讨《普庵咒》与梵文音律之间究竟存在关联与否，还是要将目光放在凿然可考、扎实可靠，具有严整划一、明确清晰的是非之分的内部证据和判断标准上。前辈学者讨论时也已注意到此，如徐梵澄先生认为：“普庵自己常诵咒语，久而久之，亦自作一咒。正如常诵诗者，有时亦自成一二句。其果真明白所诵习的咒语本义与否，则不得而知。普庵认定此咒有何种功效，则都属信仰。咒语为秘密语，多牢不可破，故教人诵之。”《普庵咒》的文本也确实不似经典梵文密咒，杨春薇在此基础上进一步“排除《普庵咒》承袭梵文音律成曲的可能性”。① 这一研究已经涉及《普庵咒》的文本内部特征，但一来徐梵澄先生的论述更多地关注共性层面的问题，而未对《普庵咒》进行具体而微的剖析，也未指出其与真正的经典梵文密咒间究竟存在怎样的差异；二来杨春薇的立论依据根本没有涉及《普庵咒》与梵文的比较研究，而仅以梵文传入中国后的流变为立论依据，存在论证上的欠缺。因此，这一问题仍有进一步完善之必要。

二、由《普庵咒》“五五字”的文本构成看普庵禅师的梵文水平

《诸经日诵》所收《普庵咒》的咒词结构十分复杂，研究者将其命名为“回旋体”“缠达形式结构”“回文体”等。虽然称名不同，但其着眼点均是“《普庵咒》音乐具有循环往复，流转不息的特点”。张天鹰、傅利民通过图解的方式解析《普庵咒》咒词结构，发现这一咒词可以归纳为“佛头＋起咒＋三回身＋佛尾”的组成形式，为阅

① 杨春薇：《〈普庵咒〉研究》，《中国音乐学》2000 年第 4 期。

读者提供了便利的阅读依傍。① 其中“佛头”“佛尾”部分都是字数不等、不存在复沓形式的杂言体结构，“起咒”“三回身”部分则是具有特定结构的形式，其组成单元的种类与数量、每句的字数都具有固定的且有规律可循的规则。观察《普庵咒》可以发现，其“佛头”“佛尾”与目前所见的诸多佛教经典著作（并不局限于咒语类）的表现十分相似，是一种固定的宗教仪轨诵读文本格式，其中并未包含来自普庵禅师的个性化成分。“起咒”“三回身”则是普庵禅师独立创制的产物，可以作为探讨普庵禅师宗教思想、梵文水平的证据使用。

需要注意的是，《普庵咒》的“起咒”“三回身”体量较大，如果直接对原文进行分析，思路很可能会被繁复芜杂的材料所误导，也不利于阅读者理解论证过程。幸而普庵禅师创制《普庵咒》时已经明确点出其为“释谈章”，虽然其内容究竟是否符合悉昙章的通例目前尚无定论，但至少在外在形式方面《普庵咒》需要满足悉昙章的共性（否则也就不会引发前辈学者对其是否可以归属为“悉昙章”类文献的争议了）。因此我们可以借鉴目前所能见到的、明确属于“悉昙章”类的传世文献，对《普庵咒》进行分析讨论。

“悉昙章”实际上乃是“列次梵字之元始及其生子，为儿童最初之科本”②，义净的解说更为细致：“一则创学悉昙章，亦名‘悉地罗睹’，斯乃小学标章之称，具以成就吉祥为目。本有四十九字，其相乘转，成一十八章，总有一万余字，合三百余顿。凡言一顿，乃有四句，一句八字，总成三十二言。更有小顿、大顿，不可具述。六岁童子学之，六月方了。”③ “悉昙章”实际上是以特定的汉字标记梵文音节、以特定的诵读顺序反映梵文发音部位与发音方法特征的音节拼合表。传世“悉昙章”类文献有十数种，虽然其结构组成都是根据梵文语音特点所创，诵读顺序也大同小异，但为稳妥起见，我们还是尽可能地选择目前所见的此类文献中与《普庵咒》最为接近的文本作为释读参考。“悉昙章”中用以标记梵文音节读法的汉字被称为“根本字”，从理论层面来说，只要所选取汉字的声母、韵母恰好与特定梵文音节的辅音（“比声”“超声”）、元音（“十四音”）相合即可，因此选取“根本字”的过程具有任意性。但事实上，不同“悉昙章”类文献所采用的“根本字”往往有重合的情况，这一方面与所用字的使用频率高低有关（使用频率高的常用字更容易为对音创制者想到，也便于读者

① 张天鹰、傅利民：《〈普庵咒〉音乐研究》，《中央音乐学院学报》2020 年第 4 期。
② 丁福保：《佛学大词典》，广化寺 1990 年版，第 87 页。
③ 义净著，王邦维校注：《南海寄归内法传校注》，中华书局 1995 年版，第 352 页。

阅读、使用，因而更易出现），另一方面则与文献作者的学术师承、相应“悉昙章”的学术流派归属有关。因此，可以将对音所用“根本字”的亲疏关系作为判断不同“悉昙章”之间相似程度高低的参考性标准使用。

《普庵咒》的“根本字”共 39 个，分别是：研、界、檀、那、梵、摩、鸡、俱、乔、支、朱、昭、知、都、多、谛、波、兼、验、尧、倪、占、担、喃、呢、哪、悲、迦、遮、神、惹、咤、怛、喻、奴、母、耶、迷、哆。将其与其他传世“悉昙章”类文本的“根本字”情况进行比较，结果如表 1［“相同字数（占比）”一栏中，计算“占比”所依据的基础字数为《普庵咒》的 39 字；部分“悉昙章”文本中出现了一个“根本字”重出的情况，如《大涅槃经文字品悉昙章》的“生字音”部分“阿”字重出，“字体”部分“荼”字重出，从汉字职用角度来看，这些重出的字实际上应当予以归并，我们在统计、比较时将其算作一字；有些文本中“根本字”区分长短，此处将同一字的长、短两种读法算作一字统计；两个汉字表示一个梵文音节的“二合音”采用在字下画线的方式予以标明］：

表 1　《普庵咒》与其他传世“悉昙章”类文本“根本字”比较

	根本字（数量）	相同字数（占比）
隋・慧远 《大涅槃经文字品悉昙章》	恶、阿、亿、伊、郁、忧、咽、野、乌、炮、菴、迎、怯、伽、㗇、俄、吁、咤、荼、袒、拏、多、咃、陀、弹、那、遮、车、阇、膳、若、波、颇、渋、摩、蛇、啰、罗、唎、奢、沙、婆、呵、<u>亿力</u>、<u>伊离</u>、栗、离（47 字）	5 字 （12.82%）
唐・义净 《悉昙章》	恶、痾、益、伊、屋、乌、里、离、翳、蔼、污、奥、菴、阿、脚、佉、伽、嚧、俄、棹、者、社、缒、喏、吒、诧、荼、哆、他、柁、但、娜、跛、叵、婆、渋、摩、野、啰、攞、舍、洒、娑、诃、<u>颉里</u>、<u>蹊梨</u>、<u>柁拏</u>（47 字）	2 字 （5.13%）
唐・智广 《悉昙字记》	阿、伊、瓯、蔼、奥、暗、痾、迦、佉、伽、哦、者、车、社、若、吒、侘、荼、拏、多、他、陀、那、波、颇、婆、么、也、啰、罗、嚩、奢、沙、娑、诃、滥、叉、<u>纥里</u>、<u>纥梨</u>、里、梨（41 字）	4 字 （10.26%）
唐・撰人不详 《涅槃经悉昙章》	迦、佉、伽、㗇、誐、遮、车、阇、膳、若、咤、咃、荼、袒、拿、哆、佗、陀、弹、那、波、颇、婆、摩、鸡、俱、计、啀、吟、支、朱、制、瞻、知、嘟、俤、嘲、呼、踇、提、都、帝、到、躭、錍、哺、閅、报、嘨、愚、吃、严、儒、吵、咗、呶、真、喃、奴、泥、喃、模、谜、僫、噗、嚉、嗣、艘、喟、嗟（70 字）	15 字 （38.46%）

从上面的比较可以直观地看出，《普庵咒》“根本字”的选择倾向与现存“悉昙章”类文献中的《涅槃经悉昙章》最为接近。如果考虑《涅槃经悉昙章》中有部分“根本字”似乎出现了传抄之误［如“蝯”一字不见载于其他字书、悉昙著作，颇疑为“優（忧）”之误写，《普庵咒》中也出现了“優（忧）”字］的话，两者的相似程度将会进一步增加。此外，《普庵咒》文本内部的组合规则也与《涅槃经悉昙章》十分相似，我们以《涅槃经悉昙章》的组合规则为主，并参照悉昙章文献的通例，对《普庵咒》所反映的音节拼合情况予以整理，并与《涅槃经悉昙章》的情况进行比较。通过比较，可以发现《普庵咒》与《涅槃经悉昙章》的“五五字”部分存在十分明显的差异，且这些存在差异之处的内容在《普庵咒》中的表现不符合“悉昙章”创制的通例，可谓《普庵咒》中最令人生疑也最有助于把握其实质的文本特点，我们接下来对其进行讨论。

所谓“五五字”，指梵文根本字中表示二十五个“比声”（梵文辅音分为“比声”“超声”两类）的译音用字。我们采用列表的方法，比较《普庵咒》和《涅槃经悉昙章》的“五五字”异同。为直观地展现两种文献“根本字”的差异，此处比较时以拉丁文转写形式标明相应位置的“根本字”所反映的理论上的梵文音节究竟为何，《普庵咒》中存在可疑之处的“根本字”及相应的梵文拉丁字母转写以加粗字体予以标出。比较结果如表 2（梵文字母的拉丁文转写悉依储泰松《梵汉对音概说》）：

表 2　《普庵咒》与《涅槃经悉昙章》“五五字”异同

	《普庵咒》					《涅槃经悉昙章》				
喉	迦 ka	**迦 kha**	**迦 ga**	**研 gha**	**界 ṅa**	迦 ka	佉 kha	伽 ga	啊 gha	誐 ṅa
腭	遮 ca	**遮 cha**	**遮 ja**	**神 jha**	惹 ña	遮 ca	车 cha	阇 ja	膳 jha	若 ña
舌	咤 ṭa	**咤 ṭha**	**咤 ḍa**	**怛 ḍha**	那 ṇa	咤 ṭa	咃 ṭha	茶 ḍa	袒 ḍha	拿 ṇa
齿	哆 ta	**哆 tha**	**哆 da**	檀 dha	那 na	哆 ta	侘 tha	陀 da	弹 dha	那 na
唇	波 pa	**波 pha**	**波 ba**	梵 bha	摩 ma	波 pa	颇 pha	婆 ba	嘙 bha	摩 ma

通过比较《普庵咒》《涅槃经悉昙章》两种材料中“五五字”的差异，并结合“悉昙章”类文献的创制通例和汉语音韵学知识，不难看出《普庵咒》“五五字”中存在相当数量的可疑之处。可以将其概括为以下两种情况：

（一）不符合“悉昙章”文献“五五字”通例的表现

“悉昙章”文献本质上是为学习梵文者提供训练辅音、元音拼合的音节表，以便初学者能够在不断的诵读中熟练掌握梵文拼合规律，习得梵文发音（尤其是掌握某些梵文中存在，而汉语并不存在的辅音、元音的发音特点）。因此，这类文献的编制并非随心所欲、天马行空，而是需要与梵文音系结构相合。具体到“五五字”，《悉昙章》载“五五字者，喉腭舌齿唇五处，如次发起迦等五五”，“初二柔声，次二怒声，后一非柔怒声，以前两种二字总归第五一字”。用现代语言学视角解读，则是以发音部位为纵列顺序、以发音方法为横排顺序组合而成的五乘五矩阵，所反映的是梵文“比声”（梵文辅音可分为“比声”“超声”两大类）的发音特点。那么，每一种特定发音部位下辖的五个对音用字，其声母发音方法一定是不同的，且依次对应相应梵文辅音的发音方法。只有这样，才能提高梵汉对音的严密性。

《普庵咒》“五五字”的表现却并非这样，而是每组的五个字中，前三个字都采用同一个汉字予以对应，如喉音组“迦迦迦研界”，前三个字均以“迦”对应。但问题是，从“悉昙章”的编纂原则来看，前三个汉字的辅音部分应该分别是不送气清塞音、送气清塞音、不送气浊塞音，只有这样才能与相应梵文音节的辅音部分相合。“迦”，《广韵》居伽切，又古牙切，均属见母，不存在异读，也就不可能出现因异读而致的声母不同现象了。《涅槃经悉昙章》则分别以“迦佉伽”三字对应喉音组的前三个位置。“佉”，《广韵》丘伽切，又丘於切，均属溪母；“伽”，《广韵》求迦切，群母。按中古汉语，见、溪、群三母恰好便是不送气清塞音、送气清塞音、不送气浊塞音，与相应梵文音节的辅音排列顺序完全一致。其余腭、舌、齿、唇四组的情况与此相类，《普庵咒》的对应情况均与梵文字母的排列规律不合。

（二）译音用汉字不符合相应位置梵文音节规律的表现

除了每组前三字用字完全一致这一与“悉昙章”文献“五五字”明显龃龉的成系统错误之外，《普庵咒》“五五字”中还间或出现了个别译音用汉字不符合相应位置梵文音节规律的情况。

《普庵咒》“五五字”喉音组“迦迦迦研界”中后两字“研界”的排列顺序令人生疑。按照“悉昙章”文献“五五字”的排列通例，每一组的第四字对译梵文送气浊塞音辅音起首的音节，第五字则对译梵文鼻辅音起首的音节。需要说明的是，中古汉语中的全浊塞音、塞擦音并不存在以［±送气］为区别性特征的对立，李荣依据广西瑶歌和龙州壮语中汉语借词的读音特点，提出“全浊声母不送气说”。但梵文中的全浊塞音、塞擦音存在送气与否的对立，古代译经师在创制梵汉对音时，一般用“汉语全浊声母字＋‘重/重音’”的方式对应梵文中的送气全浊塞音、塞擦音，如法显译《佛说大般泥洹经》卷五《文字品》的译音：ga 伽、gha 重音伽，ja 阇、jha 重音阇。但也有部分译经师创制的梵汉对音中对此并不注意，仅是采用不同的汉字对应不送气全浊塞音、塞擦音和送气全浊塞音、塞擦音，以示区别，如玄应《一切经音义》卷二《大涅槃经》“文字品”的译音：ga 伽、gha 咺其柯反；ja 阇、jha 膳时柯反。在长期的文本传播、转抄过程中，附加的“重/重音”等注文很可能误脱，况且我们也无法确定普庵禅师是否采用了以不同汉字区分不送气浊音和送气浊音的方式。因此为稳妥起见，我们此处的讨论暂不涉及与送气/不送气有关的问题。

但即使排除了送气与否的讨论，《普庵咒》“五五字”喉音组中“研界”两字的对应也存在无法解释的问题。第四字位置对应的梵文辅音应属于塞音大类，但对音用字“研”的辅音却为鼻音疑母（《广韵》五坚切，又吾甸切，声母均为疑母）。第五字位置对应的梵文辅音应属于鼻音大类，但对音用字“界”的辅音却为塞音见母（《广韵》古拜切）。这很可能是在后来的传抄过程中，颠倒了第四字、第五字的顺序。腭音组第四字“神”、舌音组第四字“怛”的对应也存在错误。从“五五字”创制通例来看，第四字应当对译梵文送气浊塞音辅音起首的音节，但“神”的声母是不送气浊塞擦音船母（《广韵》食邻切），“怛”的声母是不送气清塞音端母（《广韵》当割切）。

从上面两类表现来看，普庵禅师似乎根本不懂得梵汉对音的基本原则，他所创制的“五五字”中的特殊表现既无法用宋代通语语音特点予以解释，也无法用更为存古、具有“求雅存正”特点的文学语言轨范《广韵》的语音特点予以解释。但我们还要考虑是否存在其他解释的可能：第一，我们目前所见到的《普庵咒》写本距离普庵禅师生活的年代都有一定的时间跨度，那么传本《普庵咒》中的错误会不会是传抄过程中误写、误记所致？第二，我国古代长期以来并不存在整齐划一、具有音值层面的严格规定的“共通语”标准，因此知识阶层即使重视“通语”，也不可避免地受到方言影响，那么普庵禅师选取“根本字”时出现的看似与韵书不合的成分，是否与其母方言有关？

首先来看第一种可能。《普庵咒》中的一些表现确实可以用这种观点给予合理解释，如舌音组第四字“怛”的对应问题。《涅槃经悉昙章》以“袒”对应“五五字”舌音组第四字，“袒”为定母字（《广韵》徒旱切），其声母确与该位置相合。那么，如果认为《普庵咒》此处原本也是“袒”，后人传抄时形近而误为“怛”的话，这一疏误就可以讲通了。况且"怛"字本身就比较生僻，而《普庵咒》中罕用生僻字作为"根本字"，这也提高了此种解释的可能性。但即使是这样，《普庵咒》中的其他表现，仍然使我们相信这种解释并非真相。众所周知，诵读、传习密咒需要高度准确地遵循原典语言，否则不得福报。因此后人传诵、学习咒语时都极尽精确地遵照既有文本，而不会窜改原文。也就是说，传抄时有可能出现个别的误字、倒字，但绝对不可能出现全部"五五字"组的前三字都改用同样的汉字这种情况。这种大量的成系统错误，只可能源于文本创制之初便出现的原生性疏失。

第二种可能是否能够合理解释《普庵咒》中存在的问题？也即，会不会普庵禅师的母方言，或者教授普庵禅师梵文之人的母方言中存在某些特殊成分，使得普庵禅师虽然学过梵文，但却学艺不精？即使这种可能性存在，也不能因此认为普庵禅师掌握梵文。因为如果梵文水平连送气/不送气、清/浊这种最基本的区分都无法辨明，那与根本不懂梵文又有何区别？但如果这种可能为真，至少可以说明普庵禅师曾有过梵文学习经历，与彻头彻尾的"梵文文盲"还是有些区别的。为稳妥起见，我们将在下一节中探讨这一点。

三、论《普庵咒》"五五字"错误之处与方言影响无关

若要证实或证伪"普庵禅师曾学过梵文，且在学习过程中受到方言因素影响而产生了偏误"的假设，首先需要解决的问题是：选取哪种方言作为参照对象？

普庵禅师生于江西袁州，"甲寅。是年八月，师依寿隆贤和尚出家，而和光应世生"，"壬戌。是年五月，师受甘露大戒，于袁州之开元寺"，"癸亥。师是年入湘，访沩山牧庵法忠禅师。师问：'万法归一，一归何处？'忠公竖拂示师，师有省，即回受业"，"己丑。师寿五十五矣，而弟子圆通于三月三日示寂。七月二十一日，师索笔，书偈于方丈西壁，跏趺而逝"。[①] 据此可知，普庵禅师一生中绝大多数时间都居住在其出生地江西袁州，出家、受甘露大戒、入主慈化寺等重大事件也都发生于此。因此，需要选取宜春方言作为参照对象。

分析本文第二部分所考证出的《普庵咒》"五五字"错误之处可以发现，其中既有出现例子较多、具有明显规律性的错误（如与辅音清/浊、送气/不送气之分有关的问题），又有无法确定究竟是普庵禅师创制"五五字"之初就出现的错误还是文本

①《卍大日本续藏经》第2册，京都藏经书院1905年版，第265—266页。

传抄致误的情况（如喉音组后两字“研界”的排列顺序疑误）。无法确定致误原因，也没有更多的例证帮助判断的孤例，显然不能作为参与比较的特征，因此我们对这些错误予以进一步分析归纳，选择其中出现的成系统错误进行比较。这样，需要我们特别注意的问题只剩下了两点：一，南宋时期的宜春方言中，塞音、塞擦音是否存在清浊对立？二，南宋时期的宜春方言中，塞音、塞擦音的［±送气］特征是否存在对立？

与探讨明清时期方言语音面貌的工作相较，讨论宋元时期方言语音面貌面临更大、更多的困难，其原因有二：一来宋元时期距离现代的时间跨度更大，长时间跨度中发生的音变无论是在数量多寡层面还是在音变链条（或“可能的音变链条”）长短层面都比时间跨度较短的情况下的相同变化更难以把握。二来明清时期出现了大量关注时音、方音的等韵著作，在这种“音韵蜂出，各有土风”的背景下，自然可以比较简单地找到反映相应（或与之距离、语音特点接近的）地点的方言语音面貌的资料。但宋元时期编纂时音、方音韵书韵图的做法并不流行，加之宋元易代、明清鼎革的战乱导致书籍散佚严重，存世的此类著作数量愈加稀少。有鉴于此，并考虑文献自身的特点，我们采用以下两种方法解决此处需要讨论的问题：第一，重视较大方言区内部语音特征的历时探讨。宜春方言所属的赣方言属于内部特点相对一致的汉语方言区，因此我们可以适当扩展研究材料的范围，将反映同一个方言区，但却不属于同一个方言点的语音面貌的历史文献纳入讨论范围。第二，重视运用现代方言材料。将宜春以及邻近地区的现代汉语方言语音特点与历史文献记载结合考虑，运用语言空间差异与时间发展序列的交融互证的方式，逆推两地汉语方言的语音发展变化链条，作为相关讨论的参考。

目前尚未发现明确说明反映南宋时期宜春方言语音特点的历史文献，但令人欣喜的是，日本天理大学图书馆藏海内孤本通俗类书《重编详备碎金》的音注与宋代通语、临川（与宜春相去约二百公里）语音都具有密切关系，与普庵禅师的生活年代亦相近。因此，我们以其和宜春及邻近地区的方言现代材料作为讨论的基础材料。

《重编详备碎金》书前序文记载了此书的编纂过程：

《碎金》一书虽非文章华丽，然童稚发蒙，与夫涉世逐急日用事字，皆不可阙。旧本刊已岁久，而其间有重复不必传习者，有切于用而漏略者。今京华张君云翼，以近来公私事用增广编类，校勘详备，去其舛讹丛杂，其有济于初学。今求到真本，重行订正，改作中册刊行，以便检寻读授。收书君子必有藻鉴者。嘉熙戊戌中秋日，双桂书院谨识。[①]

由序文信息可知，京华（当时的南宋都城临安）张云翼在旧本《碎金》的基础上“增广编类”“校勘详备”编成了新本《碎金》，临安赵氏又在张云翼本的基础上“重行订正”编成了《重编详备碎金》一书，并于嘉熙戊戌（南宋嘉熙二年，1238）将其刊行于世。然而据长泽规矩也考察，天理大学图书馆所藏《重编详备碎金》并非宋刊原本，而是仿宋刻的五山版汉籍。[②] 但小川环树发现此书正文中每遇“贞”“征”“敦”字，以及与之相关的嫌名时辄有阙笔以避宋讳，足见今本《重编详备碎金》刊刻时恪守宋本原貌[③]，虽为日本仿刻本但未经窜改，仍然保留了初刻时的宋本原貌。此书未载编者信息，但由书前序文可知实际编者乃书坊刻书者，也即“双桂书院”或称“双桂赵宅书籍铺”的主人。王瑞来先生发现，另一部宋刻类书《朝野类要》的序文落款“端平丙申重九，文昌赵升向辰识于双桂书院”，时间、地点、书籍类型均相同，两篇序文的写作风格、用字习惯等也存在大量的共同点，将两书的序文信息结合起来，勾稽了赵升的生平经历，指出赵升的里籍为江西临川。[④]

通过检阅《重编详备碎金》我们发现，此书正文中部分字词添加了音注。统计发现，可以清楚辨识的音注共1174条，主要采用直音（共出现751条）和反切（共出现302条）两种方式，也有部分采用纽四声法的音注（共出现121条）。今本《重编详备碎金》序言标题下有“增入正音，其原本注字今作大字，甚便于句读”的说明，而今本音注均为双行小字，可见并非张云翼本《碎金》的音注，而应是赵升“重行订正”的方面之一。无论是此书的编纂目的、面向群体特征，还是序文中“增入正音”的说法都提示我们，赵升创制音注的依据是南宋时期的通语语音。但检阅全书音注后我们发现，其中还杂入了一些相当特殊的语音现象，如部分庄组声母与精组声母相混、入声韵仅与阳声韵存在相承关系而与官话方言中阴入相配的情况不合、部分塞擦音声母与擦音声母发生混同等，这与汉语语音史的发展轨迹并不一致，也难以在同时代的其他反映通语语音面貌的著作中找到可以作为参照的例子，但却与赵升的母语赣方言语

①《重编详备碎金》，天理图书馆善本丛书汉籍之部编集委员会影印天理大学出版部藏五山版仿刻南宋嘉熙二年（1238）双桂赵宅刊本，天理大学出版部昭和五十六年（1981）版，第1a—1b页。

② 長澤規矩也:『「重編詳備碎金」について』,『ビブリア: 天理圖書館報』通號第18，1961年。

③ 小川环树:《〈重编详备碎金〉解题》，载《重编详备碎金》卷首，天理大学出版部昭和五十六年（1981）版，第1页。

④ 王瑞来:《〈朝野类要〉编者赵升考》，载四川大学古籍整理研究所、四川大学宋代文化研究中心编:《宋代文化研究》第17辑，四川大学出版社2009年版，第362—382页。

音特点高度吻合，说明《重编详备碎金》的音注实质上是一种复合音系，其中窜入了一定的赣方言成分，可以作为讨论南宋时期赣方言语音特点的参考材料之一。

现结合《重编详备碎金》音注和现代方言材料，将《普庵咒》“五五字”中需要讨论的问题分析如下（为便于阅读，列举《重编详备碎金》例证时以下标形式注明音注中被注音字和音注用字的相应语音特征，如“祟心，遂邪”表示以邪母字“遂”标注心母字“祟”的读音）：

1. 塞音、塞擦音的清浊问题。《重编详备碎金》中有两条反映全浊塞擦音清化的例子：“胄澄，昼知”“搋彻，迟澄皆切”，其余的全浊声母字音注则均以全浊声母字作为反切上字或直音用字。但问题是，如果从《诗集传》《楚辞集注》中的朱熹反切来看，南宋时期通语中全浊声母字都已全部清化[1]，现代宜春方言中也已经没有全浊声母。由此来看，《重编详备碎金》中残存的全浊声母与清声母区别较为明显的现象反映的乃是当时的赣方言中全浊声母清化的过程处于正变阶段，尚未全部完成。也即当时赣方言母语者的日常交际中，声母仍然存在清浊两类，因此即使是从方言的角度来看，普庵禅师也是可以辨别声母清浊的，《普庵咒》“五五字”中混淆清浊的现象无法以母方言中不区分清浊因而导致认知偏误的理由予以解说。

2. 塞音、塞擦音的［±送气］特征是否存在对立问题。《重编详备碎金》中塞音、塞擦音的［±送气］特征区分非常严格、清楚，从未出现混淆两类声母的情况，现代宜春方言中也具有以［±送气］为区别性特征的两套塞音、塞擦音声母。当然，为了应对有可能出现的质疑，还需要补充一点：现代赣语方言最重要的特点是中古全浊声母今逢塞音、塞擦音，一般都读为送气清音。但这种特殊现象并不会干扰我们的判断，这是因为中古全浊声母清化之后无论是读为送气音还是不送气音，相应的字都不会与另一类声母相混，也就是说［±送气］仍然在音系中具有区别性特征地位。因此，即使从方言角度来看，普庵禅师也完全可以区分送气/不送气两类声母，《普庵咒》“五五字”中混淆送气声母与不送气声母的现象无法以母方言中不区分声母送气与否因而导致认知偏误的理由予以解说。

概而言之，《普庵咒》“五五字”中出现的不能以宋代通语语音特点解释的错误，即使改置于普庵禅师的母方言——南宋时期的江西宜春方言，乃至整个赣方言的背景之下，也无法找到合理的解释。因此可以得出结论，《普庵咒》“五五字”中的错误之处与方言影响无关。

---

① 王力:《汉语语音史》，山东教育出版社 1987 年版，第 320—324 页。

四、结语

通过分析《普庵咒》的梵汉对音“根本字”选取以及排列模式，可以发现其中存在诸多与梵文音系结构、梵汉对音通例都不相合的内容，尤其是其“五五字”部分表现更为突出。《普庵咒》“五五字”中以汉语清塞音、塞擦音对应梵文浊塞音、塞擦音的做法和混淆梵文辅音送气、不送气的做法，都既不能以宋代通语语音变化的观点予以合理解释，又不能在普庵禅师的母方言中找到丝毫的痕迹。将其与《普庵咒》中出现的完全不符合梵汉对音通例和“悉昙章”类文献编纂的基本规则的情况结合起来考虑，我们认为普庵禅师实际上根本不懂得梵文，看起来好像梵文密咒的《普庵咒》，实质上确如徐梵澄先生所言：“其咒与梵文文法无关，与‘悉昙章’无关，是故作高深之说。”也正因为此，普庵禅师不可能也根本没有能力运用“梵文音律”创制《普庵咒》乐曲，前代琴谱、笔记中认为此曲与“梵文音律”有关的论述并不准确，《普庵咒》音乐实质上与“梵文音律”并无直接的承嗣关系。

清至民国敦煌莫高窟道教题记榜文研究*

崔广哲

（菏泽学院马克思主义学院）

【摘　要】　莫高窟保存的清至民国道教题记与榜文，反映了这一时期敦煌道教的发展。其内容既涉及道教与民间信仰的结合，又表现了佛道融汇，还包括全真龙门派、正一派的活动等。这些丰富的信息勾勒出清至民国敦煌道教的概貌，是研究敦煌社会文化的一个重要参考。

【关键词】　清至民国　莫高窟　道教　题记　榜文

自汉至唐，敦煌为连接中原与西域的门户，“华戎所交，一都会也”①。自10世纪中叶后，敦煌逐渐失去中西文化交往的重要地位。尤其是明嘉靖七年（1528）帖木哥、土巴率部内迁，敦煌完全为吐鲁番所统治。至康熙年间，清政府才从吐鲁番手中收回敦煌；雍正、乾隆年间，在此先后设所、设卫、设县。在清政府的积极经营下，敦煌的社会活力逐渐复苏，作为文化象征的莫高窟亦燃起香火，成为民众朝山进香的圣地。在朝山进香时，民众在莫高窟留下了大量的游人题记②。这些游人题记中有不少涉及清至民国道教的信息，并且石窟中存有道教榜文，这为研究清至民国敦煌道教

* 本文系山西省哲学社会科学规划课题“山西真武碑刻整理与研究”（2023YJ142）、山东省社会科学规划研究项目“新见傅斯年《巴黎燉煌写本集读记》整理与研究”（24CLSJ03）的阶段性成果。

① 范晔：《后汉书·地理志》刘昭注引《耆旧记》，中华书局1965年版，第3521页。

② 季羡林：《敦煌学大辞典》，上海辞书出版社1999年版，第181页“泛指礼佛香客或参观游人在壁画塑像上的游人漫题”。题记有汉、西夏、于阗、蒙古等文，本文仅讨论汉文题记。汉文游人题记历经唐、五代、宋、元、明、清至民国，最早为莫高窟第335窟“（唐）长安二年（702）”，以元、清两代最多。

提供了重要资料。学界长期关注莫高窟题记的成果集中体现为两方面：一方面是对题记的抄录与汇编①，另一方面是利用题记进行专题性质的探讨②。然而学界对题记资料的辑录并未完成，且在研究过程中仍不断发现新的题记③。再者，学界对清至民国敦煌道教的研究较多关注莫高窟藏经洞的发现者——王道士④，对莫高窟题记、榜文中的道教资料考察略显不足⑤。笔者拟从道教史的角度以莫高窟题记、榜文为中心，结合相关文献，考察清至民国时期敦煌道教，以期进一步理解敦煌道教在西北道教史乃至全国道教史中的地位。

一、莫高窟清至民国道教题记

笔者参考相关资料（见表 1 注），梳理出清至民国时期莫高窟道教题记，具体内容如下表：

① 伯希和:《伯希和敦煌石窟笔记》，耿昇译，甘肃人民出版社 2007 年版；史岩:《敦煌石室画像题识》，比较文化研究所、国立敦煌艺术研究所、华西大学博物馆 1947 年版；谢稚柳:《敦煌艺术叙录》，上海出版公司 1955 年版；向达:《唐代长安与西域文明》，生活・读书・新知三联书店 1957 年版；敦煌研究院:《敦煌莫高窟供养人题记》，文物出版社 1986 年版；徐自强、张永强、陈晶:《敦煌莫高窟题记汇编》，文物出版社 2014 年版；等等。

② 主要论文如下：公维章:《元明清时期的敦煌佛教》，《敦煌学辑刊》1999 年第 2 期；王力平:《莫高窟汉文游人题记史料价值探析》，《敦煌学辑刊》2014 年第 3 期；陈光文:《敦煌莫高窟清代游人题记研究》，《敦煌学辑刊》2016 年第 1 期；杨秀清:《游人题记里的社会众相》，载氏著:《敦煌：另类的释读》，甘肃人民出版社 2019 年版，第 219—285 页；段鹏:《莫高窟所见清代敦煌四月八行事探析》，《敦煌学辑刊》2021 年第 2 期；张先堂、李国:《敦煌莫高窟清代题壁纪游诗研究——敦煌石窟题记系列研究之三》，《敦煌研究》2022 年第 3 期；李博雅:《清代释道信众联袂参拜敦煌佛窟事迹考论》，《形象史学》2021 年第 1 期；等等。

③ 汪正一、赵晓星:《敦煌莫高窟第 150 窟清代遗迹考察》，载周天游主编:《再获秋实：第二届曲江壁画论坛文集》，商务印书馆 2017 年版，第 285—309 页；李博雅:《清代释道信众联袂参拜敦煌佛窟事迹考论》，《形象史学》2021 年第 1 期；谭伟伦、段鹏:《敦煌道教遗迹选萃》，香港中华书局 2021 年版；等等。

④ 金荣华:《王道士：敦煌文物外流关键人物探微》，载汉学研究中心编:《第二届敦煌学国际研讨会论文集》，台北汉学研究中心 1991 年版，第 1—22 页；荣新江:《王道士——敦煌藏经洞的发现者》，《敦煌研究》2000 年第 2 期；樊光春:《敦煌道士王圆箓评传》，《中国道教》2008 年第 5 期；王冀青:《1907 年斯坦因与王圆禄及敦煌官员之间的交往》，《敦煌学辑刊》2007 年第 3 期；李正宇:《莫高窟王道士〈催募经款草丹〉小考》，《档案》2010 年第 2 期；梁红:《王道士流水疏沙与藏经洞的发现》，《敦煌研究》2010 年第 2 期；方广锠:《王道士名称考》，《敦煌研究》2016 年第 4 期；方莉:《“福琳”似非王道士本名——方广锠先生〈王道士名称考〉一文献疑》，《敦煌研究》2018 年第 5 期；等等。

⑤ 笔者查到清朝之前的道教游人漫题一条，莫高窟第 126 窟“至元六年甲（?）□肃州真元宫道人夫（?）”；疑似道教游人漫题一条，莫高窟第 5 窟万历二年（1574）“龙（?）角（?）观”，因《伯希和敦煌石窟笔记》及以后著述均标有问号，是否为“龙角观”未成定论。详见徐自强、张永强、陈晶:《敦煌莫高窟题记汇编》，文物出版社 2014 年版，第 130、6 页。

表 1　清至民国莫高窟道教题记

窟号	序号	题记内容	著录情况
34	1	昨夜梦不祥，今朝书在墙，太阳来临见，凶凶化吉祥。吾奉太上老君急急如律令，千年大吉。	《选萃》77 页
94	2	老君洞来朝东开，众姓弟子进香来。佛以慈悲观自在，我从欢喜见如来。道光二十五年讽经正乙弟子李大福叩。	《选萃》77 页
	3	大清道光十四年四月初八日进香弟子赵，翩翩三青鸟，毛色奇可怜，朝为王母使，暮归三危山。	《选萃》78 页
95	4	大清嘉庆二十二年七月七日道德腊之辰，西宁府县西川镇海堡人唐成斗、唐明九、石头匠沟人山有铭、王敦铭，同来此地进香。在于大佛殿内讽《金刚》《弥陀》经各一卷，太上诸品仙经宝号祈，消愆灭罪，早超彼岸，天下太平，共乐升平之世。	《选萃》80 页
98	5	民国贰拾壹年，远看青山一片石。来到青山有贵处，千千佛爷在洞里。三大寺院修的新，僧道两教敬神佛。骑五十三团赶沙子，千年古洞见天日。	杨文 254—255 页
138	6	同治四年四月初八，上寺僧人觉发供香火。杨铁冠道人真经树庭图昌二人，小儿五十二，好善人修行。	《选萃》85 页
	7	咸丰九年四月初八日，杨庭之之图国各？二人图昌真常。	《选萃》85 页
	8	大清光绪三十三年四月初仙姑，王会长，成会长，张会长，李会长，祁会长，秦会长①。	
	9	吕祖诗，真分善恶两条河，功亦受来过亦受。堂前劬劳徒未报。	《选萃》104 页
148	10	敕赐文殊寺云门派下洪戒丘比（比丘）。 龙门洞金符山授戒弟子张来德至嘉庆十年九月廿一日朝礼。	《题记》71 页，《汇编》169 页，《选萃》88 页
	11	玄门弟子吕义寿到千佛洞十（释）迦佛爷遵（尊）下。	杨文 255 页
	12	嘉庆九年玄门弟子潘永归叩拜。	杨文 255—256 页
	13	嘉庆十年玄门弟子潘永归叩拜，徒颜元子□□叩。	杨文 255 页
	14	乾隆十三年六月初三日凉州武威玄裔弟子张维绪，箓名：精始，到此。	杨文 255—256 页
	15	大清陕西安沙州西云观出家道人马合瀍叩。	《选萃》89 页
150	16	同治十三年七月卅日，諱诵玉皇宥罪宝忏，上消天灾，下禳疾病。正乙弟子王捷、张文宣、朱彦、王正绪叩。	《选萃》97 页
152	17	丁卯岁（1867，同治六年）四月初八日，玄门弟子刘治国，讽诵太上仙经，三天朝奏雷音寺一次，天花山（散）彩，四生慈父叩献。	段文 43 页

① 汪正一、赵晓星：《敦煌莫高窟清代改修送子娘娘殿洞窟遗迹考察》，载周天游主编：《丝路回音：第三届曲江壁画论坛论文集》，文物出版社 2020 年版，第 211 页。

续表

窟号	序号	题记内容	著录情况
152	18	癸酉岁（1873，同治十二年）四月初六日，玄门弟子刘治国，箓名：冲玄，朝礼雷音一次叩献，凉州府永昌县人。	段文 43 页
	19	武当山太玄道人真阳子，今乾隆四十年四月初八到此朝山。	杨文 255 页
153	20	大清嘉庆十年九月廿一日五凉玄门肃州释门，弟子传授，龙门派下第十三代张来德云门派下第十二代能舟朝礼仝叩。	《选萃》88 页
166	21	武当山太玄道人真阳子，今乾隆四十年四月初八到此朝山①。（与 19 同，见图 1）	《题记》78 页，《汇编》200 页，《选萃》100 页
196	22	咸丰十一年四月十五日，玄门弟子李春云、徐德，僧人七斤子敬叩。	段文 43 页
	23	玉皇敕令下九天，王母蟠（蟠）姚（桃）会八仙，太极八仙来上寿，天降长寿不老丹。伊吾云山弟子萧立恒敬叩。	杨文 257 页
	24	西方我佛在此山，世人朝山□□□。若要不姓（信）抬头看，半岩尽是古神仙。同治五年三月二十日伊吾云山弟子萧立恒敬叩。	杨文 257 页
237	25	道光十六年四月七日诵经，嗣教弟子同叩上，祝佛祖圣诞之辰，建醮奉诵仙经，蒙神灵永佑，万事如意、百福千祥、一诚上达、百事皆通，岁次丙申七日叩。	《选萃》106 页
	26	道光十七年岁次丁酉戊申朔甲寅日，嗣教弟子诵经恭祝：佛祖万寿无疆。	《选萃》107 页
302	27	维大清国陕西巩昌府秦凉州修真道人张太气周一统，客游沙州约束众信人等。是日虔诚上叩慈容，俯鉴绀目之光，葵诚意者，言念众姓举意约束一会，卜今本月初六日在于千佛洞天福地，朝山进香。天之盖，地之载，二仪非轻，日之照，月之临，三光宝重此。	《选萃》108 页
366	28	王子去求仙，丹成入九天。洞中方七人（日），世上已千年。云山道人。	杨文 256 页
427	29	乾隆八年岁次癸亥四月初八日……□（推）……在□东□□市玄门……香祈保□（佑）……	《题记》160 页，《汇编》364 页
454	30	雍正七年四月初八日叩拜道人赵幾艸②。	
	31	大清乾隆十八年四月初八日诵经，临洮狄道州玄门弟子朱成相，临洮狄道州报恩寺僧人照永，二人虔叩。	《题记》172 页，《汇编》391 页，《选萃》113 页

①《题记》与《汇编》为“真阳于”，《选萃》为“真阳子”。依《选萃》图片判断为“真阳子”。《题记》与《汇编》为“十四年”，《选萃》为“四十年”。依《选萃》图片判断为“四十年”。

② 参见李博雅：《清代释道信众联袂参拜敦煌佛窟事迹考论》，《形象史学》2021 年第 1 期。

续表

窟号	序号	题记内容	著录情况
454	32	乾隆元年四月初七武当会一会人等，到此建醮。	《题记》174 页，《汇编》392 页，《选萃》112 页
	33	光绪元年四月初八日正乙弟子唐瑞、阎雪方、安春在、阎英。	《题记》174 页，《汇编》392 页，《选萃》113 页
	34	同 24。	《题记》173 页，《汇编》391 页
	35	沙州敦煌郡，旧有小雷音。今朝来到此，佛像即此身。 乾隆十三年六月初三日凉武玄弟子张维绪，箓名：精始，叩。	杨文 235 页
	36	江南松江□挂居，龙虎山玄□道□上香。	《选萃》111 页
	37	丁亥是花年，弟子来朝山，娘娘多保佑，今岁太平年。	段文 50 页

注:《题记》指代《敦煌莫高窟供养人题记》，《汇编》指代《敦煌莫高窟题记汇编》，《选萃》指代《敦煌道教遗迹选萃》，“杨文”指代杨秀清《游人题记里的社会众相》，“段文”指代段鹏《莫高窟所见清代敦煌四月八行事探析》。

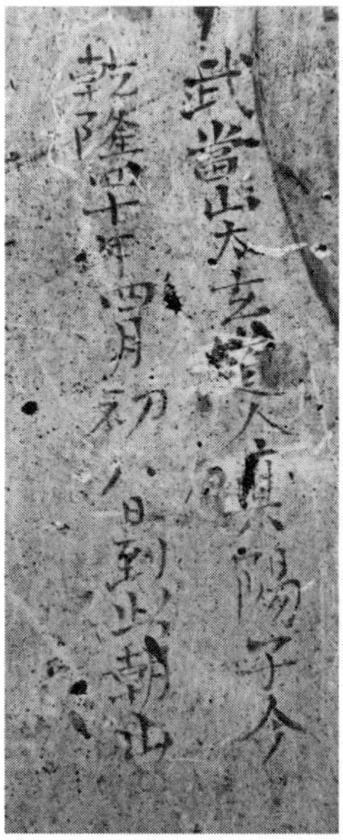

图 1　《选萃》100 页题记

据上表知，清至民国莫高窟道教题记至今所见共 37 条①。从年代上来看，题记中年代最早的是 454 窟“雍正七年四月初八日叩拜道人赵幾艸”，最晚的是 98 窟“民国贰拾壹年”，有确切纪年的分布如下：1 条雍正纪年、7 条乾隆纪年、5 条嘉庆纪年、4 条道光纪年、2 条咸丰纪年、6 条同治纪年、2 条光绪纪年、1 条民国纪年。2 条纪年不明但有“大清”字样的，还有 7 条纪年不清、朝代不明者，但资料显示其为清代。另有 152 窟与 166 窟“武当山……朝山”、196 窟与 454 窟“西方……萧立恒敬叩”内容相同。

题记反映了道教信徒朝山的时间特点。上表题记中有 24 条记载了朝山的具体时间，有 15 条道教信徒在四月份朝山，其中有 10 条在四月八日，3 条在四月八日前，1 条在四月初，1 条在四月十五日。可见，道教信徒朝山的时间多在四月。实际上，这一情况与千佛洞每年四月八日的“浴佛节”庙会有关。据载，“每年四月八日，相传为浴佛会，邑之士女，邀

① 涉及 16 个洞窟，其中 454 窟 8 条最多，其次为 148 窟 6 条，依次 138 窟 4 条，152 窟、196 窟各 3 条，94 窟、237 窟各 2 条，34 窟、95 窟、98 窟、150 窟、153 窟、166 窟、302 窟、366 窟、427 窟各 1 条。

福祈愿者，络绎不绝，诚为一邑之胜境也"[①]。斯坦因曾于1907年5月15日（农历四月初四）至敦煌千佛洞，"我抵过千佛洞以后，先是被一些事务性的琐事耽搁了一阵，后来又由于这里一年一度的朝圣活动，拖延了更长的一段时间，成千上万的信徒从四面八方向这里涌来，使得我的考察活动不得不大大推迟。这样，直到5月21日（农历四月初十），我才在这里支起了帐篷，开始我的考察工作"[②]。这些信息与题记中道教信徒朝山的时间相符，共同印证了千佛洞庙会的盛况。

关于千佛洞庙会，甘肃省志也有所记载。乾隆元年（1736）《甘肃通志》："雷音寺，在沙州卫城南三十里，即千佛洞……明时回人蹂躏，佛像毁坏，龛为沙掩，画壁犹存，今人民繁庶，道人等疏爬始见，每年四月八日香火甚盛。"[③] 此为最早记载千佛洞庙会的文献。这一说法为乾隆二年（1737）《重修肃州新志》和道光十一年（1831）《敦煌县志》所沿袭。这些方志的记录一方面说明明朝时千佛洞已遭到回人严重破坏；另一方面，"道人等疏爬始见"或"道人等梳爬，略见眉目"[④] 则凸显了道人在千佛洞重见天日上的重要贡献。再者，雍正年间汪漋[⑤]"窦启琳宫现""问禅无释侣"与姚培和[⑥]"一代琳宫尚记年"[⑦] 的诗句被《重修肃州新志》收录。"琳宫"即道院[⑧]，可见雍正时曾有道人生活于莫高窟周围。而"问禅无释侣"则意味着当时无僧人生活、居住于此。另外，道光十一年《敦煌县志》中的"千佛灵岩图"给我们提供了更为直观的材料，只见"道院"[⑨]，再次印证了莫高窟有道人居住或生活的场景。还有，敦煌藏经洞的发现者王道士就生活在莫高窟南区北部的下寺，甚至20世纪50年代初以前仍有道士常住莫高窟[⑩]。可见，清至民国时期敦煌道士与莫高窟关系密切。总之，这些资料显示清代莫高窟前有道院，至少雍正年间已有道人生活于此，甚至道人可能掌握着莫高窟的管理权。至于道人何时到千佛洞的，究竟是一个道人还是一批道人，他或他们是哪一派的，

① 吕钟：《重修敦煌县志》卷11，甘肃人民出版社2002年版，第563页。

② 奥雷尔·斯坦因：《西域考古图记》第3卷，中国社会科学院考古研究所主持翻译，广西师范大学出版社2019年版，第1页。

③ 许容、李迪：《甘肃通志》卷12，四库本第557册，第417页。

④ 黄文炜：《重修肃州新志》，载《中国地方志集成·甘肃府县志辑》第48册，凤凰出版社2008年版，第358页；苏履吉：《敦煌县志》卷7，台北成文出版社1970年版，第355页。

⑤ 汪漋，安徽休宁人，康熙三十三年（1694）进士，雍正四年（1726）负责修建沙州城。

⑥ 姚培和，江南松江人，康熙五十二年（1713）进士，雍正八年（1730）奉命委办沙州屯田。

⑦ 黄文炜：《重修肃州新志》，载《中国地方志集成·甘肃府县志辑》第48册，凤凰出版社2008年版，第388页。

⑧ 徐复等编：《古汉语大词典》，上海辞书出版社2000年版，第1486页。

⑨ 苏履吉修，曾诚纂：《敦煌县志》卷1，台北成文出版社1970年版，第69页。

⑩ 樊光春：《西北道教史》，商务印书馆2010年版，第572页。

方志没有交代清楚，但却说明道人是较早到达千佛洞的人。道人对千佛洞进行了清理、修复，不仅为人们朝山进香提供了重要条件，推动了千佛洞庙会的出现，而且说明千佛洞为道教活动的重要场所。

莫高窟题记提到了多位道教信徒的姓名，如94窟“正乙弟子李大福”，148窟“玄门弟子潘永归叩拜，徒颜元子”“西云观出家道人马合瀿”，153窟“龙门派下第十三代张来德”，196窟“玄门弟子李春云、徐德”，302窟“修真道人张太气、周一统”等。题记中不仅有道教徒自己留下的姓名，而且透露着他们所属的道教派别，如“正乙弟子李大福”“龙门派下第十三代张来德”等。其中张来德分别出现于148窟与153窟，来自陕西龙门洞金符山（景福山），其名符合龙门派“道德通玄静，真常守太清，一阳来复本，合教永圆明”[①] 字谱。按龙门派字谱，张太气为第9代，周一统为第11代，马合瀿为第16代，潘永归为第18代，颜元子为第19代。题记信息说明，敦煌莫高窟是正一派、龙门派活动的重要场所。

最引人注目的是敦煌道士马合瀿。148窟题记有“西云观出家道人马合瀿”。据《敦煌县志》载“西云观，在城西三里，雍正八年建”[②]。乾隆年间敦煌举人赵学诗《偕友游西云观》云：“初冬天气日融融，安步西郊仰旧宫……不见健仙荣道士，无人能再话齐东。”[③] 诗中提到西云观有位与赵学诗交好的荣道士，依诗句判断，受到赵学诗尊敬与赏识的荣道士应是位具有较高文学修养与宗教修为的道士。然而对荣道士的生平、师承、法脉，我们无法窥知。相对乾隆年间的荣道士来说，我们能确定马合瀿为全真龙门派第16代传人，这比樊光春先生认为“敦煌当地的龙门派传承起于第18代”[④] 要早。囿于资料，我们对马合瀿的生平、师承与弟子也不能交代清楚，但却为西云观传承着全真龙门派的法裔提供了又一有力证据。

题记不仅反映着道教信徒的派别信息，而且记录着所属地区。甘肃省内的教徒，如148窟题记“凉州武威玄裔弟子张维绪”[⑤]，152窟题记“玄门弟子刘治国……凉州

---

① 王卡：《诸真宗派源流校读记》，载熊铁基、麦子飞主编：《全真道与老庄学国际学术研讨会论文集》，华中师范大学出版社2009年版，第65页。

② 苏履吉修，曾诚纂：《敦煌县志》卷3，台北成文出版社1970年版，第141页。

③ 吕钟：《重修敦煌县志》卷11，甘肃人民出版社2002年版，第410页。

④ 樊光春：《西北道教史》，商务印书馆2010年版，第531页。

⑤ 杨秀清：《游人题记里的社会众相》，载氏著：《敦煌：另类的释读》，甘肃人民出版社2019年版，第255—256页。

府永昌县人”[1]，302 窟题记“维大清国陕西巩昌府秦凉州修真道人张太气周一统”[2]，454 窟题记“临洮狄道州玄门弟子朱成相”[3]，他们分别来自甘肃凉州府武威与永昌、巩昌府秦州、临洮狄道州等。再如 454 窟题记“乾隆元年四月初七武当会一会人等，到此建醮”[4]，166 窟题记“武当山太玄道人真阳子，今乾隆四十年四月初八到此朝山”[5]，记录了远在湖北武当山的信徒不断来此。454 窟题记“江南松江□挂居，龙虎山玄□道□上香”[6]，则记录了江西龙虎山的信徒也远道而来。武当山在湖北境内，为著名的道教圣地，距敦煌莫高窟有五六千里。龙虎山在江西境内，为清代正一派活动的中心，距莫高窟有七八千里。然而远在湖北、江西道教圣地的信徒却能被位于西北的莫高窟吸引，至此朝山进香，这更能说明莫高窟为武当山、龙虎山所不能取代，其在清代道教信徒心中具有神圣的地位，进一步凸显了敦煌在清代西北道教乃至全国道教中占有重要地位。

莫高窟题记中不仅出现了东部地区的道教信徒，而且出现了西部边疆民族地区的道教信徒。如 95 窟题记“西宁府县西川镇海堡人唐成斗、唐明九、石头匠沟人山有铭、王敦铭，同来此地进香”[7]。196 窟与 454 窟题记“伊吾（今新疆哈密）云山弟子萧立恒”[8]。此三条题记记录了来自青海西宁、新疆哈密的道教信徒的信息，说明道教在青海、新疆多民族聚集地区也有人信奉，显示道教能够“自觉地与各民族、各宗教和平相处”[9]。同时，青海、新疆道众能至莫高窟朝山进香，从侧面说明清代边疆民族地区的巩固和稳定。

题记反映着当地流传的神话传说。如 94 窟题记“大清道光十四年四月初八日进香弟子赵，翩翩三青鸟，毛色奇可怜，朝为王母使，暮归三危山”[10]。该诗出自陶潜《读山海经十三首》第五首[11]，又收录于吕钟《重修敦煌县志·艺文志上》[12]。诗文中的“三青鸟”出自《山海经》，“三危之山，三青鸟居之”[13]，“西王母梯几而戴胜杖，

① 段鹏：《莫高窟所见清代敦煌四月八行事探析》，《敦煌学辑刊》2021 年第 2 期。
② 谭伟伦、段鹏：《敦煌道教遗迹选萃》，香港中华书局 2021 年版，第 108 页。
③ 同上书，第 113 页。
④ 同上书，第 112 页。
⑤ 同上书，第 100 页。
⑥ 同上书，第 111 页。
⑦ 同上书，第 80 页。
⑧ 杨秀清：《游人题记里的社会众相》，载氏著：《敦煌：另类的释读》，甘肃人民出版社 2019 年版，第 257 页。
⑨ 王岗：《甘青民族地区道教考》，《全真道研究》第 3 辑，齐鲁书社 2014 年版，第 25 页。
⑩ 谭伟伦、段鹏：《敦煌道教遗迹选萃》，香港中华书局 2021 年版，第 78 页。
⑪ 陶潜：《陶渊明集》，中华书局 1979 年版，第 135 页。
⑫ 吕钟：《重修敦煌县志》卷 11，甘肃人民出版社 2002 年版，第 399 页。
⑬ 郭璞注，郝懿行笺疏，沈海波点校：《山海经》卷 2，上海古籍出版社 2015 年版，第 67 页。

其南有三青鸟，为西王母取食”[①]。三青鸟栖于三危山之上，负责为西王母取食、传信。再者，敦煌博物馆收藏有1995年佛爷庙出土的魏晋三足乌墨绘砖[②]，“三足乌，青鸟也，主为西王母取食，在昆墟之北”[③]。另外，《敦煌县志·仙释》有“西王母”条，也将“青鸟”“西王母”“三危山”结合起来，并指出“三危山”为“仙灵窟宅，神人往来栖息之乡焉”[④]。“三危山”在敦煌没有停留在传说和想象的层面，而是真实存在的，位于县城东南三十里，亦称望山，俗称升雨山。山上有王母宫，相传西王母居住于此。可见，题记、方志、出土文物都显示着青鸟与西王母配属，为敦煌地区流传千百年的吉祥物。青鸟既是民众的吉祥物又是西王母的使者，在民众的心目中具有沟通神与人的功能，进而成为民众追求“长生不死”和“死后升仙”[⑤] 的膜拜对象。作为民众膜拜对象的青鸟与真实存在的三危山证明着西王母信仰在敦煌民间流传广泛，更证明着敦煌道教信仰的民间化与世俗化。

借由题记，与道教相关的民间信仰也得以窥斑见豹。明清以来，道教呈现世俗化的趋势，推动着民间信仰的发展，与百姓生活结合日趋紧密。道教专司人间生育的女神——送子娘娘，泛指女娲娘娘、王母娘娘、碧霞元君、天后娘娘等。莫高窟138窟被伯希和称为“百子观音仙姑殿”[⑥]，有“清塑送子娘娘等十二身”[⑦]；344窟“西壁平顶方口龛，内清塑送子娘一铺（已清除）”，“此窟原为唐窟，西夏改修，清代改为娘娘殿”；[⑧] 454窟“主室中心佛坛上清塑送子娘娘一铺十二身（已清除）”[⑨]。此三窟在清代被修改为“送子娘娘殿”或“仙姑殿”“娘娘宝殿”，其中344窟有“恩赐赤子”匾额。138、454窟留有道士与普通民众朝拜的题记，如：138窟前室北壁留存黄色字条“甲寅四月初五起初九日止，朝拜仙姑洞，合山焚香。天师弟子魏学渊叩”[⑩]，454窟题记“丁亥是花年（注：花年是朝山者今年为六十岁，即花甲之年），弟子来朝山，娘娘多保佑，今岁太平年”[⑪]，

---

① 郭璞注，郝懿行笺疏，沈海波点校：《山海经》卷12，上海古籍出版社2015年版，第300页。
② 谭伟伦、段鹏：《敦煌道教遗迹选萃》，香港中华书局2021年版，第26页。
③ 司马迁：《史记》卷117《司马相如列传》之《正义》注，中华书局1982年版，第3062页。
④ 苏履吉修，曾诚纂：《敦煌县志》卷5，台北成文出版社1970年版，第261页。
⑤ 王琨：《西王母故事系统中“三青鸟”形象辨释》，《宗教学研究》2017年第1期。
⑥ 伯希和：《伯希和敦煌石窟笔记》，耿昇译，甘肃人民出版社2007年版，第1页。
⑦ 敦煌研究院编：《敦煌石窟内容总录》，文物出版社1996年版，第53页。
⑧ 同上书，第141页。
⑨ 同上书，第186页。
⑩ 段鹏：《莫高窟所见清代敦煌四月八行事探析》，《敦煌学辑刊》2021年第2期。
⑪ 同上。

454 窟求子题记"弟子来朝山，四季保平安，求儿来年生，挂袍把油添"①，138 窟求子灵验题记"光绪卅年四月上旬，弟子任运熙叩恳。光绪卅一年正月初旬，生下童男全禄儿"②。莫高窟庙会期间，不仅有个人朝拜仙姑殿或娘娘殿，而且有香会团体朝拜，如"大清光绪三十三年四月初仙姑，王会长，成会长，张会长，李会长，祁会长，秦会长"③。朝山活动的规模化、集体化、组织化恰恰说明莫高窟神灵尤其是送子娘娘的"灵验"和受欢迎的程度④。另外 138 窟有 37 条、454 窟有约 35 条道符痕迹，多是"小儿关煞类"，旨在为儿童消厄解灾⑤，这说明此类洞窟在清代道教法事较多。138、344、454 窟香客题记与道符痕迹均说明敦煌及周边地区娘娘信仰盛行，也说明此处为清代敦煌及周边信众求子祈福的重要场所，同时透露出敦煌娘娘信仰受道教的影响。

题记反映着莫高窟佛道交融共存的现象。莫高窟题记中出现僧人与道士结伴朝山的现象，如莫高窟 148 窟题记"云门派下洪戒丘比（比丘），龙门洞金符山授戒弟子张来德至嘉庆十年九月廿一日朝礼"⑥，196 窟题记"玄门弟子李春云、徐德，僧人七斤子敬叩"⑦。还有道教信徒朝山时诵佛经与道经，如 95 窟题记"西宁府县西川镇海堡人唐成斗、唐明九、石头匠沟人山有铭、王敦铭……讽《金刚》《弥陀》经各一卷，太上诸品仙经"⑧。题记中的信息说明莫高窟既是佛教的圣地，也是道教的圣地；也说明佛与道的隔阂日益缩小，这在莫高窟庙会或朝山时的祈福活动中体现得更加明显。莫高窟庙会或朝山的宗教活动是敦煌地区佛道共同渗入民间社会生活的表现，民间社会生活亦进一步推动了佛道的交融共存以及佛道的民间化与世俗化。

二、莫高窟的道教榜文

既然莫高窟是道教活动的重要场所，那么道教信徒来此朝山进香就顺理成章。朝

① 段鹏:《莫高窟所见清代敦煌四月八行事探析》，《敦煌学辑刊》2021 年第 2 期。

② 杨秀清:《游人题记里的社会众相——以清代以来敦煌石窟游人题记为中心》，载氏著:《敦煌：另类的释读》，甘肃人民出版社 2019 年版，第 240 页。

③ 汪正一、赵晓星:《敦煌莫高窟清代改修送子娘娘殿洞窟遗迹考察》，载周天游主编:《丝路回音：第三届曲江壁画论坛论文集》，文物出版社 2020 年版，第 211 页。

④ 韩书瑞:《北京妙峰山的进香之旅：宗教组织与圣地》，周福岩、吴效群译，《民俗研究》2003 年第1 期。

⑤ 汪正一、赵晓星:《敦煌莫高窟清代改修送子娘娘殿洞窟遗迹考察》，载周天游主编:《丝路回音：第三届曲江壁画论坛论文集》，文物出版社 2020 年版，第 205 页。

⑥ 谭伟伦、段鹏:《敦煌道教遗迹选萃》，香港中华书局 2021 年版，第 88 页。

⑦ 段鹏:《莫高窟所见清代敦煌四月八行事探析》，《敦煌学辑刊》2021 年第 2 期。

⑧ 谭伟伦、段鹏:《敦煌道教遗迹选萃》，香港中华书局 2021 年版，第 80 页。

山进香亦称朝山、进香、朝香，是明清以来普遍存在的一种宗教文化现象。既有普通民众的朝山，又有宗教人士的朝山，还有宗教人士与普通民众共同的朝山。他们朝山进香的主要目的是祈福。祈福方式有多种，斋醮就是其中之一。现敦煌莫高窟有三幅保存较好的斋醮榜文：民国二十三年（1934）《敬设香花普福醮筵坛榜》（94 窟甬道北壁）、光绪十五年（1889）《灵宝酬恩醮筵普福经坛榜》（152 窟主室东壁门南）、民国二十年（1931）《灵宝酬恩醮筵普福经坛榜》（152 窟甬道北壁）。具体内容如下：

1.《敬设香花普福醮筵坛榜》（图 2）

敬设香花普福醮筵经坛
伏以，神有高远之道，荡荡呼（乎）难名，人存精意默
然感应克呼本坛今具为
民国甘肃省敦煌县在城南乡香火地方居住，一心奉
道，设供修醮，祝贺神寿，祈保平安，保安信士。
正乙弟子：王相熊 喻培贤 庄贵 马世山 马云 讽经单
一讽诵 三官北斗 一转早晚功课
一讽诵 诸品仙经 一拜宥罪宝忏
一奏表午朝科
岁次民国二十三年四月初四、五、六日讽经叩拜①

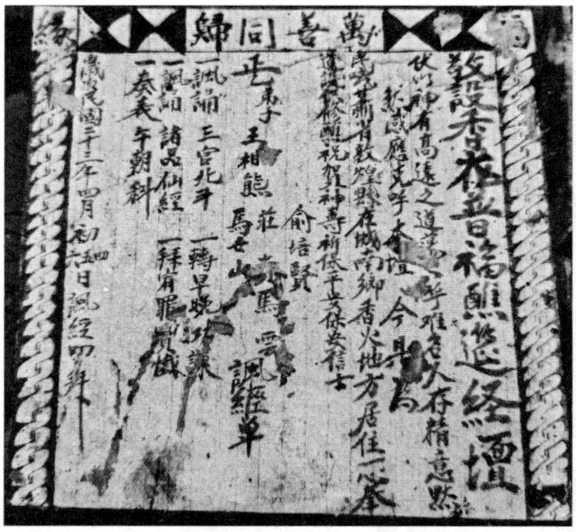

图 2　《选萃》第 79 页《敬设香花普福醮筵坛榜》

① 谭伟伦、段鹏：《敦煌道教遗迹选萃》，香港中华书局 2021 年版，第 79 页。

2.《灵宝酬恩醮筵普福经坛榜》（图 3）

灵宝酬恩醮筵普福经坛

伏以月届八日，正西母启瑶池之宴，岁呼万千，

喜极乐降，佛世之尊，各姓雀跃，大众葵诚。

大清国甘肃省安西直隶州敦煌县在南山千佛洞奉

道建醮，朝山进香，讽经，广种福田，秉诚

正乙弟子安和 闫英 李三德 闫秀

一拜礼　玉皇满愿宝忏

一讽诵　诸品仙经

一讽诵　早晚功课

光绪十五年（“十五年”三字上有朱笔“印”字）清和四月初七日敬献①

图 3　《选萃》第 98 页《灵宝酬恩醮筵普福经坛榜》

3.《灵宝酬恩醮筵普福经坛榜》（图 4）

□……□普福醮□……□

伏以□……□祥，大造无私于景贶，一诚报□，□情可

① 谭伟伦、段鹏:《敦煌道教遗迹选萃》，香港中华书局 2021 年版，第 98 页。

□……□有□祈，克获感通。本坛今具为

民国甘肃省敦煌县在千佛山地方居住，一心奉

道设醮修善、答报佛恩，祈保清平，保安信士，合郡人等，

□□□篆合郡男女，众姓人等，是日百叩上干

圣听意者，言念众等生居中土，命禀

□□，出作入息，深荷

□□福庇，行藏语默，每赖

圣主隆恩，常怀报答，恒思皈崇，兹直（值）良辰虔修

□□。由是卜吉，辛未岁四月初四、五、六日，延

□□□□庭，□□修设

□宝普福善筵经坛一中，以今等因，仰乞

□……允下请，本坛得此，除已依

修奉外，为此合行，须至榜者

右榜通知

一奉奏正乙弟子安长年 马世山 李兴基 保保子

一奉诵　早晚功课　一拜礼玉皇宝忏

一奉诵　三官北斗

一奉诵　真武十一耀（曜）一奉奏正一通

民国二十年四月初五日宣

押

榜示 张挂庙庭外①

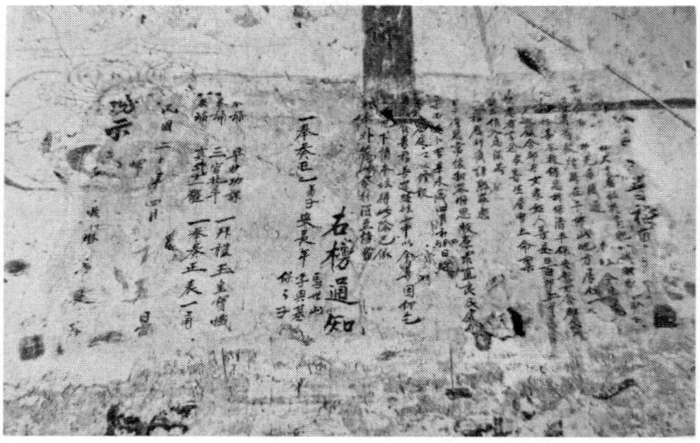

图 4　《选萃》第 99 页《灵宝酬恩醮筵普福经坛榜》

① 谭伟伦、段鹏:《敦煌道教遗迹选萃》，香港中华书局 2021 年版，第 99 页。

按：榜文 3 中的马世山也出现于西千佛洞第 4 窟一幅保存较好的民国十八年（1929）斋醮榜文——《玉清灵宝普福善筵经坛榜》（主室南壁门上方，图 5）中。

图 5　《选萃》第 256 页《玉清灵宝普福善筵经坛榜》

斋醮是道教举行祭祷的一项重要宗教仪式，旨在获得神灵的保佑和赐福。以上三幅斋醮榜文中的时间都在千佛洞庙会期间，如 94 窟榜文“民国二十三年四月初四、五、六日”、152 窟榜文“辛未岁四月初四、五、六日”与“民国二十年四月初五日”。莫高窟也保存有道教斋醮的题记，如 237 窟“道光十六年四月七日……建醮”、454 窟“乾隆元年四月初七武当会一会人等，到此建醮”。从道教榜文与题记判断，斋醮是清至民国莫高窟庙会期间存在的一种普遍的宗教现象。斋醮与庙会相结合，一般场面宏大，观众众多，为生者忏罪消灾、祈福添寿，也常用于民间之聚会敬神①。如“武当会一会人等”说明自武当山来的这群人是有组织的。他们中间可能有道士，也可能有普通民众，不远千里来此建醮祈福，可见其心之诚与敬。再者，与 94 窟、152 窟斋醮榜文一样，有“送子娘娘殿”之称的 138 窟与 454 窟亦有许多纸质榜文、道符的痕迹②。因

① 张泽洪：《道教斋醮科仪研究》，巴蜀书社 1999 年版，第 249 页。

② 杨秀清：《游人题记里的社会众相》，载氏著：《敦煌：另类的释读》，甘肃人民出版社 2019 年版，第 258 页“这类纸质榜文在莫高窟第 138 窟、第 454 窟等洞窟都有留存痕迹”。汪正一、赵晓星：《敦煌莫高窟清代改修送子娘娘殿洞窟遗迹考察》，载周天游主编：《丝路回音：第三届曲江壁画论坛论文集》，文物出版社 2020 年版，第 205 页“莫高窟第 138 窟……在主室南、北和西壁上遗留些道符贴纸和道符粘贴痕迹，遗存有道符 11 条，黄麻纸道符，宽约 7 厘米，长约 17 厘米，上存墨书题记……莫高窟第 454 窟主室南、北及西壁也存有约 35 条粘贴道符痕迹”。

此，道教榜文、道符与题记是道教信徒在莫高窟举行斋醮活动的明证，为我们认识清至民国敦煌莫高窟的道教活动提供了又一视角。

道教通过建斋设醮为斋主祈福，济生度死，用“道”的力量感化众生。从榜文名称看，94 窟 1934 年榜文为《敬设香花普福醮筵经坛榜》、152 窟 1889 年与 1931 年榜文均为《灵宝酬恩醮筵普福经坛榜》，三者都有“普福”[①] 二字。“普”有普遍、全面、广大的意思，“福”有福气、福运的意思，普福即祈求一切顺利平安、向往美好。这在榜文祈福内容中表现得非常明确，如 1889 年榜文为“广种福田”，1931 年榜文为“祈保清平，保安信士，合郡人等”，1934 年榜文为“祈保平安，保安信士”。莫高窟中亦有类似祈福的题记，如 95 窟题记“消愆灭罪，早超彼岸，天下太平，共乐升平之世也”，150 窟题记“上消天灾，下禳疾病”，237 窟题记“蒙神灵永佑，万事如意，百福千祥，一诚上达，百事皆通”。道教信徒们在此建醮祈福、降祥、禳灾，并讽经《（玉皇）宥罪宝忏》《玉皇满愿宝忏》《玉皇宝忏》等。道教信徒通过讽经向玉皇大帝悔过罪业、祈求宽恕、消灾赐福。这体现了玉皇大帝在民众心目中具有最高地位[②]，也反映了玉皇信仰在敦煌一带的流行。再者，道教信徒“经过长途跋涉走进神灵栖居的山中”，多半不是“个体寻求自我反省”[③]，更不是祈求得道成仙、修成正果，而多是祈求今生今世的平安与福寿绵长，与他们的现实生活密切相关，表明他们的愿望具有明显的功利性与现实性。

《选萃》中收录的四幅道教榜文，都是正乙弟子的斋醮遗迹。正乙即正一道（或天师道）。对正一道在敦煌地区的活动，学界鲜有专论。莫高窟中的榜文与题记为我们研究正一道在敦煌地区的活动提供了重要资料。为此，笔者将榜文、题记中的正乙弟子列表如下：

表 2　清至民国莫高窟道教题记与榜文中的正乙弟子

窟号	时间	题记正乙弟子	榜文正乙弟子
94	道光二十五年（1845）	李大福	
94	民国二十三年（1934）四月初四、五、六日		王相熊、喻培贤、庄贵、马世山、马云

① 周思得：《上清灵宝济度大成全书》卷 6，载《藏外道书》第 16 册，巴蜀书社 1992 年版，第 236 页“普福斋三朝仪”。

② 卢国龙、汪桂平：《道教科仪研究》，方志出版社 2009 年版，第 261—262 页；梅莉：《玉皇崇拜论》，《湖北大学学报（哲学社会科学版）》2011 年第 5 期。

③ 王铭铭：《走在乡土上：历史人类学札记》，中国人民大学出版社 2003 年版，第 203 页。

续表

窟号	时间	题记正乙弟子	榜文正乙弟子
148	乾隆十三年（1748）六月初三日	张维绪	
150	同治十三年（1874）七月卅日	王捷、张文宣、朱彦、王正绪	
152	光绪十五年（1889）四月初七		安和、闫英、李三德、闫秀
152	民国二十年（1931）四月初五		安长年、马世山、李兴基、保保子
152	癸酉岁（1873，同治十二年）四月初六日	刘治国	
454	乾隆十三年（1748）六月初三日	张维绪	
454	光绪元年（1875）四月初八日	唐瑞、阎雪方、安春在、闫英	

题记中有 11 位正一弟子，榜文中有 13 位正一弟子，其中闫英（出现于 454 窟题记与 152 窟榜文中）、马世山（出现于 94 窟与 152 窟榜文中）重复出现，合计 22 位。再则有 138 窟“天师弟子魏学渊叩”。目前所见莫高窟题记中有 23 位正一弟子。另外榆林窟第 6 窟“嘉庆四年六月十五朝山经羽士耿德贵箓名道行”①，“道光十八年四月初一玄门弟子朱庆涛箓名妙香”②，有两位正乙弟子；还有西千佛洞第 4 窟民国十八年（1929）九月初九斋醮榜文中有六位正乙弟子（叶□、李蔚、孙寿昌、马世山、李生有、贾生义）③。若将这些正一弟子合计来算，共有 30 位。其中马世山曾于民国十八年九月初九、二十年（1931）四月初五、二十三年（1934）四月初五三次建醮，一次在西千佛洞，两次在莫高窟，他或许是位以此为生的宗教人士。据此可知正一派道士的宗教活动不是固定在某一洞窟，而是根据法事需要穿梭于不同洞窟。这说明无论莫高窟还是榆林窟、西千佛洞等，都是正一道活动的重要场所。至于这些正一道信徒是敦煌人还是外地人，题记与榜文没有全部告知（仅知张维绪是凉州武威人，刘治国是凉州永昌人），但至少说明清至民国时期正一道在敦煌地区活动频繁，尤其是在千佛洞庙会期间。

① 李国:《榆林窟道教游人题记刍议》，《敦煌研究》2020 年第 3 期。

② 谭伟伦、段鹏:《敦煌道教遗迹选萃》，香港中华书局 2021 年版，第 175 页。

③ 同上书，第 256 页。

实际上，清至民国敦煌道教亦被纳入官方管理之中。道光十一年（1831）《敦煌县志》载“僧会司一员，道会司一员，阴阳训术一员，医学训科一员。按：杂流四员，嘉庆三年，奉文额设”[①]。道会司之道会虽属杂流，却是一邑道众之首，负责敦煌道教事务。对此，吕钟《敦煌县志》亦有记载，“今敦煌之道教徒三十余人，自云皆龙门派，宗邱处机。清时，有道会司一人统之，民国相尚不改。尚有阴阳，蓄妻子，俗称火居道。供人祈祷神祇超荐亡魂之用，盖古者之方士之流别，亦似张道陵一派。清时，有阴阳学训术一人统之，民国相沿不改”[②]。根据吕钟记载，清至民国时期敦煌县设有管理道教事务机构——道会司、阴阳学训术，道会司负责全真龙门派的事务，阴阳学训术负责阴阳火居道即正一派[③]的事务，这比道光十一年县志记载得更清楚。这一记录一方面显示官方对道教的管理，另一方面也透露道教在敦煌社会生活中发挥着重要作用。对于龙门派，吕钟说民国时有三十余人，至于正一派，则没说。正一派道士散居于民间，多居于农村、集镇，较少在城市，从事祈福禳灾、符箓驱邪等法事活动[④]。在敦煌民间丧葬文化中，吕钟提到了火居正一道，“大殓不行于三天，乃行于出柩之前一夕，讽经礼忏，皆用道士（即阴阳生，亦名火居道），不用僧、道、喇嘛。讽经之日，兼受吊仪，普通五百，或数串，或数十千”，“出殡无定日，由阴阳生诹吉行之”。[⑤] 敦煌民间丧礼“不用僧、道、喇嘛”，而专用“火居道”。这显示敦煌正一派道士散居民间，分布非常广泛，不易统计。他们在数量上应比龙门派要多，大体符合樊光春先生所说的“甘肃则以正一道为主”[⑥]。榜文、题记、方志结合起来可知清至民国时期正一道在敦煌地区活动较多，更能反映这一时期敦煌民众的生活。

三、结语

庙会活动是道教融入民间与社会的重要方式和突出特色。莫高窟庙会每年四月八

① 苏履吉修，曾诚纂：《敦煌县志》卷 4，台北成文出版社 1970 年版，第 172 页。

② 吕钟：《重修敦煌县志》卷 3，甘肃人民出版社 2002 年版，第 108 页。

③ 甘肃省地方史志编纂委员会、甘肃省志宗教志编纂委员会编：《甘肃省志·宗教志》，甘肃人民出版社 2005 年版，第 32 页“甘肃民间称正一派道士为‘阴阳’、‘先生’、‘艺人’，称在家的为‘火居道士’，叫法不一”；参见程思尹：《明清河西道教研究》，兰州大学博士学位论文，2023 年，第 97 页“明清河西的阴阳生与火居道士的身份经常重叠，在社会认知维度中几乎不存在界限”。

④ 甘肃省地方史志编纂委员会、甘肃省志宗教志编纂委员会编：《甘肃省志·宗教志》，甘肃人民出版社 2005 年版，第 32 页。

⑤ 吕钟：《重修敦煌县志》卷 3，甘肃人民出版社 2002 年版，第 115 页。

⑥ 樊光春：《西北道教史》，商务印书馆 2010 年版，第 589 页。

日举行，“自初二、三起，至初八日止，男女进香游观者颇众”①，“每年盛举香会之期，草地中无论城乡的人民都成千成万地来到此处”②，热闹非凡，集商业、娱乐、信仰为一体。37 条道教题记中 24 条有具体的朝山时间，15 条为四月份，10 条为四月八日，这说明道教信徒是参与庙会活动的重要组成部分。三幅莫高窟斋醮榜文的时间也都在庙会期间。道士通过法事活动与神灵沟通，契合民众的精神需求，这是道教日趋世俗化、大众化的表现，也是明清以来道教生存与发展的重要方式。

以千佛洞为中心的庙会活动打破行政区划，有近在敦煌、甘肃省内及新疆、青海的信徒，也有远在湖北、江西的信徒，跨越区域的阻隔，形成了共同的文化圈，使得不同区域的佛、道信徒与普通民众连接起来。通过一年一度的朝山进香，他们向神灵表达自己的敬意，以释放自我的宗教情感和心理诉求，加强了信众对敦煌的文化认同感和归属感，使一年一度的庙会活动成为他们的宗教生活和精神寄托。

全真派与正一派是清代道教主要门派，亦是敦煌道教活动的主要力量，均出现于莫高窟题记中。学界对敦煌全真龙门派尤其是莫高窟藏经洞的发现者——王道士进行了重点研究，而对于敦煌正一派鲜有涉及。莫高窟道教题记与榜文中均有正一派道士的名字及其进行的相关法事，为了解正一派在敦煌的活动提供了重要资料。由此可知，作为敦煌道教重要组成部分的正一派在民众的日常生活尤其是庙会中发挥了重要作用。

清至民国的莫高窟既是道教的圣地，又是佛道共融共存的重要场所，更是道教与民间信仰相结合的地方。同时，道、佛与民间信仰三者贯穿于千佛洞庙会之中，四者共同构成一幅跃然纸上的敦煌历史画卷，代表着这一时期的敦煌文化传统。莫高窟作为清代宗教活动的公开场所，是宗教信仰的物化表现形式，也是一种文化景观，更是某种观念和意识形态的直接体现和象征③。总之，作为敦煌道教文化的重要组成部分，莫高窟清至民国道教题记与榜文弥补了正史、方志、文书等敦煌相关文献的不足，勾勒出当时敦煌道教的概貌，是研究此时敦煌社会文化的一个重要参考。

① 吕钟:《重修敦煌县志》卷 3，甘肃人民出版社 2002 年版，第 117 页。
② 斯坦因:《西域考古记》，向达译，商务印书馆 2013 年版，第 195 页。
③ 参见梅莉:《明清时期武当山朝山进香研究》，华中师范大学出版社 2007 年版，第 130 页。

20世纪以来敦煌道教文学研究述论

李　敬

（华东师范大学中文系、新疆师范大学中国语言文学学院）

【摘　要】　敦煌道教写经的研究最早由罗振玉、蒋斧等人对《老子化胡经》的著录和研究开始，随着研究的推进，敦煌道教文学研究开始作为敦煌道教研究的重要内容持续开展。20世纪以来，敦煌道教文学研究主要从诗歌、话本小说、讲经文、祈愿文等应用文书以及敦煌道教文学综合研究等方面展开。百余年的努力使得敦煌道教文学研究取得了可喜的成绩，但也存在基本文献辑录不足、研究内容不全面、研究方法单一等问题。敦煌道教文学研究还集中在少数写卷上，对于大量嵌于道经中的颂赞以及用于道教科仪的讲唱文学文本的研究尚需进一步深入。

【关键词】　20世纪以来　敦煌　道教文学　述论

自20世纪初敦煌文书发现以来，敦煌道教文学研究作为宗教与文学的交叉领域，开始受到学术界的关注①。据王卡先生统计，目前已发现八百多件敦煌道经及相关文书抄本，考定或拟定经名的约有170种、230多卷②。一百多年来敦煌道教文学研究正是以这些材料为依托，始终跟随着敦煌学研究的步伐，取得了丰硕的成果。梳理总结一百多年来敦煌道教文学研究情况，有助于我们全面掌握研究成果，进一步认清研

① 关于敦煌道教文学的概念，本文认同李小荣先生在《敦煌道教文学研究》（巴蜀书社2009年版，前言第12页）中的界定，即敦煌藏经洞所出的与道教思想、行仪有关的全部作品，具体包括道教经典、道教行仪（实用文书）以及相关的宣教作品、道士女冠与普通信士的文学作品。

② 王卡：《敦煌道教文献研究——综述·目录·索引》，中国社会科学出版社2004年版，第26页。

究不足，从而明确研究目标和方向，推动敦煌道教文学研究更加扎实全面地展开。基于此，本文试图对一百多年来的敦煌道教文学研究作一综述，以便从过往的研究中汲取营养，寻找新的学术增长点。

道教研究是一门国际化程度很高的学术研究，敦煌道教的研究也不例外。日本、欧美是海外敦煌道教研究的重镇，敦煌道教文学作为其分支，自会受到广泛关注。本文在梳理国内敦煌道教文学研究现状的同时也将视野扩展至日本及欧美汉学界，力求做全面的梳理。

一、敦煌道教诗歌研究

敦煌道教诗歌是敦煌文学的重要组成部分，目前学术界研究较多且相对成熟的有李翔《涉道诗》《瑶池新咏集》《老子化胡经玄歌》以及一些散见于敦煌道教文书中的诗歌和歌辞等。本文即以此为切入点，梳理敦煌道教诗歌的研究现状。

（一）李翔《涉道诗》研究

敦煌遗书 P. 3866 写卷抄录署名李翔的《涉道诗》28 首，首全尾残，原系册页本，残存 5 页。“内容皆为歌颂道教名山宫观胜景及仙真高道事迹。”① 唐宋以来书目、文献均不见著录，历来备受学人关注。学术界对敦煌道教诗歌的研究即以此为代表：

1. 关于《涉道诗》作者及其产生时代的研究

王重民先生最早对《涉道诗》进行校录，并撰写跋文考证诗集时代，后经王先生夫人刘修业先生整理，收入《补全唐诗拾遗》卷一②。王先生认为李翔大概是 9 世纪末或 10 世纪初的人，比韩愈稍晚。吴其昱先生 1962 年发表《李翔及其涉道诗》一文③，从时代、家世、宗教、行迹等方面进行考证，认为《涉道诗》的作者可能为唐宗室官至莆田尉的李翔，创作年代大致为中晚唐时期。具体依据有以下几个方面：一是《涉道诗》中《寄题寻真观》《题金泉山谢自然传后》两首诗提及唐德宗贞元朝两位女冠蔡寻真和谢自然。据记载，蔡寻真曾与李林甫之女李腾空同隐庐山，贞元中朝

① 王卡：《敦煌道教文献研究——综述・目录・索引》，中国社会科学出版社 2004 年版，第 242 页。

② 朱东润、李俊民、罗竹风主编：《中华文史论丛》第四辑，上海古籍出版社 1981 年版。

③ 吉冈义丰编：《道教研究》，东京昭森社 1965 年版，第 271—291 页。

廷下诏以其所居咏真洞为寻真观[①]。谢自然于贞元十年（794）十一月升天。[②]《题金泉山谢自然传后》亦言其仙去事，则诗作当不早于794年。二是根据《涉道诗》中《严尚书重浚横泉井》诗云“喜见将军杖节开”，可以确定横泉井在江西，进一步考索史籍，在中晚唐时期担任江西节度使且具有尚书衔的严姓官吏只有严譔一人。据史载，严譔在江西为官的时间在唐咸通年间。杜光庭《道教灵验记》所载《洪州铁柱验》所记严譔掘柱浚井事与此诗所涉事相合。《涉道诗》作者当与严譔为同时代人，即为咸通中人。三是根据《西林寺与樵炼师赋得阶下泉》诗“时有真官访衰病”句可大致判断作者写作此诗时已在暮年，根据李翔祖父辈时代推测，李翔当生于八、九世纪之交，至咸通中六十余岁。四是据《献龙虎山张天师》诗意，张天师曾为皇帝召见，考中晚唐天师，张谌曾为文宗召见，赐官辞归，懿宗咸通中降金建醮。诗中天师若为张谌，则《涉道诗》作者当为九世纪前中期人。五是根据道教被唐皇室追认为宗室宗教的事实，李翔作为唐宗室当为道教徒，与《涉道诗》作者身份相合。六是从《看缙云山图》可知，作者二十年前曾在浙东游仙居山，而诗中又多次歌咏江西北部道教胜迹，从地理区位上来看，浙东、江西均为福建出入要道，故作为莆田尉的李翔有可能是《涉道诗》的作者。七是从避讳的角度来看，《涉道诗》不避讳李翔父亲李中义符合唐代法令关于避讳的规定。八是没有反证材料可以推翻《涉道诗》作者不是莆田尉李翔。1983年，日本学者游佐昇在其专文《文学文献より见た敦煌の道教》中认同王重民、吴其昱两位先生的考证结果[③]，认为吴氏推测是咸通年间（860—874）的人，王重民辑录本则认为是韩愈卒年（824）之后的人，从年代上看都是9世纪中叶，结果大同小异。

林聪明先生1984年发表了《敦煌本李翔涉道诗考释》[④]，此文在吴其昱先生考证的基础上补充了四点证据，进一步证明《涉道诗》的作者为李翔。一是《涉道诗》不避唐宋讳，似应抄于五代时期，作者必在抄写之前。二是《涉道诗》所述道教神仙高士，最晚至唐代，并无五代以后人物，则其写作似在五代之前，根据述及本朝人物的事实，在中晚唐较为合理。三是根据《军山前马退石》诗“踏著连云大麓端”句，军山在江西南丰县西，汉吴芮攻南越，驻军于此，因此得名。连云堡在甘肃泾川县西，

① 可参看元赵道一《历世真仙体道通鉴后集·蔡寻真传》，《道藏》洞真部记传类。

②《太平广记》卷六六有“谢自然”条，韩愈亦有《谢自然诗》，可参看。

③ 参见游佐昇:《文学文献より见た敦煌の道教》，载《讲座敦煌4·敦煌と中国道教》，东京大东出版社1983年版，第279—280页。

④ 林聪明:《敦煌本李翔涉道诗考释》，《敦煌学》（台北）第7辑，1984年，第103—122页。

据《旧唐书·吐蕃传》记载，唐德宗贞元三年（787），连云堡被吐蕃攻陷，将军山与连云堡联系在一起，似有缅怀前人功业、恨今人无法建功边塞之意。如此则本诗之作当不早于德宗贞元初年，为中晚唐时期。四是根据《登临川仙台观南亭》诗“东山有路千云险”可知，此诗作于江西临川，而诗作中的东山据林先生根据《读史方舆纪要》记载推断，或为莆田之夹漈山。如此则可确定《涉道诗》的作者曾活动于莆田，与李翔的情况相符。

1992 年，陈尚君先生所编《全唐诗补编》收录王重民先生《补全唐诗拾遗》，李翔《涉道诗》即在其中，陈先生认为吴其昱先生关于李翔及其所处时代的考证可备一说[①]。2000 年，徐俊先生纂辑的《敦煌诗集残卷辑考》收录李翔《涉道诗》，并撰写跋文对吴其昱、林聪明两位先生的考证进行了归纳总结，并认为：“吴、林二先生所论精详可信，惟因文献阙载，尚未得莆田尉李翔曾作《涉道诗》之确证。”[②] 2001 年，日本学者荒见泰史发表了《论敦煌本〈涉道诗〉的作者问题》一文[③]，对《涉道诗》的作者为李翔表示怀疑，他认为吴其昱先生考定的唐宗室李翔只是在《新唐书世系表》上有其名字，其他生平记载全无，无法确证他与《涉道诗》的关系。他指出在 8 世纪末 9 世纪初这个时间段，还有一位李翔存在，而通过对《佛祖统纪》《书史会要》以及《景德传灯录》的比较，发现此“李翔”实为“李翱”之讹。考察李翱生平，他曾去岭南旅行，并写成游记《南来录》，当中有途经玉山、信州、洪州、吉州、虔州等处的详细描写，与《涉道诗》所涉地名有重合，因此荒见泰史认为《涉道诗》所署作者“李翔”实为“李翱”之讹。此论可备一说。2001 年，项楚先生在《敦煌诗歌导论》中论及李翔《涉道诗》，对于作者问题，他叙及吴其昱先生的考证结果，认为“果否如此，仍是有待继续研究的问题”[④]。2004 年，王卡先生认为“从诗歌所涉地名人名推测，似为中晚唐时江南文人，或系上清派道士”[⑤]。此看法与其他学者不同，但王卡先生只是在其《敦煌道教文献研究——综述·目录·索引》的目录提要中提出此说，并无专文进行详细论证。2019 年，张振谦先生的《隋唐五代道教文学》在借鉴前述诸先生研究成果的基础上从道教文学史的角度对李翔《涉道诗》有所论析[⑥]，对于

① 参见陈尚君辑校：《全唐诗补编》上册，中华书局 1992 年版，第 60 页。
② 徐俊纂辑：《敦煌诗集残卷辑考》，中华书局 2000 年版，第 414—415 页。
③ 荒见泰史：《论敦煌本〈涉道诗〉的作者问题》，《复旦学报（社会科学版）》2001 年第 3 期。
④ 项楚：《敦煌诗歌导论》，中华书局 2019 年版，第 142 页。
⑤ 王卡：《敦煌道教文献研究——综述·目录·索引》，中国社会科学出版社 2004 年版，第 242 页。
⑥ 参见张振谦：《隋唐五代道教文学》，北方文艺出版社 2023 年版，第 314—319 页。

作者问题，仍认可吴其昱、林聪明两位先生的考证。

2. 关于《涉道诗》内容的注释与研究

1983年，日本学者游佐昇重点考察了《涉道诗》的来源问题，他将《涉道诗》按照内容分为歌颂道观和道教古迹、歌颂道教神话和故实、道士赠答和酬应三类，认为：歌颂道观和道教古迹的诗源于六朝时期创作的玄言诗和山水诗；歌颂道教神话和故实的诗源于六朝时期创作的招隐诗和游仙诗；道士赠答和酬应类诗歌则源于南朝以沈约为代表的赠答诗。① 1984年，林聪明先生在其《敦煌本李翔涉道诗考释》中仍将二十八首《涉道诗》按内容和吟咏对象分为三类：一是游览道教胜迹者；二是咏道教神话掌故者；三是与友人酬赠者。② 这一分类与游佐昇先生的分类大体一致。林先生还从道教名胜、道教人物及神话掌故、与诗旨相关的重要语词等方面对二十八首诗逐一进行了注释，极便后学研读。2001年，项楚先生在其《敦煌诗歌导论》一书中继承了游佐昇、林聪明两位先生对《涉道诗》的分类，并在林聪明先生校录的基础上对《许真君铁柱》《题金泉山谢自然传后》两首诗所涉许真君、"祁精"、谢自然神仙故事进行了补充。③ 征引《道教灵验记·严譔掘洪州铁柱验》、《太平广记·李汤》、韩愈《谢自然诗》等内容，对辨明诗歌本事、理解诗中典故不无裨益。

（二）《瑶池新咏集》研究

《瑶池新咏集》发现于俄藏敦煌遗书中，原件为册页本，已断裂为数枚残片，分布在《俄藏敦煌文献》第11、13、15册中。内容为唐代女冠诗人李冶、元淳等23位女诗人诗歌集，现存李冶诗7首、元淳诗7首、张夫人诗8首、崔仲容诗1首。学术界对《瑶池新咏集》的研究是从对残存文本的著录、缀合、册页顺序的恢复、残存诗歌的校录注释以及诗集全貌管窥等方面展开的。施萍婷、荣新江、徐俊、王卡、贾晋华诸先生都对其有深入研究。

1996年，施萍婷先生最先对俄藏敦煌文书Ⅱx.3872和Ⅱx.3874进行了著录④，但尚未确定名称，仅著录为"残诗集"。1999年，荣新江、徐俊两位先生将Ⅱx.3861、

① 转引自金冈照光编：《敦煌と中国道教》，东京大东出版社1983年版，第281—282页。
② 林聪明：《敦煌本李翔涉道诗考释》，《敦煌学》（台北）第7辑，1984年，第104页。
③ 项楚：《敦煌诗歌导论》，中华书局2019年版，第139—142页。
④ 施萍婷：《俄藏敦煌文献经眼录（二）》，载季羡林、饶宗颐、周一良主编：《敦煌吐鲁番研究》第二卷，北京大学出版社1997年版，第322页。

Ⅱx. 3872 和Ⅱx. 3874 三份文书进行比对，首次断定其为唐蔡省风所编《瑶池新咏》。[①] 2000 年，徐俊先生专著《敦煌诗集残卷辑考》据Ⅱx. 3861、Ⅱx. 3872 和Ⅱx. 3874 收录诗歌 15 首，定名为“蔡省风瑶池新咏”。徐先生还根据折叶本的阅读规则和其中可考知的诗人诗作情况，对诗册予以缀接，进而明确了缀接后诗册所载诗作的阅读顺序，为了解诗册原貌提供了可能。[②] 2001 年，荣新江、徐俊两位先生又发表了《唐蔡省风编〈瑶池新咏〉重研》一文，将俄藏敦煌文书Ⅱx. 6654、Ⅱx. 6722、Ⅱx. 11050 与Ⅱx. 3861、Ⅱx. 3872、Ⅱx. 3874 进行了缀合，根据更加全面的信息判定这一组敦煌文书为唐蔡省风所编《瑶池新咏》。[③] 2002 年，王卡先生在《唐代道教女冠诗歌的瑰宝——敦煌本〈瑶池新咏集〉校读记》一文中新增Ⅱx. 3927A 写本。王卡先生在增补新内容后也对残存册页所录诗歌顺序进行了辨析，同时指出法藏 P. 3216v 残卷著录李冶、元演懿诗，亦为《瑶池新咏集》残抄本。[④] 2014 年，傅璇琮、陈尚君、徐俊合编的《唐人选唐诗新编》收录《瑶池新咏集》，由徐俊对其进行了详细介绍和校录。[⑤] 2014 年，澳门大学贾晋华教授发表《〈瑶池新咏集〉与三位唐代女道士诗人：中国古代女性诗歌发展的新阶段》，通过对比《又玄集》《吟窗杂录》等唐人选集，对《瑶池新咏集》的编纂、内容与所收诗人等情况进行了考证。在陈尚君等学者研究的基础上推测出《瑶池新咏集》所收 23 位女诗人的姓名，详细梳理了李季兰、元淳、崔仲容三位女道士诗人的生平和诗歌创作情况。[⑥] 2020 年，贾晋华教授又发表《〈瑶池新咏集〉：8 至 9 世纪中国女诗人研究》，重辑了原本收入 23 位女诗人的 115 首诗的《瑶池新咏集》，共得 100 首诗，还对除三位女道士以外的其他女诗人的历史背景、社会阶层和生活经历进行了分析，并认为《瑶池新咏集》的出现标志着中国女性文学、文化发展的一个重要新阶段。[⑦] 2021 年，伏俊琏先生的专著《敦煌文学写本研究》从写本学的角度，对《瑶池新咏集》诗册残页缀接后的每页著录情况进行了详细梳理，同时

① 荣新江、徐俊:《新见俄藏敦煌唐诗写本三种考证及校录》，载荣新江主编:《唐研究》第五卷，北京大学出版社 1999 年版，第 59—79 页。

② 徐俊纂辑:《敦煌诗集残卷辑考》，中华书局 2000 年版，第 672—677 页。

③ 荣新江、徐俊:《唐蔡省风编〈瑶池新咏〉重研》，载荣新江主编:《唐研究》第七卷，北京大学出版社 2001 年版，第 125—144 页。

④ 王卡:《唐代道教女冠诗歌的瑰宝——敦煌本〈瑶池新咏集〉校读记》，《中国道教》2002 年第 4 期。此文亦收入王卡先生的论文集《道教经史论丛》，巴蜀书社 2007 年版，第 408—420 页。

⑤ 傅璇琮、陈尚君、徐俊:《唐人选唐诗新编（增订本）》，中华书局 2014 年版。

⑥ 贾晋华:《〈瑶池新咏集〉与三位唐代女道士诗人：中国古代女性诗歌发展的新阶段》，《华文文学》2014 年第 4 期。

⑦ 贾晋华:《〈瑶池新咏集〉：8 至 9 世纪中国女诗人研究》，《江海学刊》2020 年第 1 期。

也对现存 23 首诗的四位作者生平情况进行了叙述。[①] 伏先生的研究多为总结吸收前面几位先生的成果，是从写本学角度对《瑶池新咏集》研究的一次总结。

（三）《老子化胡经玄歌》研究

《老子化胡经》简称《化胡经》，相传为西晋道士王浮所撰，初为一卷，南北朝至唐代增至十卷。敦煌文书中发现的《化胡经》写本有多种，其中 P. 2004 号文书首尾完整，卷首题“老子化胡经玄歌卷第十”，内容为化胡歌词，包括老君玄歌八首、《尹喜哀叹》五首、《太上皇老君哀歌》七首和《老君十六变词》。

逯钦立先生最早对《老子化胡经玄歌》进行了研究，早在 1947 年就撰写了《跋老子化胡经玄歌》一文[②]，对《老子化胡经玄歌》的产生时代进行考证，确定为北魏之作。后又将《玄歌》收入《先秦汉魏晋南北朝诗・北魏诗卷四》，同样在跋语中对《老子化胡经玄歌》的产生时代进行了详细论述。[③] 逯先生主要根据化胡歌第二首“致令天气怒。太上踏地瞋。寺庙崩倒澌。龙王舐经文。八万四千弟子。一时受大缘”和《老君十六变词》第十三首“不玩道法贪治身。搦心不坚还俗经。八万四千受罪缘。破塔毁庙诛道人。打坏铜像削取金”等诗句判断所言毁寺、焚经、诛戮沙门等事乃北魏太武帝太平真君七年（446）灭佛一事。由此可推知《老子化胡经玄歌》创作应在太武帝灭佛毁法之后。同时根据北齐颜之推《颜氏家训》对《老君十六变词》第一首“合口诵经声璅璅。眼中泪出珠子颗”诗句的引用以及北周甄鸾《笑道论》对化胡歌第二首“我在舍卫时。约敕瞿昙身。汝共摩诃萨。赍经教东秦”诗句的引用，推知《老子化胡经玄歌》应产生在北齐、北周之前。逯钦立先生注意到《魏书・释老志》记载太武帝灭佛之后，文成帝继位，诏复佛法，天下承风，往时所毁佛寺重新修复，佛像经论皆复得显的事实，与老君十六变词所叙“未容几时还造新。虽得存立帝恐心”的情况相符合，由此可以判断《老子化胡经玄歌》之问世去北魏文成帝时代不远。

1983 年，日本道教研究学者福井康顺、山崎宏等人监修的三卷本《道教》出版，其中的《敦煌与道教》部分为金冈照光所撰，对《老子化胡经玄歌》亦有论及。[④] 该文通过写卷末尾钤印“净土寺藏经”判断该写经为敦煌地区佛寺净土寺所藏，认为

---

① 伏俊琏：《敦煌文学写本研究》，上海古籍出版社 2021 年版，第 488—500 页。

② 逯钦立：《跋老子化胡经玄歌》，《国立中央图书馆馆刊》1947 年第 2 期。

③ 逯钦立辑校：《先秦汉魏晋南北朝诗》，中华书局 2017 年版，第 2247 页。

④ 福井康顺等监修，朱越利等译：《道教》第三卷，上海古籍出版社 1992 年版，第 177 页。

《老子化胡经》受到了与佛经的同等对待。这为我们从佛教视角研究《老子化胡经》提供了借鉴。

1992 年，詹石窗先生在其《道教文学史》中设“南北朝道教玄歌、变文”一节，专论《老子化胡经玄歌》的文体源流等相关问题[①]。在分类上将《化胡经》卷十所收的《化胡歌》七首、《尹喜哀叹》五首、《太上皇老君哀歌》七首归入玄歌，将《老君十六变词》归入变文，这与逯钦立先生统归诗歌的分类有所不同。关于玄歌源流，詹先生在将《化胡歌》与《无上秘要》卷二十所引《道迹经》中“玄云之曲”词进行对比分析后认为“玄歌当属歌谣一类，其产生可能与魏晋间流行的仙歌道曲有一定的关联”，并认为“《老子化胡经》里的《化胡歌》既是佛、道二教既融合又斗争背景下的产物，同时也是道教为了提高自己的地位，扩大影响所进行的一种宣传形式”。[②] 关于《老君十六变词》，詹先生认为其所述诸“变”事，“很可能与《太上老君开天经》有共同的来源”，而在体式上，“《老君十六变词》则可能脱胎于佛教的俗讲”。[③]

2001 年，项楚先生在《敦煌诗歌导论》中释道诗歌部分论及《老子化胡经玄歌》，关于其产生时代，他认同逯钦立先生的考证，并全文引述逯文，称逯氏之说可为定论。[④] 项楚先生还在逯钦立先生校录的《化胡歌》七首基础上进行补校，补充了逯钦立先生校录的不足，使其更加精当，便于后学研读。2003 年，项楚先生另撰有《〈老子化胡经·玄歌〉考校》一文，认为敦煌所出的七种《化胡经》卷子与晋王浮所撰《化胡经》不同，且敦煌七种卷子可分为三种不同的系统。[⑤] 关于元世祖忽必烈下令焚毁的《化胡经》，项楚先生认为既不是王浮所撰的《化胡经》，也不是敦煌本十卷《化胡经》，而是一种从元宪宗在位期间开始流行的“新集”《化胡经》。关于《玄歌》，项先生认为其文学性较玄言诗更强，是带有文学色彩的宗教作品，对后世道教诗人的创作是有影响的。项先生在逯钦立先生的基础上，对《玄歌》38 首进行逐一校补，较为精当。2015 年，部同麟《〈老子化胡经·玄歌〉用韵考》[⑥] 一文着力考证《玄歌》的用韵情况，认为《玄歌》的产生最迟应不晚于刘宋，应在 5 世纪前后，从用韵角度质证了逯钦立先生的判断。2022 年，洛阳师范学院讲师王亚龙《敦煌遗书 P. 2004〈老

① 詹石窗：《道教文学史》，上海文艺出版社 1992 年版，第 115—124 页。

② 同上书，第 116、118 页。

③ 同上书，第 122 页。

④ 参见项楚：《敦煌诗歌导论》，中华书局 2019 年版，第 135—139 页。

⑤ 参见项楚：《柱马屋存稿》，中华书局 2019 年版，第 261—275 页。

⑥ 部同麟：《〈老子化胡经·玄歌〉用韵考》，载《敦煌与丝绸之路——浙江、甘肃两省敦煌学研究会联合研讨会论文集》，浙江大学出版社 2015 年版，第 135—142 页。

子化胡经玄歌〉考论》一文在前述诸先生研究的基础上，对《玄歌》所反映的北天师道信仰，《玄歌》中的太上皇老君、太上老君仙位等问题进行了考论，着重分析了诗歌背后的信仰问题和老君神仙地位问题，对《玄歌》研究内容有所拓展。①

（四）其他敦煌道教诗歌研究

敦煌文书P.3619号抄录苏乩、郭元振（震）、刘希移（夷）、崔颢等人诗四十余首，但原卷首尾残缺，无法得知抄录诗集的名称、所录诗人及诗歌数量。现存残卷第一首为苏乩的《清明日登张女郎神庙》，为道教诗歌。1987年，任半塘先生《敦煌歌辞总编》将其作为杂曲收录，并在校记中对张女郎神有初步考证②。1997年，龙晦先生对张女郎神亦有所考证③。同年，张鸿勋先生的《敦煌写本〈清明日登张女郎神庙〉诗释证》一文④，对张女郎神的考证尤为详细，指出清代赵殿成在笺注《王右丞集》时已明确指出张女郎即张鲁女也。张先生进一步列举《三国志·魏志》《郡国志》《仙传录》等材料佐证张女郎与张鲁的父女关系，也大致梳理了张女郎成神受人崇拜的过程。此文指出，张女郎神崇拜最初起于汉水流域，随着道教的发展而扩展至益州和邻近地区，在河西一带也曾十分流行。张文还指出在唐代张女郎形象进一步世俗化，张女郎神的崇拜与清明等世俗节庆的结合也更加紧密，这些因素为苏乩此诗的创作和在敦煌地区的传抄提供了可能。

敦煌写卷S.0076正面为唐孟诜所著《食疗本草》，在其背面抄录有刘廷坚所作的两首诗，其中《寓止观中因书感怀》为反映道教内容的诗歌。关于此诗，徐俊先生《敦煌诗集残卷辑考》有详细考证，且根据与此诗同处《食疗本草》背面的牒状和诗中的纪年，推测刘廷坚献诗在五代后唐长兴五年（934）左右，据此也可得知刘廷坚为五代人。⑤ 2021年，王素先生撰写专文，就刘廷坚及其所写两首诗进行论证。王先生从写卷中刘廷坚官职“前吉州馆驿巡官”并结合《新唐书·百官志四下》的记载，推断刘廷坚是五代吉州人；同时根据刘廷坚第一首诗《观岳寿寺松因课留题》中所写“远公房”，以及“岳寿寺”之“岳”等情况，结合庐山为道教“三十六小洞天”之

---

① 参见王亚龙:《敦煌遗书P.2004〈老子化胡经玄歌〉考论》，载项楚主编:《中国俗文化研究》第二十二辑，四川大学出版社2022年版，第85—98页。

② 参见任半塘:《敦煌歌辞总编》，上海古籍出版社2006年版，第624—627页。

③ 参见龙晦:《敦煌文学读书记四则》，原载《敦煌学论文集》，后收入《龙晦文集》，巴蜀书社2009年版，第415—416页。

④ 参见张鸿勋:《敦煌写本〈清明日登张女郎神庙〉诗释证》，载季羡林、饶宗颐、周一良主编:《敦煌吐鲁番研究》第二卷，北京大学出版社1997年版，第59—69页。

⑤ 参见徐俊纂辑:《敦煌诗集残卷辑考》，中华书局2000年版，第843—844页。

“第八小洞天”的事实，推断刘廷坚两首诗主要是写游庐山的情况。① 此可备一说。

敦煌道教诗歌，除了《涉道诗》《瑶池新咏集》《老子化胡经玄歌》等诗歌集外，还有很多相对分散的诗歌写卷，杂陈于道经的诗歌数量也很多。如见于 P. 3216 写卷里抄录的元演懿所作《音义五首》，S. 5648 写卷所抄录的《小游仙诗一首》，S. 1040 写卷背面所见五言诗一首，S. 6454《十诫经》末题记诗一首，见于 S. 80 写卷的《苦神诵》，见于 P. 2467《诸经要略妙义》写卷中的赞颂诗，以及道教斋醮中的一些诗词作品，如礼十方词、《神咒步虚咏八首》、王母与三元夫人唱和歌、祭祀江神的《咏史超女婿》等。1998 年，汪泛舟先生在《敦煌道教诗歌补论》一文中对以上诗歌多有论述，或分析诗歌内容和艺术特色，或考证诗歌本事，或疏证语词，便于后学阅读和理解。② 2019 年，张振谦先生从道教文学史的角度，以宏观视角对上述部分诗歌亦有所论及。③ 2004 年，张锡厚先生撰文对敦煌本辰 017（北 8456）写卷中的 25 首诗颂进行逐一校录，做了注解文字、为诗颂命名等基础工作。④ 以上三位先生对敦煌道教诗歌的研究多有发凡起例之功，尤其张锡厚先生注重对道经中诗颂的校录，为我们全面研究敦煌道教诗歌起到了很好的示范作用。诚如汪泛舟先生在论文中指出的：“敦煌道教文献里遗存文学类的诗歌作品数量还是很多的。”⑤ 对于敦煌道教诗歌的研究，还需从众多道经中去挖掘和辑录大量的诗颂等作品。

（五）敦煌道教歌辞研究

现存于敦煌写卷中的道教歌辞共有三调七首，分别是Ⅱx 1465 写卷《还京乐》四首、P. 3821《谒金门》两首、S. 2607《临江仙》一首；同时在《云谣集》中，具有道教色彩的作品还有《内家娇》《天仙子》《别仙子》等曲名。1985 年，龙晦先生已关注敦煌歌辞与道教的关系，认为Ⅱx 1465 写卷中的《还京乐》“是今天唯一能见到的唐代《还京乐》杂言歌辞，不但补上了道教词曲的空白，也对《还京乐》一曲流传与演变，提供了坚实的研究资料”⑥。除此之外，龙晦先生还在文中对《谒金门》《临江仙》以及《云谣集》中的《内家娇》几首曲子反映的道教内容进行了分析。1987 年，任半

① 王素：《敦煌 S. 76 号文书所见刘廷坚其人其诗》，载郝春文主编：《敦煌吐鲁番研究》第二十卷，上海古籍出版社 2021 年版，第 253—258 页。

② 汪泛舟：《敦煌道教诗歌补论》，《敦煌研究》1998 年第 4 期。

③ 张振谦：《隋唐五代道教文学》，北方文艺出版社 2019 年版，第 314—323 页。

④ 张锡厚：《敦煌本辰 017（北 8456）〈上清高圣玉晨太上大道君列记〉诗颂校录》，《敦煌学》（台北）第 25 辑，2004 年，第 359—375 页。

⑤ 汪泛舟：《敦煌道教诗歌补论》，《敦煌研究》1998 年第 4 期。

⑥ 龙晦：《论敦煌道教文学》，《世界宗教研究》1985 年第 3 期。

塘先生《敦煌歌辞总编》第三卷对以上道教词曲尽数收录①，并对部分语词有所校释，便于阅读。2019年，张振谦在其道教文学史著作《隋唐五代道教文学》中对以上道教词曲亦有所论及，基本承继了龙晦、任半塘两位先生的研究成果。②

二、敦煌道教话本小说研究

编号S.6836的敦煌写卷被命名为《叶净能诗》，现藏于英国伦敦大英博物馆，全文首缺尾全，最早由王重民先生辑录收入《敦煌变文集》，因文末题有“叶净能诗”故而命名。《叶净能诗》当为话本小说，以叶净能为主人公，由十个神异故事组成，旨在宣扬道教的神奇高妙。学术界对《叶净能诗》的研究主要集中在以下几个方面：

（一）关于《叶净能诗》文本的移录与校注

《叶净能诗》最早由王重民先生辑录收入《敦煌变文集》（人民文学出版社1957年版），随后徐震堮《〈敦煌变文集〉校记补正》《〈敦煌变文集〉校记再补》[《华东师范大学学报（哲学社会科学版）》1958年第1期、第2期]，蒋礼鸿《〈敦煌变文集〉校记录略》（《杭州大学学报》1962年第1期），潘重规《敦煌变文集新书》（台北文津出版社1994年版），江蓝生《〈敦煌变文集〉校记补议》（《敦煌学辑刊》1984年第1期），袁宾《敦煌变文校补》（《兰州大学学报》1986年第2期），刘凯鸣《敦煌变文校勘复议、补遗》（《兰州大学学报》1987年第1期），蒋绍愚《〈敦煌变文集〉（上册）校补》（载《敦煌语言文学论文集》，浙江古籍出版社1988年版），项楚《敦煌变文选注》（巴蜀书社1990年版，2006年、2019年由中华书局出版增订本），刘瑞明《〈叶净能诗〉新校补正》（《新疆文物》1994年第4期）等论著陆续进行订补，直至黄征、张涌泉合著《敦煌变文校注》（中华书局1997年版），集前人校订成果之大成，最为精当，为后来者的进一步研究奠定了坚实的文献基础。罗宁《读〈叶净能诗〉》（载《新国学》第4卷，巴蜀书社2002年版）一文对《叶净能诗》中一些不易理解语词的考释，又可补《敦煌变文校注》之未备。2023年，《敦煌本〈叶净能小说〉校注》③一文，以S.6836为底本，结合前人研究成果，对《叶净能小说》文本进行了最新的

① 参见任半塘：《敦煌歌辞总编》，上海古籍出版社2006年版，第517—521、1031—1037页。

② 参见张振谦：《隋唐五代道教文学》，北方文艺出版社2019年版，第324—326页。

③ 参见《敦煌变文全集》课题组（周思敏、张涌泉执笔）：《敦煌本〈叶净能小说〉校注》，载项楚主编：《中国俗文化研究》第二十三辑，四川大学出版社2023年版。

校录和注释。

（二）关于《叶净能诗》的作者与产生时代的研究

1984 年始，台湾学者金荣华先生《读〈叶净能诗〉札记》《读〈叶净能诗〉续记》两篇文章先后对《叶净能诗》的作者及产生时代问题进行了详细考证。[①] 金先生提出《叶净能诗》的产生时间当是五代甚至宋初。金先生基于对作者有意贬损玄宗形象的认识，结合对历史记载中叶净能史实的梳理，认为《叶净能诗》的作者有两种可能：从道教方面看，可能是叶净能的若干代再传弟子；从家族方面看，可能是叶净能的血胤后裔。[②] 1988 年，台湾学者萧登福在其《敦煌变文〈叶净能诗〉一文之探讨》中[③]，认为《叶净能诗》当为道教徒所撰，目的在于“借叶净能之事迹来与释门相抗衡”。根据文中多处直言“玄宗”二字，认为文当撰写于肃宗朝之后，但无法推测具体时间。与金、萧二先生同时，大陆学者张鸿勋先生自 1985 年先后发表《〈叶净能诗〉考辨》和《敦煌话本〈叶净能诗〉再探》两篇文章[④]，进一步探讨《叶净能诗》的写作年代、作者与地域等问题。张先生认为，其编成年代的上限“当不逾代宗广德元年（763）定玄宗庙号之时”，编成年代的下限则为晚唐五代之时。[⑤] 通过对玄宗剑南观灯一则故事的分析，张先生推测“编著《叶净能诗》者可能为一位蜀地人士”，“这篇作品最初大有自四川传入敦煌的可能”。[⑥] 1988 年，陈祚龙先生撰文赞同金荣华先生的考证，认为其产生时间当在五代至宋初较为符合实际的情景。[⑦] 颜廷亮先生认同金荣华先生的部分观点，但认为《叶净能诗》“并不完全是道教徒自神其教，宣扬教化的底本，而只能说是道教思想极浓的话本小说”，进而认为“《叶净能诗》本来是道教徒自神其教之作，而在流传过程中，曾被佛教徒或虽具有浓厚的道教思想，却又对佛、

---

① 两篇文章分别载《敦煌学》（台北）第 8 辑，1984 年，第 27—46 页；《中国通俗文学民间文学学术研讨会论文集》，台北政治大学中文系 1993 年版，第 239—252 页。两文后收入金先生著《敦煌吐鲁番论集》，台北新文丰出版公司 1996 年版，第 19—61 页。

② 参见金荣华：《敦煌吐鲁番论集》，台北新文丰出版公司 1996 年版，第 57 页。

③ 参见萧登福：《敦煌俗文学论丛》，台湾商务印书馆 1988 年版，第 132—174 页。

④ 两篇文章分别载甘肃省社会科学院文学研究所编：《敦煌学论集》，甘肃人民出版社 1985 年版；《第三届国际唐代学术会议论文集》，台湾政治大学中国文学系 1997 年编印。后合成为《敦煌道教话本〈叶净能诗〉考辨》，收入氏著《敦煌俗文学研究》，甘肃教育出版社 2002 年版，第 260—286 页。

⑤ 张鸿勋：《敦煌俗文学研究》，甘肃教育出版社 2002 年版，第 269—270 页。

⑥ 同上书，第 272 页。

⑦ 陈祚龙：《从敦煌古抄〈叶净能诗〉谈到凌蒙初的〈唐明皇好道集奇人〉与〈武惠妃崇禅斗法〉》，《敦煌学》（台北）第 13 辑，1988 年，第 8 页。

道界限不甚了了的文士或说书人加以修改”。① 2002 年，罗宁先生针对张鸿勋先生的考证，认为《叶净能诗》不一定产生于唐代宗、德宗时期②。通过以上诸先生的努力，学术界对《叶净能诗》作者及产生时代问题的认识已基本形成共识，为深入探讨《叶净能诗》所反映的其他问题奠定了基础。

（三）关于《叶净能诗》故事源流的考证

对《叶净能诗》故事源流考证最早的是日本学者游佐昇和小川阳一，用力最勤的则是金荣华、萧登福、张鸿勋三位先生。龙晦、罗宁两位先生也有所补充，使研究更加完善。1983 年，日本学者游佐昇在福井康顺等人监修的《道教》第二卷中负责撰写《道教和文学》部分，其中有关于《叶净能诗》的论述。该文认为《叶净能诗》是汇编故事而形成的，其蓝本是收入《道藏》的《唐叶真人传》，在此基础上将主人公改变为叶净能，并对故事进行了润色。③ 随后游佐昇先生又为“讲座敦煌”书系第四册《敦煌と中国道教》撰写专文，更为详细地论证了《叶净能诗》十则故事的源流问题，兼论敦煌民间的叶净能信仰问题。④ 小川阳一的文章《道教说话》同样收入《敦煌と中国道教》中，重点也是对《叶净能诗》的研究，此文在游佐昇的基础上论证了十则故事的来源、叶法善与叶净能关系、道教与密教关系等问题。⑤ 两位日本学者对《叶净能诗》的研究为中国的研究奠定了坚实的基础。随后金荣华先生同样详细考证了《叶净能诗》中十则神异故事的来源，并一一列出原文，对比故事流变线索。通过对故事源流的对比考证，金先生提出《叶净能诗》“显然是在有意地贬损唐玄宗的形象”⑥，同时认为第十则故事“劫美生变”为了改造玄宗形象，达到贬损目的，不惜使故事主角叶净能的形象受损。萧登福先生同样梳理了十则神异故事的源流问题。相较于金荣华先生的源流考证，萧先生的梳理更加全面，使故事流变轨迹更加清晰细致。张鸿勋先生对《叶净能诗》神异故事的追本溯源，比之金、萧二先生更为

① 颜廷亮：《读敦煌话本〈叶净能诗〉随笔》，原载《阳关》1998 年第 4 期，后收入氏著《敦煌文学概说》，台北新文丰出版公司 1995 年版，第 111—117 页。

② 参见罗宁：《读〈叶净能诗〉》，载项楚主编：《新国学》第四卷，巴蜀书社 2002 年版，第 178 页。

③ 参见福井康顺等监修，朱越利等译：《道教》第二卷，上海古籍出版社 1992 年版，第 281 页。

④ 游佐昇：《文学文献より见た敦煌の道教》，载《讲座敦煌 4・敦煌と中国道教》，东京大东出版社 1983 年版，第 266—279 页。

⑤ 参见小川阳一：《道教说话》，载《讲座敦煌 4・敦煌と中国道教》，东京大东出版社 1983 年版，第 291—302 页。

⑥ 金荣华：《敦煌吐鲁番论集》，台北新文丰出版公司 1996 年版，第 49 页。

详细，张先生所列神异故事增加为十五个，并通过列表的方式一一探源[1]，所述材料与前两先生所差无几，但列表比对的方式无疑使后学者一目了然，源与流自可分辨。龙晦先生在两位日本学者研究的基础上也对《叶净能诗》的故事与《唐叶真人传》进行了比较，探索了故事来源。[2] 罗宁先生《读〈叶净能诗〉》一文，主要针对张鸿勋先生对《叶净能诗》故事本源考证的不足之处进行补充，如对第一段叶净能学道遇仙故事补充了《太平广记》卷二六“叶法善”条的记载，对其他故事本源亦有补充。[3] 通过游佐昇、小川阳一、金荣华、萧登福、张鸿勋、罗宁诸先生的考证，对《叶净能诗》故事本源的梳理已臻于完备。

（四）关于《叶净能诗》文本内容的研究

张鸿勋先生将《叶净能诗》与另一诗话体小说《唐三藏取经诗话》进行比较，分析以“诗”标名的原因。张先生在文中提道：“《叶净能诗》的发现，有可能为寻找诗话体小说的来源找到一把钥匙”，“为我们探讨‘诗话体小说’的流变，找到了可溯之源”。[4] 本文没有进一步深入挖掘《叶净能诗》与诗话体小说的渊源关系，只能待后学进一步弥补了。张先生还结合《叶净能诗》的文本，从符箓之术、乘屣之术、分形之术、隐形变化、长生飞升、辟谷食气六个方面探究了唐代道教信仰状况。2004 年，萧欣桥先生的《论敦煌宗教话本〈庐山远公话〉和〈叶净能诗〉》一文，着力分析了话本内容和话本自身的特征：一是采用当时口语，且纯用散说；二是以韵文形式结束全篇；三是采用“捏合”、虚构的艺术方法，构思出虚幻的情节故事和神奇的人物形象。[5] 这三方面的分析尚有进一步深入的余地。同年，袁书会先生《中国古代早期白话小说探析——以〈叶净能诗〉为中心》一文[6]，着重于对《叶净能诗》故事内在“信息”的仔细分析，通过对华岳庙为张令夺妻故事的分析，指出作者通过激烈的矛盾斗争展现了叶净能嫉恶如仇的性格，认为故事中对威猛神将的描写对后世章回体小说产生了深刻的影响。同时，袁文也认为此故事体现了小说强烈的现实主义风格，反映了唐代社会上层豪强对如张令这样下层人民的掠夺与蹂躏。此文还分析了佛道斗争

① 参见张鸿勋:《敦煌俗文学研究》，甘肃教育出版社 2002 年版，第 274—278 页。
② 参见龙晦:《论敦煌道教文学》，《世界宗教研究》1985 年第 3 期。
③ 参见罗宁:《读〈叶净能诗〉》，载项楚主编:《新国学》第四卷，巴蜀书社 2002 年版，第 165—172 页。
④ 张鸿勋:《敦煌俗文学研究》，甘肃教育出版社 2002 年版，第 268—269 页。
⑤ 参见萧欣桥:《论敦煌宗教话本〈庐山远公话〉和〈叶净能诗〉》，《浙江大学学报（人文社会科学版）》2004 年第 1 期。
⑥ 袁书会:《中国古代早期白话小说探析——以〈叶净能诗〉为中心》，《西藏民族学院学报（哲学社会科学版）》2004 年第 5 期。

以及儒佛道三教融合的情况，认为小说中着力描写的叶净能与高力士的冲突隐含了道、佛之争的事实，而对“大罗宫”“帝释”的描写又反映了以民间讲说艺人为代表的底层人民三教混融的信仰实际。袁先生此文以文本细读为切入点，深入探讨了作为早期白话小说的《叶净能诗》在塑造人物、反映现实等方面的文学特色，拓展了《叶净能诗》的研究方法。这一年同样在研究方法上有拓展的还有钟海波《敦煌讲唱文学中的道教文化》一文，此文从文化学的角度，以《叶净能诗》为重点，分析敦煌讲唱文学所反映的道教文化对仙人、仙境的塑造以及对神秘巫术的追求。① 这为从文化学角度研究《叶净能诗》提供了有益探索。2021年，王志鹏《从敦煌〈叶净能诗〉看唐代道教符箓术的文学书写》一文，着重从道教符箓术的角度分析《叶净能诗》的故事文本，为研究话本小说《叶净能诗》提供了新的角度。②

三、敦煌道教讲经文、祈愿文等文本的研究

敦煌写卷 BD.1219、BD.7620 为两篇道教讲经文，王卡先生认为，两篇笔迹相同，“原当为同一抄本，但不直接连续”，并认为以上两件抄本的发现“可弥补道教讲经文空白，是研究唐宋之际道教宫观信仰活动的珍贵资料”。③ 受王卡先生启发，2006年台湾嘉义大学周西波先生对敦煌写卷 BD.1219 之道教俗讲内容进行了探索分析，根据两篇写卷的字体比对和每行抄写的字数不同判断 BD.1219 和 BD.7620“二者虽同属斋会讲经之记载，但是应非同一写卷”④。通过分析 BD.1219 写卷中道教斋会讲经的程序，尤其是对受戒内容的分析，指出受戒内容为十诫十四持身品，盟誓词则主要以《太上洞玄灵宝智慧定志通微经》《本际经》为依据，由此探讨了十诫传授的相关问题和写卷宣说的主要思想。周先生还逐一分析了写卷中的四则灵应故事，认为这些灵应故事多借鉴改编自佛教灵应故事，内容以修功德及戒杀为主，是典型的辅教之说，也是小说创作的题材来源，为了解道教俗讲内容提供了宝贵的材料。周先生在另一篇文章《敦煌写卷 P.2354 与唐代道教投龙活动》中⑤，重点分析了自唐代以

① 参见钟海波：《敦煌讲唱文学中的道教文化》，《西北工业大学学报（社会科学版）》2004年第1期。
② 参见王志鹏：《从敦煌〈叶净能诗〉看唐代道教符箓术的文学书写》，《文津学志》2021年第1期。
③ 王卡：《敦煌道教文献研究——综述·目录·索引》，中国社会科学出版社2004年版，第234—235页。
④ 周西波：《敦煌写卷 BD.1219 之道教俗讲内容试探》，载程恭让主编：《天问》，江苏人民出版社2006年版，第331—346页。
⑤ 周西波：《敦煌写卷 P.2354 与唐代道教投龙活动》，《敦煌学》（台北）第22辑，1999年，第91—109页。

来逐渐流行并上升为官方行为的投龙仪式的具体内容，由于敦煌写卷P.2354残缺不全，周先生结合刘宋陆修静的《太上洞玄灵宝众简文》、唐杜光庭的《太上黄箓斋仪》、南宋张商英《金箓斋投简仪》等斋仪内容，基本复原了唐代官方制订的投龙简流程，为我们研究道教文化和文学提供了借鉴。2010年，兰州大学硕士研究生寇凤凯的学位论文《敦煌道教讲经文研究》对敦煌道教讲经文做了较为全面的研究。① 该文按照初盛唐时期、归义军时期两个时间段对P.3021+P.3876、P.3899、BD.1219和BD.7620五份敦煌道教讲经文做了深入研究，其中将P.3899定名为《道教讲经文（拟）》，纠正了长期以来将其认定为《道经义疏》的错误，为敦煌道教讲经文的研究增加了基础材料。本文对道教讲经程式的研究也可与李小荣、王卡两位先生的研究相呼应。

敦煌写卷P.3562v抄录各类祈愿文20多篇，集中反映了敦煌道教斋醮仪式中的祈愿情况，王重民先生在《敦煌遗书总目索引》中将此写卷定名为《道家杂斋文》②，陈祚龙先生在《敦煌学识小》中将其命名为《李唐敦煌流行的设斋祈福文范之小集》③，马德先生将其命名为《道家杂斋文范集》④，王卡先生则将其命名为《道教斋醮度亡祈愿文集》⑤。此写卷抄录的主要是道教徒用于各类斋醮仪式的祈愿范文，虽然文学意味不强，却是了解道教仪式的宝贵材料。1998年，马德先生撰写专文，在过录原文的基础上，对该写卷的性质和时代有所讨论，认为其"是一份道家从事各种设斋发愿、祈福禳灾的范文辑录"，抄写时代"当在公元九世纪下半叶的张氏归义军时期，即公元874—888年前后"。⑥ 马先生还根据P.3562v写卷研究了唐代敦煌道观的设置及祈愿仪式中的道佛结合等情况。2013年，刘永明先生撰写《P.3562v〈道教斋醮度亡祈愿文集〉与唐代的敦煌道教》一文，认为《道教斋醮度亡祈愿文集》文书内容形成的时间长达一百多年甚至更长，最早的斋愿文大约形成于唐玄宗时期或附近时段，最晚者大约形成于曹议金征伐甘州回鹘时期（925—928）或附近时段。⑦ 该文还

① 寇凤凯:《敦煌道教讲经文研究》，兰州大学硕士学位论文，2010年。

② 王重民:《敦煌遗书总目索引》，中华书局1962年版，第290页。

③ 陈祚龙:《敦煌学识小》，《敦煌学》（台北）第16辑，1990年；后收入其编著的《敦煌学津杂志》，台北文津出版社1991年版，第99—120页。

④ 马德:《敦煌文书〈道家杂斋文范集〉及有关问题述略》，载陈鼓应编:《道家文化研究》第13辑，生活·读书·新知三联书店1998年版，第226页。

⑤ 王卡:《敦煌道教文献研究——综述·目录·索引》，中国社会科学出版社2004年版，第235页。

⑥ 马德:《敦煌文书〈道家杂斋文范集〉及有关问题述略》，载陈鼓应编:《道家文化研究》第13辑，生活·读书·新知三联书店1998年版，第242—245页。

⑦ 参见刘永明:《P.3562v〈道教斋醮度亡祈愿文集〉与唐代的敦煌道教》，《敦煌学辑刊》2013年第4期、2014年第1期。

对 P. 3562v 文书所反映的唐代道教法事活动进行了考察和梳理，并结合相应的灵宝派经典对法事中的一些重要内容的宗教内涵进行了揭示。2023 年，郜同麟的专著《拘校道文——敦煌吐鲁番道教文献研究》第六章《敦煌道教文范研究》对 P. 3562v 文书做了专题研究①，既梳理了道教斋文产生、演变的过程，同时比对传世文献，分析了以 P. 3562v 为代表的道教斋文结构，认为作为一篇道教斋文应包括叹道、叹德、斋意、道场、庄严五部分。

四、敦煌道教文学的综合研究

自 20 世纪初敦煌文书被发现以来，敦煌道教文学研究随之而起，但是近一个世纪以来敦煌道教文学的研究多呈零散状态，始终无法形成全面综合的研究格局。直至 2009 年李小荣先生的专著《敦煌道教文学研究》出版②，才将敦煌道教文学研究推向了全面综合的方向。李小荣先生长期致力于敦煌佛教文学研究，同时密切关注敦煌道教文学文献材料，可以说是学术界少有的熟稔敦煌佛教与道教文学文献的学者，因此能够从佛道对比的角度对研究相对薄弱的敦煌道教文学开展深入研究。归纳起来，李小荣先生的《敦煌道教文学研究》主要在以下几个方面具有开创性：

1. 首次对敦煌道教文学研究现状进行了总结。在该书前言部分，李先生对百年来敦煌道教文学的研究状况做了基本梳理，从敦煌道教诗歌及相关曲子词的研究、敦煌道教俗讲作品的研究两大方面进行了总结③，虽然还不全面，但学术史的轮廓已基本清晰。尤其是对研究薄弱点的总结，为推进更加深入的研究奠定了基础。

2. 对道经文体进行了详细辨析。敦煌道教文学必须依存于大量敦煌文书中发现的道经，这是开展研究的基础。作者在书中指出：“道经文体因受其特定宗教思想与语言观的制约，在文本表现与言说方式上与一般的文学文体有较大的差异，自有其突出的特点。”④ 正是基于这一认识，作者从敦煌本宋文明《通门论》入手，旁及其他传世文献，对道经的文体分类、来源、作用及特色进行了详细梳理。以《通门论》为切入点，通过与陆修静《灵宝经目》的对比，作者详细分析了道教经典三洞十二部分类法的确立过程，同时指出三洞十二部经的分类法其文化渊源主要受外来佛教文化和中原

① 参见郜同麟：《拘校道文——敦煌吐鲁番道教文献研究》，中国社会科学出版社 2023 年版。

② 李小荣：《敦煌道教文学研究》，巴蜀书社 2009 年版。

③ 同上书，前言第 1—7 页。

④ 同上书，第 1 页。

传统文化的影响。

3. 注重与道教行仪相联系，认识敦煌道教文学的产生与发展。作者用三个专章的篇幅重点对敦煌道教的讲经仪式、唱导、斋文愿文进行了考证。其中对讲经程式和唱导过程的考证都结合了佛教相关活动，同时旁及其他道教文献作为佐证，考证精详，也比较有说服力。而考证的着力点又是从一个个具体问题出发，如对儒释道三教讲经之先后问题的考证、对道教讲经步骤的考证都是细微而具体的问题。不难看出，作者对研究敦煌道教文学有鲜明的意识，就是将其放在宗教的实用语境中，从宗教目的出发。通过作者的考证，我们认识到满足各种仪式的需要是敦煌道教文学产生的最直接原因。

4. 注重对敦煌道教文学研究领域的开拓。从前面的梳理我们可以看出，在此之前敦煌道教文学的研究多集中于李翔《涉道诗》、《瑶池新咏集》、《叶净能诗》等少数作品，无论是深度还是广度都有很大的开拓空间。作者正是基于对此的清醒认识，在研究中力求新的开拓，如对敦煌道教音乐文学、譬喻文学以及小说的研究，多有发前人所未发。就敦煌道教音乐文学而言，作者结合具体的道经作品，归纳总结为诵经、转读、唱导、仙歌（含步虚辞）、讲经五种类型，同时从文辞体制、演唱形式、和声运用、过门套辞、乐器配置五个方面分析了敦煌道教文学的音乐表现。就敦煌道教小说而言，对于学术界研究较多的《叶净能诗》，作者并未涉及，而是从发掘道经中的故事因素出发，对“老子化胡”故事、《太上业报姻缘经》卷六之除灭精怪故事、《本际经》卷七《譬喻品》之“化人”故事等多有分析，这也拓宽了敦煌道教小说研究的素材。

对于敦煌道教文学的研究，我们还应关注的是，21 世纪初由美国汉学家梅维恒主编的《哥伦比亚中国文学史》，该书第七编为《民间及周边文学》，其中第二章是关于敦煌文学的论述，将《叶净能诗》与《韩擒虎话本》《庐山远公话》进行对比，从文学史的角度考察其作用，认为“这些小说也预示了元明时期偶尔杂以诗句并以事件序列为结构的半白话小说（平话）的兴起”①。在敦煌文学的诗歌部分，也论及《老子化胡经玄歌》和《涉道诗》，其中对《涉道诗》内容的分类与渊源的探索可见美国对敦煌道教文学的研究深受日本游佐昇等人的影响。

① 梅维恒主编:《哥伦比亚中国文学史》下卷，马小悟等译，新星出版社 2016 年版，第 1077 页。

五、敦煌道教文学研究之反思

经过一百多年的努力，敦煌道教文学研究取得了可喜的成绩，主要有以下几个方面：首先，一些基础问题得到了有效解决，如作品的产生时代和作者问题。李翔《涉道诗》通过吴其昱、林聪明两位先生的考证，其作者和产生时代基本得到学术界的认可；《老子化胡经玄歌》的时代通过逯钦立先生的考证已成定论。其次，研究的范围和内容不断扩大。随着研究的深入，学者们的视野不再局限于《涉道诗》《瑶池新咏集》等少数作品，而是放眼整个敦煌道教写本文献，力求在研究方法和研究内容上有所突破。如张锡厚先生对敦煌本辰017（北8456）写卷中的25首诗颂的逐一校录，引导学者们开始关注散见于敦煌道经中的诗颂；伏俊琏先生从写本学角度开展对《瑶池新咏集》的研究，都有发凡起例之功。最后，敦煌道教文学的研究由单一个案研究向综合性研究发展。李小荣先生的《敦煌道教文学研究》即是这方面的典型著作，从道教文学文体的辨析到对讲经文、唱导、斋文愿文等与道教行仪密切联系的实用文体的研究，再到对敦煌道教音乐文学、譬喻文学以及小说的研究，在研究广度和深度方面有了全面提升。

百年来敦煌道教文学的研究成绩令人欣喜，但在总结成绩的同时我们也应该看到研究中还存在一些不足：

一是对于敦煌道教文学基本文献的辑录尚有大量工作需要开展。比如存于敦煌道经中的大量赞颂作品和用于宗教仪式的讲唱歌辞，它们是敦煌普通民众接触文学作品的主要途径，也是讨论敦煌道教诗歌的宗教文学特色的重要载体，因此“包括赞颂在内的敦煌宗教文学作品亟待作全面的整理”[①]。作为叙事文本的敦煌道教讲唱文学材料的辑录同样非常薄弱，都需要潜心做全面的梳理。

二是对敦煌道教文学的研究还不全面。诗歌研究主要集中在李翔《涉道诗》、《瑶池新咏集》、《老子化胡经玄歌》等少数诗歌集当中，目前尚未出现对敦煌道教诗歌进行全面梳理与研究的著作，尤其对敦煌道经中存留的大量反映宗教内容的诗歌尚未进行校录和研究。叙事文本的研究主要集中于对话本小说《叶净能诗》的研究，对于敦煌道经中的故事文本，以及各类斋仪中的故事文本都缺乏全面系统的梳理。正如李小荣先生谈到的，“学人多未能全面调查敦煌的道教文献，没有把相关的道教经典纳入

① 徐俊纂辑：《敦煌诗集残卷辑考》，中华书局2000年版，前言第33页。

研究的范围”①。

三是对敦煌道教文学的研究方法还比较单一。通过梳理我们发现，学术界对于敦煌道教文学的研究多集中在对作者、产生时代、抄录文本情况的考证方面，很少对作品背后所反映的宗教内容、信仰内容等进行深入的考察分析。周西波先生对敦煌写卷BD. 1219、P. 2354 的研究，郑阿财先生利用《叶净能诗》、BD. 1219 写卷等内容对唐五代道教俗讲的研究②，都给予我们有益的启示。对于敦煌道教文学的研究应更加深入全面，必须摒弃传统文学的一些定义限制，将敦煌道教文学作品与宗教经典的传播、宗教仪式的开展相结合，分析其背后的信仰、动机，甚至是推动文学发展的因素。

基于以上不足，我们认为，敦煌道教文学的研究尚有深入的必要，首要任务在于全面梳理敦煌道经中的文学材料，明确家底。同时要改变过往传统文学史的观念，从宗教史和宗教文学的角度深化对道教文学的认识，全面研究敦煌道教文学背后所反映的道教信仰、科仪、音乐、讲唱等诸多问题，拓展敦煌道教文学的研究面向。

① 李小荣:《敦煌道教文学研究》，巴蜀书社 2009 年版，第 6 页。
② 郑阿财:《唐五代道教俗讲管窥》，《敦煌学》（台北）第 27 辑，2008 年，第 331—346 页。

中国最早的大学气象学教材《气学通诠》简论*

王　皓

（上海大学历史系）

【摘　要】　1914 年，法国耶稣会士马德赉在上海土山湾印书馆出版《气学通诠》，作为震旦学院的教材。这似乎是中国最早的大学气象学教科书。《气学通诠》在西方气象学知识入华的历史脉络中占有重要的位置，在内容的系统性和完备性方面可与 1920 年前后竺可桢编著的《气象学》讲义相比。不过，较为遗憾的是，《气学通诠》并未引起中国新式知识人的广泛关注，也没有在中国社会产生较大的影响。这一现象反映了耶稣会士在向中国传播现代气象学的过程中，一直面对信仰可能会被科学瓦解的压力和危机，使得他们作为西学输入承担者的角色带有明显的局限性。

【关键词】　马德赉　《气学通诠》　竺可桢　气象学　教材

一、西方气象学理论输入中国的历史脉络

气象学（Meteorology）是一门从欧洲传入中国的科学，气象学的入华可以分为明末清初和晚清民国两个时期。明末清初时期传入中国的气象学是一种融合了亚里士多德天象论和天主教义的混合性学说，当时将这种知识传入中国的主要是耶稣会士，最为系统的著作是高一志（Alfonso Vagnoni，1566—1640）著《空际格致》。[①] 康熙朝发

* 本文系国家社会科学基金一般项目“西学东渐视野下中国气象学转型研究”（23BZS096）的阶段性成果。

① 参见王皓：《明清之际西洋气象知识传华考略》，《澳门理工学报（人文社会科学版）》2019 年第 3 期。

生的礼仪之争导致中国官方采取禁教政策，天主教在华的传播变成了“帝国潜流”①，西学的大规模输入也随之中断。

鸦片战争后，中国和欧洲的关系在形式上有了巨变。晚清时期，西学第二次大规模入华。但要注意的是，西学本身在清初至晚清这一个多世纪也发生了巨大的范式变化，一般称这种现象为“科学革命”。气象学在晚清第二次入华时，其学理和内容已经与明末清初时期迥然不同。这时的气象学已经摆脱了自然哲学的范畴，而是以大范围的物理观测和数据计算作为预报基础，具有明显的科学理性特征。同时，全球各地也纷纷建立了气象站和气象台，为世界性的气象观测和气象研究奠定了基础。

晚清时期，最早对现代气象学进行系统介绍的著作是1877年新教传教士金楷理（Carl Traugott Kreyer，1839—1914）和华蘅芳（1833—1902）译述出版的《测候丛谈》。除此之外，还有一些西学著作对气象学做了并不全面的专门性介绍，如玛高温（Daniel Jerome MacGowan，1814—1893）著《航海金针》等。② 需要指出的是，晚清时期西方气象学知识输入中国的途径，大致有两条：一条与在华西人有关，另一条则是经过日本的转口翻译来华。1897年，康有为出版《日本书目志》，“卷二理学门”中有横山彦次郎（生卒年不详）著《气象学》和文部省藏板《气中现象学》两种“气象学书籍”。③ 1903年，上海会文学社出版了日本小林义直（生卒年不详）著、范迪吉（生卒年不详）等译《气中现象学》。④ 晚清时期的一些报刊如《农学报》等也有译述自日本的气象学知识。

“空际格致”和“测候”都是meteorology的早期译法，但这些直接由欧洲人参与制定的术语并未在中国广泛流行，最终都被“气象学”这个“和制汉语”（Japanese-made Chinese-character-based word）淘汰。1903年，上海文明书局出版《蒙学格致教科书》，该书第八章题为“气象学”，对这门学科作了简略的介绍。⑤ 1913年，上海广学会出版英国皇家气象学会会长狄克逊（H. N. Dickson，1866—1922）著《气象学》的中译本。1920年前后，从哈佛大学毕业归来的竺可桢在南京高等师范学校和东南大

① 参见张先清：《帝国潜流：清朝前期的天主教、底层秩序与生活世界》，社会科学文献出版社2021年版。

② 参见游博清：《玛高温与晚清西方台风气象知识传华》，载王宏志主编：《翻译史研究》2014年卷，复旦大学出版社2015年版，第133—152页。

③ 康有为：《日本书目志》，载蒋贵麟编：《康南海先生遗著汇刊》第11册，台北宏业书局有限公司1976年版，第53页。

④ 张晓编著：《近代汉译西学书目提要：明末至1919》，北京大学出版社2012年版，第516页。

⑤ 钱承驹：《蒙学格致教科书》，文明书局1903年版，第32—36叶。

学讲授气象学，并编著题为《气象学》的讲义，该讲义被认为“在中国现代气象学教育史上占有奠基性地位”[①]。这些都反映了“气象学”这一术语在中国被接受之后迅速流行，已约定俗成。

二、《气学通诠》的作者、内容和版本

1914年，上海土山湾印书馆出版了马德赉（Joseph de Moidrey，1858—1936）编著的《气学通诠》（*Manuel élémentaire de météorologie*），这本书是震旦学院的教材。[②]马德赉是法国人，十八岁进入耶稣会，1898年来华传教，主要在徐家汇观象台服务。马德赉长期担任验磁台台长，编著上海地区地磁学公报，并且为中国地磁学人才的培养做出了贡献。1913年，张謇（1853—1926）设立南通军山气象台，这是中国第一个由国人主持运作的现代气象台。军山气象台的实际主事者刘渭清（1887—1977）是马德赉的学生，由马德赉亲手栽培直至能够独当一面。民国成立后，北京中央观象台起初没有验磁机构，马德赉写信给中央观象台台长高鲁（1877—1947），提请他重视验磁台的功能和意义。高鲁于是派遣刘文俊、王英伟、李春惠、辛广渊（上述四人生卒年均不详）等人到徐家汇观象台从马德赉学习地磁学并且购置仪器。1922年，日本邀请中国一道测验中国沿海地磁，中国方面因为人才不足而求助于徐家汇观象台，马德赉指派弟子鲁如曾（生卒年不详）等人应对日方的请求并且联合测量。1923年日本发生大地震，东京所藏之磁气图稿化为灰烬。于是日本方面又致函徐家汇观象台，索取底稿，马德赉等人将稿件复制整理，寄至东京。马德赉在华生活了25年，他去世时，在爱丁堡举办的国际地磁年会特别向他致敬，公认其为中国地磁学研究的先驱。除了《气学通诠》以外，马德赉还有中国天主教史论著多种。为了表彰他对中国气象学和地磁学的贡献，时任中华民国总统黎元洪（1864—1928）颁授马德赉五等嘉禾勋章。[③]

《气学通诠》主要取材于法国气象学家阿尔弗雷德·安戈（Alfred Angot，1848—

① 竺可桢:《气象学》，载《竺可桢全集》第1卷，上海科技教育出版社2004年版，第257—329页。

② 有关马德赉和《气学通诠》，也可参见王钱国忠:《风云岁月：传教士与徐家汇天文台》，上海科学普及出版社2012年版，第117—120页。

③ 关于马德赉生平，参见《近事·本国之部》，《圣教杂志》第8卷第3期（1919年3月），第119—121页；宗勉:《马公德赉与中国之气象学人材》，《圣教杂志》第13卷第2期（1924年2月），第72—76页；“Nos morts：Le Père Joseph de Moidrey 1858－1937”，*Relation de Chine*，35e Année，N° 3，Juillet，1937，pp. 186－190。

1924）的《气象学概论》（*Traité élémentaire de météorologie*）和《气象学须知》（*Instructions météorologiques*）。[①] 1929 年，震旦大学毕业生刘晋钰（1898—1950）和潘肇邦（生卒年不详）将《气学通诠》修订和增补后再版，法文书名稍作变动，称为 *Manuel de météorologie*，仍然由土山湾印书馆印行。《气学通诠》的初版和再版时间相距十五年。在此期间，气象学在欧美和中国都有了巨大的进展。这一点既是此书需要修订的原因，也是读者需要关注的差异。比较两个版本的目录，可以看出两书的框架大致相同，但是也有明显的调整。如果对书的内容做进一步的比较，可知再版《气学通诠》对初版中的很多科学术语做了较大幅度的修订和更新。初版《气学通诠》包含作者法文序言一篇，作者中文序言一篇，目录 9 页，正文分四卷，共 178 页，此外全书含有图片 57 张。再版《气学通诠》保留了初版中马德赉的法文序言，将初版中马德赉的中文序言删除，代之以“第二版序”。再版目录 5 页，全书将图片增补至 80 张，正文仍分四卷，共 209 页。

《气学通诠》系统地介绍了测量温度、气压、风向和降雨的相关仪器和方法，描述了温度和气压等变化的规律，指出了影响温度、气压和风向变化的各种因素，并且对各种天气现象如雾、露、霜、雪、云、虹、雷、霹雳、龙卷风等给出了科学的解释。在《气学通诠》中，有蒲福（Beaufort）十二级风力等级表的内容，也有国际气象组织依据高低和形状而将云分为卷云、卷层云、卷积云等十种类型的分类方式，还有天气图的制法等内容。在书的最后，作者给出了书中科学术语的法文和中文对照表。初版《气学通诠》的首卷前三章分别是“气候测验”“气候之变”和“气候之分”，再版时更改为“温度测验”“温度之变更”和“温度之分布”。初版中对 Température 的翻译是“寒暑”[②]，再版时已经变更为“温度”[③]。初版中对 Trombe 的翻译是“龙挂”[④]，再版时已经变更为“龙卷”[⑤]。以今日的眼光来看，再版的表述更为接近现今的用法。这也反映在初版《气学通诠》问世时，徐家汇的耶稣会科学家面临着较大的术语标准问题。对比两个版本的《气学通诠》，还能看到很多类似的例子。不过，尽管两个版本的书名都是《气学通诠》，但是在正文中，表述 Météorologie 的中

① 马德赉:《气学通诠》（初版），上海徐家汇土山湾印书馆 1914 年版，Préface。
② 同上书，第 145 页。
③ 马德赉:《气学通诠》（第二版），上海徐家汇土山湾印书馆 1929 年版，第 169 页。
④ 马德赉:《气学通诠》（初版），上海徐家汇土山湾印书馆 1914 年版，第 145 页。
⑤ 马德赉:《气学通诠》（第二版），上海徐家汇土山湾印书馆 1929 年版，第 170 页。

文术语却都是"气象学"。[①] 这说明民国初年当马德赉译述这部作品时，他已经接受了日本对这一学科术语的译法。

表 1　《气学通诠》初版和再版目录之比较

1914 年初版		1929 年第二版	
首卷 气候释要	一章　气候测验 二章　气候之变 三章　气候之分 四章　光之测验	首卷 温度释要	一章　温度测验 二章　温度之变更 三章　温度之分布 四章　日射测验
二卷 空气释要	一章　空气压力 二章　气压变境 三章　占风略说 四章　风力分论	二卷 空气释要	一章　空气压力 二章　气压变景 三章　占风略说 四章　风及气压之分布
三卷 空中水解	一章　气之潮湿 二章　天上云释 三章　气象别状 四章　测雨指要 五章　雷雨解略 六章　龙挂略解 补遗一　天象杂说 附说　本台测度 附说　磁度偏向 补遗二　杂物景象	三卷 空中汽解	一章　气之燥湿 二章　释云 三章　气象别状 四章　测雨指要 五章　暴风雨 六章　龙挂略解
四卷 自记机解	一章　自记机用 二章　簿记中数 补遗一　气象台价 补遗二　本台事务 补遗三　法华气学字汇 补遗四　华法气学字汇 补遗五　常用表式 补遗六　各表解用	四卷 天象杂志	一章　天象杂说 二章　寻常现象之观察 三章　自记机解 四章　簿记及平均数计算法 五章　蒙气高处探讨 六章　中国境内气象台之近况 七章　设备气象台论 补遗一　气象台价值 补遗二　法华气学字典 补遗三　华法气学字典 补遗四　常用表式 补遗五　常用表式解

三、影响不大的开创之作

《气学通诠》是中国最早的大学气象学教科书。它的意义不仅体现在时间上较为

① 马德赉:《气学通诠》（初版），上海徐家汇土山湾印书馆 1914 年版，第 142 页；马德赉:《气学通诠》（第二版），上海徐家汇土山湾印书馆 1929 年版，第 164 页。

超前，也体现在内容上较为完备。将1914年初版《气学通诠》和1920年前后竺可桢编著的《气象学》讲义进行对比，可以发现两者的内容重合度较为明显。除了第三章中“二童争日解惑”有较为明显的中国特色外，竺可桢《气象学》讲义的大部分内容都可见于《气学通诠》。这当然不是说两者有承袭关系，而是说作为不同来源的大学气象学教材，《气学通诠》和竺可桢《气象学》讲义是有着明显的同类特征的。但是，与前者不同，后者却“在中国现代气象学教育史上占有奠基性地位”。这是因为，能否称得上奠基，不仅仅取决于时间的先后，更重要的是影响的大小。较为遗憾的是，《气学通诠》除了在震旦学院被当作“课本”使用以外，并未对中国社会产生可观的影响。有论者指出：“在中国近代从事气象事业的知识分子，例如高鲁、蒋丙然、竺可桢等的现存文字中并未找到关于《气学通诠》一书的评价。”[①] 可以作为对照的是，《测候丛谈》曾在晚清时期产生了可观的影响。曾纪泽（1839—1890）的西学阅读书目中就包括《测候丛谈》。[②] 梁启超在《读西学书法》中称：“风云雷雨等，谓之地文学……地文之书，《测候丛谈》最足观。”[③] 19世纪90年代，张寿浯（生卒年不详）撰《农学论》，将《测候丛谈》列为重要参考书。[④] 在清末藏书家丁丙（1832—1899）和李盛铎（1859—1934）的藏书中，《测候丛谈》也都赫然在列。[⑤] 可见，《气学通诠》虽然是“后出”，质量也可以说是“专精”，但是在影响方面与早期的《测候丛谈》却不可同日而语。

表2　竺可桢编著《气象学》讲义（约1920年）目录

总论　气象学之种类及其发达之历史	
第一章　空气之由来、高度、成分及其组织	第一节　空气之由来 第二节　空气之高度 第三节　空气之用处
第二章　日球与空气温度之关系	第一节　地球上热力之由来 第二节　海洋、大陆及空气对于日光之反应 第三节　海陆空气温度变更之异同

① 吴燕：《科学、利益与欧洲扩张：近代欧洲科学地域扩张背景下的徐家汇观象台（1873—1950）》，中国社会科学出版社2013年版，第50页。

② 李恩涵：《外交家曾纪泽（1839—1890）》，东方出版社2014年版，第37页。

③ 梁启超：《〈饮冰室合集〉集外文》下册，北京大学出版社2005年版，第1161—1162页。

④ 张寿浯：《农学论》，载光绪癸卯年（1903）北洋官报局校印：《农学全书》，第40叶。

⑤ 参见丁丙：《善本书室藏书志（外一种）》第8册，曹海花点校，浙江古籍出版社2016年版，第2329页；北京大学图书馆编：《北京大学图书馆藏李氏书目丛部》（下），北京大学图书馆，年份不详，第40页。

续表

第三章　天之色	第一节　光线之性质 第二节　天色何以青 第三节　二童争日解惑 第四节　曙光　晨昏时之天色 第五节　晕珥 第六节　虹霓（Rainbows） 第七节　海市蜃楼（Mirage and Looming）
第四章　温度（Temperature）	第一节　寒暑表（Thermometer） 第二节　温度之记载 第三节　温度之分布
第五章　气压（Atmospheric Pressure）	第一节　气压之定义 第二节　气压表（Barometer） 第三节　气压之记载 第四节　气压之分布
第六章　风	第一节　温度、气压与空气运行之关系 第二节　地球自转与风向关系 第三节　风之种类 第四节　风向风力之测定 第五节　冬夏昼夜风向风力之差别　海风、陆风　山风、谷风
第七章　温度　露　霜　雾　云	第一节　水之蒸发 第二节　露　霜　雾 第三节　云之种类 第四节　测云方法 第五节　云之结构及成因
第八章　雨　雪　冰雹　雾凇	第一节　雨 第二节　雪 第三节　雹　霰　冰 第四节　雾凇　雨凇 第五节　量雨器　雨量测量法

竺可桢的《气象学》讲义后来还有赓续。目前可知，除了 1920 年前后的版本之外，还有 1934 年的版本。后者是在前者的基础上进行修订和增补而形成的，其篇幅较前者增加了约一倍。对此，竺可桢的学生陈学溶（1916—2016）有较为精到的解释。他认为，竺可桢在编写“1920 年本”时，是刚从美国回来后的两三年，其编著素材主要来自欧美；而编写“1934 年本”时，竺可桢不仅在国内进行了多年的教学，而且主持中央研究院气象研究所的工作已经 6 年多，积累了南京地区 6 年多的气象观测资料。这些都被竺可桢融入新版的讲义中，体现了竺可桢将气象学研究与气象学教学

紧密结合起来了。[①] 从另一个角度来看，竺可桢《气象学》讲义的增补过程也反映了气象学中国化的过程。气象学具有明显的地域性特征，仅仅对气象学的学理进行移植，意义较为有限。这门科学需要与所在地域进行充分的结合，进而形成全球性的学科体系。这也能够说明为什么初版《气学通诠》和竺可桢 1920 年前后编著的《气象学》讲义在内容上甚为相合，因为两者的学理来源相似，都来自欧美的学院派研究，能够体现科学的普遍性特征。值得注意的是，在 1914 年初版《气学通诠》中，马德赉已经使用了徐家汇观象台多年的观测资料和研究成果，尤其是上海地区的气象数据，[②] 这是"《气学通诠》在'本土化'方面最为突出的特点"[③]。这意味着，尽管《气学通诠》的影响并不大，但是马德赉和徐家汇观象台在气象学中国化方面可以称得上是竺可桢的先导。

马德赉在初版《气学通诠》的中文序言中指出，华人没有独立的气象观念，他们总是将从事气象研究和气象预测的徐家汇观象台称为"天文台"，而不是"气象台"。他说，从名实相符的角度来说，这一点有必要予以纠正。马德赉的说法是相当正确的。然而有趣的是，无论是《气学通诠》的初版还是再版，其正文中都多次出现"徐家汇天文台"的说法，可见习俗惯性之强大。

四、结语

气象学输入中国与耶稣会士有着密切关系。明末清初的耶稣会士是科学革命之前的气象学入华的主要承担者。晚清时期，新耶稣会士在上海建立了徐家汇观象台，将现代气象事业引入中国和东亚地区。和应用层面相比，新耶稣会士在介绍现代气象学学理方面不是很积极。《气学通诠》出版时，徐家汇观象台已经成立了四十多年。

如果将《气学通诠》放在西方气象学传入中国并且实现中国化的知识脉络中进行审视，可以看出它占据着一个不容忽视的位置。从西方气象学知识入华的谱系来看，《气学通诠》和明末的《空际格致》以及晚清的《测候丛谈》类似，都是由在华传教士参与译介的较为系统的西学著作。但是和后两者相比，《气学通诠》的影响显得较

① 参见樊洪业等整理:《我的气象生涯：陈学溶百岁自述》，中国科学技术出版社 2015 年版，第 39—42 页。

② 参见马德赉:《气学通诠》（初版），上海徐家汇土山湾印书馆 1914 年版，第 9—13 页。

③ 吴燕:《科学、利益与欧洲扩张：近代欧洲科学地域扩张背景下的徐家汇观象台（1873—1950）》，中国社会科学出版社 2013 年版，第 49—50 页。

为有限。1920年前后，竺可桢在南京高等师范学校和东南大学讲授气象学，自编《气象学》讲义，该讲义在中国现代气象学教育史上占有奠基性地位。从此时开始，中文世界才有了系统地超越《气学通诠》的气象学著作。《气学通诠》未能在发行初始就走向中国社会，进而产生更大的影响。这种情形，无论是对中国社会来说还是对徐家汇耶稣会团体来说，都是较为遗憾的。进一步讲，新耶稣会团体是将现代气象事业引入中国的重要主体，可是在 meteorology 这一学科的中文命名方面，他们却没能成为主动的制定者。《气学通诠》中对 meteorology/météorologie 的中文翻译，亦即“气象学”，实际上是对日文术语的被动接受。留学欧美的竺可桢等人学成归来后，他们开始着手使气象学在中国落地生根，《气学通诠》这种学理性作品很快就被后来者超越，并且愈加湮没无闻。这种略显悖谬的现象，反映了科学和宗教之间的张力，这种内在的紧张也在很大程度上决定了天主教传教士在近代中国西学传播中的边缘性和局限性。

历史叙事、 文化性格、 话语建构

——大运河与宗教中国化*

赵晓锋

（南京大学哲学学院）

【摘　要】　大运河历史悠久、文脉绵长，是中华文化的重要精神标识。大运河的历史伴随着中国宗教传播而发展，也见证了宗教中国化的历史进程。系统推进我国宗教中国化，用中华优秀传统文化浸润宗教，需要深入挖掘大运河流域宗教包容随顺、互鉴通和、开放通达的文化特质，积极打造大运河国家文化公园，唤醒历史记忆，构建历史话语，凝聚价值认同，为宗教中国化注入运河文化基因。

【关键词】　大运河　宗教中国化　互鉴通和　包容随顺

大运河是中国历史上开凿距离最长、流域面积最大的人工运河，流经北京、天津、河北、河南、山东、江苏、安徽、浙江等八个省（市）区，分为隋唐大运河、京杭大运河与浙东运河等三部分，全长约 2700 公里。大运河有 2500 多年的历史，从春秋时期吴王开凿邗沟起，到隋唐大运河连通中原、江南，至元代裁弯取直开凿通惠河、会通河等建成贯通南北的京杭大运河，大运河的规模初步形成，再到明清时期运河进一步发展，为经济社会流通发挥了巨大功用。大运河是中华文化的代表性符号，是中华文明的伟大创造，是中华民族的重要精神标识。

大运河不仅是一条沟通南北的交通要道，也是一条文化河流，历史上来自不同地

---

* 本文系国家社会科学基金重大项目“中国共产党宗教理论发展与治理创新研究”（20&ZD259）的阶段性成果。

域的文化、宗教在这里交流汇通，促进了运河流域的繁荣发展。各大宗教在运河流域广为传播，与主流文化互鉴共融，与乡土社会互动适应，呈现了宗教中国化生动鲜活的历史场景。大运河是宗教中国化的重要历史见证。系统推进我国宗教中国化，用中华优秀传统文化浸润宗教，需要深化大运河文化研究，挖掘、阐释大运河有助于宗教中国化的文化基因。这对于唤醒宗教中国化的历史记忆，增强文化自觉，借鉴宗教中国化的历史智慧具有重要价值与意义。

一、历史叙事：大运河是我国宗教传播发展的空间承载

大运河的开发通航，客观上促进了不同地区的文化交流传播。大运河的北端由洛阳连接到陆上丝绸之路，南端的宁波则通向辽阔大洋，连接起海上丝绸之路，由此形成了完整的文化交流通道。“佛教、伊斯兰教、天主教、道教都随着大运河传播，使中国大运河成为一条宗教文化传播的廊道。”① 隋唐南北大运河开通后，域外传入的佛教、伊斯兰教、天主教等通过运河先后在中土流传，并在大运河文化的浸润与滋养下，逐步开启了中国化的历史进程。

（一）大运河与佛教的传播

两汉时期，佛教经由陆上丝绸之路传入中国。史载，大月氏僧侣摄摩腾、竺法兰用白马驮佛教经书到洛阳，在此建造了中国历史上第一座佛教寺院白马寺。魏晋南北朝时期，佛教进一步流传发展，运河流域借以交通便利，成为佛教传播发展的热门区域。如南朝佛教兴盛，梁武帝时期，建康城建有大量佛寺，所谓“南朝四百八十寺”即对当时佛教发展盛况的历史写照。《南史》卷七〇《郭祖深传》载：“都下佛寺五百余所，穷极宏丽。僧尼十余万，资产丰沃。所在郡县，不可胜言。道人又有白徒，尼则皆畜养女，皆不贯人籍，天下户口几亡其半。”梁武帝时，另有天竺僧人菩提达摩来到中国弘法，经广州登陆，后到建康与梁武帝会面，两人相谈话不投机。达摩渡长江北上，到隋唐运河的重镇洛阳后在嵩山少林寺创立了禅宗。这一时期，法显、道安等佛教高僧都曾在大运河流域活动：法显曾在建康著书立说，道安则于中原运河流域弘法。

隋唐时期，佛教进一步在运河流域传播发展。佛教在与以大运河文化为代表的中

① 姜师立：《大运河宗教传播廊道与文化带建设研究》，《聊城大学学报（社会科学版）》2019 年第 5 期。

土文化的交流互鉴中，逐步完成中国化进程，创立了具有中土风格的佛教宗派。天台宗、禅宗等影响较大的宗派，均发端于运河流域，并广为流传。宋元时期，佛教在运河流域得到新的发展，南宋都城杭州成为当时的佛教传播中心。元时统治者尊奉喇嘛教，藏传佛教开始在北京等运河流域传播。明清时，江浙等运河流域寺院林立，“名蓝精刹甲宇内，三民居而一之”，且多有常识广博的高僧，出现了一批兼通中华优秀传统文化和宗教经典的著名僧人，如明代四大高僧云栖袾宏、紫柏真可、憨山德清、蕅益智旭等，还涌现了镇江金山寺、扬州高旻寺、常州天宁寺等著名的佛教丛林。

（二）大运河与伊斯兰教的传播

伊斯兰教有“学问虽远在中国，亦当求之”的训示。伊斯兰教传入中国大体有两条路径，分别经由陆上丝绸之路和海上丝绸之路。一条线路由陆上丝绸之路到长安、洛阳，再经运河等交通要道向东、向南传播；另一条线路则经海路到广州、泉州、宁波等，经由运河向北、向中原地区传播。史料记载，大食商人来中国往往聚集在交通便利的运河沿线和沿海一带，如广州、扬州、杭州、泉州等地。白寿彝先生的《中国伊斯兰教史存稿》一书提道，唐代以后，“如广州、泉州、福州、明州、扬州等地，经常接待来自各国的穆斯林商人和少数宗教家、旅行家”①。唐时扬州等地因叛乱事件导致不少蕃商死难，《旧唐书·邓景山列传》记述，“神功至扬州，大掠居人资产，鞭笞发掘略尽，商胡大食、波斯等商旅死者数千人”。因为伊斯兰教与蕃商有密切联系，可见当时伊斯兰教在扬州等运河流域多有传播。

宋元时期，伊斯兰教在运河地区进一步传播发展。著名的穆斯林先贤普哈丁于南宋时到扬州传教，后来葬在扬州。普哈丁园等相关文物遗迹是研究中国伊斯兰教史、运河文化交流史的重要资料。白寿彝在书中对这一时期伊斯兰教的发展有相关描述，“及元代宋，则回教人在中国各地均可自由居住，不复受何种限制矣”，“回回皆以中原为家，江南尤多”。② 安作璋经过考察指出，在元代，“从中亚、波斯、阿拉伯等地区来华的工匠、军人，经商的商人，以及入仕的官员和学者，包括前代已定居中国的阿拉伯人和波斯人后裔，很多都集中在大运河沿岸”③。明清时，伊斯兰教成为运河流域的重要宗教。运河沿岸的杭州、扬州、镇江、淮安、济宁、沧州等地都建有清真寺，扬州仙鹤寺还成为伊斯兰教四大清真寺之一。

① 白寿彝：《中国伊斯兰教史存稿》，宁夏人民出版社1983年版，第53页。
② 同上书，第173页。
③ 安作璋：《中国运河文化史》，山东教育出版社2001年版，第998页。

（三）大运河与天主教的传播

元代时，天主教逐渐传入中国。罗马教廷派出传教士来华，传教士因传教等经常在运河沿岸活动，推动了天主教在中国的早期传播。明清后，天主教在运河流域的传教活动逐渐频繁，以利玛窦、龙华民为代表的西方传教士在北京、南京、苏州、淮安、镇江、绍兴等地开展传教活动。利玛窦在他的传教记录《利玛窦中国札记》一书中对运河流域的风土人情、文化习俗、社会流通等都有较为详细的描写，可以证明他在运河流域有长期的传教生活。传教士以西方先进的科学技术为纽带，注重契合当时的社会心态，吸引了不少民众加入天主教。基督教在清初的传播发展环境较为宽松，后因“礼仪之争”导致“百年禁教”，直到鸦片战争后，借助不平等条约才得以重新传播。近代以来的一些不平等条约或在南京、天津、北京等运河城市签订，或在条约中明确运河重镇作为通商口岸，如《南京条约》《天津条约》《北京条约》等，这些条约都对保护西方传教做出了一定的要求，为基督教在运河流域的传播提供了客观的便利。《南京条约》要求对进行贸易的外国人进行保护，也包括对传教的保护。第二次鸦片战争期间，清政府先后与西方诸国签订《天津条约》，其中就包括传教方面的内容，明确了基督教的劝善性质，要求清政府保护传教士，突破了清朝雍正时期颁布的禁教令，“耶稣基督圣教，又名天主教，原为劝人行善，凡欲人施诸已者亦如是施于人。嗣后所有安分传教习教之人，当一体矜恤保护，不可欺侮凌虐。凡有遵照教规传习者，他人毋得骚扰”①。

法国人史式徽写于19世纪的《江南传教史》一书亦有相关的描述，说到传教的交通问题时，其特别指出要依靠河流的便利，“至于长距离的路程，河流提供了极为有利的条件。……三十六小时内可以从教区的这一端到达那一端”。书中还特别提到大运河为传教提供的交流便利，“大运河则从苏州到徐州。大部分航道内有小汽船可坐”②。其传教的重要城市，一般是运河沿岸的城市，“教友群众主要集中点，是在上海附近以及运河两岸，例如淮安、扬州、南京、苏州、常熟、嘉定、松江”，“1720年，法国遣使会神父已在江苏的徐州、无锡、江阴以及安徽的五河等地都有了固定的住院”。③

另外，道教与民间信仰在运河流域也多有传播。如镇江、济宁等都是道教文化重镇，道教信仰的关公、妈祖、金龙四大王等也通过运河流传到沿岸各地。

---

① 王铁崖:《中外旧约章汇编》第1册，生活·读书·新知三联书店1957年版，第95页。
② 史式徽:《江南传教史》，天主教上海教区史料译写组译，上海译文出版社1983年版，第7页。
③ 同上书，第9页。

二、文化性格：交流互鉴视域下运河流域宗教文化传统

联合国教科文组织在《保护世界文化和自然遗产公约行动指南》中指出，运河遗存“代表了人类的迁徙和流动，代表了多维度的商品、思想、知识和价值的互惠和持续不断的交流，并代表了因此产生的文化在时间和空间上的交流与相互滋养”。宗教的传播发展不是单向度的，同时也受到运河流域经济社会文化的滋养与浸润，两者互动交融，不断促进宗教中国化的历史进程，共同构成了运河流域宗教包容随顺、互鉴通和、开放通达的文化性格。

（一）包容随顺

运河贯通南北、联结东西，串联起华北、中原、江淮、沿海等多个地域，运河牵动的地域是多元的，人也是多元的，宗教更是多元的，多元的宗教共同在运河流域传播发展，要与运河流域的社会文化相适应，与其他文化形态共存发展，必然需要有包容随顺的智慧。历史上大运河流域也曾发生过灭佛事件，这些宗教与王朝政治的冲突，呈现了宗教中国化进程中的巨大张力，也是形成宗教包容随顺文化性格的原因之一。

包容随顺的性格特点，主要体现在宗教对中国传统文化、中国政教关系的主动随顺上。以天主教为例，利玛窦等传教士在进入中国后，随顺中华文化，着儒服，与儒士多有交往，以此赢得中国社会的好感与认可。利玛窦为调和中国传统礼仪“祭祖祭孔”与天主教礼仪，创造性地提出所谓“利玛窦规矩”，认为祭祖是为了表达对于先祖的追怀之情，祭孔则是崇文重教历史传统的礼仪表达，两者并没有宗教含义，与天主教教义礼仪并无冲突，因此允许中国教徒保留祭祖祭孔的习俗礼仪。在政教关系上，传教士随顺政主教从的中国传统，以西方先进的历法、算术、地理及钟表等，展示西方在科学领域的文明成果，借此积极与朝廷官员、王朝统治者建立联系，赢得统治阶层的信任。“从明神宗起迄大清康熙帝，百五十年间，耶稣会士联翩蒙受五位皇帝恩礼有加，晋官赐禄。”以历史上较为著名的传教士为例：郎世宁精工绘事，以此博得皇帝赏识；汤若望受顺治帝敕赐，加一品又加一级，并恩赐建堂；戴进贤任职历算馆，授五品，加二级叙礼部侍郎；南怀仁为三品工部侍郎；巴多明为钦差大臣出使俄国；等等。① 这些都是传教士对中国政教关系的适应、认同与随顺，也是宗教中国

① 参见史式徽：《江南传教史》，天主教上海教区史料译写组译，上海译文出版社 1983 年版，第 385 页。

化进程中的重要一环。

（二）互鉴通和

这一性格特点主要反映的是宗教在面向其他文化形态时的态度。历史上，在大运河流域各民族交往交流交融的过程中，不同宗教文化能够以积极态度向其他宗教、其他文化形态学习借鉴，形成了中国化的宗教学派、中国风格的教义思想，也促成了宗教互鉴通和的性格特点。

运河流域是伊斯兰教中国化的重要区域，明清时期发端于南京等地的金陵学派，通过“以儒诠经”“以儒释伊”等，以“二元忠诚观”等实现忠君爱教的宗教表达，促进了伊斯兰教教义与传统文化、传统社会的调和发展。一批伊斯兰教学者在运河流域开展译经活动，王岱舆、刘智等在南京开创“金陵学派”，开展了著名的“汉文译著”运动，常志美在运河重镇山东济宁创立了“山东学派”，与伍遵契、马注等著名学者一起，推动了伊斯兰教教义的阐释与发展，这些都为伊斯兰教中国化夯实了思想基础。

从宗教外在建筑等表达形式来看，运河流域的伊斯兰教也积极向中华传统艺术文化学习借鉴，不少清真寺都呈现出檐牙高啄、亭台楼阁的传统建筑风格，如江苏的南京净觉寺、扬州仙鹤寺，山东济宁的东大寺、西大寺，北京的牛街清真寺，河北沧州的泊头清真寺，等等。从宗教造像艺术方面看，以佛教石窟为例，云冈石窟的造像还有比较明显的印度犍陀罗艺术特点，到了运河流域的洛阳龙门石窟以及沿运河向南的佛教艺术造像则均呈现出“秀骨清像”的中国传统特点，造像衣着也呈现出褒衣博带的中土之风，这是佛教由北向南的传播过程，也是佛教在运河流域的中国化进程，表明佛教逐渐从域外宗教转向本土宗教。

宗教在运河流域的传播发展过程中，与传统文化相互滋养，具有平和包容的性格特点，这体现在不同宗教、不同教派的平和共处上。“南船北马、九省通衢”的淮安是“运河之都”、明清时期运河交通枢纽，各大宗教在此汇聚。在淮安清江浦的清江大闸口附近一公里，就有始建于明代的儒家文庙、佛教慈云寺、道教都天庙、伊斯兰教清江古清真寺，以及建于清代的基督教福音堂等，形成了多教共存、互鉴通和的独特宗教文化景象。

（三）开放通达

开放通达是开凿运河本身所指向的物理意义，也是运河文化的精神内核。大运河所具有的交流互鉴优势，促进了中国历史文化南方北方、东部西部之间的交流互动，也促进了中外宗教文化的交流互鉴，逐步形成了运河流域宗教文化开放通达的性格特点。这一性格特点促使中国宗教文化有更广大的视野、更广阔的平台、更强劲的生命力。如果把视野放大，大运河也助推了人类命运共同体的建设，在推动不同国家地区的文化交流、文明互鉴方面发挥了重要的价值作用，文化交流互鉴、民族交往交流交融、人类和合共生，是大运河文化的根本指向。

大运河连接“一带一路”，是历史上对外文化交往交流的重要区域。以扬州、洛阳、杭州、南京、宁波、北京等城市为代表的运河城市，都曾经是中外历史文化交流的重要据点。唐时，中日之间的佛教交流较为频繁，日本派出大量的遣唐使、学问僧，其中不少人沿运河北上到洛阳、长安；唐代高僧鉴真东渡日本弘法，成为中日历史文化交流的象征和纽带，其出发地就是扬州。明清时，以利玛窦为代表的传教士来到中国，在运河流域多有活动，一方面在中国传播了西方的科学技术和宗教文化，另一方面也向世界介绍了中国经济社会文化状况，客观上促进了中外文明的交往交流。

中国历史上注重取经，鲜有传教以及文化输出的案例。葛剑雄在其《河流与人类文明》一文中说，中国相对封闭的地理环境导致长期隔离于外界的文明，不了解域外文明情况，“缺少摩擦、碰撞、挑战、竞争、交流的对象，更不会主动走出去介绍、推广、传播自己的文化。即使在相对最开放的唐朝，实际也是‘开而不放，传而不播’，即允许外国人进来，却不许本国人出去；可以向主动来学习的人传，却不会主动走出去传播”①。而大运河以其开放通达的文化性格，具有一定的开拓性，在交流中吸收外来文化的积极因素，丰富提升了自身的文化生命力，同时也促使了中华优秀传统文化向外传播发展，如鉴真东渡传法等。

回顾运河流域宗教中国化的历史发掘，各大宗教在传播发展过程中，面向自我、自我革新、交流互鉴是其中一个重要的因素，这也为宗教中国化提供了历史借鉴。当下，各大宗教如何在宗教教义、教规戒律、活动礼仪、建筑服饰等方面主动随顺社会，做出革新变通，积极推动构建和谐健康的宗教关系，是宗教中国化面临的重要课题。

三、话语建构：大运河赋能宗教中国化

系统推进我国宗教中国化进程，需要不断增强宗教界的民族认同、国家认同、文

① 葛剑雄:《河流与人类文明》,《黄河　黄土　黄种人》2024 年第 5 期。

化认同，其中中华文化认同是根基。增进宗教界对于中华民族历史、中华民族精神的认同，需要有现实的承载，大运河作为中华民族精神的代表性符号，是流动的活态的历史文化，对于建构历史记忆、增强家国认同、凝聚文化认同具有重要价值和意义。

（一）建构历史记忆

历史记忆不是对历史情景的简单重现，而是基于历史而内化为群体的情感、意志、信仰等，是一个群体的重要精神标识，是群体自我认知、自我塑造、自我定位的重要文化依据。中国宗教多元多样，深入推进宗教中国化，需要建构具有支撑性、引领性、聚合性的历史记忆。大运河历史悠久，是中华文明延续性的生动写照，从运河开凿之日起，就伴随宗教文化的发展演化延续至今，运河为宗教的传播发展、宗教与中华文化的调和、宗教与中国社会的适应提供了现实基础和便利条件，也见证了运河流域各大宗教传播发展的历史进程，记录了各大宗教中国化的历史场景，留下了大量宗教中国化的历史遗存，如一批中国化的宗教场所、宗教建筑等。运河两岸宗教在传播发展过程中，与运河文化、乡土中国互动融合而共同形成的文化特质，对于今天推进宗教中国化依然有着重要的启示和借鉴意义。深入挖掘大运河流域宗教中国化的历史文化记忆，有助于凝聚宗教中国化的文化共识，推动宗教界形成中国化的历史自觉。

近代以来，大运河由于海运的发展等诸多原因逐渐“低调”，大运河文化的重要影响也隐而不彰，2006年，大运河才被列入全国重点文物保护单位。直到近些年，在一大批专家学者的奔走呼吁下，大运河这一重要的历史文化遗产才逐渐登上时代舞台，重新彰显其历史文化价值，大运河文化逐渐实现了创新发展。正因为此，关于大运河文化的研究也一直比较薄弱，大运河文化的内涵、特质、价值等基础理论研究都还不够，关于历史记忆的建构也正在推进。

列维-斯特劳斯提出了“热回忆”的概念，认为“热回忆”是“将自己的历史内化，从而使其成为发展的动力”。近年来，国家先后出台了一系列文件，如《大运河文化保护传承利用规划纲要》《长城、大运河、长征国家文化公园建设方案》《大运河国家文化公园建设保护规划》等，目的就是挖掘大运河的文化内涵，加快建设大运河国家文化公园，围绕大运河文化建构共同历史文化记忆，引导全社会增强文化自觉与自信。于宗教界而言，需要在这一过程中，建构共同历史文化记忆，理解中华文化的价值取向、情感认同，理解宗教中国化的历史逻辑，进一步增强中华文化认同，积极主动推进宗教中国化进程。

（二）凝聚价值认同

历史上大运河两岸既有本土的道教，也有域外传入的佛教、基督教、伊斯兰教等，还有大量的民间信仰，这些不同信仰和文化形态在运河沿岸传播发展、和谐共处、交流互鉴，形成了多元通和的宗教关系，运河岸边“多教同光”的情况多有例证。各大宗教也用自身的智慧塑造了大运河的价值追求，大运河文化所体现的以人为本的价值取向、国家统一的家国认同、开放互鉴的文化理念、包容多元的人文精神、天人合一的生态智慧等，由点到面、全面立体地呈现了中华文化的精神特质，是中华民族的重要精神符号，集中体现了中华文明的突出特性，具有鲜明的连续性、创新性、统一性、包容性、和平性。

系统推进宗教中国化的一个重要方面，就是引导宗教树立正向的价值认同。大运河是各大宗教在中国传播发展的重要地理枢纽，大运河文化所蕴含的价值追求是宗教与中国文化交融的结合点，是宗教融入中国乡土社会的切入点，是各大宗教和谐共处的交汇点。挖掘并阐释好大运河文化的价值追求，对于凝聚宗教界的文化认同，系统推进宗教中国化具有重要的引导价值。

（三）赋能文化润教

用中华优秀传统文化浸润宗教是宗教中国化的重要路径。从中国历史和现实考察宗教与文化的关系可以发现，中国历史上的宗教与文化关系与西方相比，有不同之处，张志刚对此有相关论述：“儒家宗法伦理乃是中国文化的主根或核心……应把轴心时代以孔子儒家为主体的诸子文化作为中国文化的主流和中心，由此来研究中国各种宗教与主流文化的关系，以及诸种宗教在中国文化史上的地位和作用。”① 梁漱溟也明确说中国社会是“伦理本位社会”。专家学者的分析论述充分说明了中国社会与西方社会宗教文化关系的不同，吕大吉等在此基础上进一步指出：“从根本上说，我们应以文化去说明宗教，而不应以宗教来说明文化。”② 基于以上观点，在中国处理好宗教与文化的关系，要“以文化去说明宗教”，注重以文化阐释、统摄宗教，就是要用中华文化浸润宗教，引导宗教与中华文化相融合、与中国社会相适应。

当前大运河文化话语体系的建构正在深入推进，如大运河文化带建设、大运河国

① 张志刚：《重新认识“宗教与中国文化传统”》，载赵广明主编：《宗教与哲学》第八辑，社会科学文献出版社 2019 年版，第 263—283 页。

② 吕大吉、牟钟鉴：《概说中国宗教与传统文化》，中国社会科学出版社 2005 年版，第 106 页。

家文化公园建设、各地的大运河博物馆建设、各地的大运河文化遗产体系打造等等。这一话语体系的重新建构，既要有物质层面的考量，也要有精神价值层面的深化。既要通过现实场景的打造，真实再现历史上运河流域的繁华往事，也要充分深入地反映运河文化的人文精神、道德情感、价值取向，为当今时代凝聚历史共识、增强文化自信提供强劲动力。从坚持我国宗教中国化的维度来看，大运河的话语体系建构、现实场景打造，既需要呈现宗教中国化的历史场景，也要表征包容随顺、互鉴通和、开放通达的精神理念，为宗教中国化注入历史文化基因，推动我国宗教中国化实践走深走实。

从丝路汉语方言看汉语史上的语言接触与演变*

贾宁波

（南京大学文学院）

【摘　要】　丝绸之路上河湟地区的汉语方言，是汉语与以阿尔泰语系语言为主的民族语言接触的产物，具有独特的类型学价值，最鲜明的特征是宾动式语序和具有格标记系统。其接触对象和接触过程与金元时期北方的“蒙式汉语”“汉儿言语”极为相似，接触的结果表现为具有诸多相似的语言特征。故而，可以将两者结合，从共时和历时、纵横两个维度，探究阿尔泰语系语言特征进入汉语的方式和机制。本文以表回家的“家去”为个案，从语言接触视角讨论其语义和形式的产生过程，指出“家去”的语义来自外来语言的直接接触，形式来自语言接触产生的“家里去”，但并非直接省略“里”而来。“家去”是在语言接触基础上的汉语自身演变结果，反映了汉语与外来语言接触与演变机制的复杂性。

【关键词】　丝绸之路　河湟地区　汉语方言　语言接触与演变　家去

丝绸之路不仅是古代中国与世界交通贸易和文化交往的最重要通道，也是各民族迁徙、接触、融合的重要通道。丝绸之路南路途经的青藏高原东部河谷地区，处于黄河及其支流湟水河、大夏河、大通河流域，又称“河湟谷地”，联通着中原农耕区、

* 本文系国家社会科学基金重大项目“苏皖鄂赣江淮官话与周边方言的接触演变研究及数据库建设”（19ZDA307）的阶段性成果。

北方草原游牧区、高原游牧区，是重要的民族走廊。历史上羌族、突厥、吐蕃、吐谷浑、回纥等与汉族交替迁徙至此，分化融合。元朝时期，蒙古军队及随军的大量中亚各族人群屯垦于此，填补此地长期战乱后的人口空缺，并与当地汉、蒙古、藏、回等民族逐渐融合，形成了东乡、撒拉、土、裕固、保安等新的民族。这些民族交错杂居，形成多元互嵌的民族社区，也构成了多语交融的“语言区域”（linguistic area）。该区域有不同语系的十来种语言：（1）当地通行的河州话（具有混合性质的汉语方言）；（2）汉藏语系藏缅语族的安多藏语；（3）阿尔泰语系蒙古语族的东乡话、保安话、土族语、康家话、东部裕固语；（4）阿尔泰语系突厥语族的撒拉语、西部裕固语。①

一、河湟方言与元代汉语的比较

河湟地区的民族语言受汉语影响极大，借用了大量汉语词汇。“根据五十年代语言调查的记音材料……土族语 1845 个词里，汉语借词占 19%；东乡语 1593 个词里，汉语借词将近一半；东部裕固语 2093 个词里，汉语借词占 23.9%；保安语大墩话 3020 个词里，汉语借词占 40.4%；保安语保安下庄话 3032 个词里，汉语借词占 14%。”② 土族、东乡、东部裕固、保安、撒拉、西部裕固“6 种语言汉语借词都在 10%以上，有的语言多达 44.5%”③。

该地汉语也受到周边蒙古、藏等民族语言，尤其是阿尔泰语系语言的深入影响，词汇以汉语为主干，小部分蒙古、藏语词汇为辅，但语法规则以蒙古语族和汉语折合而成。其形成过程，某种程度上可以说是辽金元时期北方汉语与契丹、女真、蒙古接触融合的历史重演，表现出来的语言特征和性质，称得上是“‘汉儿言语’的活化石”④。其中最鲜明的特征是宾动（SOV）式语序和具有格标记系统。如：

① 参见钟进文：《甘青地区特有民族语言文化的区域特征》，中央民族大学出版社 2007 年版，第 16 页；徐丹、贝罗贝：《中国境内甘肃青海一带的语言区域》，《汉语学报》2018 年第 3 期。

② 照那斯图、陈乃雄、吴俊峰、李克郁编著，孙竹主编：《蒙古语族语言词典》，青海人民出版社 1990 年版，第 7—8 页。

③ 钟进文：《甘青地区特有民族语言文化的区域特征》，中央民族大学出版社 2007 年版，第 23 页。

④ 江蓝生：《也说“汉儿言语”》，《语言暨语言学》2009 年专刊外编。

表 1　河湟方言的格标记系统

	主格	宾格	与格	领格	从格/离格/比较格	方位格（/后置方位词）	凭借格/工具格/方式格/伴随格
河州话	—	哈/a	哈/a	的	-ta/-xet'e	-tala	啦/两个
五屯话	—	哈	哈	的	啦	里/上	两个
唐汪话	—	哈/a	哈/a	的	些	里/上	拉
甘沟话	—	哈/a	哈/a	的	吵/些/撒/是	里/上	俩

资料来源：各家对河湟地区汉语方言有格标记系统具有共识，但对某一具体方言的个别格标记有无存在争议，这里主要依据曹广顺《西北方言特殊语法现象与汉语史中语言接触引发的语法改变——以“格”范畴为例》，《历史语言学研究》2012 年第 5 辑。另据徐丹《唐汪话的格标记》，《中国语文》2011 年第 2 期；张安生《甘青河湟方言名词的格范畴》，《中国语文》2013 年第 4 期；杨永龙、张竞婷《青海民和甘沟话的格标记系统》，《民族语文》2016 年第 5 期；徐丹《甘青语言区域——语言类型转变及语言替换》，载冯胜利、李亚非、沈阳主编《甲子学者治学谈》，北京语言大学出版社 2017 年版，第 234 页等修改。

下面试举几例：

1. 青海西宁话①

（1）你馍馍吃你吃馍馍。

（2）我家里方位格没心肠去/我没心肠家里方位格去我不想回家。

2. 甘肃东乡唐汪话②

（3）你什么哈宾格要咧你要什么？

（4）我北京去过三次我去过北京三次。

（5）那家里方位格些从格走了他从家里走了。

3. 甘肃临夏话③

（6）今个学里方位格你去呢么不去今天你上不上学？

（7）你火哈宾格加者旺旺的你把火生得旺旺的。

① 马梦玲：《西宁方言 SOV 句式与境内阿尔泰诸语言语法比较》，《青海师范大学学报》2009 年第 2 期。

② 徐丹：《唐汪话的格标记》，《中国语文》2011 年第 2 期。

③ 王森：《甘肃临夏方言的两种语序》，《方言》1993 年第 3 期。

4. 青海民和甘沟话[①]

(8) 尼个尕娃炕上$_{\text{方位格}}$不睡，地上$_{\text{方位格}}$睡着哩$_{\text{那个孩子不在床上睡，睡在地上}}$。

(9) 我房子里$_{\text{方位格}}$书看着$_{\text{我在房间看书}}$。

如例句所示，该地区汉语方言的语序以宾语在动词之前为主，具有宾格标记“哈”，从格标记“些”，方位格标记“里”“上”，等等。这些都是现代大多数汉语方言所不具备的。

具有宾动式语序和用方位词充当格标记，也是元代“蒙式汉语”“汉儿言语”的重要特征。[②] 试举几例：

(10) 他根底$_{\text{宾格}}$八十七打了，放了。(《元典章・刑部》卷四，倚势抹死县尹)

(11) 你昨日城里$_{\text{方位格}}$来的晚了，您两个孩子偷出小豆，客人处换梨儿吃。(《元典章・刑部》卷三，烧烙前妻儿女)

(12) 君子的人教百姓行孝道呵，不索每一家里$_{\text{方位格}}$到，每日家里$_{\text{方位格}}$说有。(《孝经直解・广至德章》第十三)

(13) 恁高丽田地里$_{\text{离格}}$将什么行货来？(《原本老乞大》)

(14) 他的爷娘里$_{\text{离格}}$与文书来，你与我看一看中也不中。(《朴通事》)

如例句所示，方位词“根底”“里”表宾格、方位格、离格等，语序上宾动式和动宾式都有，宾动式有“他根底八十七打了”，即“打了他八十七（棍）”，“二三十两酒肉吃了”即“吃了二三十两酒肉”。这类特征可能是汉语与阿尔泰语言接触而共有的类型学特征，如有记录契丹人学汉语也是如此：

(15) 契丹小儿初读书……“鸟宿池中树，僧敲月下门”两句，其读时则曰“月明里$_{\text{方位格}}$和尚门子打，水底里$_{\text{方位格}}$树上老鸦坐”。(宋・洪迈《夷坚志》丙志卷十八)

---

① 杨永龙：《青海甘沟话的反身领属标记“囊”——“转用导致的干扰”的个案研究》，《语言研究》2015年第3期。

② 参见李崇兴、祖生利、丁勇：《元代汉语语法研究》，上海教育出版社2009年版，第261页。

“里”表方位格，“和尚门子打”即“和尚打门子”，“树上老鸦坐”即“老鸦坐树上”。

刘星、敏春芳从名词复数标记“们”、格标记系统和语序类型三大方面16个参项将河湟方言与“蒙式汉语”“汉儿言语”相比较，发现16项中有15项与“蒙式汉语”相同，而15项中的9项与“汉儿言语”相同[①]，可见河湟方言的接触结果与元代蒙古语与汉语的接触结果极为相似。因此，从甘青河湟地区的汉语方言出发，结合“蒙式汉语”“汉儿言语”，可以从共时和历时、纵横两个维度，探究阿尔泰语系语言特征进入汉语的方式和机制，推动汉语接触演变研究走向深入。下面以近代汉语与现代汉语方言常见的表面为宾动式语序的“家来”“家去”为例，以其形成过程探讨外来语言成分是如何被汉语接受和吸收的。

“家来”“家去”除了语序特殊之外，语义也特殊，一是可以用于邀请别人到（自己）家里来/去，二是可以专门表回（自己）家。而“来”“去”两个动词，本身并无返回义，“返回”的路径信息无法通过字面义获得。那么回家义是怎么来的呢？

二、语言接触与金元时期汉语表“回家”义的新形式

汉语自古以来都是以“返回义动词＋家”的形式表回家，金元时期也不例外，该形式仍是主流，但出现了一种新的“回家”表达手段：以不含“返回”义动词、字面义为“到家里来/去”的形式表达回家。主要有以下几种形式。

（一）家来/去

“家来”“家去”最早的搭配可追溯到金朝，如：

(16) 惊鳞盼奥渚，倦翼占危柯。悔不与家来，结茅老岩阿。归途眷老阮，广武意如何。（金·雷渊《九日登少室绝顶同裕之分韵得萝字》）

(17) 洪义怒，呼哨一声，洪信和两个妇人以圣至。唬杀三娘，告兄嫂放刘郎交去。洪信喝交家去。（金·佚名《刘知远诸宫调》）

---

① 参见刘星、敏春芳：《语言接触视角下的元白话与西北方言比较研究》，《汉语史与汉藏语研究》2020年第2期。

例（16）“家来”应是“来家”的倒装，在更早的文献中，“来家”表来到并安家，如：

（18）自厌久荒浪，于时无所任。耕钓以为事，来家樊水阴。（唐·元结《酬裴云客》）

而例（17）“家去”则表回家。黑水城出土的《刘知远诸宫调》，目前学界基本认同是金刻本，这是能找到的最早“家去”用例，且表回家。

其后元代的《元刊杂剧三十种》中，出现了6例“家来”“家去”，其中有5例表回家，如：

（19）有侄儿刘端，字正一，是个秀才，为投不着婆婆意，不曾交家来。（元·武汉臣《散家财天赐老生儿》楔子）

（20）小梅云了，云：“元来是恁地！今日俺子父每能够团圆，无过谢我女儿一个。孩儿，你不家来子末?”（同上，四折）

只有例（19）表到家里来，其他都是表回家。可以说“家来”“家去”在金元时期一经出现，就基本表回家，凝固度极高。

（二）来/去家

如前文所示，“来家”在唐宋时期多用于表来到并安家，其后常跟处所宾语。另外，“来家”也能表示到家里来，如：

（21）中有一叟，哭声每云：“若痛老狐，何乃为喉咙枉杀腔幢?”数十日间，朝夕来家，往往见有衣衰绖者，翼深忧之。（宋·李昉《太平广记》卷四百四十七·狐一）

（22）其贫者，则女年及笄行歌于途。其歌也，乃自叙家世、妇功、容色以伸求侣之意。听者有未娶欲纳之者，即携而归，其后方具礼，偕女来家，以告父母。（宋·徐梦莘《三朝北盟会编》卷三·政宣上帙三）

例（22）也蕴含回家之义，“偕女来家，以告父母”，即带着女方到女方父母家里来，从女方角度来说是回家。

“去家”在金元以前，只表离家之义，如：

(23) 昔郭丹西入关，感慨于其下曰：“不乘驷马高车，终不出此关也。”去家十二年，果如志焉。(北魏·郦道元《水经注·穀水》)

在《元刊杂剧三十种》中，“来/去家”都表回家，如：

(24)(正末、六儿上) 正旦□酒上：“却共女伴每蹴罢秋千，逃席的走来家。这早晚小千户敢来家了也。”(元·关汉卿《诈妮子调风月》第二折)

(25) 自己耽病难去家，或交它借马寻莫踌躇。(元·孟汉卿《张鼎智勘魔合罗》第一折)

《元刊杂剧三十种》中“家”后不能添加“里”“中”“间”等，另外例(24)语序是“走来家”，而非“走家来”，表明“来家”已经凝固。“去家”在元刊杂剧中只有一例，且表回家，与之前表离家不同。说明“来家”“去家”此时已凝固为表回家的词。

(三) 介词＋家(里)＋来/去

不含“返回”义的介词“到”“往”“望”“投”“向”等，元以前与“家来/去”搭配较少，基本表到家里来/去，只有极少表回家，如：

(26) 彼时难陀，……作是念已，即还从彼尼俱陀林，欲向家去。(隋·阇那崛多译《佛本行集经》卷五十六·难陀出家因缘品·上)

(27) 虏众每夜嗟叹，皆云：“契丹交兵十年不得归，今又向南去，不知何时到家去也。”(宋·徐梦莘《三朝北盟会编》卷一百七十六炎兴下帙七十六)

例(26)是古印度人阇那崛多所译，例(27)指明是契丹兵的话，都不是纯粹的汉语，带有一定的外来语言色彩。

而到了元代，介词“到”“投”与“家(里)来/去”搭配，除了表到家里来/去，表回家也多了起来，但数量并不比“家来/去”多：

(28)［混江龙］他那里问言伯伤幸，絮得些家宅神长是不安宁。我勾栏里把

戏得四五回铁骑，到家来却有六七场刀兵。（元·石君宝《风月紫云庭》）

（29）（白）惭愧！且喜到得城外。则这般不敢家去，把这骨匣儿在门外具德寺里，前到家去说与哥哥知道，请几个僧人取去。（宋·佚名《小孙屠》①）

（四）家里（＋其他）＋来/去

金元时期近代汉语文献中“家里来/去”使用极少，与“家来/去”数量相差很大，而且表回家更少，如：

（30）若是携得歌妓家中去，便是袖得春风马上归。（元·杨朝英《朝野新声太平乐府》卷九）

（31）“他娘死了”，么道说谎，撇了勾当，去家里取将他媳妇来。“娘死了也”，么道说谎，家里去来的招了。（《元典章》卷三）

（32）哥哥因事到东京，不弃嫌小人呵，是必家里来。（元·《原本老乞大》）

只有例（30）“家中去”对主语来说是回家，但是还带着外人“歌妓”，解释为到家里去也可。例（31）（32）都无法表回家。

另有几例“家里＋其他＋来/去”表“回家来/去做某事”义的例子，如：

（33）系×××文字，你且家里看去。（黑水城出土元代汉文文书，中藏 M1－0668②）

（34）有探借了一年的俸钱，推病家里卧地去了那般的人，休与俸钱者，道来。（元·《通制条格》卷十三禄令）

（35）爱钱买东西，夹着屁眼家里坐的去。（元·《朴通事》）

综上，在汉语主流的“返回义动词＋家”之外，金元以前零星出现了字面义为“到家里来/去”的形式表回家的例子，明显受到外来语影响。金元时期集中爆发，出现了“家来/去”“来/去家”“介词＋家（里）＋来/去”和“家里（＋其他）＋来/

①《小孙屠》文本反映的是元末明初的语言。

② 贺知章：《黑水城出土元代汉文文书语法研究》，宁夏大学博士学位论文，2022 年。

去”四种平行形式。其中“来/去家”凝固度最高，为表回家的词。“家来/去”凝固度次之，基本只表回家。“介词＋家（里）＋来/去”凝固度不高，相对而言，在没有“里”的时候凝固度相对较高，更多表回家。“家里＋来/去”凝固度最低，且分开的“家里（＋其他）＋来/去”表回家的用例更多。

三、河湟方言与民族语言中的“回家”形式

同样的，在甘青一带的河湟方言中，表示回家义可用“回”和“家”的搭配，但更多是用“家里来/去”来表示，如：

（36）西宁①：我家里没心肠去｜我没心肠家里去我不想回家。

（37）临夏②：我学下过了屋里去呢我放学以后回家去。

（38）河州③（临夏旧称）：过年了，打工的（人）们一呱家里来了过年了，打工的人都回家了。时间不早了，我家里去的修房子的们哈饭做了吃给去呢时候不早了，我要去家里给修房子的人做饭吃了。

（39）甘沟④：尼个书啊看的尼个老师家里走了看那本书的老师回家了。

（40）甘沟⑤：嗳傢这会儿家里去的半路里/上有哩他这会正在回家的半路上。

（41）漳县⑥：伢安屋里去喽他回家去了。

（42）天祝⑦：傢单位上去哩吗，还是屋里去咧/哩他是去单位呢，还是回家？

这更能说明汉语出现以“到家里来/去”义表“回家”义是与外来语言接触的结果。但接触的影响有两种可能，一是外来语言的直接影响，二是双语环境中简化的需要。为了便于交流双方的沟通理解，双语环境中的词汇量大为缩减，且以基础词义为主，语法手段则尽量简化，依托语境信息来补足语义。那么哪种可能性更高呢？来看

① 马梦玲：《西宁方言 SOV 句式与境内阿尔泰诸语言语法比较》，《青海师范大学学报》2009 年第 2 期。
② 杨永龙：《目的构式“VP 去”与 SOV 语序的关联》，《中国语文》2012 年第 6 期。
③ 刘星：《西北方言与元白话特殊语法比较研究》，兰州大学硕士学位论文，2018 年。
④ 杨永龙：《青海民和甘沟话的多功能格标记“哈”》，《方言》2014 年第 3 期。
⑤ 杨永龙、张竞婷：《青海民和甘沟话的格标记系统》，《民族语文》2016 年第 5 期。
⑥ 盛益民、尚婧：《甘肃漳县方言的唯组合式动趋结构》，载盛益民、柳俊主编：《汉语位移表达研究》，中西书局 2023 年版，第 75 页。
⑦ 宋珊：《甘肃天祝县（华藏寺镇）汉语方言参考语法》，兰州大学博士学位论文，2023 年。

汉语周边语言：

1. 西北民族语言：

(43) 哈萨克语①：ol øz yjɨne ket—ken boləw kerewk.

他自己　家　去

他可能回自己的家去了。

(44) 康家语②：tʃi dʒia ne gɔgi-sala　bi kete digʒi

你　假不　准　我　家　去

你不给假我也回家。

(45) 撒拉语③：bohor-də u tʃiχ ge（l）-miʃ，oj-i-nə va(r）-miʃ.

一会儿　他出来　家去

一会儿他出来了，回家去了。

(46) 东部裕固语④：tfa ger-da jawa!

你　家　走

你回家！

2. 南方民族语言：

(47) 壮语⑤：te^{45} pai^{45} ʐun^{21} ja^{13}.

他　去　家　了

他回家了。

(48) 侗语⑥：saːi^{55} jaːu^{11} paːi^{33} jaːn^{11}.

让　我　去　家

让我回家。

① 耿世民、李增祥：《中国少数民族语言简志丛书·卷5·哈萨克语简志》，民族出版社2009年版，第208页。

② 斯钦朝克图：《康家语研究》，上海远东出版社1999年版，第160页。

③ 林莲云：《中国少数民族语言简志丛书·卷5·撒拉语简志》，民族出版社2009年版，第489页。

④ 照那斯图：《中国少数民族语言简志丛书·卷6·东部裕固语简志》，民族出版社2009年版，第391页。

⑤ 戴庆厦：《型学视野下的汉语"体"范畴》，载卢小群主编：《汉语方言时体问题新探索》，中央民族大学出版社2014年版，第10页。

⑥ 邢公畹：《三江侗语》，南开大学出版社1985年版，第45页。

ɕən33 nai33 maːu33 ma35 jaːn11.
这　时　他　来　家
这时他回家。

（49）莫语①：dəl paːil jaːnl pe3.
咱们 去　家　吧
咱们回家吧。
nuŋ4 əu2 van1 mu3 ma1 jaːn1 tjap7 əu3.
弟　我　明　天　来　家　打　谷子
我弟弟明天回家打谷子。

所以，无论南北，汉语周边民族语言普遍存在以不使用返回义动词表回家义的形式，这一形式通过接触扩展到汉语中，改变了汉语的原有表达手段。在南方接触地带的汉语方言中，也存在该表达手段，如：雷山汉语用“去家”表回家，与当地苗语“moŋ4 tsɛ3（去＋家）”对应。② 贵州天祝（竹林）酸汤话有“大家总去屋嘎，只有你在底叽啦大家都回家了，只有你在这里了”③，也是受当地苗语影响所致，所以以“到家里来/去”义的形式表“回家”义是外来语言直接影响的结果。

四、从河湟方言看“家来/去”的形式成因

前面讨论了“家来/去”语义的成因，现在讨论其形式的成因。为了叙述简便，本文以“家去”代表“家来/去”，关于其成因，主要有以下观点：

1. 自身演化说。不涉及语言接触，仅从汉语本身的结构演化寻求该现象的解释。该说主流观点是脱落，即“家去”之前原来有动词或介词，为“动词/介词＋家＋去”的形式，脱落后形成“家来”“家去”，但对脱落的是“回”“还”等返回义动词还是“往”“到”等介引终点的介词存在争议。④

① 杨通银：《莫语研究》，中央民族大学出版社 2000 年版，第 145、127 页。
② 李炳泽：《雷山苗语对汉语的反渗透》，载石茂明主编：《李炳泽文集——苗族语言与文化》，民族出版社 2016 年版，第 287 页。
③ 吴才勇：《贵州天柱（竹林）酸汤话虚词研究》，江西师范大学博士学位论文，2023 年。
④ 钱有用：《汉语方言里的 SOV 结构初探》，《中国语文学论集》（韩国）2009 年第 54 期；魏金光：《从〈醒世姻缘传〉看“家去”如何成词》，《遵义师范学院学报》2010 年第 3 期；张莹莹、刘晓兴：《“OV”式固定短语“家来”、“家去”的成因与方言遗留》，《南京师范大学文学院学报》2015 年第 3 期。

2. 接触影响下的演化（动词脱落）。高云晖、祖生利认为："由于蒙古语的接触影响，中古以降汉语中的'$V_{还、归、回、往、向}$＋家＋去'及元代蒙式汉语新兴的'家里＋去'演变成为'家去'。""汉语自身从中古以来长期存在'V＋家＋去'这一结构提供了省略得以发生的土壤，蒙古语OV语序的语言接触以及对汉语'去'的不完全习得则是直接的推动力。"①

从上文的证据可以明确得出，"家去"出现于金元时期，是语言接触的产物。但其具体的产生路径还难以理清，倒装、从"动词＋家＋去"省略动词、从"介词＋家＋去"省略介词、从"家里去"省略"里"都是可能的路径。

上文的证据也暗示是从"家里去"省略"里"而来。那么事实是这样吗？河湟方言提示这条演变路径可能行不通。唐汪话的"里"具有这样的特征："当动词有［＋移动动词］的语义特征、表达去某一地点时，唐汪话或用无标记的地点词，或用后置词……我唐汪里起哩。（我要去唐汪。）……地点词'唐汪'常被看成三维的空间，常用后置词'里'标记。"② 李婕进一步指出："唐汪话……许多表示地点的名词后必须加方位词'里'，如'学校里、家里、屋子里'等等。表达从这些地方来时，'里'和'些'连用，缺一不可。"③ 另外王双成老师告知笔者，其调查的河湟方言，与"来""去"搭配时"家"后必须带"里"。

导致河湟方言必须加"里"的原因暂不可知，这种现象也对应于早期"蒙式汉语""汉儿言语"中"家里去"没有省略"里"而变成"家去"的现象。因此，"家去"应该不是直接从"家里去"省略而来。那么"家去"的形式来源，还有另外三种可能，从"去家"、"介词＋家去"，或"$动词_{返回义}$＋家去"而来，即对应于倒装说、省略介词说、省略动词说。其形成过程可以用下图表示：

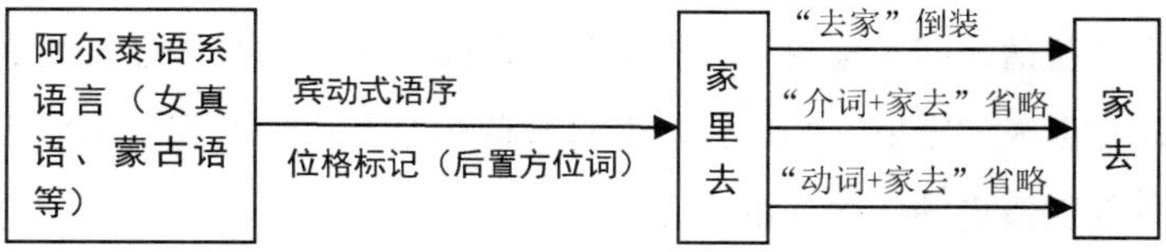

图1　"家去"形成过程示意图

① 高云晖、祖生利:《语言接触对"家V"词汇化的影响》,《历史语言学研究》2023年第2期。
② 徐丹:《唐汪话研究》，民族出版社2014年版，第196页。
③ 李婕:《唐汪话句法研究》，兰州大学硕士学位论文，2019年。

那么哪种可能性更大呢？在语言接触过程中，如果不考虑词汇的借用，语序是下一个最容易借用和改变的语言成分。[①] 所以语序改变比省略的可能性更大，“家去”由“去家”形式倒装而来的可能性最大。而且这种倒装可能是词汇层面的，前文第一部分已经说明，“去家”形式在金元时期已经凝固为专门表回家义的词语，“家去”形式也主要表回家义。古代汉语和现代汉语方言常见逆序词，表回家的“家去”成词机制应该就是“去家”逆序。

五、余论：类型学视角下的丝路汉语方言价值

陆上丝绸之路途经的河湟地区、河西走廊地区的汉语方言，统称西北接触方言，在与阿尔泰语系蒙古语族、突厥语族语言长期接触中，形成了与汉语其他方言语法差异显著的特色汉语变体，具有独特的类型学价值。当代汉语研究的领域已经从普—方—古（普通话—方言—古代汉语）三角，扩展到普—方—古—少—外（少数民族语言—外国语言）五角，重视汉语与少数民族语、外语等外来语言的接触与演变研究，如香港社会的“两文三言”（中文、英文；普通话、粤语、英语）、新加坡华语、美国唐人街华语等海外汉语及方言与其他语言的接触与演变。随着“一带一路”共建计划的扩大与繁荣，更多的中国人走出去，更多的外国人走进来，汉语与其他语言的接触会更加频繁，更多的变异也会出现。经由“协商”（negotiation）等机制，一些变异会逐渐稳定在特定语言社团中，成为其语言特征。在此基础之上，引入语言类型学的理论方法，对这些特殊类型的汉语方言进行综合且全面的比较，可以建立汉语语言特征库。西北接触方言的一系列特殊语言特征，将极大地丰富这个汉语特征库，将汉语研究推向更广阔的天地。

① Thomason, S. G. *Language Contact*. Edinburgh University Press Ltd. 2001:69－71.

丝路文化遗产

先秦两汉时期出土珊瑚与海陆交通*

范　杰

（太原师范学院历史与文博学院）

【摘　要】　中国内陆地区出土的珊瑚，是早期中外交通和文化互动的反映。先秦时期，中国内陆地区仅能通过“草原丝绸之路”获取地中海红珊瑚。到了汉代，“草原丝绸之路”仍在发挥作用，但“绿洲丝绸之路”“南方丝绸之路”和“海上丝绸之路”也逐渐形成稳定通道，用以输送地中海或南海红珊瑚以及印度洋的苍珊瑚。珊瑚的出现，反映出早期的东西交通线路和运输方式可能远比传统认知更为复杂，几条“丝绸之路”之间不仅存在陆上线路的联动，海陆联动也早已出现。不同路线之间的联动应是当时东西交往的底色之一。东南沿海出土珊瑚则证实，汉代依托南海建立起“海上丝绸之路”以沟通东南海陆的同时，也已对南海的海洋资源进行了有效和深入的开发利用。

【关键词】　珊瑚　先秦　两汉　海陆交通

珊瑚自古以来就被视为珍贵的宝石，也是中外交通和海陆互动的天然证明。然而学界对于珊瑚来源地和传播路径存在不同的认识。第一种观点认为珊瑚来自西方，但对具体产地提出了不同的看法。部分学者基于《汉书》《后汉书》中对罽宾和大秦向

* 本文系国家社会科学基金重点项目“中国五千年文明起源与连续性发展机制研究”（19AZS016）、国家社会科学基金一般项目“草原丝路东端汉以前石构石刻遗存与中西交通研究”（20BZS151）、山西省哲学社会科学规划课题“山西史前考古发现与中华文明突出特性研究”（2024QN124）的阶段性成果。

中国输入珊瑚的记载以及部分外国史料，认为珊瑚来源于罗马的地中海海域。① 章鸿钊认为除地中海之外，红海和波斯湾均有可能。② 劳费尔认为中国所见珊瑚或许来自波斯国海中的珊瑚洲或珊瑚岛，甚至“波斯珊瑚亚洲各地都有”。③ 德国学者夏德认为中国人所知的大秦珊瑚可能出自红海，尤其是埃及附近。④ 杨巨平根据1世纪左右的希腊文文献《红海周航记》⑤ 中的相关记录，对此持相同观点。⑥ 王小甫则据《红海周航记》指出中国获取之珊瑚来自阿曼东海岸的马西拉湾。⑦ 冉万里认为楼兰古城出土珊瑚可能来自波斯湾和地中海地区。⑧

第二种观点认为珊瑚来源于中国东南沿海，或是西方和东南两个来源。张玉忠认为新疆七角井出土珊瑚来源于我国东南沿海地区。⑨ 杨幸何认为汉代从西北陆路和东南水路两个方向获取大秦珊瑚。⑩ 赵全鹏认为汉代除了向西获取珊瑚外，对于南海珊瑚的开采也已开始。⑪ 赵丽云也认为汉代珊瑚的来源地包括我国东南沿海和西方。⑫

依赖文献而忽略考古材料，或以个别遗址出土遗物来印证文献，是学界产生种种

① 参见M. R. 查尔斯沃思:《古代罗马与中国印度陆路通商考》，朱杰勤译，《食货半月刊》第四卷第十二期，上海新生命书局1936年版，第53—59页；吴勇:《新疆尼雅遗址出土的珊瑚及相关问题》，《西域研究》1998年第4期；沈福伟:《中西文化交流史》，上海人民出版社2006年版，第60页；林梅村:《西京新记——汉长安城所见中西文化交流》，载氏著:《古道西风——考古新发现所见中西文化交流》，生活·读书·新知三联书店2000年版，第169—193页。

② 参见章鸿钊:《从宝石所得古代东西交通观》，《地学杂志》1930年第1期。

③ 劳费尔:《中国伊朗编》，林筠因译，商务印书馆2015年版，第353—355页。

④ 参见夏德:《大秦国全录》，朱杰勤译，大象出版社2009年版，第70页。

⑤ 也有学者将其译为《厄立特里亚海周航志》《厄立特里亚海周航记》《厄立特里亚航海记》《厄立特里亚海回航记》。参见庞纬:《公元1世纪北印度洋奴隶贸易丛考——以〈厄立特里亚海周航志〉为中心》，《古代文明》2023年第4期；李大伟、黄冬秀:《〈厄立特里亚海周航记〉版本及年代作者研究叙要》，载陕西师范大学历史文化学院、陕西历史博物馆编:《丝绸之路研究集刊》第九辑，社会科学文献出版社2022年版，第24—38+525页；王坤霞、杨巨平:《流动的世界:〈厄立特里亚航海记〉中的海上贸易》，《西域研究》2017年第1期；吴长春:《〈厄立特里亚海回航记〉与西亚东非文明史研究》，《西亚非洲》1990年第3期。

⑥ 杨巨平:《两汉中印关系考——兼论丝路南道的开通》，《西域研究》2013年第4期。

⑦ 参见王小甫:《香丝之路：阿曼与中国的早期交流——兼答对“丝绸之路”的质疑》，《清华大学学报（哲学社会科学版）》2020年第4期。

⑧ 参见冉万里:《文明交流视野下的古楼兰及其周边——汉晋时期楼兰遗物中所见文化因素分析》，载北京大学考古文博学院、北京大学中国考古学研究中心编:《考古学研究（十一）》，科学出版社2019年版，第84—131页。

⑨ 参见张玉忠:《从考古资料看西汉以前新疆与祖国东南沿海地区的交往》，《西北民族研究》1996年第1期。

⑩ 参见杨幸何:《珊瑚东传与珊瑚文化》，《中山大学研究生学刊（社会科学版）》2008年第4期。

⑪ 参见赵全鹏:《中国古代社会对珊瑚的消费及南海珊瑚开采》，《南海学刊》2016年第1期。

⑫ 参见赵丽云:《先秦至汉唐时期西极观研究》，首都师范大学博士学位论文，2013年。

分歧的主要原因。此外，相关研究基本未分辨珊瑚的生物学特征，极易将不同海域的不同种类珊瑚相混淆。基于此，本文试以考古材料为基础，结合生物学和相关文献资料，重新审视先秦两汉时期珊瑚的来源地、传播路径以及早期东西交通等问题。

一、珊瑚的发现概况

目前中国出土年代最早的珊瑚制品见于新疆哈密七角井遗址，为 1 件浅红色珊瑚珠。据一同出土的细石器形态以及近年来相关单位的多次调查，七角井遗址所处地层的测年数据在距今 10 000 年左右。①

内蒙古伊克昭盟（今鄂尔多斯市）杭锦旗附近采集到红珊瑚残段 1 件，剖面呈圆形。调查者认为所得遗物属于新石器时代文化。② 目前鄂尔多斯地区发现的新石器时代遗址，基本都处于仰韶时期和龙山时期，因而这件珊瑚的年代应在距今 7000—4000 年。

到了夏商周时期，新疆阿勒泰地区哈巴河县东北的东塔勒德墓地共发掘墓葬 61 座，其中ⅡM3 出土 2 件珊瑚珠。ⅡM3：2－2，管状，长 1.3 厘米，直径 0.2 厘米，未说明颜色。③ 墓地测年数据在公元前 9 世纪末至公元前 7 世纪中叶，大致相当于西周晚期至春秋时期。④ 伊犁巩留县伊勒格代墓地 M65 发现 1 件由 12 枚珊瑚管组成的项链（图 1：1）。⑤ 遗址属于索墩布拉克文化第二期，距今约 2500—2300 年⑥，相当于战国时期。

四川甘孜州炉霍县卡莎湖墓地的部分石棺墓出土了珊瑚制品。⑦ 遗址可分为两期，

① 参见王炳华：《西汉以前新疆和中原地区历史关系考》，《新疆大学学报（哲学社会科学版）》1984 年第 4 期；北京大学考古文博学院、新疆维吾尔自治区文物考古研究所、北京大学城市与环境学院：《新疆哈密七角井遗址 2019 年调查新发现》，《人类学学报》2021 年第 6 期；朱之勇等：《新疆哈密七角井细石器遗址石制品研究》，《西域研究》2022 年第 3 期。

② 参见盖山林：《内蒙古伊盟杭锦旗锡尼镇附近的新石器时代遗址》，《考古》1983 年第 12 期。

③ 参见新疆维吾尔自治区文物考古研究所：《新疆哈巴河东塔勒德墓地发掘简报》，《文物》2013 年第3 期。

④ 参见于建军、马健：《新疆哈巴河东塔勒德墓地初步研究》，《文物》2013 年第 3 期。

⑤ 参见新疆维吾尔自治区文物考古研究所：《伊犁恰甫其海水利枢纽工程南岸干渠考古发掘简报》，《新疆文物》2005 年第1 期。

⑥ 参见邵会秋：《新疆史前时期文化格局的演进及其与周邻地区文化的关系》，吉林大学博士学位论文，2007 年。

⑦ 参见杨文成：《试析宝兴出土海贝及海贝穿眼的作用》，载四川省钱币学会、云南省钱币研究会编：《南方丝绸之路货币研究》，四川人民出版社 1994 年版，第 292—298 页。

整体上处于战国晚期之前，最早可至西周。① 雅安宝兴县陇东乡汉塔山战国中期土坑积石墓出土珊瑚珠 24 枚，珠小如米粒，穿孔仅能通过细发丝。②

两汉时期的珊瑚制品分布区域更为广泛，其中以新疆最为密集，可大致分为东疆、南疆和北疆三个亚区。东疆的吐鲁番胜金店墓地 M13 为合葬墓，男性墓主左耳部和女性墓主右耳部均发现了金耳环下挂红色珊瑚枝坠饰。金耳环 M13：37，由两根细金丝铸成一体，呈“8”字形，下缀珊瑚坠，长 3.8 厘米（图 1：2）。根据碳十四测年数据，胜金店墓地距今 2200—2050 年，大致处于西汉时期。③

南疆所见珊瑚基本处于塔里木盆地南北缘。南缘的洛浦县山普拉墓地出土 400 颗左右的各色玻璃珠和镶嵌玻璃珠，部分玻璃珠和海贝、珊瑚珠一起组成串饰。④ 墓地年代为西汉到魏晋时期。⑤

同一地区尼雅遗址发现了大量珊瑚制品，年代可到汉晋时期。器类以小型的珠、管、坠为主，表面均经刮削和磨光，颜色有红、暗红、红褐、桃红、红黄、淡红，以红色为多。1957 年发掘的墓葬中出土了 1 件由珊瑚珠和玻璃珠一同组成的项链。⑥ 1959 年，遗址区内清理了 1 座墓葬和十余所房址，其中出土有珊瑚。⑦ 据吴勇介绍，中日联合考察队在 5 处地点发现了珊瑚制品。⑧

1994 年，92A47 号墓地东南采集到 1 件珊瑚珠。1995 年，95MNⅠ号墓地出土 3 件珊瑚制品，呈红色或淡红色，长 1 厘米左右，一端钻孔，打磨较为光滑。M1：29，柱状，位于上层男性墓主左耳耳环上。M5：12，扁圆柱状，出土时位于女性墓主额前头饰上。M8：31 位于男性墓主一侧，曲尺状，橙黄色，上有小穿孔（图 1：3）。⑨

1996 年和 1997 年，考察队分别在编号为 93A9 的手工业作坊区内采集到鼓形珠、柱状或曲尺状管、坠饰等珊瑚制品 26 件，编号 92A9 的遗址区采集到 31 件小型珊瑚

① 参见罗二虎：《试论卡莎湖文化》，《华夏考古》2008 年第 4 期。

② 参见四川省文管会、雅安地区文管所、宝兴县文管所：《四川宝兴汉塔山战国土坑积石墓发掘报告》，《考古学报》1999 年第 3 期。

③ 参见吐鲁番学研究院：《新疆吐鲁番市胜金店墓地发掘简报》，《考古》2013 年第 2 期。

④ 参见李青会等：《一批中国古代镶嵌玻璃珠化学成分的检测报告》，《江汉考古》2005 年第 4 期。

⑤ 参见肖小勇、郑渤秋：《新疆洛浦县山普拉古墓地的新发掘》，《西域研究》2000 年第 1 期。

⑥ 参见新疆维吾尔自治区博物馆：《新疆民丰县北大沙漠中古遗址墓葬区东汉合葬墓清理简报》，《文物》1960 年第 6 期。

⑦ 参见新疆维吾尔自治区博物馆：《尼雅遗址和东汉合葬墓》，载韩翔、王炳华、张临华主编：《尼雅考古资料》，内部刊物，1988 年，第 16—43 页。

⑧ 参见吴勇：《新疆尼雅遗址出土的珊瑚及相关问题》，《西域研究》1998 年第 4 期。

⑨ 参见新疆维吾尔自治区文物考古研究所：《新疆民丰县尼雅遗址 95MNⅠ号墓地 M8 发掘简报》，《文物》2000 年第 1 期。

饰件，编号 92A10 的遗址区采集到 1 件珊瑚珠。此外，和田地区文物管理所于 1996 年也曾在作坊区内采集到数量不详的珊瑚。97MNN14：87 为红色鼓形珠，与一枚珍珠串在一起，直径 0.4 厘米。96MNN14：132 为红黄色柱状管饰，96MNN14：61 为桃红色曲尺形管饰，两者高度均在 1 厘米左右。坠饰多保留珊瑚枝杈，96MNN14：30 由 9 件淡红色珊瑚枝组成，5 件顶端有孔，长 1.4 厘米；96MNN14：16 为红色扁柱状坠饰，长 3.3 厘米，最长径 1.3 厘米。

塔里木盆地北缘的塔里木河和孔雀河下游，汉晋时期的若羌县楼兰古城区域内（图 1：4）① 及尉犁县营盘古墓群②，均采集或出土了珊瑚制品。

北疆的珊瑚制品目前仅见于温泉县查干屯格乡穹库斯台墓群 M6 出土的 10 余件珊瑚。该遗址年代在距今 3—5 世纪，即东汉到魏晋时期。③

新疆以外地区中，相当于西汉时期的内蒙古陈巴尔虎旗完工墓地 M1B 出土 3 件珊瑚枝饰，2 件为管状珠，1 件为坠饰，甚小，长 0.6—2 厘米。颜色未做说明。简报中仅提供了珊瑚坠饰的线图（图 1：9）。④

宁夏同心县倒墩子匈奴墓地发现 7 枚珊瑚饰件，均出土于 M10。墓主耳下发现 1 件金耳环和 4 件粉白色珊瑚枝耳饰，应是成组的耳饰。珊瑚枝耳饰编号为 M10：34，形状不规则，一端有穿孔，长 2.6—2.8 厘米。简报仅提供了 2 件珊瑚枝耳饰的线图（图 1：5）。另外在该墓中发现 3 件管状珊瑚珠，长 0.4—0.6 厘米，仅提供了 1 件珊瑚管的线图，编号 M10：2（图 1：6）。墓地年代大致处于西汉中晚期，属于降汉的匈奴人墓地。⑤

相当于西汉中期的云南晋宁石寨山墓地 M1 出土数以公斤计的各种珠饰中便包括珊瑚珠。其多为算珠形，呈暗红色或土红色，表面有蛀洞、白斑、沙窝、丝纹等痕迹。⑥ 西汉中晚期的山东曲阜九龙山鲁王墓出土了红珊瑚管，但数量不明。⑦ 广州先

---

① 参见新疆楼兰考古队：《楼兰古城址调查与试掘简报》，《文物》1988 年第 7 期；朝日新聞社文化企画局东京企画第一部：《日中国交正常化 20 周年記念展—桜蘭王国と悠久の美女》，日本国立科学博物馆 1992 年版，第 47 页，图版 112。

② 参见周金玲：《新疆尉犁县营盘古墓群考古述论》，《西域研究》1999 年第 3 期。

③ 参见新疆维吾尔自治区文物考古研究所：《温泉县穹库斯台墓群考古发掘简报》，《新疆文物》2012 年第 2 期。

④ 参见内蒙古自治区文物工作队：《内蒙古陈巴尔虎旗完工古墓清理简报》，《考古》1965 年第 6 期；潘玲：《完工墓地的文化性质和年代》，《考古》2007 年第 9 期。

⑤ 参见宁夏回族自治区博物馆、同心县文物管理所、中国社会科学院考古研究所宁夏考古组：《宁夏同心县倒墩子汉代匈奴墓地发掘简报》，《考古》1987 年第 1 期；宁夏回族自治区文物考古研究所、中国社会科学院考古所宁夏考古组、同心县文物管理所：《宁夏同心倒墩子匈奴墓地》，《考古学报》1988 年第 3 期。

⑥ 参见张增祺：《晋宁石寨山》，云南美术出版社 1998 年版，第 111、215 页。

⑦ 参见山东省博物馆：《曲阜九龙山汉墓发掘简报》，《文物》1972 年第 5 期。

烈中路99号大院中发现8座墓葬，其中1座西汉晚期的贵族女性墓中也出土了红珊瑚珠。①

江苏徐州东汉彭城王墓出土了1件镶嵌各种宝石的鎏金兽形铜砚盒，长25厘米，宽14.8厘米，高10.5厘米。兽作伏地状，全身镶满了绿松石、青金石、红珊瑚等珍贵宝石（图1：7）。②

广州东郊沙河东汉墓夫妻合葬墓的棺东侧发现大量琥珀、水晶、珊瑚、玛瑙、琉璃、绿松石珠饰，其中珊瑚珠53粒，浅红色，扁平圆圈形状。最大直径0.35厘米，最小直径0.2厘米。棺的西边还发现珊瑚珠108粒，形制与前者相同。③

四川资阳市雁江区狮子山崖墓群M2的年代大致在东汉中晚期，其中出土1件蓝色珊瑚珠M2：52，呈圆柱形，中空。器身有较为密集的天然小圆圈纹路。体量不大，直径1.8厘米，高1.4厘米，孔径0.2厘米（图1：8）。④ 目前蓝色珊瑚制品较为罕见，其来源也值得关注。

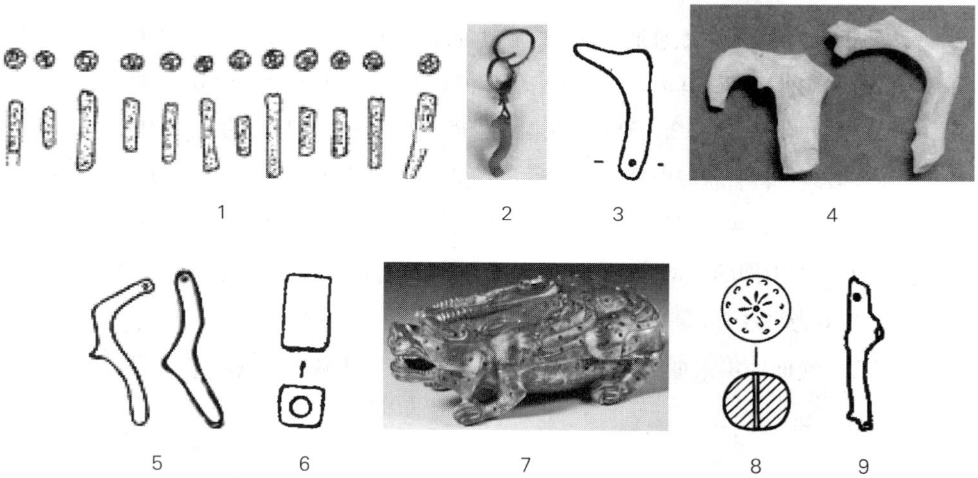

图1　先秦到汉晋时期出土珊瑚制品

1. 伊勒格代M65：1　2. 胜金店M13：37　3. 尼雅M8：31　4. 楼兰　5. 倒墩子M10：34　6. 倒墩子M10：2　7. 彭城王墓　8. 狮子山M2：52　9. 完工M1B：39

此外，在对武威高沟堡古城的调查中采集到了汉至宋元时期的遗物，其中就包括

① 参见邱伟荣：《广州发现8座两千年古墓，玛瑙珊瑚灿如新》，《广州日报》2010年8月17日，第A21版。

② 参见徐湖平：《江苏馆藏文物精华》，南京出版社2000年版，第52、127页。

③ 参见广州市文物管理委员会：《广州东郊沙河汉墓发掘简报》，《文物》1961年第2期。

④ 参见四川省文物考古研究院、资阳市雁江区文物管理所：《资阳市雁江区狮子山崖墓M2清理简报》，《四川文物》2011年第4期。

珊瑚。古城中发现大量汉代的砖瓦、五铢钱、灰陶罐等，城外墓葬基本也都是汉代的单室砖墓①，故而所见珊瑚大概率属于汉代遗物。

二、珊瑚种类与分布海域

就颜色而言，这一时期输入中国的珊瑚至少包含两类。然而目前已知的珊瑚种类繁多，颜色多样，且分布海域极为广泛，依据考古资料的简单描述判断珊瑚种类和来源显然不现实。因而在此之前，首先需要了解珊瑚的具体种类和分布海域。

从用途来看，珊瑚大致可以分为用于制作装饰品的宝石级珊瑚和造礁珊瑚。宝石级珊瑚包括红珊瑚、苍珊瑚、金珊瑚、黑珊瑚、白珊瑚等②，质地较为坚密。其中，红珊瑚骨骼颜色从淡红色到深红色不等。造礁珊瑚表层珊瑚虫死亡后，通体多呈白色，材质也多较粗糙疏松，并不适合做小型饰品。

虽然目前出土早期珊瑚制品均未做具体的生物学种属鉴定，但其颜色以红色系为主，个别为蓝色，不见白色，且器类多为小型装饰品。显而易见，这些珊瑚制品皆为宝石级珊瑚，其中红色珊瑚制品应为宝石级珊瑚中的红珊瑚。

红珊瑚属于腔肠动物门（Coelenterata）—珊瑚虫纲（Anthozoa）—八放珊瑚亚纲（Octocorallia）—软珊瑚目（Alcyonacea）—硬轴珊瑚亚目（Scleraxonia）—红珊瑚科（Coraliidae），共 29 种。③ 其外形呈树状分枝，具有高镁钙质中轴骨，骨骼从淡红色到深红色皆有，质地细密。据《华盛顿公约》附录Ⅱ，宝石级红珊瑚有 7 种④，主要分布于我国东海南部、南海，日本南部和西南部海域，地中海中西部以及毗邻的大西洋海域，美国夏威夷和中途岛海域。

我国附近海域可见日本红珊瑚（Corallium japonicum）、瘦长红珊瑚（Corallium elatius）、皮滑红珊瑚（Corallium konojoi）、巧红珊瑚（Corallium secundum）等 4 种。其中日本红珊瑚又称阿卡珊瑚（Aka coral）、牛血珊瑚、深红珊瑚，生长于日本南部

---

① 王宝元:《武威高堡城古城考察记》,《西北史地》1995 年第 1 期。

② 周佩玲、杨忠耀:《有机宝石学》，中国地质大学出版社 2004 年版，第 99 页。

③ Diego F. Figueroa，Amy R. Baco，“Complete Mitochondrial Genomes Elucidate Phylogenetic Relationships of the Deep-sea Octocoral Families Coralliidae and Paragorgiidae”，*Deep Sea Research Part II Topical Studies in Oceanography*，No. 99，2013.

④ Andrew W. Bruckner，“Rate and Extent of Decline in Corallium（Pink and Red Coral）Populations: Existing Data Meet the Requirements for a CITES Appendix Ⅱ Listing”，*Marine Ecology Progress Series*，No. 397，2009.

和西南海域，以及中国台湾、海南、福建、广东等水深 100—300 米的海域。颜色包括深红、红、橘红、粉红等。瘦长红珊瑚又称莫莫珊瑚（Momo coral）、MISU 珊瑚，分布海域与日本红珊瑚基本一致，适宜生长在水深 150—400 米的海域，颜色有橘红、粉红等。① 皮滑红珊瑚又称白珊瑚，主要分布在日本冲绳到菲律宾群岛、中国南海等水深 50—150 米的海域，有纯白色、桃红色等。② 巧红珊瑚又称天使皮肤珊瑚，主要分布于日本南部至中国台湾东北部，以及美国夏威夷群岛等水深 230—575 米的海域，常见白、粉白、粉红等颜色。

红珊瑚（Corallium rubrum）又称沙丁珊瑚（Sardinia coral）、撒丁珊瑚、意大利珊瑚、全红珊瑚，主要分布于地中海西部的意大利、法国、西班牙、摩洛哥等水深 10—250 米的海域。毗邻地中海的爱尔兰南部海域、比斯开湾海、马德拉群岛、加那利群岛和佛得角群岛也有分布。颜色有橘红、红、深红等色。美国中途岛附近的深海红珊瑚（Corallium sp. nov），又称美都珊瑚，主要生长于水下约 900—1500 米处，最深可达 2500 米。③ 粉红珊瑚（Corallium regale）主要生长于美国夏威夷群岛附近水深 230—575 米的海域。④

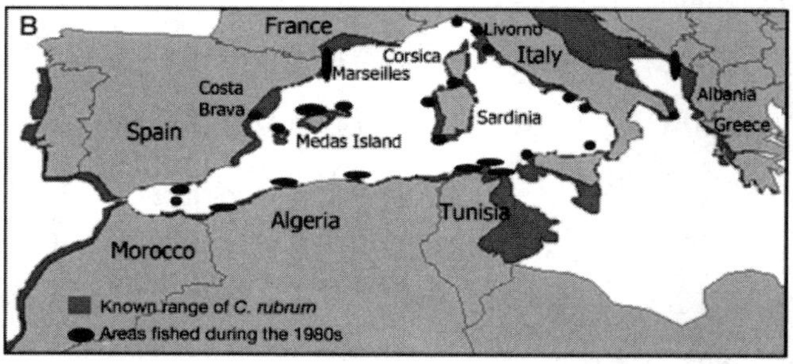

图 2　红珊瑚（Corallium rubrum）在地中海及毗邻海域的分布地域
（据《华盛顿公约》附录Ⅱ图 2）

至于蓝色珊瑚制品，目前仅见于狮子山墓群 M2。其表面可见同心圆结构的斑点和放射状线条，可以确认是苍珊瑚（Heliopora coerulea）。苍珊瑚又称蓝珊瑚，属于八放珊瑚亚纲（Octocorallia）—苍珊瑚目（Helioporacea）—苍珊瑚科（Helioporidae）。

① 参见刘昱坤等：《红珊瑚的稀土元素特征及其生态环境意义》，《岩石矿物学杂志》2016 年第 S1 期。
② 参见范陆薇：《宝石级红珊瑚的成分和结构特征研究》，中国地质大学（武汉）博士学位论文，2008 年。
③ 参见俞启丹、李立平：《中途岛深水珊瑚的宝石学及谱学特征》，《宝石和宝石学杂志（中英文）》2021 年第1 期。
④ 参见陈雨帆、李立平：《红珊瑚的结构特征研究》，载张建雄、李泽华主编：《国土资源探索与研究》第三卷，云南人民出版社 2013 年版，第 194—201 页。

外形呈块状、板状或宽板状，骨骼外表呈蓝色，内为深蓝色，主要生长于近岸浅海海域，是宝石级珊瑚中唯一可以造礁的珊瑚。据世界自然保护联盟濒危物种红色名录（IUCN Red List of Threatened Species），苍珊瑚主要分布于太平洋西南部、南部以及印度洋沿岸的温暖海域（图 3）。我国主要见于台湾和南海的西沙、南沙群岛。[①]

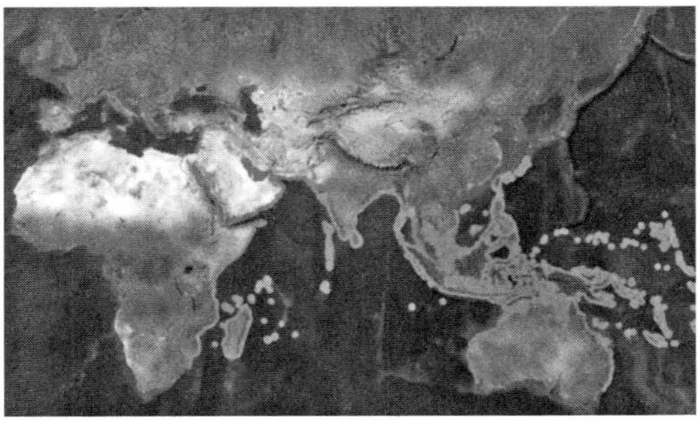

图 3　苍珊瑚分布地域图
（引自 IUCN Red List of Threatened Species 官网）

从红珊瑚和苍珊瑚的分布海域来看，内陆地区想要获取两类珊瑚有两个方向可以选择。其一是向西从地中海及毗邻的大西洋获取，其生长所需水深上限不仅是所有红珊瑚中最浅的，也最易获得。红珊瑚来源于红海、阿曼马西拉湾或是"亚洲各地"的观点显然忽略了红珊瑚的生长海域，将宝石级珊瑚和其他造礁珊瑚混为一谈。苍珊瑚向西获取的话，来源地则只能是印度洋。

其二是从中国东南沿海及附近海域获取这两类珊瑚，与学界的认识基本一致。但日本有关珊瑚的记载始于 1812 年[②]，中国台湾地区到 1923 年才发现红珊瑚，中途岛海域发现红珊瑚的年代则到了第二次世界大战以后。[③] 因而先秦两汉时期从这三地获取红珊瑚的可能性基本可以排除。

在此基础上，我们便可以进一步从两种珊瑚出土的年代和分布地域来推测珊瑚的来源。就石器时代而言，内蒙古杭锦旗新石器时代遗址明显晚于新疆七角井遗址，似乎存在由西向东传播的趋势。

夏商周时期珊瑚皆出土于北疆的西部地区和川西高原中部地区。其中新疆于汉代

---

① 参见王鹏：《海南珊瑚》，海洋出版社 2017 年版，第 137 页。

② 参见 Masanori Nonaka, Katherine Muzik, "Jewels of the Deep Sea - Precious Corals", in Senzo Uchida, *Proceedings of an International Symposium—Into the Unknown, Researching Mysterious Deep-sea Animals, 2007*, Okinawa: Okinawa Churaumi Aquarium, 2010。

③ 参见林宛津：《红珊瑚文化与生命的再现》，中国地质大学（北京）硕士学位论文，2007 年。

再次在东疆地区出土珊瑚，可见从三代到两汉时期新疆出土珊瑚同样存在自西向东的传播趋势。至于四川所见红珊瑚，距其最近的印度洋不生长，那么便绝不会经西南地区从印度洋获取。与此同时，卡莎湖墓地和汉塔山墓地均发现了诸多具有北方草原文化特征的青铜器①，两地珊瑚极有可能经由北方草原地区间接获取。不仅如此，卡莎湖墓地较汉塔山墓地年代更早，位置也更偏西北，或也可作为该认识的佐证。

两汉时期的珊瑚出土地点包括新疆、甘肃西部、北方草原地带、西南地区、岭南沿海和鲁南苏北的内陆地区。虽然西南地区和岭南沿海地区分别靠近红珊瑚和苍珊瑚的产地，能够就近获取，但两者与北方地区、西北地区之间的广阔区域目前尚未出土珊瑚制品，缺少中间环节支持自南向北传播的观点。故而北方和西北地区出土珊瑚的来源地与东南沿海地区关系不大，西南地区也不是上述地区珊瑚的运输中转站。如此来看，北方和西北地区出土珊瑚的来源地只有新疆以西的地中海，不同地区和不同品种的珊瑚运输途径和来源地存在差异。

三、草原丝绸之路：先秦时期的珊瑚运输通道

不仅新疆地区出土了较多先秦时期的红珊瑚，新疆以西的欧洲、北非、西亚乃至中亚，在很早的时候也已开始用红珊瑚制作装饰品了，部分地区出现红珊瑚的年代甚至要早于七角井遗址。其中环地中海地区出土红珊瑚制品最为丰富，使用红珊瑚制品的传统也延续了相当长的时间。

至少在距今 30 000 年前，处于内陆地区的瑞士洛桑旧石器时代遗址便出现了红珊瑚，距今 25 000 年的德国同样发现了地中海特有的红珊瑚制品。② 定期收获珊瑚，则至迟可以在距今 5000 年前的地中海沿岸遗址中发现端倪。

据乔瓦尼·泰肖内（Giovanni Tescione）的研究，意大利撒丁岛自新石器时代以

① 参见罗二虎：《试论卡莎湖文化》，《华夏考古》2008 年第 4 期；周志清：《浅析川西南青铜时代的管銎兵器——兼论川西高原在欧亚草原和北方文化传播带中的地位》，载成都文物考古研究所编：《成都考古研究（三）》，科学出版社 2016 年版，第 146—158 页；陈心舟：《试论西南地区三叉格铜剑的年代与源流》，载四川大学博物馆、四川大学考古学系、成都市文物考古研究所编：《南方民族考古》第十三辑，科学出版社 2016 年版，第 49—61 页；闫红贤、陈洪海：《甘青地区史前时期筒状臂饰初步研究》，载吉林大学边疆考古研究中心编：《边疆考古研究》第三十三辑，科学出版社 2023 年版，第 69—85 页；郭富：《四川地区早期带柄铜镜的初步研究》，《四川文物》2013 年第 6 期。

② 参见 B. Liverino, *The CORALS-Cultural Tourist Itineraries in the South of Italy-Industrial History Series*, Rome: Analisi Co. Ltd, 1986。

来就已有珊瑚开采活动，如塔罗斯（Tharros）、诺拉（Nora）等遗址都出土了红珊瑚。[①] 在一些考古遗址可追溯到距今4000多年的腓尼基时期，并延续到了布匿战争时期。[②] 克里特岛米诺斯宫的珊瑚碎片在公元前2000年的地层中被发现。[③] 卡利亚里（Cagliari）的图维希杜（Tuvixeddu）地区普雷迪奥-伊巴（Predio-Ibba）墓地发现了未经加工的白珊瑚，用于支撑墓葬，同时墓中也出土了红珊瑚。其常与水晶、玻璃、金箔等组成项链或手镯，研究者认为珊瑚具有护身符的作用。[④]

到了罗马时期，红珊瑚随着青铜器不断向帝国边境及其域外传播。[⑤] 公元前540—公元前390年的意大利北部福尔切洛（Forcello）遗址，出土了大量希腊式双耳瓶、釉面陶器、玻璃瓶和珠子、银甚至红珊瑚首饰，以及环阿尔卑斯山式青铜器。[⑥] 在对卡利亚里剧院神庙的发掘中发现了大约三公斤天然红珊瑚，年代在公元前3世纪左右。[⑦] 此时的红珊瑚并不是只有精英阶层才能消费得起的奢侈品，财力稍逊的罗马居民乃至乡村居民也能偶尔购买。[⑧] 这足以证明红珊瑚在古罗马时期的流行程度。红珊瑚延续了前期护身符的文化含义，并延伸出趋吉避凶、治疗疾病和获得智慧等功能。[⑨]

铁器时代早期的中欧、东欧和西欧已开始进口地中海红珊瑚制作的珠子和未经加工的原料。其被镶嵌于胸针和其他物品中，显示了社会分层。距今2400年左右，英国东约克郡的阿拉斯文化和法国拉沃（Lavau）凯尔特人墓葬中，均发现了红珊瑚制品和未加工的珊瑚枝。距今2200年左右的英格兰威特望（Wetwang）遗址的一名女性墓主随葬战车中发现了一批装饰红珊瑚的金属制品。[⑩]

---

① 参见 Giovanni Tescione, *Il corallo nella storia e nell'arte*, Napoli: Montanino Editore, 1965。

② 参见 Taramelli Antonio, *La necropoli punica di Predio Ibba a S. Aventrace*, Cagliari: Anast. Edizioni 3T Cagliari, 1978。

③ 参见 Carlos Jiménez, Covadonga Orejas, *The Builders of the Oceans—Part II: Corals from the Past to the Present (The Stone from the Sea)*, Cham: Springer, 2017。

④ 参见 Giovanni Pesce, *Sardegna Punica*, Cagliari: Sarda Fossataro, 1961。

⑤ 参见 P. S. Wells, "Creating an Imperial Frontier: Archaeology of the Formation of Rome's Danube Borderland", *Journal of Archaeological Research*, No. 13, 2005。

⑥ 参见 Lorenzo Zamboni, "The Urbanization of Northern Italy: Contextualizing Early Settlement Nucleation in the Po Valley", *Journal of Archaeological Research*, No. 29, 2021。

⑦ 参见 Aa. Vv, *Il Museo Archeologico di Cagliari*, Sassari: Banco di Sardegna-Amilcare Pizzi, 1989。

⑧ 参见陈思伟:《埃及与印度次大陆的海上贸易及其在罗马帝国经济中的地位》,《历史研究》2018年第1期。

⑨ 参见 B. Liverino, *Red Coral: Jewel of the Sea*, Bologna: Malvasia Anadi si Trend, 1989。

⑩ 参见 Carlos Jiménez, Covadonga Orejas, *The Builders of the Oceans—Part II: Corals from the Past to the Present (The Stone from the Sea)*, Cham: Springer, 2017。

西亚、北非地区同样很早就开始使用红珊瑚，如埃及旧石器时代中期遗址出土了红色和白色珊瑚的碎片。① 位于土耳其中部平原的恰塔霍裕克（Çatalhöyük）遗址中，红珊瑚珠被制作成项链、手镯、脚链和臂章等装饰品，年代在距今 9400—8200 年。② 距今 8500—5800 年的美索不达米亚乌拜德（Tell Al-'Ubaid）遗址中发现的珊瑚多为白色③，这被认为是对抗疾病的药物。④ 前王朝时期的埃及，包括红珊瑚在内的少数几种珊瑚经常出土于贵族墓葬中。这一传统在埃及延续了相当长的时间。进入公元前 7 世纪，希腊和埃及的寺庙与神社中发现的祭品就包括了红珊瑚。大英博物馆藏 1 件 1 世纪到 2 世纪的希腊化时代埃及神祇——塞拉皮斯的微型半身像，被认为很可能是红珊瑚制成的。⑤

更加深入内陆的中亚地区出土红珊瑚的相关材料不多，但其红珊瑚出现年代要晚于地中海沿岸乃至西亚内陆地区。距今 9000 年左右，中亚相关遗址发现了用珊瑚珠和珊瑚枝制作的项链或吊坠，其中就包括红珊瑚。⑥ 俄罗斯顿河下游的捷尔特穆里克斯基泰王墓出土了 1 件动物题材的项链，其中镶嵌有绿松石、红珊瑚、玻璃珠等珍贵材料，年代在公元前 8—公元前 3 世纪。⑦

依据上述材料，新疆以西地区出土红珊瑚明显存在自西向东的传播趋势，即地中海北岸和南岸最早开始使用，其后开始向地中海东岸发展。距今 9000 年左右，红珊瑚传播到了西亚内陆地区和中亚。其出现红珊瑚的年代与新疆七角井遗址相差无几。这种趋势便是地中海所生珊瑚向西传播到中国内陆地区的证明。

具体到传播路径，中国先秦时期红珊瑚制品皆出土于天山以北以及内蒙古中部的广阔欧亚草原地带东部，即所谓“草原丝绸之路”东段。其向西联结的中亚、东欧等地区则属于“草原丝绸之路”西段。“草原丝绸之路”是天然的东西交流通道，未有高大山脉或其他地理阻隔，先秦时期的红珊瑚很可能就是利用了这一通道从地中海输

① 参见 Carlos Jiménez, Covadonga Orejas, *The Builders of the Oceans—Part II: Corals from the Past to the Present (The Stone from the Sea)*, Cham: Springer, 2017。

② 参见 Mellaart James, “Excavations at Çatal Hüyük, 1963: Third Preliminary Report”, *Anatolian Studies*, No. 14, 1964。

③ 参见张玉妍:《美索不达米亚玻璃制作研究》，厦门大学硕士学位论文，2017 年。

④ 参见 E. C. L. During Caspers, “Of corals and ailments in the Ancient Near East”, *Proceedings of the Seminar for Arabian Studies*, No. 16, 1986。

⑤ 参见 Carlos Jiménez, Covadonga Orejas, *The Builders of the Oceans—Part II: Corals from the Past to the Present (The Stone from the Sea)*, Cham: Springer, 2017。

⑥ 同上。

⑦ 参见田于金、郭素新:《鄂尔多斯式青铜器》，文物出版社 1986 年版，第 65 页。

入的。四川两处遗址与北方草原地带考古学文化间的紧密联系，也表明其珊瑚制品是向北间接经“草原丝绸之路”获取的。

需要注意的是，地中海北岸和东岸出现珊瑚的年代均较早，故而尚无法确认先秦时期红珊瑚的来源地是更靠近地中海北岸，且为“草原丝绸之路”最西端的东欧地区，还是濒临地中海东岸，地处“草原丝绸之路”以南的西亚地区。

此外还有两重旁证。其一，吉林白城双塔一期遗存出土1件距今10 000年的黄宝螺。① 据研究，其很可能源自印度洋，并经“草原丝绸之路”传播而来。② 新疆出土史前海贝同样利用了“草原丝绸之路”。③ 那么，同为海洋生物的珊瑚使用了相同的运输通道，并传播到新疆和内蒙古也就不足为奇了。其二，德国学者罗德里奇·普塔克④和美国学者谢弗（Shaver）⑤ 都认为，古汉语中的珊瑚读作“Sān-go”，其读音可能源于古波斯语“Sanga ā”（石头），也将珊瑚的来源指向西方。

由于印度洋并不生长红珊瑚，地中海便成为先秦时期红珊瑚的唯一来源地，“草原丝绸之路”或更准确地说是“草原丝绸之路”东段则是唯一传播通道。

四、四路并重：两汉时期的珊瑚运输通道

两汉文献中开始出现有关珊瑚的记载，使其与考古资料能够相互印证。西汉初年，陆贾作《新语·道基》曰：“夫驴骡骆驼，犀象玳瑁，琥珀珊瑚，翠羽珠玉，山生水藏，择地而居。”⑥《盐铁论·崇礼》明确了上述部分物产的产地，曰：“夫犀象兕虎，南夷之所多也；骡驴骆驼，北狄之常畜也。”⑦ 此外，玳瑁是海龟的壳，其产地则是“南夷”沿海。显然陆贾在行文时是以产地来罗列这些物产的。如此看来，其认知中的珊瑚产地并不在上述两地。

① 参见汤卓炜、王立新、段天璟等：《吉林白城双塔新石器时代遗址的动物遗存及其环境》，《人类学学报》2017年第4期。

② 参见范杰、田广林：《辽西新石器时代的海陆互动——以出土海贝为中心》，载李庆新主编：《海洋史研究》第十七辑，社会科学文献出版社2021年版，第329—343页。

③ 参见范杰：《新疆出土史前海贝来源和传播路径再认识》，《西域研究》2023年第4期。

④ 参见 Roderich Ptak, *China's Seaborne Trade with South and Southeast Asia (1200 –1750)*, Aldershot: Ashgate Publishing Ltd., 1999。

⑤ 参见谢弗：《唐代的外来文明》，吴玉贵译，中国社会科学出版社1995年版，第523页。

⑥ 陆贾：《新语》，李振宏注说，河南大学出版社2016年版，第156页。

⑦ 桑弘羊：《盐铁论校注》卷七，王利器校注，中华书局2015年版，第488页。

《史记》载司马相如《上林赋》："玫瑰碧琳，珊瑚丛生。"① 既然用"丛生"来形容珊瑚，那么当时很可能已能获得完整的珊瑚。《盐铁论·力耕》还提到了珊瑚的产地："美玉珊瑚出于昆山，珠玑犀象出于桂林。"② 昆山即昆仑山，此时人们并不清楚昆仑山的具体位置，但皆认为位于中原以西③，那么珊瑚无疑是自西而来。

《汉书·西域传》则明确指出珊瑚来自西方："罽宾……出封牛、水牛、象、大狗、沐猴、孔爵、珠玑、珊瑚、虎魄、璧流离。"④ 罽宾位于今克什米尔附近，以东即新疆的塔里木盆地，为"绿洲丝绸之路"的必经之地。距离克什米尔最近的印度洋虽生产苍珊瑚，但并不生长红珊瑚，因而罽宾并非珊瑚的产地，而是中转地。

东汉时期开始出现大秦（即罗马）生产珊瑚的记载，这与前文提到罗马时期大量使用珊瑚的情况相符。《后汉书·西域传》载："大秦国……土多金银奇宝，有夜光璧、明月珠、骇鸡犀、珊瑚、虎魄、琉璃、琅玕、朱丹、青碧。"⑤《说文》释"珊"："珊瑚，色赤，生於海，或生於山。"⑥ 可见当时珊瑚多为红色，人们对珊瑚的形象也有了更为清晰的认识。"生於山"则显然是受到了《盐铁论》等更早时期文献的影响。两汉时期南疆塔里木盆地南北缘开始流行珊瑚，也正是南北两条"绿洲丝绸之路"的"凿空"之时。故而"绿洲丝绸之路"无疑是珊瑚的运输途径之一。

西向的路线可能并不只"绿洲丝绸之路"一条。新疆穹库斯台墓群、宁夏倒墩子墓地、内蒙古完工墓地均位于"草原丝绸之路"，表明这一路线仍在使用。其中前者所处位置明显是先秦路线的延续。后两者出土珊瑚枝还见于"绿洲丝绸之路"上的东疆胜金店墓地、南疆尼雅和楼兰遗址，完工墓地的金耳环与珊瑚枝组成的耳饰与胜金店墓地耳饰 M13:37 如出一辙。此外，东疆也是两条东西向丝绸之路的交汇处。故而宁夏和内蒙古珊瑚的传播路径很可能是这两条"丝绸之路"的联动，即先经"绿洲丝绸之路"再进入"草原丝绸之路"。

汉代鲁王墓出土珊瑚管仅见于同时期新疆和宁夏，彭城王墓砚盒上的青金石也是

① 司马迁:《史记》卷一一七，中华书局 1982 年版，第 3026 页。
② 桑弘羊:《盐铁论校注》卷一，王利器校注，中华书局 2015 年版，第 30 页。
③ 参见姚宇亮:《〈离骚〉之"昆仑"新论》，《中南大学学报（社会科学版）》2007 年第 1 期。
④ 班固:《汉书》卷九六，中华书局 1962 年版，第 3884 页。
⑤ 范晔:《后汉书》卷八八，中华书局 1965 年版，第 2919 页。
⑥ 许慎:《说文解字》卷一上，中华书局 1963 年版，第 13 页。

中亚和西亚常见的物产[①]。由此不难推断两地珊瑚同样是自西而来，但具体经由哪条路径目前尚无法确认。

从西南方向获得珊瑚也可得到文献支持。《后汉书・南蛮西南夷列传》："若乃藏山隐海之灵物，沈沙栖陆之玮宝。"李贤注"玮宝"为"珠玉、金碧、珊瑚、虎魄之类"，又："合为永昌郡，始通博南山，度兰仓水，行者苦之。"[②]《三国志・魏书・乌丸鲜卑东夷传》引《魏略・西戎传》曰："大秦道既从海北陆通，又循海而南……有水道通益州永昌，故永昌出异物。"[③]《水经注》曰："兰仓水出金沙，越人收以为黄金。又有珠光穴，穴出光珠，又有琥珀、珊瑚、黄、白、青珠也。"[④] 永昌位于今云南西部，兰仓水为今澜沧江，可知罗马已能通过水路沟通中国西南地区，永昌所出"异物"显然包括地中海珊瑚在内。与此同时，石寨山墓地出土珊瑚又可将这一路径使用时间从东汉提前到西汉。

与石寨山珊瑚一同出土之海贝的来源路径同样可证实这一认识。云南出土年代最早的海贝见于楚雄元谋县大墩子遗址，大致相当于商代晚期。[⑤] 迪庆德钦县纳古石棺墓出土海贝 1 枚，处于春秋早中期，或可早到西周晚期。[⑥] 大理剑川鳌凤山墓地出土 47 枚海贝，处于春秋中期至战国初期。[⑦] 昆明呈贡天子庙墓地的战国中期 M41 出土 1500 余枚海贝。[⑧] 石寨山墓地周边的宜良纱帽山[⑨]、江川李家山[⑩]同样出土大量海贝，年代皆在战国末期到西汉时期。不难发现，年代早于石寨山的遗址全部位于其西部，这暗示石寨山墓地海贝很可能自西而来。大量研究证实印度在与地中海沿岸的贸易和

---

① 参见谢尔盖、冯筱媛、林英:《公元前三千纪至公元前一千纪稀有商品贸易网络中的中亚——以青金石与玻璃为中心的探讨》，载李庆新主编:《海洋史研究》第十三辑，社会科学文献出版社 2018 年版，第 3—29 页；赖舒琪等:《古代青金石的开采和贸易：基于历史文献及考古发现二重证据的研究进展》，《宝石和宝石学杂志（中英文）》2021 年第 4 期。

② 范晔:《后汉书》卷八六，中华书局 1965 年版，第 2860—2861、2849 页。

③ 陈寿:《三国志》卷三十，中华书局 1959 年版，第 861 页。

④ 郦道元:《水经注》卷三六，陈桥驿点校，上海古籍出版社 1990 年版，第 671 页。

⑤ 参见云南省博物馆:《元谋大墩子新石器时代遗址》，《考古学报》1977 年第 1 期。

⑥ 参见云南省博物馆考古工作队:《云南德钦县纳古石棺墓》，《考古》1983 年第 3 期。

⑦ 参见云南省博物馆:《剑川鳌凤山古墓发掘报告》，《考古学报》1990 年第 2 期。

⑧ 参见昆明市文物管理委员会:《呈贡天子庙滇墓》，《考古学报》1988 年第 4 期。

⑨ 参见云南省文物考古研究所、昆明市文物管理委员会、宜良县文物管理委员会:《云南宜良纱帽山滇文化墓地发掘报告》，载四川大学博物馆、四川大学考古学系、成都市文物考古研究所编:《南方民族考古》第八辑，科学出版社 2012 年版，第 313—392+479—486 页。

⑩ 参见云南省博物馆:《云南江川李家山古墓群发掘报告》，《考古学报》1975 年第 2 期。

交换中，获得了地中海的珊瑚、黄玉、亚麻布等商品。[①] 西南地区珊瑚则无疑与印度的中转贸易有关，也反映出当时的交通路线和方式远比传统认知中的复杂。

至于苍珊瑚，《说文》释“䂞”曰：“上擿岩空青珊瑚堕之，从石折声。”[②] 其中青珊瑚应是苍珊瑚，即东汉时期已认识到珊瑚有红、苍之分，并且狮子山墓地出土苍珊瑚的年代与其完全一致。其传播路径和来源地很可能同红珊瑚一样，是就近通过“南方丝绸之路”从印度洋获取的。

东南沿海地区直面海洋，能够通过“海上丝绸之路”获得珊瑚。《汉书·地理志》记录了从徐闻、合浦等地经中南半岛和苏门答腊岛，到达印度和斯里兰卡的“海上丝绸之路”，并“市明珠、璧流离、奇石异物，赍黄金杂缯而往”。东汉杨孚《异物志》载：“涨海崎头，水浅而多磁石。”[③]“涨海”是中国古代对南海最早的称谓，表明当时已对南海有较为深入的了解。大秦王安敦甚至已经在东汉桓帝延熹九年（166），“遣使自日南徼外献象牙、犀角、玳瑁”[④]。不难发现，两汉时期东南沿海地区与中南半岛、印度地区的贸易路径已经相当成熟。

目前有关南海生产和运输珊瑚的记载最早见于三国。《三国志·吴书·张严程阚薛传》云：“日南郡……贵致远珍名珠、香药、象牙、犀角、玳瑁、珊瑚、琉璃、鹦鹉、翡翠、孔雀、奇物，充备宝玩，不必仰其赋入，以益中国也。”[⑤] 日南郡大致处于今越南，可见南海应是珊瑚来源地之一。广州先烈中路西汉墓葬出土珊瑚，则可将这一时间提前到西汉。

文献虽未明确记载从印度地区获得珊瑚，但成书时间相当于东汉初年的《红海周航记》中提到印度已能经红海、阿拉伯海、孟加拉湾获得珊瑚。[⑥] 但这些海域并不生长红珊瑚，故而其来源地实际上是地中海。同时广州沙河东汉墓出土了起源于印度河流域且制造中心就在印度的蚀刻石髓珠。[⑦] 不排除当时运输的“奇石异物”中包括由

① 参见 Wilfred H. Schoff, *The Periplus of the Erythraean Sea*, London: Bombay & Calcutta, 1912; E. H. Warmington, *The Commerce Between the Roman Empire and India*, New Delhi: Central Archaeological Library, 1974; Lionel Casson, *The Periplus Maris Erythraei*, Princeton: Princeton University Press, 1989; A. K. Kanungo, *Ancient Glass of South Asia*, Singapore: Springer Nature Singapore Pte Ltd., 2021。

② 许慎:《说文解字》卷九下，中华书局 1963 年版，第 195 页。

③ 唐胄:《正德琼台志》卷九《土产下药之属》引《异物志》，上海古籍书店 1964 年版，第 14 页。

④ 范晔:《后汉书》卷八八，中华书局 1965 年版，第 2920 页。

⑤ 陈寿:《三国志》卷五三，中华书局 1959 年版，第 1252 页。

⑥ 参见王坤霞、杨巨平:《流动的世界：〈厄立特里亚航海记〉中的海上贸易》，《西域研究》2017 年第 1 期。

⑦ 参见李光辉:《浅谈广东出土的汉代珠饰》，《文物天地》2017 年第 10 期。

印度转运的地中海珊瑚。

综上，两汉时期的西北地区和北方地区主要依靠“绿洲丝绸之路”和“草原丝绸之路”获取地中海的红珊瑚；西南地区出土红珊瑚和苍珊瑚分别来自地中海和印度洋，并经“南方丝绸之路”运输；东南地区则通过“海上丝绸之路”获取地中海或南海红珊瑚。

五、结语

通过对先秦两汉时期珊瑚制品的来源地、传播路径以及早期东西交通等问题的分析和研究，我们大致可以得出以下三点结论。

首先，作为海洋物产的珊瑚出土于中国内陆地区，是早期中外交通和文化交流的证明。整体上看，中国早期获取珊瑚的路径和来源并非一成不变。先秦时期的“草原丝绸之路”是中国内陆地区获取珊瑚的唯一途径，地中海则是唯一来源地。显然，中国内陆地区在很早时期便已经与地中海沿岸产生了接触与交流。随着“绿洲丝绸之路”“南方丝绸之路”和“海上丝绸之路”逐渐形成稳定的交流互动通道，珊瑚贸易网络也进一步扩展至南海和印度洋。可知汉代已经可以从多个方向获取地中海或南海的红珊瑚。苍珊瑚则来自印度洋沿岸，并通过“南方丝绸之路”向西南地区运输。这应是中国出土早期珊瑚来源地、运输路径和发展轨迹的基本历史面貌。

其次，传统认知中的“丝绸之路”是单纯的陆上或海上交通路径，但珊瑚反映出当时已经出现了不同路线之间的联动。如先秦时期四川地区出土珊瑚是“草原丝绸之路”与西南地区联动的产物，两汉时期内蒙古和宁夏出土珊瑚枝则源自“绿洲丝绸之路”和“草原丝绸之路”的联动。不仅是陆上线路联动，海陆联动也已出现。由于珊瑚生长所需最浅水深也在10米以上，故而其与海岸的距离并不短，单纯依靠捡拾显然无法为大规模的长途运输提供产品。因此在陆上运输珊瑚前必然需要经过海上运输。海陆联动还体现在“海上丝绸之路”与“陆上丝绸之路”之间的复杂交流和贸易网络上。如西南地区获取地中海红珊瑚，需要先经过陆路运输到红海、阿拉伯海沿岸，然后依靠印度洋段的“海上丝绸之路”运输到印度，再经“南方丝绸之路”才能到达目的地。故而不同路线之间的联动是当时东西交往的底色之一。

最后，红珊瑚的生长特性决定了获取珊瑚不仅需要一定的打捞方法，还需要适用于较深海域的打捞工具和一定的航海技术。三国时期万震的《南州异物志》记载了罗马打捞珊瑚的方式，曰：

> 珊瑚生大秦国，有洲在涨海中，距其国七八百里，名珊瑚树洲。底有盘石，水深二十余丈。珊瑚生于石上，初生白，软弱似菌。国人乘大船，载铁网先没在水下，一年便生网目中。其色尚黄，枝柯交错，高三四尺。大者围尺余。三年色赤，便以铁钞发其根，系铁网于船，绞车举网，还，裁凿恣意所作。若过时不凿，便枯索虫蛊。其大者输之王府，细者卖之。①

由此不难体会到东南沿海地区从南海打捞珊瑚的复杂和困难程度。其现实意义在于，两汉时期中国依托南海建立起“海上丝绸之路”沟通海陆的同时，也已对南海的海洋资源进行了有效和深入的开发利用，是中国对南海拥有主权的历史依据。

① 万震:《南州异物志》，载刘纬毅编:《汉唐方志辑佚》，北京图书馆出版社 1997 年版，第 48 页。

融合波斯风的敦煌隋代洞窟联珠纹之传统思想义涵*

沙武田　史文文

（陕西师范大学　丝绸之路研究中心）

【摘　要】　敦煌隋代洞窟大量使用联珠纹装饰。研究发现，这类新题材是对南北朝佛教造像使用联珠做法的延续。联珠纹的使用既有波斯文化在敦煌的影响，是中亚粟特文化传播的结果，同时又有传统吉祥属性，与佛教宝珠、摩尼珠作为祥瑞表达护佑的功能产生融合。通过更深层次的考察可以发现，洞窟中大量运用联珠纹也是汉晋至南北朝隋以来佛教净土往生观念与中国传统升天成仙思想结合的体现，因此，隋代洞窟使用的联珠纹可看作这一时期在传统思想主导下对往生净土的创造性表达，是文化认同背景下中外文明碰撞融合的历史图像。

【关键词】　敦煌隋代洞窟　联珠纹　波斯文化　往生净土　传统升天成仙思想

提出问题

关于敦煌隋代洞窟壁画和彩塑造像中出现的各类联珠纹样，学界研究颇为丰富，关友惠认为其是隋代边饰中的一种新纹样，原流行于波斯，随着丝路贸易、文化交流

* 本文系国家社会科学基金冷门绝学研究专项学者个人项目“敦煌石窟汉晋传统‘天’图像研究”（23VJXG022）、国家社会科学基金冷门绝学研究专项学术团队项目“敦煌壁画外来图像文明属性研究”（20VJXT014）、高等学校学科创新引智基地计划资助（Supported by the Project 111）“长安与丝路文化传播学科创新引智基地”（B1803）的阶段性成果。

传入中国，在石窟艺术中首见于新疆诸石窟中，莫高窟始见于隋代诸窟中。[①] 姜伯勤在此基础上进一步指出，敦煌隋代联珠纹在中亚巴米扬及弗拉底石窟和粟特地区的巴拉雷达板、瓦尔赫萨、阿弗拉西阿勃、片治肯特等，以及新疆克孜尔石窟中均有发现。[②] 荣新江在探讨北齐徐显秀墓壁画中的联珠菩萨头像纹样（图 1）时认为，其与佛教石窟中的联珠纹饰都说明了祆教波斯文化与佛教文化的相融与结合。[③] 王振华也认为敦煌隋唐出现的联珠纹与波斯有关。[④] 之前我们以环形联珠翼马纹为主要关注点，将其放在文化视域中进行了深入研究，认为其为萨珊风格装饰在中国与传统天马思想融合下的产物。[⑤] 综合已有的学术史，学界一致认为联珠纹和来自异域的波斯文化关系密切。

作为敦煌隋代壁画联珠纹最新的研究成果，康马泰在洞窟现场考察时辨识出之前学界未曾观察到的莫高窟第 420 窟西壁龛内主尊彩塑佛衣上的环形联珠猪头纹图像（图 2），进而探讨了这类纹样在丝绸之路上的流传脉络，结果强调了联珠纹源出中亚粟特地区的历史关系，后来传播到中亚各地和中国，和传统认为联珠纹为波斯萨珊典型纹样的观点有较大的出入，颇有启发，但因为行文主旨关系，文中并没有深入解释这类图像出现在佛教造像佛衣上的原因[⑥]。其实隋唐时期工艺美术上出现的联珠纹主要来自中亚粟特地区，薄小莹、尚刚等早已有阐述[⑦]。考虑到此类纹样独特而颇为复杂的文化属性，加上其出现的独特位置，再结合之前联珠狩猎纹出现在同窟同组彩塑菩萨衣裙上的现象，颇觉有进一步探讨的必要。草成此文，求教于方家。

---

① 参见关友惠：《莫高窟隋代图案初探》，载敦煌文物研究所编：《敦煌研究》1983 年创刊号，甘肃人民出版社 1983 年版，第 32 页。

② 参见姜伯勤：《敦煌壁画与粟特壁画的比较研究》，载敦煌研究院编：《1987 年敦煌石窟研究国际讨论会文集・石窟艺术编》，辽宁美术出版社 1990 年版，第 150—169 页；姜伯勤：《敦煌与波斯》，《敦煌研究》1990 年第 3 期。

③ 参见荣新江：《略谈徐显秀墓壁画的菩萨联珠纹》，《文物》2003 年第 10 期。

④ 参见王振华：《从隋唐莫高窟看联珠纹寓意的演变》，《美术大观》2019 年第 2 期。

⑤ 参见沙武田：《敦煌壁画翼马图像试析》，载敦煌研究院编：《2000 年敦煌学国际学术讨论会文集・石窟考古卷》，甘肃民族出版社 2000 年版，第 156—172 页。

⑥ 参见 Matteo Compareti，"The Wild Boar Head Motif among the Paintings in Cave 420 at Dunhuang"，载陕西师范大学历史文化学院、陕西历史博物馆、陕西师范大学人文社会科学高等研究院编：《丝绸之路研究集刊》第六辑，商务印书馆 2021 年版，第 280—298＋475 页。

⑦ 参见薄小莹：《吐鲁番地区发现的联珠织物》，载北京大学考古系编：《纪念北京大学考古专业三十周年论文集：1952—1982》，文物出版社 1990 年版，第 311—340 页；尚刚：《从联珠圈纹到写实花鸟——隋唐五代丝绸装饰主题的演变》，载杭间、何洁、勒埭强主编：《岁寒三友：中国传统图形与现代视觉设计》，山东画报出版社 2005 年版，第 312—337 页。

图 1　北齐徐显秀墓壁画中的联珠菩萨头像纹
（采自山西省考古研究所、太原市文物考古研究所:《太原北齐徐显秀墓发掘简报》，《文物》2003 年第 10 期，第 23 页，图版三三。）

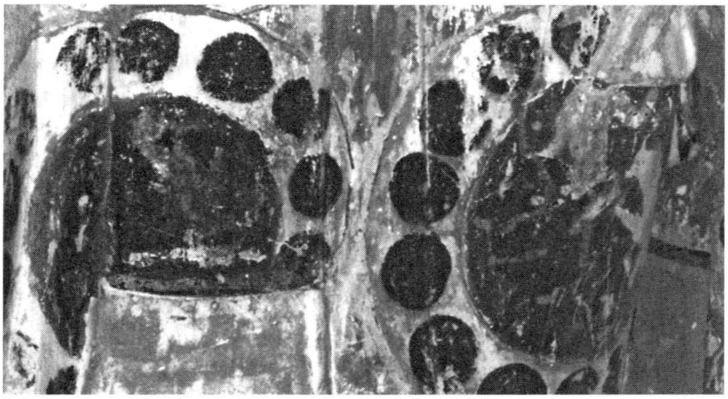

图 2　莫高窟第 420 窟西壁龛内主尊彩塑佛衣上的环形联珠猪头纹
（采自“数字敦煌”。）

一、洞窟彩塑佛衣和菩萨衣裙使用联珠纹现象与原因

莫高窟隋代第 420 窟彩塑菩萨衣裙的装饰纹样中出现的联珠狩猎纹，可以简单理解为普通的衣裙服饰丝锦纹样，因为虽然菩萨不是凡间女性，但在视觉艺术表现时基本上是以贵族女性最时尚的装束进行艺术再现的，因此菩萨的衣裙装饰纹样虽然较为华丽，但从根本上不可能脱离现实社会日常生活中丝锦纹样的种类。一般认为敦煌隋

代洞窟环形联珠纹更近似同期丝织物上的联珠纹样①，这方面有大量的考古资料可为佐证，北齐徐显秀墓壁画侍女衣裙上就描绘有环形联珠菩萨头像纹和环形对马纹，其实5—7世纪撒马尔罕一号房址壁画贵族袍服上就已出现环形联珠翼马纹图案。除此之外，我们确实可以在漫长的丝路沿线看到丰富的历代各类织物实物保存或出土，这些丝织品上面同样装饰有丰富多彩的纹样，其中就包括各式联珠纹。有专题研究表明联珠猪头、翼马、对鸟等纹织锦或壁画广泛存在于西亚、中亚以及中国新疆、青海都兰与中原的广大地区②，就联珠猪头纹样而言，中亚地区的材料更多，所以康马泰更加倾向于认为敦煌隋代第420窟佛衣具的联珠猪头纹是受到中亚粟特的影响③。

异域联珠纹的流行是波斯萨珊文化对琐罗亚斯德教推崇的外在体现，尤其受到波斯本土占星学的深刻影响，众多小圆珠沿着珠圈的整齐排列寓意一种星相学层面的神圣之光，内填充各种与天、神相关的图样，所以学者们一致认为联珠纹中出现猪头纹，与中亚、西亚地区信奉的琐罗亚斯德教即袄教有关④，具体是该教中征战和胜利之神伟力特拉格那（Verethragna）神的象征与化身⑤，和联珠骆驼、山羊纹有相同的象征意义，而联珠中的翼马则特指日神密特拉（Mithras）。

所以，单从不同文明艺术图式的借鉴上看，从宗教学角度而言，具有深厚波斯萨珊袄教色彩的联珠猪头纹、联珠狩猎纹、联珠翼马纹等环形联珠纹出现在另一种丝路宗教佛教造像的佛衣和菩萨衣裙上面，其实也是可以理解的，应属丝路不同宗教之间对艺术的相互借用，也符合图像的“二重性”现象。如果再考虑到中亚粟特人在丝路上频繁活动的因素，这种有深厚波斯萨珊风格但被主要活跃在丝路上的粟特人带到同属丝路重镇和粟特人聚居地的敦煌的洞窟壁画之中，倒是十分有趣而富于丝路文化传播与艺术交流色彩的话题。

---

① 参见关友惠：《莫高窟隋代图案初探》，载敦煌文物研究所编：《敦煌研究》1983年创刊号，甘肃人民出版社1983年版，第32页。

② 参见赵丰主编：《中国历代丝绸艺术·隋唐》，浙江大学出版社2020年版，第63—90页。

③ 参见Matteo Compareti，“The Wild Boar Head Motif among the Paintings in Cave 420 at Dunhuang”，载陕西师范大学历史文化学院、陕西历史博物馆、陕西师范大学人文社会科学高等研究院编：《丝绸之路研究集刊》第六辑，商务印书馆2021年版，第280—298+475页。

④ 学界常把琐罗亚斯德教与袄教互称，但实际上两者是有区别的，具体见张小贵：《中古华化袄教考述》，文物出版社2010年版，第1—26页。根据探讨的主题与语境，此处应指波斯文化圈中由粟特人带至中国并由中国冠之以名从北朝“胡天”演变而来的袄教。

⑤ 参见雷奈-格鲁塞：《近东与中东的文明》，常任侠译，上海人民美术出版社1981年版，第74页；姜伯勤：《敦煌吐鲁番文书与丝绸之路》，文物出版社1984年版，第154页；赵丰、齐东方：《锦上胡风——丝绸之路纺织品上的西方影响（4—8世纪）》，上海古籍出版社2011年版，第124页。

不过，这种最初有较为纯粹的琐罗亚斯德教色彩的纹样，出现在敦煌隋代的佛教洞窟彩塑造像上面并作为庄严而神圣的尊像的服饰装饰纹样使用，还是需要作些历史的辨析，毕竟其与佛教的教义、规范有较大的出入。

对佛衣的样式和颜色，佛教经典和仪轨有严格的规定，一般而言，佛衣由三衣构成，即僧伽梨（上衣）、郁多罗僧（中衣）、安陀会（下衣），均用长短不一的织物条缝制而成①。佛衣的颜色，《四分律》载："时六群比丘畜上色锦衣。佛言：不应畜锦衣、白衣，法不应畜，应然作袈裟色畜。"②《南海寄归内法传》记载佛衣："一僧伽胝；二嗢呾啰僧伽；三安呾婆娑。注曰：此之三衣，皆名支伐罗，北方诸国，多名法衣为袈裟，乃是赤色之义，非律文典语。"③ 可见佛教的三衣为素色，其上是不能有复杂而艳丽的图案的，而第 420 窟彩塑主尊的佛衣不仅装饰华丽，上面的环形联珠猪头纹图案更是与佛衣规定完全不符。

其实佛教造像的服饰装饰中的联珠纹，应该不是在敦煌隋代洞窟中首次出现。南北朝时期佛造像上大量出现各类联珠式装饰，尤以北朝为重，以邺城北吴庄新出土一批北魏、东魏、北齐至隋造像为代表：

1. 北魏中后期谭副造释迦像（图 3），项圈中部，背屏内侧均饰联珠，宝冠中部为联珠宝瓶，两侧饰半环形联珠。

图 3　谭副造释迦像（包明杰摄④）

① 参见弗若多罗始译，鸠摩罗什续译：《十诵律》卷二七，《大正藏》第 23 册，第 194 页。
② 佛陀耶舍、竺佛念译：《四分律》卷四十，《大正藏》第 22 册，第 857 页。
③ 义净：《南海寄归内法传校注》卷一，中华书局 1995 年版，第 65 页。
④ 下文图片若无特别说明，均为包明杰摄。

2. 北齐菩萨坐像（图 4），内侧项圈饰小联珠，外侧中部以联珠作界分隔为四个小方格；华绳不同段位镶嵌小联珠饰大珠，上下四条华绳在腹部交叉为一联珠圆环。

图 4　菩萨坐像

3. 北齐菩萨立像（图 5），项圈表面上下边缘饰联珠，中部以联珠作界分隔为四个小方格，华绳从双肩垂下在腹部作结为一圆环，外侧以联珠绕之。

4. 北齐至隋代菩萨立像（图 6），腰下正中九格坤带均为小联珠环饰大珠；华绳、璎珞不同段位亦以小联珠环饰大珠。

图 5　菩萨立像

图 6　菩萨立像

时代大致为北朝至隋代的青州龙兴寺菩萨像也多有此类联珠装饰：

1. 东魏天平三年（536）造像碑（图 7），主尊背光被浮雕联珠纹分隔为两部分。

图 7　东魏造像碑

（采自青州市博物馆编:《青州龙兴寺佛教造像艺术》，山东美术出版社 2014 年版，图版 207。）

2. 北齐菩萨立像（图 8），菩萨宝冠底部边缘饰一圈联珠，项圈分两层，内层为大联珠圈，外层为上下联珠带和中部由数个小联珠圈组成的联珠宽带，华绳璎珞上间有联珠环绕大珠装饰。

3. 北齐至隋代菩萨立像（图 9），宝冠、项圈上饰各类联珠，中部佩有莲座火焰形摩尼宝珠；腰下正中的坤带自上而下分为九格，分别刻画莲花花生童子、兽面、珠旁叶纹、双珠、火焰摩尼珠、联珠环饰大珠纹、宝瓶、摩尼珠、联珠环饰大珠，九格两侧及每格分界处均为联珠。

图 8　菩萨立像

图 9　菩萨立像

（分别采自青州市博物馆编:《青州龙兴寺佛教造像艺术》，图版 182、166。）

同样的联珠造型还出现在响堂山石窟北齐莲花佛座上（图10）。

图10　响堂山石窟北齐莲花佛座

另有安阳灵泉寺石窟数座北齐石刻塔（图11、12），塔檐与塔刹平座位置上饰双重联珠纹。

图11　北齐石刻塔

图12　北齐石刻塔

同时期西安出土的北朝、隋以及四川出土的南朝佛教造像也是如此：

1. 西安博物院藏北魏四面造像碑（图13），碑正面为一屋形龛，龛上部浮雕三层联珠纹带。

2. 西安博物院藏北周保定五年（565）菩萨立像（图14），项戴联珠圈，双肩自上而下垂下双层联珠环带，左手亦持联珠带，腹部饰有环形联珠绕大珠。

图 13　四面造像碑（笔者摄）

图14　菩萨立像（笔者摄）

3. 川博 5 号南齐永明元年（483）背屏造像（图 15），主尊头光中心雕莲瓣，外周饰联珠纹，背光周缘亦饰联珠纹。

图 15　川博 5 号背屏造像
（采自四川博物院、成都文物考古研究所、四川大学博物馆编著:《四川出土南朝佛教造像》，中华书局 2013 年版，第 96 页。）

4. 川博 1 号南梁中大通元年（529）菩萨立像（图 16），颈部戴上下两圈较小的联珠纹和中间较大的联珠纹环形项圈，胸饰中部为一圆璧，周饰联珠，披巾和璎珞在腹交叉，相交处饰宝珠，周围浮雕环形联珠。

5. 成考所西安路2号南梁太清五年（551）立佛像（图17），佛像头光上纹饰呈环带状分布，中间以一道联珠纹和一道素面凸棱分隔，外圈亦有一道联珠纹。

图16　川博1号菩萨立像

图17　成考所西安路2号菩萨立像

（分别采自四川博物院、成都文物考古研究所、四川大学博物馆编著:《四川出土南朝佛教造像》，中华书局2013年版，第73、148页。）

南北朝时期佛教造像大量使用联珠纹的现象，给我们理解敦煌隋代洞窟彩塑菩萨衣裙和佛衣上出现的联珠狩猎纹与联珠猪头纹提供了重要的参考线索，可以初步认为，敦煌隋代洞窟佛衣上的环形联珠纹应该是对南北朝佛教造像使用联珠装饰做法的延续，而其之所以被广泛使用，当更多从文化属性与思想功能方面考虑。

二、联珠纹的吉祥文化属性

就敦煌石窟装饰而言，联珠纹作为一类全新的纹样集中出现在隋代洞窟中，这一时期大量运用联珠纹的洞窟主要有莫高窟第420、402、277、401、314、427、424、425、62、63、278、388、389、390、394、397、403、404、406、381等窟①，依据樊锦诗、关友惠、刘玉权对莫高窟隋代石窟的分期，这些石窟属于第二、三期，年代

① 数据参考敦煌研究院编:《敦煌石窟内容总录》，文物出版社1996年版；关友惠:《莫高窟隋代图案初探》，载敦煌文物研究所编:《敦煌研究》1983年创刊号，甘肃人民出版社1983年版，第26—38＋4—5页；姜伯勤:《敦煌与波斯》，《敦煌研究》1990年第3期；谢涛、谢静:《敦煌图像服饰上的联珠纹初探》，《敦煌学辑刊》2016年第2期。

大致为隋开皇九年（589）到唐初武德年间①。诸窟中联珠纹的样式和位置一般为藻井井心外周边、龛口沿、人字披顶中央起脊处、覆斗形殿堂窟四壁和各披连接处（图18）；作为洞窟装饰纹样，主要表现形式有带状联珠纹、环形莲花联珠纹、带状与环形组合的联珠纹、菱格联珠纹，以及在环形莲花外层套饰棋格或菱格的“变异形”联珠纹，还有联珠对马纹等，另有同时期洞窟出现在彩塑菩萨衣裙上的环形联珠翼马纹、环形联珠狩猎纹（图19）。

图18　莫高窟第244窟四壁与四披交接处联珠纹（敦煌研究院提供）

图19　莫高窟第420窟环形狩猎联珠纹线描图
（采自敦煌研究院编:《中国石窟·敦煌莫高窟》（二），文物出版社2013年版，第178页。）

① 樊锦诗、关友惠、刘玉权:《莫高窟隋代石窟分期》，载敦煌研究院编:《中国石窟·敦煌莫高窟》（二），文物出版社2013年版，第174—183页。

联珠纹出现于敦煌隋代洞窟不仅仅是作为一种装饰，而且承载着更多的文化内涵，否则无法解释在众多装饰图案中为何隋代如此突出表现联珠纹，故有必要从联珠纹最初的涵义和流变方面对其做一探究。

关于联珠纹的起源问题，奥登堡、阿克曼、夏鼐、捷露萨莉姆斯卡娅、齐东方、赵丰、薄小莹、刘波、梁银景、田中裕子、解梅、谢涛、谢静、王振华、道明三保子、韩香、巫新华、陈彦姝等学者均有讨论，较多学者赞同波斯说，颜双爽对诸家研究有较为全面的综述①，兹不赘述。在此基础上，颜氏对联珠圆环进行了分类，随后追溯了中亚地区不同时代联珠纹的含义及表现形式和经丝绸之路传入唐代的过程。据研究，在阿契美尼德王朝时期，有翼圆环代表至高无上的阿胡拉·马兹达神，该时期摩崖岩刻中代表阿胡拉·马兹达的有翼圆环（图 20）或许就是早期联珠纹的表现形式，带有琐罗亚斯德教的教义意味；安息王朝时期，受希腊文化以及阿契美尼德王朝“君权神授”的传统神权理念的影响，安息钱币正面图案为国王佩戴王冠、颈饰的头像，镌刻着“天宙斯”或“宙斯之子”的希腊文字样，钱币背面图案中的长弓象征神赐王权，边缘部分则出现联珠纹图样，并系有明显的飘带；萨珊王朝时期，宗教与王权统一，神的形象几乎与国王同等大小（图 21），表示国王本身就是神，将阿胡拉·马兹达人格化的同时也将国王神格化。圆环仍具有最初王权神授的象征意义，使用权限也从最初的上层阶级专属，转化为普通百姓也可以使用。元文琪解释王权之环在琐罗亚斯德教中被称为“赫瓦雷诺”，含义为灵光，一是“伊朗部族之灵光”，二是“凯扬灵光”，意为“王者之灵光”。② 故而，这种联珠圆环可称为一种护佑王权和人民的祥瑞。人们怀着一种对阿胡拉·马兹达神的信仰以及对美好生活的向往，使得联珠纹流行于各个阶级③。

图 20　波斯摩崖岩刻有翼圆环

图 21　萨珊王朝授命图

（采自李零：《波斯笔记》（下），生活·读书·新知三联书店 2019 年版，第 364、380 页。）

① 参见颜双爽：《联珠纹图像研究——以唐代丝织品为例》，中国美术学院硕士学位论文，2021 年。

② 元文琪：《二元神论古波斯宗教神话研究》，商务印书馆 2018 年版，第 285 页。

③ 参见颜双爽：《联珠纹图像研究——以唐代丝织品为例》，中国美术学院硕士学位论文，2021 年。

颜氏的观点为联珠纹的起源与最初涵义的解释提供了一种可能性，而李思飞新近关于含绶鸟的研究却似乎将这种源头追溯至更早的古希腊时期，她指出历史上最早将绶带、王冠飞鸟、珠链结合在一起的很可能是古希腊人，这种图式组合通常出现在神祇、王者或英雄周围，象征王权、胜利与神佑（图 22）①。我们对比分析该文中提到的希腊时期的珠链与含绶鸟组合形象东传的过程，推测萨珊波斯时期的联珠纹应与古希腊珠链有一定的渊源关系，或许是由于文化上存在一定共性的缘故，波斯文化圈巧妙借鉴了希腊化的安息王朝相关图案，融入自己的信仰与审美文化体系中。

图 22　前 4 世纪晚期意大利南部坎帕尼亚（Campania）红绘珠链陶瓶及细部图
（采自李思飞:《希腊瑞鸟在东方——敦煌及克孜尔石窟壁画含绶鸟图案源流新探》,《敦煌研究》2023 年第 1 期。）

除此之外，联珠纹的起源还有中国本土说②，在中国早期的原始彩陶和青铜器上都有出现过（图 23）。虽有学者指出其没有形成自觉连续的系统，也看不出对后世艺术产生的影响③，但正如杰西卡·罗森所言："所有的装饰纹样在特定的环境之内，都是专为某类型的器物而设定的，既然它们是器物形制的一部分，就必须和形制结合起来去解释。"④ 因此，将中国传统的多种类型的联珠纹样与其出现的历史背景、纹样组合以及样式变迁等结合起来考察，或许能给我们提供一些新的思考。

① 参见李思飞:《希腊瑞鸟在东方——敦煌及克孜尔石窟壁画含绶鸟图案源流新探》，《敦煌研究》2023 年第1 期。

② 参见夏鼐:《新疆新发现的古代丝织品：绮、锦和刺绣》，《考古学报》1963 年第 1 期；田自秉、吴淑生、田青:《中国纹样史》，高等教育出版社 2003 年版，第 226 页；韩颖、张毅:《丝绸之路打通前后联珠纹的起源与流变》，《丝绸》2017 年第 2 期。

③ 参见尚刚:《风从西方来：初论北朝工艺美术中的西方因素》，《装饰》2003 年第 5 期。

④ 杰西卡·罗森:《祖先与永恒》，载氏著:《杰西卡·罗森中国考古艺术文集》，邓菲、黄洋、吴晓筠译，生活·读书·新知三联书店 2011 年版，第 5 页。

图 23　马家窑彩陶
（采自王嘉雯:《马家窑文化彩陶蛙纹的演变及文化内涵浅析》,《收藏家》2022 年第 5 期，图 10。）

第一种为连珠纹，据研究连珠纹是青铜器中出现最早的纹饰之一，在二里头时期的铜爵和铜斝腹部已经出现，商代比较流行，常用作兽面纹的界栏性纹饰①，同时期的三星堆青铜器上也出现了（图 24）；第二种称涡纹或“火纹”“太阳纹”，形状近似旋转的水涡，有学者认为这种纹饰代表太阳、大火，与农业以及古人辟邪免灾的宗教观念相关，流行时间从夏代晚期到战国从未间断，常与龙纹、四瓣目纹、雷纹等纹样搭配使用②（图 25）；第三种为乳钉纹（图 26），也称“百乳纹”③，形似连珠纹，时代从商周至汉代，常用作青铜鼎、铜镜、玉璧的装饰，王黎梦推测这些纹饰与远古先民对太阳的崇拜有关④，詹姆斯·弗雷泽亦认为原始人类普遍存在太阳崇拜⑤。另外我们需考虑到，无论是青铜器还是玉器，在中国古代都是作为礼器使用的，因此这些器物上的联珠纹首先具有彰显王权等级的功能；其次，连珠纹、涡纹、乳钉纹通常与龙、凤等传统祥瑞搭配使用出现在礼器上，这种造型可以认为是中国古人对于吉祥福运的追求。

随着丝绸之路的畅通，作为丝路上最活跃的粟特商人将与其地区宗教信仰密切相关的联珠纹样，经西亚和中亚带到中国是水到渠成的事情⑥。同时，由于中外各自起源的联珠纹在发展的过程中均逐渐有了祥瑞、象征吉祥的含义，两者于是有了相互借鉴融合的可能，敦煌隋代洞窟多种组合样式中出现的莲花、翼马、对鸟、猪头等联珠纹正是这种融合的结果⑦。

---

① 参见李朝远、周亚等编:《中国青铜器展览》，五洲传播出版社 2004 年版，图 1－15，第 8 页。
② 参见陈芳:《商周青铜器上组合纹样的宗教含义》,《艺术设计研究》2006 年第 1 期；姚草鲜:《从彩陶纹饰看中国史前晚期的太阳崇拜》,《洛阳考古》2014 年第 4 期。
③ 张道一:《中国图案大系》，山东美术出版社 1993 年版，第 590 页。
④ 参见王黎梦:《两汉时期河南画像砖上的乳钉纹初探》,《河南科技大学学报（社会科学版）》2021 年第 4 期。
⑤ 参见 J. G. 弗雷泽:《金枝》，汪培基、张泽石译，商务印书馆 2013 年版，第 135—139 页。
⑥ 参见李细珍、孙志芹:《北朝至隋唐时期织物翼马纹样来源及其成因》,《丝绸》2021 年第 2 期。
⑦ 如莫高窟的环形翼马联珠纹图像，“联珠圈＋翼马”的组合是外来的，而翼马的具体形象为中国本土的样式，另外第 277 窟的联珠翼马为对马形式，与阿斯塔那、都兰墓以及藏经洞等地发现的织锦翼马图像一致而有别于异域单马造型，这些现象一同说明敦煌壁画隋唐联珠翼马图像从形象和思想意涵上均是中外合璧的结果。

图 24－1　商代青铜器之兽面联珠纹

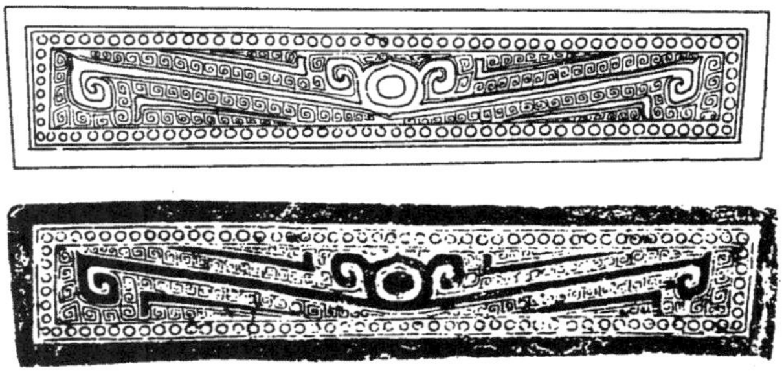

图 24－2　三星堆青铜立人像座上花纹

（分别采自《青铜纹饰识别指南》；二陈:《广汉三星堆二号祭祀坑遗址发掘简报》，《文物》1989 年第 5 期，图版七。）

图 25－1　商晚期青铜器上的涡纹四瓣目纹

图 25－2　秦代方砖上的太阳纹

（分别采自《青铜纹饰识别指南》；《中国画像砖全集·全国其他地区画像砖》，图版六六。）

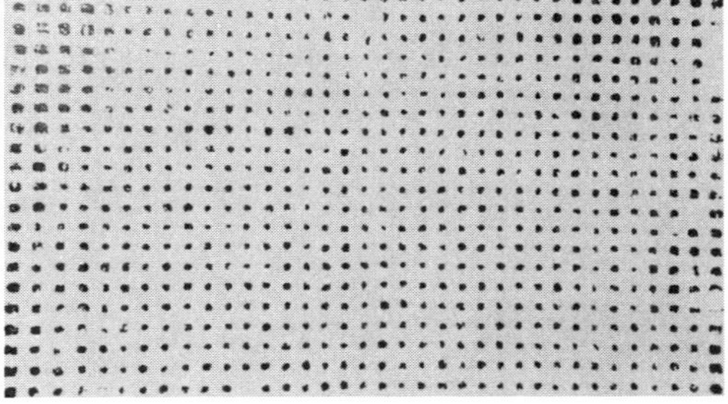

图 26　汉代乳钉纹画像砖

（采自《中国画像砖全集·全国其他地区画像砖》，图版六一。）

实际上，佛教同样赋予了珠很多的寓意，如《涅槃经》载："如摩尼珠，投之浊水，水即清。"① 长柄行光认为"Mani"材质包括金、珍珠、圣木以及各种宝石。形状多为球形，也有船形或锄形，没有固定的形状。以丝线穿之，挂在颈上，或绕在头、臂或手指上，具有护符的意味②，所描述的这种样式与前文提到的南北朝造像上各类联珠装饰基本相同。《大智度论》中将此珠寓为佛之舍利：

世尊，譬如无价摩尼宝，在所住处，非人不得其便。若男子、若女人有热病，以是珠着身上，热病即时除瘥；若有风病，若有冷病，若有杂热风冷病，以珠着身上，皆悉除愈。若暗中是宝能令明，热时能令凉，寒时能令温；珠所住处，其地不寒不热，时节和适，其处亦无诸余毒螫。若男子、女人，为毒蛇所螫，以珠示之，毒即除灭。

复次，世尊，若男子、女人眼痛、肤翳、盲瞽，以珠示之，即时除愈。若有癞疮恶肿，以珠着其身上，病即除愈。

复次，世尊，是摩尼宝所在水中，水随作一色：若以青物裹着水中，水色则为青；若黄、赤、白、红、缥物裹着水中，水随作黄、赤、白、红、缥色。如是等种种色物裹着水中，水随作种种色。世尊，若水浊，以珠着水中，水即为清，是珠其德如是！

…………

复次，世尊，是摩尼宝，若着箧中，举珠出，其功德熏箧故，人皆爱敬。如是，世尊，在所住处，有书般若波罗蜜经卷，是处则无众恼之患，亦如摩尼宝所着处，则无众难。世尊，佛般泥洹后，舍利得供养，皆般若波罗蜜力，禅波罗蜜乃至檀波罗蜜，内空乃至无法有法空，四念处乃至十八不共法，一切智，法相、法住、法位、法性、实际，不可思议性，一切种智，是诸功德力。善男子、善女人作是念："是佛舍利，一切智、一切种智、大慈大悲，断一切结使及习，常舍行、不错谬法等诸佛功德住处。"以是故，舍利得供养。③

佛教经典中有不少关于"摩尼珠""摩尼宝珠""宝珠"的记述，认为此珠是佛教

① 昙无谶译:《大涅槃经》卷九，《大正藏》第12册，第374页。
② 参见长柄行光:《印度教反映的死》，载《所谓死是什么》，大法轮书局1992年版，第43—51页。
③ 鸠摩罗什译:《大智度论》卷五九，《大正藏》第25册，第1509页。

中的祥瑞，出现于多个场合。如《观弥勒上生兜率天经卷下》载：

持宫四角有四宝柱，一一宝柱有百千楼阁，梵摩尼珠以为交络。时诸阁间有百千天女，色妙无比，手执乐器。其乐音中演说苦空无常无我诸波罗蜜。①

弥勒下生时会出现转轮王，转轮王具有七种祥瑞，即七宝，其中有宝珠，宝珠也是转轮王的象征，《佛说弥勒下生成佛经》云：

其国尔时，有转轮王，名曰蠰佉，有四种兵，不以威武治天下。其王千子，勇健多力，能破怨敌。王有七宝，金轮宝、象宝、马宝、珠宝、女宝、主藏宝、主兵宝。②

《长阿含经》卷三亦载：

善见大王于清旦在正殿上坐，自然神珠忽现在前，质色清澈，无有瑕秽。时王见已，言，此珠妙好，若有光明，可照宫内。时，善见王欲试此珠，即召四兵，以此宝珠置高幢上，于夜冥中赍幢出城。其珠光明，照诸军众，犹如昼日。于军众外周匝，复能照一由旬。现城中人皆起作务，谓为是昼。时，王善见踊跃而言，今此神珠真为我瑞，我今真为转轮圣王，是为神珠宝成就。③

李星明认为宝珠在佛教艺术中的功能和含义主要为：弥勒上生的兜率天宫和下生的阎浮提世界乐土的象征物，人间出现转轮王的祥瑞，佛陀说法场所的庄严具。在净土（包括弥勒净土和阿弥陀净土）信仰盛行的时代，宝珠可以广泛地被视为佛国、极乐世界、净土、天宫、圣王的象征。④ 此说可谓确见，李静杰以南梁、北齐石窟和单体造像为例，探究了其中出现的宝珠，同样认为它们示意净土的存在。⑤ 西方阿弥陀

① 窥基：《观弥勒上生兜率天经卷下》卷二，《大正藏》第 38 册，第 290 页。

② 鸠摩罗什译：《佛说弥勒下生成佛经》卷一，《大正藏》第 14 册，第 454 页。

③ 佛陀耶舍、竺佛念译：《长阿含经》卷三，《大正藏》第 1 册，第 22 页。

④ 参见李星明：《隋唐墓葬艺术中的佛教文化因素——以唐陵神道石柱为例》，载巫鸿、郑岩主编：《古代墓葬美术研究》第 1 辑，文物出版社 2011 年版，第 264 页。

⑤ 参见李静杰：《清华大学藏北朝晚期道教羽化像考论》，《文物》2023 年第 10 期。

净土对此宝珠的功能有细致描述，其言：

> 下有金刚七宝金幢，擎琉璃地。其幢八方，八楞具足，一一方面，百宝所成，一一宝珠，有千光明，一一光明，八万四千色，映琉璃地，如亿千日，不可具见。
>
> ……
>
> 如是莲华有八万四千大叶，一一叶间，有百亿摩尼珠王以为映饰。一一摩尼珠放千光明，其光如盖，七宝合成，遍覆地上。释迦毗楞伽摩尼宝以为其台；此莲花台，八万金刚甄叔迦宝，梵摩尼宝，妙真珠网，以为交饰。于其台上，自然而有四柱宝幢，一一宝幢如百千万亿须弥山；幢上宝缦如夜摩天宫，复有五百亿微妙宝珠，以为映饰。一一宝珠有八万四千光，一一光作八万四千异种金色，一一金色遍其宝土，处处变化，各作异相。①

《佛说无量寿经》对此珠于净土世界的作用与地位有进一步的说明：

> 又无量寿佛其道场树，高四百万里，其本周围五千由旬，枝叶四布二十万里。一切众宝自然合成，以月光摩尼持海轮宝——众宝之王——而庄严之。周匝条间垂宝璎珞，百千万色种种异变，无量光炎照曜无极。珍妙宝网罗覆其上，一切庄严随应而现。微风徐动出妙法音，普流十方一切佛国。
>
> ……
>
> 又，讲堂、精舍、宫殿、楼观皆七宝庄严，自然化成，复以真珠、明月摩尼众宝以为交露，覆盖其上。②

联珠纹本是世俗世界的产物，即便与早期的宗教信仰有关系，但进入到佛教场域，以多种组合样式和谐地出现在一些原本与佛教教义不相符合的位置，为当时的僧、俗众广泛接受并使用，想必是联珠纹最初的涵义在发展过程中其文化属性渐渐与佛教中“宝珠”象征吉祥、祥瑞、净土的寓意产生了共性。故而联珠纹被佛教借用过来，以涵化的姿态表达着佛教的象征涵义，同时满足僧俗两界的审美需要。

---

① 畺良耶舍译:《佛说观无量寿佛经》,《大正藏》第12册，第365页。
② 康僧铠译:《佛说无量寿经》卷一，《大正藏》第12册，第360页。

三、联珠纹在佛教洞窟中的宗教含义

石窟寺是集建筑、塑像、壁画于一体的综合性宗教礼仪场所，其主要功能是宣传教义，服务于僧俗两界的信仰需要。洞窟空间不仅是表达佛教义理的依托，更重要的是在信仰实践层面为宗教内涵的发生提供了一个合理的场所。联珠纹出现在佛衣、菩萨衣裙和龛沿等位置上诚然有装饰意味，但敦煌石窟毕竟是佛教场域，壁画中的一草一木均有特定的宗教寓意①，故有必要将其放在洞窟空间中探讨其使用的宗教寓意。

佛国净土是佛教宣传和信众通过积累功德从而往生的理想去处，大量的南北朝造像题记直观反映了这一信仰主题，我们在新近的文章中作了综理，大致有“神生净土”“神游净土”“普升净土”“托生西方”“托生西方妙乐国土（世界）”“常往西方净土”“普成佛道”“永生佛国”“愿生西方无量寿佛国”“值（直）生西方妙乐国土”“恒生净境”“游神（神游）西方净佛国土”“神栖净土”“托生妙乐”“共往西方”“同升妙乐”“道生佛国”“早登净土”“腾生佛国”“腾游诸佛之国”“神升净境”“游神净境”“俱登妙乐”“神升妙乐”“咸登妙觉”等表述②。同时，我们也指出，佛教传入中国并在隋唐大型净土经变画出现之前，“佛教视觉艺术仍然处在较抽象的阶段，还没有建构出真正意义上的净土景观”，佛教表现往生净土的方式往往与中国传统的升天成仙思想结合在一起。前文提到的四川出土南朝造像中，4 号造像背屏题记就有“愿过去者，早登瑶土，奉睹诸佛”③ 的文字。瑶池是西王母所在地，我们认为“瑶池也成为奉佛的最终理想归宿之一，实可看出中土升天成仙观念对佛教的渗透与影响，也可以认为是汉地传统思想观念与作为外来宗教佛教的汇流与融合”④。

汉晋至南北朝时期升天成仙思想在图像中的出现，集中在世俗墓葬当中，且研究成果甚为丰富，代表者如余英时、鲁惟一、曾布川宽、巫鸿、信立祥、贺西林、姜生

① 如忍冬纹、卷草纹、宝相花、树等均有象征永生、再生之意。参见刘颖编著:《中国古代物质文化史·绘画·石窟寺壁画·高昌》，开明出版社 2014 年版，第 203—211 页。

② 沙武田:《走向盛唐的佛国净土观建构》，待刊。

③ 四川博物院、成都文物考古研究所、四川大学博物馆编:《四川出土南朝佛教造像》，中华书局 2013 年版，第 163 页。

④ 沙武田:《走向盛唐的佛国净土观建构》，待刊。

等先生①。我们曾梳理前人研究指出，传统墓葬吸收佛教因素，或者说佛教图像出现在传统墓葬中，早已引起学界关注，引申巫鸿和林圣智的观点②，继而认为佛像进入墓葬的基本功能是象征升天成仙，并以近年在大同出土的北魏皇兴三年（469）邢合姜墓石椁绘画为例（图 27），认为其是把北魏时期墓葬流行的升天成仙主题与佛教往生佛国净土完全合一的最典型案例，而且是以佛教图像完全替代了传统墓葬的升天成仙图像③。

图 27　大同北魏邢合姜墓石椁绘画
（采自大同市考古研究所：《山西大同仝家湾北魏邢合姜墓石椁调查简报》，《文物》2022 年第 1 期，图版二四。）

事实上，南北朝隋时期，联珠纹同样不仅仅出现在佛教造像和洞窟壁画中，也被大量运用在世俗传统墓葬中。陕西潼关税村仁寿末至大业初（604—606）下葬的隋废太子、房陵王杨勇壁画墓线刻石棺便使用大量联珠纹图案，如棺盖板顶面四周内侧有

① 参见余英时：《东汉生死观》，侯旭东等译，载何俊编：《余英时英文论著汉译集》（上），上海古籍出版社 2005 年版；Michael Loewe, *Ways to Paradise: The Chinese Quest for Immortality*, London: Unwin Hyman, 1979；曾布川宽：《昆仑山への升仙：古代中国人の描いた死后世界》，东京小学官 1981 年版；巫鸿：《礼仪中的美术》（上），郑岩等译，生活・读书・新知三联书店 2005 年版；巫鸿：《黄泉下的美术：宏观中国古代墓葬》，施杰译，生活・读书・新知三联书店 2010 年版；信立祥：《汉代画像石综合研究》，文物出版社 2000 年版；贺西林：《古墓丹青：汉代墓室壁画的发现与研究》，陕西人民美术出版社 2001 年版；姜生：《汉帝国的遗产：汉鬼考》，科学出版社 2016 年版。

② 参见巫鸿：《礼仪中的美术》（上），生活・读书・新知三联书店 2005 年版，第 341、342 页；巫鸿：《超越大限：巫鸿美术史文集卷二》，上海人民出版社 2019 年版，第 129 页；林圣智：《图像与装饰：北朝墓葬的生死表象》，台湾大学出版中心 2019 年版，第 139、140 页。

③ 参见大同市考古研究所：《山西大同仝家湾北魏邢合姜墓石椁调查简报》，《文物》2022 年第 1 期；李梅田、张志忠：《北魏邢合姜石椁壁画研究》，《美术研究》2020 年第 2 期；马伯垚：《墓葬中的石窟：邢合姜石堂壁画略论》，《故宫博物院院刊》2021 年第 11 期；李裕群：《佛殿的象征——山西大同仝家湾北魏佛教壁画石椁》，《文物》2022 年第 1 期，转引自沙武田：《走向盛唐的佛国净土观建构》，待刊。

一圈联珠纹带；整个顶面以联珠纹带作框，莲花为结，分隔为龟背甲结构的六边形四方连续图案，其中有忍冬纹、宝瓶、摩尼珠，以及龙凤、獬豸、麒麟、翼马、猪、兔、虎、牡狮、牝狮、牡羊、牝羊、奔牛、摩羯鱼、鲵、孔雀、含绶鸟、鹤、鸿雁、双头鸟、海石榴鹦鹉、牛首鸟身、犬首鸟身、人首鸟身等吉祥纹和祥禽瑞兽（图 28）；盖板上的鎏金铜提手底板周缘也饰有一周联珠纹带①；棺底板四侧面以联珠纹带分作 23 个长方形格，除足端正中为摩尼宝珠外，其余格内皆为龙、凤、麒麟、马、虎、羊等祥禽瑞兽，空隙中填饰流云或山峦②。除此之外，梳理图像文献发现，北朝隋代墓葬中使用联珠纹的还有宁夏固原出土的北魏漆棺（图 29）和洛阳北魏的画像石棺（图 30），均线刻联珠龟背祥禽瑞兽图案③；东魏武定元年（543）胡客翟育墓门满刻联珠龟背图案，内填饰武士、畏兽、莲花以及各种奇珍异兽④（图 31）；西安北周凉州萨保史君墓⑤，其基座、墓门、门楣周围的边框上绘有白色联珠纹，门扉上也有不少联珠纹（图 32）；西安北周康业墓中的石棺床中，榻板正面和两侧上下各饰一道联珠纹带⑥（图 33）；太原王郭村隋代虞弘墓中发现的石撑中，浮雕画撑面积最大、人物最多的一幅中有联珠纹⑦（图 34）；陕西三原隋开皇二年（582）德广肃公李和墓石棺上盖顶刻星象、阴阳主神以及环形联珠祥禽瑞兽（象、虎、马、鸡等）纹⑧（图 35）；天水市隋唐屏风石棺床墓中，联珠纹出现在正面床沿上，镌刻有联珠忍冬纹带，并饰以金彩⑨；安阳市隋代麹庆夫妇墓石棺床四侧分上下两部分，上部中间刻各种伎乐并以联珠纹做界线，伎乐上下为三层界线，中间为联珠带，下部镂空神兽边缘亦以弧形联珠带饰之（图 36）；等等。

① 参见刘呆运等:《陕西潼关税村隋代壁画墓发掘简报》，《文物》2008 年第 5 期；刘占龙等:《陕西潼关税村隋代壁画墓线刻石棺》，《考古与文物》2008 年第 3 期。

② 参见贺西林:《稽前王之采章 成一代之文物——陕西潼关税村隋墓画像石棺的视觉传统及其与宫廷匠作的关系》，《故宫博物院院刊》2021 年第 12 期。

③ 参见固原县文物工作站:《宁夏固原北魏墓清理简报》，《文物》1984 年第 6 期，图见第 55—56 页；韩孔乐、罗丰:《固原北魏墓漆棺的发现》，《美术研究》1984 年第 2 期；黄明兰编著:《洛阳北魏世俗石刻线画集》，人民美术出版社 1987 年版，第 44 页。

④ 参见赵超:《介绍胡客翟门生墓门志铭及石屏风》，载荣新江、罗丰主编:《粟特人在中国——考古发现与出土文献的新印证》，科学出版社 2016 年版，第 673—684 页。

⑤ 参见西安市文物保护研究所:《西安北周凉州萨保史君墓发掘简报》，《文物》2005 年第 3 期。

⑥ 参见西安市文物保护研究所:《西安北周康业墓发掘简报》，《文物》2008 年第 6 期。

⑦ 参见山西省考古研究所编著:《太原隋虞弘墓》，文物出版社 2005 年版，第 107 页。

⑧ 参见王玉清:《陕西省三原县双盛村隋李和墓清理简报》，《文物》1966 年第 1 期。

⑨ 参见张卉英:《天水市发现隋唐屏风石棺床墓》，《考古》1992 年第 1 期。

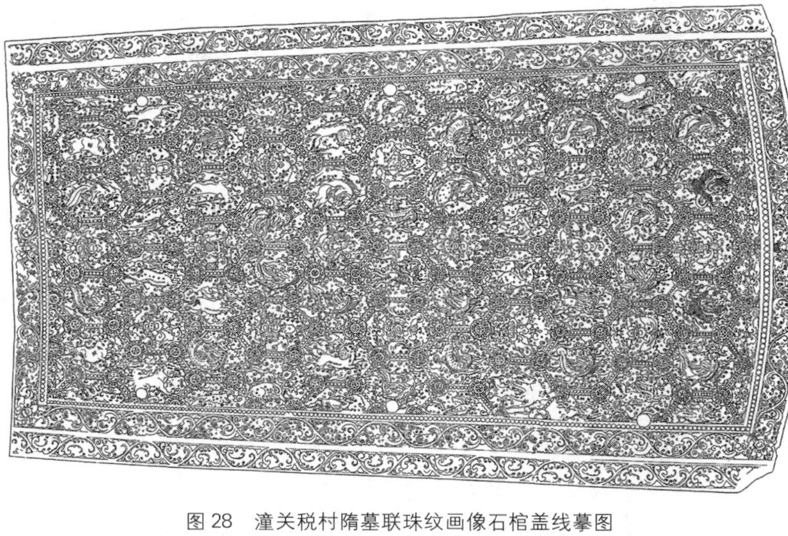

图 28　潼关税村隋墓联珠纹画像石棺盖线摹图
（采自陕西省考古研究院:《潼关税村隋代壁画墓》，文物出版社 2013 年版，附图二。）

图 29　固原北魏联珠画像漆棺残片
（采自固原县文物工作站:《宁夏固原北魏墓清理简报》，《文物》1984 年第 6 期。）

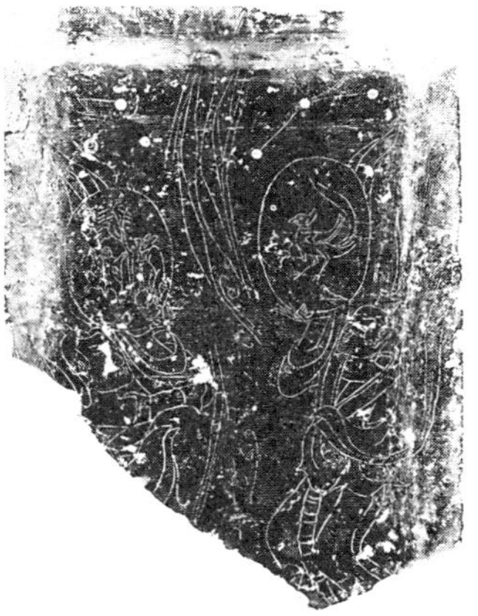

图 30 洛阳北魏画像石棺盖残块拓片
（采自黄明兰:《洛阳北魏世俗石刻线画集》，人民美术出版社 1987 年版，第 59 页。）

图 31 翟育墓画像石联珠墓门线图

图 32 史君墓联珠石椁摹本图

（分别采自荣新江、罗丰主编:《粟特人在中国——考古发现与出土文献的新印证》，科学出版社 2016 年版，第 675—676 页；杨军凯:《北周史君墓》，文物出版社 2014 年版，图版二四。）

图 33 康业墓踏板侧面线刻联珠纹

图 34 虞弘墓椁壁浮雕摹本联珠纹

（分别采自西安市文物保护研究所:《西安北周康业墓发掘简报》，《文物》2008 年第 6 期，图版二一；山西省考古研究所编著:《太原隋虞弘墓》，文物出版社 2005 年版，第 106 页，图 146。）

图 35　李和墓画像石棺盖拓片（碑林博物馆藏）

图 36　麹庆夫妇墓石棺床侧面线刻联珠纹

联珠纹大量在北朝隋代墓墓门、石椁等位置出现，并与众多中国传统神仙方术思想中表现天界景象的祥禽瑞草、星宿灵兽结合在一起，显然这种图样与波斯文化圈的联珠对兽、对禽纹，联珠狩猎纹，以及如莫高窟第 420 窟佛衣和菩萨衣裙上的环形联珠猪头、翼马纹不尽相同。我们不否认敦煌隋代洞窟使用联珠纹时一定程度上接受了来自异域波斯的风格，但南北朝隋代在佛教造像以及大量世俗墓葬中出现的另一类联珠纹样式则把我们的目光依然拉向中国传统本身。如莫高窟北魏第 254 窟，其尊像背光边缘，西魏第 285、249 窟诸龛楣内外边缘，西千佛洞北周第 8 窟龛楣与佛背光边缘之纹饰均为连续排列的小联珠（图 37、38），结构大小、分布间隔与隋代洞窟联珠纹有异，但与中国传统之联珠装饰一致。其实，这个现象梁银景早已发现，从他的分析可知，敦煌隋代有联珠纹的洞窟中，属于第一期的联珠纹均与北朝时期佛背光上的一致，上承商周青铜器和汉代瓦当上的联珠边饰，普遍流行于南北朝时期。他指出，第二、三期的联珠纹明显不同于第一期，主要表现为联珠圈变大、在洞窟中的运用增多、出现环形联珠纹，尤其注意到第二、三期洞窟从窟顶到四壁连接处和转角处运用联珠纹架构整个窟的现象①。显然，以第 420 窟为代表，这批隋代洞窟在运用联珠纹时立足传统本身，但借鉴并融合了来自波斯联珠纹的式样。

另外，我们在考察时发现，莫高窟第 314 窟藻井外缘一周出现多种奇禽神兽，除无联珠做环形或几何形骨架外，其样式完全同于税村隋墓棺盖板所绘图像（图 39）。②因此，从宏观上来讲，隋代墓葬中使用的联珠纹与敦煌隋代洞窟中的联珠纹同源，都是用来自异域波斯的联珠图式来架构中国由来已久、传承有序的祥瑞图像，最终回归

① 参见梁银景：《莫高窟隋代联珠纹与隋王朝的西域经营》，载荣新江主编：《唐研究》第九卷，北京大学出版社 2003 年版，第 457—476 页。

② 具体解读参见包明杰：《莫高窟第 314 窟藻井图案研究》，待刊。

传统本身，目的仍然是要表达战国以降直至汉晋发展成熟的灵魂再生、升天成仙思想。

图 37　莫高窟第 285 窟龛楣边缘联珠纹　　　图 38　西千佛洞第 8 窟佛背、头光边缘联珠纹

（分别采自《中国敦煌壁画全集 2・西魏》，天津人民美术出版社 2002 年版，图版一三二；《中国敦煌壁画全集 3・西魏》，天津人民美术出版社 2006 年版，图版一九五。）

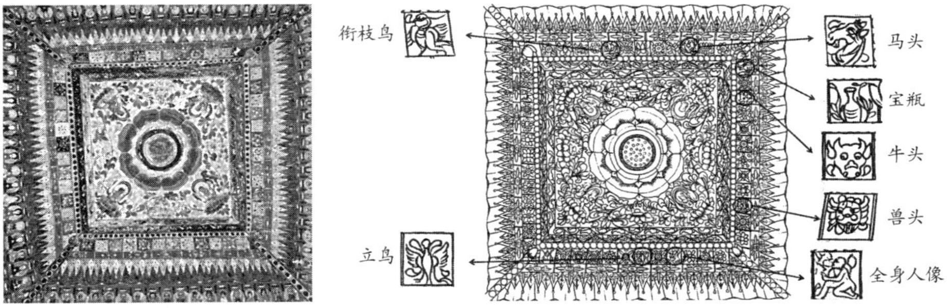

图 39　莫高窟第 314 窟藻井及线描图（左：采自《敦煌石窟全集・图案卷》，图版 148；右：包明杰绘制。）

若再考虑到联珠本身的寓意，这种将中外两种联珠纹融合在一起的做法，似乎更加顺理成章。陈彦姝认为，异域波斯联珠纹中沿圈排列的众多小圆珠，代表阿胡拉・马兹达所创造的含有日月星体的天空，带有神圣之光的含义①，显然此处的联珠与“天”“宇宙”有关系。中国传统的联珠具有同样的含义，《周礼》记载，璧和琮可以用来疏通天地②，《周

---

① 参见陈彦姝:《六世纪中后期的中国联珠纹织物》，《故宫博物院院刊》2007 年第 1 期。道明三保子也有相似的观点，认为联珠圆环是宇宙环（cosmological ring）的表现，代表由太阳、月亮、星星等天体所组合成的整个天空，并列举伊朗塔克・伊・布斯坦（Taq-e Bostan）石窟中的联珠纹样作为旁证。参见道明三保子:《ササンの联珠円纹锦の成立と意味》，载《深井晋司博士追悼シルクロード美术论集》，吉川弘文馆 1987 年版，第 153—176 页。

② 孙诒让:《周礼正义》卷三九《春官・典瑞》，中华书局 2015 年版，第 1926 页。“疏琮璧者，通于天地。”

易·说卦》有言：“离为火，为日，为电。”① 惠栋《易汉学》解释曰：“离为黄，为见，为飞，为光……为鹤，为鸟，为飞鸟。”② 由此可见太阳纹、鸟纹、火纹、目纹、云雷纹之间的密切关系，联珠纹与众多“天象”纹样组合，实际上反映的是古代人的宇宙观。另，前文已提到，中国目前发现最早的联珠纹图像出现在马家窑彩陶上，其与象征生殖崇拜的蟾蜍组合在一起，依据诺依曼的观点，史前陶器文化也是女人的领地，因为陶器制造是一种神圣的创造性活动，是“女性的原始秘密”③ 之一。据包明杰观察研究，敦煌隋代洞窟出现的联珠纹比较特别，“联珠图案中珠与珠相连接的上下各有一条边界，两条边界将所有的珠子归之于条形通道之中，而通道的出口是莲花与莲花化生”④。众所皆知，莲花、化生在佛教语境中不仅是生命再生的象征，还寓意着佛国净土，唐代许多大型净土经变画中都出现了这类图像。莲花有如此特异的功能应与莲子的属性有着密不可分的关系，史载“石莲坚刚，可历永久。薏藏生意，藕复萌芽，展转生生，造化不息”⑤，因此包明杰认为，以莫高窟第 314 窟为代表的一批隋代洞窟中，联珠纹的使用超出了藻井一周，将四披与四壁转角处连接起来，辐射于整个洞窟之中（图 40），“给人一种连绵不绝、生生不息的生命力”⑥。若此说无误，再联想到南北朝墓葬中出现的一些莲花纹瓦当，其上莲子的样式与联珠纹从外观上看极为相似，因此我们推测，当时使用这类纹样的目的也应该与表达再生有关。

图 40　联珠纹在莫高窟第 314 窟位置示意图（包明杰绘制）

战国两汉盛行尸解信仰，把人转变成仙的可能放在了死后的过程中，汉墓充当了“转换器”的特殊空间，在这个空间中可以炼形成仙。⑦ 按

① 张载：《横渠易说校注》卷下《说卦》，中华书局 2021 年版，第 407 页。
② 惠栋：《易汉学》卷三《虞仲翔易》，中华书局 2007 年版，第 573 页。
③ 埃里希·诺依曼：《大母神——原型分析》，李以洪译，东方出版社 1998 年版，第 125 页。
④ 包明杰：《莫高窟第 314 窟藻井图案研究》，待刊。
⑤ 李时珍：《本草纲目》，华文出版社 2009 年版，第 273 页。
⑥ 包明杰：《莫高窟第 314 窟藻井图案研究》，待刊。
⑦ 参见李臣：《方花吐艳——汉画像中的方花纹图像》，载朱存明主编：《方花与翼兽：汉画像的奇幻世界》，文化艺术出版社 2020 年版，第 44 页。

照汉代人的生死观，人们认为人的新生与死亡的规律与植物的生死轮回有着相通之处，植物的生命从种子开始，到花苞结束，新生命的孕育又是从花结出的果实——种子开始的，人死亡后回到墓穴之中，可以在“子宫”里孕育新生命。① 因此可以看到，南北朝隋代在墓葬中使用莲花、莲子瓦当和联珠纹时更多考虑的仍然是在传统文化中对于生死观、宇宙观、再生、永生、成仙观念的表达。

升天成仙与佛教往生净土同为古人对待死亡的态度，作为承载两种相近观念的墓葬和石窟便有了许多可供借鉴与融合之处。② 敦煌石窟从一开始就借用了大量墓葬题材，学界对此研究颇为丰富。③ 莫高窟从北凉三窟开始，即流行象征宇宙“三圆三方”的斗四藻井④，北魏、西魏、北周的每个洞窟窟顶或为斗四藻井（覆斗顶殿堂窟，如第272、249、285窟），或为斗四平棋顶（中心柱窟平顶部分），或为仿木结构的人字坡顶，椽子之间以忍冬、莲花、化生、摩尼珠、对鸟、对兽、天人等表现天国景象，这些均可认为是象征或代表天国的图像，具体是受传统升天成仙思想观念作用下的产物⑤。隋代洞窟中联珠纹与上述图像组合使用，当是同义。十六国北朝时期，佛家翻译佛典时甚至采用传统思想中惯有做法，将宝珠比喻或是转喻为“天”上之物，使两

① 参见李臣：《方花吐艳——汉画像中的方花纹图像》，载朱存明主编：《方花与翼兽：汉画像的奇幻世界》，文化艺术出版社2020年版，第61页。

② 具体参见巫鸿：《走近莫高窟：空间中的敦煌》，生活·读书·新知三联书店2022年版。

③ 如学界对莫高窟北朝“天”图像的讨论，认为其借用了河西十六国时期的覆斗顶墓室形制及图像，再如对第285、249窟四披神话题材的论述，认为其源于中国传统道教题材。参见孙作云：《敦煌画中的神怪画》，《考古》1960年第6期；段文杰：《早期的莫高窟艺术》，载敦煌文物研究所编：《中国石窟·敦煌莫高窟》（一），文物出版社1981年版，第173—184页；段文杰：《略论莫高窟第249窟壁画内容和艺术》，载敦煌文物研究所编：《敦煌研究》1983年创刊号，甘肃人民出版社1983年版，第1—9页；姜伯勤：《“天”图像与解释——以敦煌莫高窟第285窟窟顶图像为中心》，载氏著：《敦煌艺术宗教与礼乐文明——敦煌心史散论》，中国社会科学出版社1996年版，第55—76页；段文杰：《道教题材是如何进入佛教石窟的——莫高窟第249窟窟顶壁画内容探讨》，载敦煌文物研究所编：《1983年全国敦煌学术讨论文集·石窟艺术编》（上），甘肃人民出版社1985年版，第1—16页，另载《敦煌石窟艺术论集》，甘肃人民出版社1988年版，又载《段文杰敦煌石窟艺术论文集》，甘肃人民出版社1994年版，又载《敦煌石窟艺术研究》，甘肃人民出版社2007年版。另有对第285窟传统升天与往生净土的专题讨论，参见沙武田：《北朝升天成仙思想在佛教石窟中的实践：“天”图像再利用与莫高窟第285窟功能再探》，《美术史研究集刊》总第54期，2023年。

④ 参见赵燕林：《敦煌早期石窟中的“三圆三方”宇宙模型》，《自然辩证法研究》2019年第7期。

⑤ 参见沙武田：《走向盛唐的佛国净土景观图像建构——佛教视觉艺术从脱离传统到回归现实的轨迹》，待刊。《太平经》记述，得道者死而复生，谓之尸解，《魏书》称道教高级入灭形式为羽化。所谓羽化，本指虫态蜕变而生羽翼的过程，譬如蝉蜕，意在结束生命的肉体非但没有被抛弃，反而升华为高级生命体，道教借以比喻从凡人转变成仙人的过程。（参见李静杰：《清华大学藏北朝晚期道教羽化像考论》，《文物》2023年第10期。）从这个层面来讲，道教讲的羽化弱化了其追求现世永生的色彩，反而逐渐与佛教讲的来世观趋同，体现出两种思想融合的趋势，羽化登仙往之的“仙境”“天国”与佛教往生的“净土”在概念上有了混同的倾向。

者成对应之序，如《最胜问菩萨十住除垢断结经》言："复以摩尼宝珠悬在虚空，以为日月星辰罗列虚空。"① 从深层次角度来讲，南北朝隋代佛教造像大量使用联珠装饰，显然是在表达佛国庄严，其实也受到佛教对佛国净土美好形状和物质性的影响，在大型净土经变画出现之前，以此来凸显对往生净土信仰主题的强调。

结　语

世界因多样而精彩，文明因交流而不断焕发生机，丝绸之路在中古时期作为联通欧亚大陆的交通桥梁，不仅是贸易之路，还是文化、艺术之路。波斯作为历史上的文明古国，曾创造了辉映后世的灿烂文化，影响远及欧洲、中亚、南亚、东亚等地，丝绸之路上的诸国至今依然保留着波斯文明、粟特文明的历史遗存。联珠纹是中外各自起源并发展的两种文化艺术符号，但在丝绸之路大背景下，具有吉祥文化属性的中外联珠纹逐渐交汇融合，并与佛教中表示祥瑞的宝珠、摩尼珠产生了交融的可能，联珠装饰被佛教化用，以再创作的手法，结合中国传统升天成仙的思想对其注入新理念，以独特的视觉艺术表达佛教往生净土的含义。敦煌因地处几大文明交汇的咽喉位置，成为诸多文明、文化、艺术交往交流交融的温床，保存至今的敦煌壁画作为形象的历史记录了中古时期中外文化碰撞融合之丰富多彩的历史史实。敦煌隋代洞窟使用大量联珠纹装饰，沿用南北朝在佛教造像上广泛装饰联珠的做法，既体现出波斯文化在中国的深刻影响，又反映了粟特文化传播的力量。而从更深层次来讲，隋代洞窟中出现的大量联珠纹新题材则是文化认同背景下，受中国传统思想主导，佛教在中国化的过程中对中外艺术表现形式与丝路上不同宗教思想的积极而有趣的整合，实是中外文化交流史和中华民族共同体研究中一个有趣的话题。

（附记：包明杰博士为本文撰写提供了大量相关图片，在此谨表谢忱。）

① 竺佛念译：《最胜问菩萨十住除垢断结经》卷六，《大正藏》第10册，第309页。

语境与形象

——文献、图像与现代研究中的汉代麒麟*

徐呈瑞

（西安美术学院美术史论系）

【摘　要】　麒麟作为汉代最重要的瑞兽之一，其形象存在于汉代的遗存文献、形象（包括遗存至今的图像与实物）以及现代人关于麒麟的相关研究中。关于汉代麒麟已有较多相关研究，但是翻阅目前的相关图录和研究可以发现，对于麒麟的具体形象，由于指认语境不同会有多种不同认识和具体形象。本文在对目前所见研究和现存图像进行尽可能通检的情况下，结合带有榜题的标准件及其组合的伴生形象，重新观察不同语境下的麒麟，探讨其形象的演变及辨识标准，并借此反思关于汉代名物相关研究中所存在的问题。

【关键词】　麒麟　文献　图像　语境

麒麟是汉代神兽在文献中出现较多的一种，其出现的频率仅低于凤和龙，排在第三位，汉代也一直将麒麟和凤凰的同时出现作为太平盛世的标志。① 但是汉代麒麟具体形象如何，在遗留的汉代图像中哪些确定是麒麟，很多现代研究又给出了不同的指认。虽然很多研究者系统地进行了论述，但其中的观点仍然有待进一步的验证。本文

* 本文系陕西省哲学社会科学研究专项项目“汉代图像中的神仙异兽谱系研究”（2025YB0258）、西安美术学院校级专项项目“近代汉代图像相关文献的挖掘与研究”（2021ZX17）的阶段性成果。

① 徐琳琳对汉代凤凰出现频繁的现象进行了研究，同时也对龙、麒麟等其他瑞兽的出现次数进行了统计。参见徐琳琳:《汉朝多凤凰祥瑞现象研究》，内蒙古大学硕士学位论文，2014 年。

拟由近到远从三个方面对汉代麒麟形象进行梳理、反推和检验：一、对近现代汉代麒麟的成果进行梳理，对研究中所指认的麒麟形象所处语境进行总结；二、对遗存图像中的麒麟形象进行通检和统计，以带有榜题的麒麟标准件为标准对目前被指认的麒麟形象进行辨析；三、将以上的形象代入文献记载中进行检验。

一、现代研究中汉代麒麟图像辨识语境

关于汉代麒麟形象的研究，目前已经有较多论文、专著和图录直接或者间接关注。下面首先按照研究类别及发表时间顺序进行整体综述。

关于汉代麒麟形象的研究文献主要分为三类：

第一类主要是从生物学角度考察麒麟的动物原型，包括鹿、长颈鹿以及犀牛[①]等。

第二类为直接针对麒麟形象的相关研究，也是本文探讨麒麟研究语境时主要考察的部分，包括：孙机《麒麟与长颈鹿》[②]，张孟闻《四灵考》[③]，北進一《麒麟・その聖なる獣——起源と図像の変遷をめぐって一》[④]，孙长初《汉画像石麒麟图像考略》[⑤]，谢辰《略论汉代的麒麟形象》[⑥]，李发林《汉画考释和研究》（麒麟条目）[⑦]，张道一《汉画故事》（麒麟条目）[⑧]，周世荣《马王堆汉墓〈神祇图〉帛画发现独角兽——麒麟残片》[⑨]，周保平、张振中《山东临沂出土的几幅汉代画像辨析——兼谈汉代画像的释读与相关研究》[⑩]。

还有一些学位论文使用较大篇幅进行了与麒麟相关的研究，主要包括：缪哲《汉

① 参见王晖：《麒麟原型与中国古代犀牛活动南移考》，《中国历史地理论丛》2008 年第 2 辑。

② 孙机：《麒麟与长颈鹿》，载孙机、杨泓：《文物丛谈》，文物出版社 1991 年版，第 336—343 页。该文后载于王子今编：《趣味考据》，云南人民出版社 2005 年版，第 241—246 页；孙机：《从历史中醒来：孙机谈中国古文物》，生活・读书・新知三联书店 2016 年版，第 38—44 页。

③ 张孟闻：《四灵考》，载李国豪、张孟闻、曹天钦主编：《中国科技史探索》，中华书局（香港）1986 年版。

④ 北進一：《麒麟・その聖なる獣——起源と図像の変遷をめぐって一》，载《桐朋学園芸術短期大学紀要》(5)，2009 年。北進一在一篇文章中将麒麟分为鹿型麒麟与马型麒麟。

⑤ 孙长初：《汉画像石麒麟图像考略》，《东南文化》2011 年第 5 期。

⑥ 谢辰：《略论汉代的麒麟形象》，《中原文物》2011 年第 5 期。

⑦ 李发林：《汉画考释和研究》，中国文联出版社 2000 年版，麒麟条目，第 188—189 页。

⑧ 张道一：《汉画故事》，重庆大学出版社 2006 年版，麒麟条目，第 310—314 页。

⑨ 周世荣：《马王堆汉墓〈神祇图〉帛画发现独角兽——麒麟残片》，《中国文物报》2014 年 8 月 1 日，第 6 版。

⑩ 周保平、张振中：《山东临沂出土的几幅汉代画像辨析——兼谈汉代画像的释读与相关研究》，《中原文物》2017 年第 1 期。

代艺术中外来母题举例》[①]、许秀娟《麒麟文化的变迁与中外文化交流发展的关系》[②]、王涛《汉代画像石墓中的“祥瑞”研究》[③]、娄建红《汉四神铜镜探微》[④]、吴想《汉画中的翼兽图像研究》[⑤]、王倩《汉画像麒麟图像研究》[⑥]、顾颖《汉画像祥瑞图式研究》[⑦] 等。

除以上两类外，还有以图录形式对麒麟类形象进行分类著录的两种图录式著作——顾森《中国汉画图典》[⑧]，杨絮飞、杨蕴菁编著《中国汉画造型艺术图典·祥瑞》[⑨]，对麒麟形象进行了线索式的提取。

以上主要从文献类别上对汉代麒麟图像的相关成果进行了梳理，下面选择其中较为重要的研究进行观察，并对其探讨麒麟形象的语境进行爬梳，为第二部分和第三部分从图像和文献角度考察麒麟形象提供语境基础。

（一）麒、麟作为两种动物

“麒”与“麟”在汉代及稍晚的文献记述中是两种动物，《说文解字》载“麒，仁兽也，麋身，牛尾，一角”，“麟，大牝鹿也”，同时麐字为“牝麒也”。[⑩]《宋书·符瑞志》载：“麒麟者，仁兽也。牡曰麒，牝曰麟。”麒和麟在这类语境中分别作为雌雄两种性别，以有角和无角为特征存在的祥瑞动物。在遗存的汉代图像中，被指认对应麒麟的仅有洛阳西汉卜千秋壁画墓墓顶中出现的两种神兽形象。该墓葬壁画的时代为西汉中期的昭宣帝时期，壁画绘于墓室主室脊顶的二十块砖上，画面绘伏羲、女娲、日、月、青龙、白虎、朱雀等形象，在十一、十二、十三号砖上绘有两只神兽形象。冯时认为此处的两只神兽即为麒和麟（图 1），王绣、霍宏伟在《洛阳两汉彩画》中也认为此处的两只动物应为麒和麟。[⑪] 对于这两只动物的形象，也有研究者持不同的观

---

① 缪哲:《汉代艺术中外来母题举例》，南京师范大学博士学位论文，2007 年。
② 许秀娟:《麒麟文化的变迁与中外文化交流发展的关系》，暨南大学硕士学位论文，2003 年。
③ 王涛:《汉代画像石墓中的“祥瑞”研究》，吉林大学硕士学位论文，2004 年。
④ 娄建红:《汉四神铜镜探微》，暨南大学硕士学位论文，2010 年。
⑤ 吴想:《汉画中的翼兽图像研究》，南京艺术学院硕士学位论文，2013 年。
⑥ 王倩:《汉画像麒麟图像研究》，江苏师范大学硕士学位论文，2015 年。
⑦ 顾颖:《汉画像祥瑞图式研究》，苏州大学博士学位论文，2015 年。
⑧ 顾森:《中国汉画图典》，浙江摄影出版社 1997 年版，第 642 页。
⑨ 杨絮飞、杨蕴菁编著:《中国汉画造型艺术图典·祥瑞》，大象出版社 2014 年版，第 90—101 页。
⑩ 许慎:《说文解字》，中华书局 2013 年版。
⑪ 参见冯时:《中国天文考古学》，社会科学文献出版社 2001 年版，第 317 页；王绣、霍宏伟:《洛阳两汉彩画》，文物出版社 2015 年版，第 52—55 页。

点：孙作云认为是枭羊，林巳奈夫和贺西林则认为是风神蜚廉。① 此处的两种动物形象除符合一角和无角的特征外，无法看出是否有雌雄差异，且与下文所提及的麒麟形象并无太多的关联性。

图 1　神兽二种，洛阳西汉卜千秋壁画墓

（二）四神与五灵体系下的羊形和鹿形麒麟

孙机先生对麒麟形象的研究较早且其观点被大多数研究者所接受。他在文章中不仅列举了带有榜题的麒麟图像，还从五灵体系下的方位角度对麒麟形象进行了辨识。在《几种汉代的图案纹饰》一文中，他系统梳理了麒麟形象的演变过程。② 他根据王莽《大诰》“太皇太后临政，有龟、龙、麟、凤之应，五德嘉符，相因而备”和《礼纬·稽命征》“古者以五灵配五方。龙，木也；凤，火也；麟，土也；白虎，金也；神龟，水也”，认为在西汉后期出现的“五灵纹”中，除了青龙、白虎、朱雀、玄武四神之外，麒麟占据中央土德，并根据洛阳烧沟汉墓出土的规矩纹铜镜，通过图像的对应，将带有十二干支规矩纹的汉代铜镜上占据“未”位的独角羊形象认定为麒麟（图 2）。李零先生在《论中国有翼神兽》一文中也认同此说法。

① 参见孙作云：《洛阳西汉卜千秋墓壁画考释》，《文物》1977 年第 6 期；林巳奈夫：《对洛阳卜千秋墓壁画的注释》，《华夏考古》1999 年第 4 期；贺西林：《洛阳卜千秋墓墓室壁画的再探讨》，《故宫博物院院刊》2000 年第 6 期。

② 参见孙机：《托克托日晷》，《中国历史博物馆馆刊》1981 年第 3 期；孙机：《几种汉代的图案纹饰》，《文物》1982 年第 3 期。

图 2　洛阳烧沟 1023 号出土规矩纹铜镜内区图案

事实上，遗存到现在的汉代铜镜数量比较庞大，而且已经出版的图录中收录的铜镜数量也颇为可观，这有利于我们将麒麟形象放置到更多数量的铜镜图案中去观察和检验。笔者观察了传世和出土的十二干支纹铜镜，发现处于“未”位的形象并不严格按照此规律来排布，出现在“未”位的神兽形象并非仅羊形麒麟一种。

四神同时也在天文语境下出现。冯时在《中国天文考古学》一书的北宫玄武章节中，以天文学视角考察了作为北方神兽的玄武的演变过程。他认为在玄武出现之前，居于北方位置的形象是由危、坟墓诸星组成的鹿形，而这个鹿形即为早期麒麟形象。其所列举的图像案例还包括曾侯乙墓出土的漆箱上的四神形象。总体而言，还是鹿的形象。①

（三）草原风格的独角羊形麒麟

与孙机先生在五灵体系下所辨识的羊形麒麟形象相似，还有一类在汉代疆域内和境外（匈奴统治区域，包括诺颜乌拉以及近年来发掘的高勒毛都等匈奴墓葬）皆有出土的装饰于金属马具上的山羊类形象被认为是麒麟。此类独角羊多为作为当卢和马珂的杏叶状狭长构图，在造型上为前足抬起、回首后仰的姿势。同时，下颌处表现明显的山羊胡须。

国内出土的图像案例包括广西西林出土的鎏金铜牌饰以及海昏侯墓出土的马珂等

① 参见冯时:《中国天文考古学》，中国社会科学出版社 2010 年版。

(图 3)。关于此类麒麟，林梅村、缪哲都在文章中对其来源做了分析，认为是与斯基泰文化元素相结合的一种麒麟样式。

此类形象也在钱币和长安城武库出土的玉雕上有图像案例遗存（图 4)①。

图 3　山羊纹银当卢，南昌海昏侯墓出土

图 4　山羊纹玉雕，汉长安城武库出土

（四）有角和有翼神兽语境下的麒麟

李零先生在《入山与出塞》两篇关于有翼神兽的研究中也对麒麟的形象进行了辨析，其中除与孙机先生重合的部分之外，主要从带翼的角度去考察麒麟形象及其与辟邪和天禄形象的区别。② 潘攀的《汉代神兽图像研究》从有角神兽的角度出发，系统考察了前面提及的大部分麒麟形象，主要观点与上述几位先生相同。③

（五）谶纬及祥瑞图语境下的麒麟

巫鸿先生在《武梁祠——中国古代画像艺术的思想性》下编的第三章《屋顶：上天的证照》中对汉代的祥瑞形象及图录风格以及征兆图像的流行进行了探讨。④ 其中麒麟作为在嘉祥武梁祠和内蒙古和林格尔壁画墓中都有明确榜题且作为祥瑞图谱系统

① 关于长安城武库出土的独角羊形玉雕，孙机和缪哲认为是麒麟的原因为与文献记录中的并角描述相符，但实际观察原物照片，还应是独角。

② 李零:《论中国的有翼神兽》《再论中国的有翼神兽》，载《入山与出塞》，文物出版社 2004 年版，第 87—147 页。

③ 参见潘攀:《汉代神兽图像研究》，文物出版社 2016 年版，第 148—156 页。

④ 参见巫鸿:《武梁祠——中国古代画像艺术的思想性》，柳扬、岑河译，生活·读书·新知三联书店 2006 年版，第 94—102 页。

出现的状况与文献记载是能够相互对应的，在下文的文献部分会系统讨论。

以上是目前能够检索到的关于麒麟形象相关研究成果谈及麒麟形象辨识时所使用的主要语境。当然，每个研究者在研究中使用的语境并非单独一种，本文主要强调研究的视角和使用材料的方法。在五类语境中，多种形象被辨识为麒麟，其中出现了麒麟异体、羊形麒麟、马形麒麟的样式，同时也可以总结麒麟从战国至东汉的形象发展过程。但是这些有差异的形象是否都能确定为麒麟，笔者还是认为缺乏确凿的证据。笔者拟从遗存图像出发，对上述研究中所提及的麒麟形象进行梳理和验证。

二、汉代图像中的麒麟

判断汉代图像，榜题无疑是最为重要且直接的依据，尤其在定名神仙异兽时，带有当时榜题的形象尤为重要，可以作为这一时期具体形象判断的标准件。本节在对标准件进行观察的基础上，结合图像数据库和目前已经出版的各地画像石、画像砖的全集类图录对麒麟形象进行整体翻检，并对麒麟形象及其伴生形象的规律进行总结。

（一）带有榜题的标准麒麟形象

汉代遗存的图像中带有“骐驎”或“麒麟”榜题的案例至少有 7 例。

1. 山东嘉祥武梁祠屋顶前坡，榜题：“麟不刳胎残少则至。”① （图 5）《金石索》摹刻的文字称之为麟。

2. 燕子埠缪宇墓后室门口左侧石，榜题“骐驎”。②（图 6）

3. 荥阳苌村壁画墓前室西壁上侧，榜题“骐驎”“凤凰”。③（图 7）

4. 内蒙古和林格尔两处“骐驎”榜题。此图像并不清楚，从摹本的基本形象判断，应该也是独角鹿的形象。④（图 8）

除以上几例之外，稍晚时代有两例带有榜题的标本。一例来自河南邓县学庄墓的

---

① 蒋英炬：《汉代武氏墓群石刻研究》，人民美术出版社 2014 年版，第 89 页。

② 南京博物院、邳县文化馆：《东汉彭城相缪宇墓》，《文物》1984 年第 8 期。

③ 李昌韬：《河南荥阳苌村汉代壁画墓调查》，《文物》1996 年第 3 期。

④ 参见陈永志、黑田彰、傅宁：《和林格尔汉墓壁画孝子传摹写图辑录》，文物出版社 2015 年版，第 159 页，补 6。

画像砖，其上有“骐驎”榜题①（图9），另一例来自佛爷庙湾画像砖上的“麒麟”榜题②（图10）。

图5　麟，武梁祠（摹刻，《金石索》，冯云鹏、冯云鹓同辑，双桐书屋藏板）

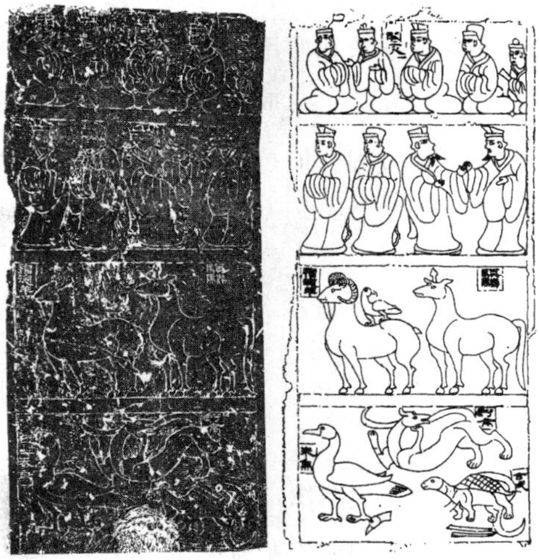

图6　骐驎，东汉彭城相缪宇墓出土

图7　骐驎，河南荥阳苌村汉代壁画墓出土

图8　骐驎，内蒙古和林格尔壁画墓出土

① 河南省文物局文物工作队：《邓县彩色画像砖墓》，文物出版社1958年版，第12页，图5。
② 敦煌市博物馆：《敦煌文物》，甘肃人民美术出版社2002年版，第60页。

图 9　骐驎，河南邓县学庄彩绘画像砖墓出土

图 10　麒麟，佛爷庙湾画像砖墓出土

值得注意的一个现象是，我们现在可以看到的榜题文字主要为“骐驎”，明确标注为“麒麟”的仅有一处，可见在汉代通用写法为“骐驎”。

除了以上两种较为明确的榜题写法外，还有两种与“麒麟”相关的民间或者地方写法。其一为马晓亮先生考证四川简阳鬼头山东汉崖墓出土的墓中三号石棺上的榜题“离利”应为“禽利”，实为“麒麟”的别体写法①，其形象也为带有独角的鹿；其二为刘乐贤先生考证尹湾汉简《申乌赋》中的“勒靳”应为“麒麟”②。这两种研究也为文献检索提供了一些出土文献可资参考、有待验证的线索。除此之外，林梅村先生认为麒麟的名字来自吐火罗语“天”，其形象应为独角羊（图 11）。他在文章中认为汉代麒麟颇为罕见，但在本节图像中我们也能发现很多实际可以被辨认为麒麟的形象。③

图 11　中亚草原独角羊

① 参见马晓亮：《“柱铢”及“离利”辨误》，《考古》2013 年第 1 期。

② 参见刘乐贤：《尹湾汉简〈神乌赋〉“勒靳”试释》，《古籍整理研究学刊》2003 年第 5 期。

③ 参见林梅村：《乌禅幕东迁蒙古高原考——兼论匈奴文化对汉代艺术之影响》，载余太山、李锦绣主编：《欧亚学刊》新 3 辑，商务印书馆 2015 年版，第 1—13 页。该文同时收录于林梅村：《西域考古与艺术》，北京大学出版社 2017 年版，第 124—147 页。

以上是汉代遗存图像中带有明确榜题的麒麟形象列举，从分布的情况来看，几乎遍布了从北到南的大部分汉代形象遗存丰富的区域，由此可见这些带有“麒麟”和“骐驎”标识的动物形象在全国范围内是有统一认知的。

（二）以标准件为视角可辨别的麒麟

在上述具有全国性的麒麟形象相对统一的情况下，以此类形象作为标准件再去通看汉代的形象材料（画像石、画像砖、墓室壁画以及出土器物和各种装饰纹样），可以在每个地方都找到类似的形象，并将这些形象判定为麒麟应该是可行的。在方法上以两个部分实现:《汉画总录》收录部分以关键词为线索在汉代图像信息数据库中进行检索，对陕北、河南南阳及山东和江苏徐州已经出版部分进行通检，所得图像使用《汉画总录》编号进行标识。《汉画总录》未收录部分，目前是结合已经出版的全集类图录加上实地考察拍摄的图像进行通检。

1. 陕北地区（70 例）

米脂：SSX-MZ-001（门楣）、SSX-MZ-003-01（门楣）、SSX-MZ-006-01（门楣，三角怪兽?）、SSX-MZ-006-02（左门柱）、SSX-MZ-006-07（门楣）、SSX-MZ-006-09（右门柱，三角怪兽?）、SSX-MZ-007-10（门楣）、SSX-MZ-010-06（门楣）、SSX-MZ-010-12（门楣）、SSX-MZ-013-01（左门柱）、SSX-MZ-013-01（右门柱）、SSX-MZ-018-01（门楣）、SSX-MZ-018-16（门楣）、SSX-MZ-018-20（门楣）、SSX-MZ-018-23（中柱石）、SSX-MZ-019-10（左门柱）、SSX-MZ-019-18（左边柱）、SSX-MZ-019-19（右边柱）、SSX-MZ-021-02（左门柱）、SSX-MZ-021-16（左门柱）、SSX-MZ-022-02（左门柱，青龙白虎朱雀麒麟完整）、SSX-MZ-022-07（门楣）、SSX-MZ-024-01（门楣）、SSX-MZ-040（?）、SSX-MZ-049-02（右门柱，三角鹿形兽?）、SSX-MZ-058（门楣）。

绥德：SSX-SD-001-01（门楣）、SSX-SD-006（门楣）、SSX-SD-007（门柱）、SSX-SD-022-01（门楣）、SSX-SD-022-07（门楣）、SSX-SD-030（门楣）、SSX-SD-031-01（门楣）、SSX-SD-043（门楣）、SSX-SD-047（门柱）、SSX-SD-061-01（门楣石）、SSX-SD-062-03（右门柱）、SSX-SD-065（门楣）、SSX-SD-066（门楣）、SSX-SD-071（门楣）、SSX-SD-075-01（门楣）、SSX-SD-076-01（门楣）、SSX-SD-084-01（门楣）、SSX-SD-098-01（门楣）、SSX-SD-098-02（左门柱）、SSX-SD-098-03（右门柱）、SSX-SD-100-12（右内边柱）、SSX-SD-103-01（门楣）、SSX-SD-103-16（门楣）、SSX-SD-

112（门楣）、SSX－SD－122（门柱）、SSX－SD－128－01（门楣）、SSX－SD－135（门楣）、SSX－SD－147－01（门楣）、SSX－SD－150－01（门楣）、SSX－SD－150－06（门楣）、SSX－SD－151－06（门楣）、SSX－SD－153－01（门楣）、SSX－SD－153－14（门楣）、SSX－SD－159（门楣）、SSX－SD－177－01（门楣）、SSX－SD－192（门楣）、SSX－SD－208－02（右门柱）、SSX－SD－212（门柱）、SSX－SD－218（门楣）、SSX－SD－219（门楣）、SSX－SD－233（门楣）。

神木：SSX－SM－006－01（门楣）、SSX－SM－010－02（左门柱，图 12）。

陕北部分除了以上已经收录于《汉画总录》的图像之外，在故宫博物院所藏的陕北画像石中也有一例。

图 12　鹿形麒麟，《汉画总录》编号：SSX－SM－010－02，陕西神木大保当 M16 出土

2. 山西（1 例）

离石马茂庄（图 13）。

图 13　鹿形麒麟，1919 年离石马茂庄村西鱼塌梁出土

3. 山东（10例）

沂南汉画像石墓（1，图14）、诸城前凉台画像石墓（1）[①]、临沂吴白庄汉墓（2）、费县刘家疃汉墓（2）、孝堂山石祠（1）、傅惜华二编250。

邹城：SD-ZC-045-01（祠堂侧壁）、SD-ZC-045-04（祠堂盖顶）。

图14　鹿形麒麟，山东沂南汉画像石墓出土

4. 江苏（2例）

贾汪（1）、九女墩（1，图15）。

图15　鹿形麒麟，江苏睢宁九女墩汉画像石墓出土

5. 河南（8例）

南阳：HN-NY-001-37（2，麒麟岗画像石墓）、HN-NY-818（?）、HN-NY-917（?）、HN-NY-029-02（?）。

① 任日新:《山东诸城汉墓画像石》，《文物》1981年第10期，图3。

密县打虎亭汉墓（1，图 16）[1]、密县后士郭 M2（1）。

登封汉阙（2）：太室阙。

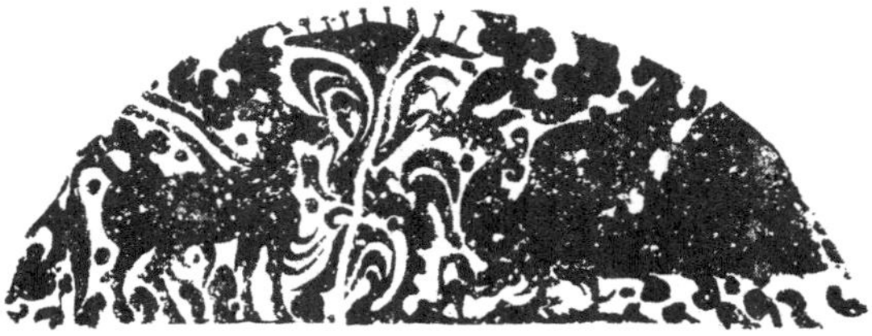

一号墓后室（主室）石门正面门楣石刻画像拓本

一号墓后室（主室）石门正面门楣石刻画像摹本

图 16　鹿形麒麟，河南密县打虎亭一号汉画像石墓出土

6. 安徽（2 例）

淮北濉溪古墓（1）、萧县（1，图 17）。

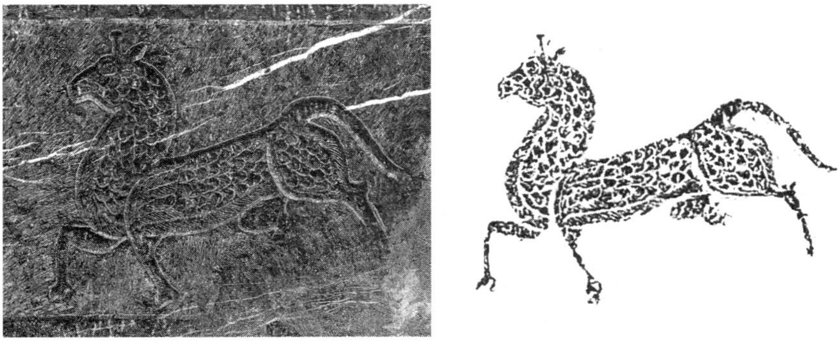

图 17　鹿形麒麟，《汉画总录》编号：AH－HB－049－08，安徽淮北濉溪古墓出土

7. 浙江（1 例）

海宁画像石墓。[2]

① 河南省文物研究所：《密县打虎亭汉墓》，文物出版社 1993 年版，第 75—76 页，图五四、五五。

② 参见岳凤霞、刘兴珍：《浙江海宁长安镇画像石》，《文物》1984 年第 3 期；周保平：《浙江海宁汉画像石墓两幅祥瑞图考辨》，《东南文化》2008 年第 5 期；黄雅峰：《海宁汉画像石墓研究》，浙江大学出版社 2009 年版。

8. 四川（12 例）

石棺（9，图 18）①、石阙（2，图 19）②、碑刻（1，王孝渊碑背面，上部为伏羲女娲像，图 20）。

图 18　鹿形麒麟，四川彭山一号画像石棺

图 19　鹿形麒麟，四川省西昌昭觉阙

图 20　鹿形麒麟，王孝渊碑，四川博物院藏

① 参见高文主编:《汉代画像石棺全集》，三晋出版社 2011 年版。
② 参见张孜江、高文主编:《中国汉阙全集》，中国建筑工业出版社 2017 年版。

9. 甘肃（1 例）

嘉峪关文殊乡石桥村汉墓画像砖。[①]

以上为现在可见的画像石及河西地区彩绘画像砖中的麒麟形象，除此而外，金石学图书中也留存了一些摹刻的麒麟图像，如:《隶续》著录的柳敏碑 320，邦雄杰碑 329、348，山阳麟凤瑞像 348，麒麟凤凰碑 352；《金石索》摹刻的汉麒麟碑 841、山阳麟凤碑 842。

（三）画像石以外的麒麟形象

其他类型的器物上也有麒麟的形象，甚至有两件为立体样式。

铜洗：从形象上判断，有三例与凤凰同时出现的较为清晰的麒麟形象——汉严是（氏）洗（图 21）、汉蜀郡严氏洗和汉富昌宜侯王子孙洗，还有一例不甚清晰。

铜镜：铜镜上标准麒麟的形象仅见一例。（图 22）

圆雕：寇店出土的金银器窖藏中的小型金麒麟。[②]（图 23）

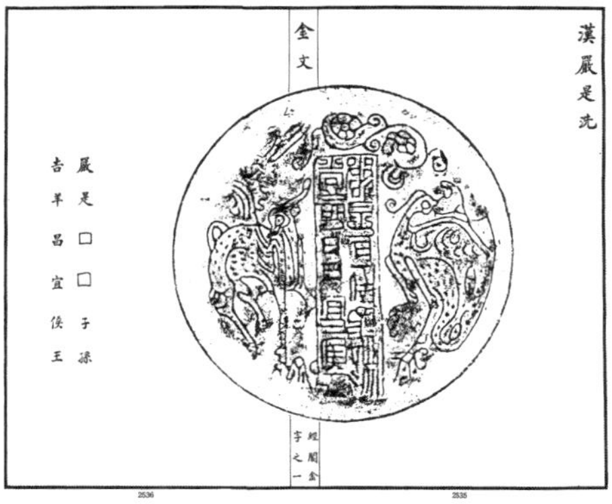

图 21　鹿形麒麟，严氏洗

图 22　鹿形麒麟，东急美术馆藏铜镜

以上是从图像中依据标准件进行整体检视所获得的麒麟形象在全国范围内遗存的整体情况，虽然并不能够完全做到理想化的全面查找和准确辨识，但其中所反映的基本情况应该还是较为可靠的，据此可以发现几个规律：

1. 图像的一致性。从这些图像中可以看到并未有过于明显的地域形象区别，而且

① 参见贾小军:《汉唐时期河西走廊墓葬壁画全集》，甘肃文化出版社 2019 年版，第 4 页，图 3、4。

② 参见周剑曙、郭洪涛主编:《偃师文物精粹》，北京图书馆出版社 2007 年版，第 61 页，图 50。无独有偶，与此件造型相同的麒麟在大英博物馆也藏有一件。对于此类器物的组合及使用，笔者拟专门另文论述。

图 23　鹿形麒麟（左，偃师寇店出土；右，大英博物馆藏）

以鹿形为主，形象较为容易辨认。

2. 图像的数量及质量。陕北地区出现的麒麟数量最多，其他地区虽然在数量上不及，但在图像刻画的精细度和图像组合的完整度上好于陕北。

3. 图像组合及伴生图像的固定性。从现存麒麟形象来看，麒麟与凤的伴生出现是较为固定的搭配。除此之外，还有部分羽人戏麒和部分骑麒麟的形象组合出现。其中麟与凤伴生是一个最为明显的判断特征。

4. 麒麟在墓葬中出现的位置。目前所见的各种麒麟形象，除了单独麟凤组合最为突出以外，大部分麒麟从属于整个画面的瑞兽组合，并未被单独明显标识。

三、文献中的麒麟的形象与祥瑞图录

麒麟在汉代及之前的文献中出现的次数比较多，孙机先生在《几种汉代的图案纹饰》中也做过集中梳理。本文在其基础上检索了几种文献数据库，梳理并补充了具有代表性的麒麟具体形象与语境描述的部分文献。在查找时也着重注意到上一个部分出现在作为标准件的麒麟形象旁边的“麒”“麟”“麒麟”和“骐骥”等写法。

> 麒，仁兽也，麋身牛尾一角，从鹿其声。麟，大牝鹿也，从鹿粦声。——《说文解字》

汉孝武皇帝之时，获白麟，戴两角而共觝，使谒者终军议之。军曰："夫野兽而共一角，象天下合同为一也。"——《论衡》

故麒麟麇身、牛尾，圆顶一角，含仁怀义，音中律吕。行不中规，折旋中矩。择土而践，位平然后处。不群居，不旅行，纷兮其有质文也！——《说苑·辨物·十四》①

儒者之论，自说见凤皇、骐𬴊而知之。何则？案凤皇、骐𬴊之象。又《春秋》获麟文曰："有麏而角。"麏而角者，则是骐𬴊矣。其见鸟而象凤皇者，则凤皇矣。黄帝、尧、舜、周之盛时，皆至凤皇。孝宣帝之时，凤皇集于上林，后又于长乐之宫东门树上，高五尺，文章五色。周获麟，麟以獐而角。武帝之麟，亦如獐而角。

天下太平符瑞所以来至者，以为王者承统理，调和阴阳，阴阳和，万物序，休气充塞，故符瑞并臻，皆应德而至。德至天则斗极明，日月光，甘露降；德至地则嘉禾生，蓂荚起，秬鬯出，太平感；德至文表则景星见，五纬顺轨；德至草木朱草生，木连理；德至鸟兽则凤皇翔，鸾鸟舞，骐𬴊臻，白虎到，狐九尾，白雉降，白鹿见，白乌下；德至山陵则景云出，芝实茂，陵出异丹，阜出莲莆，山出器车，泽出神鼎；德至渊泉则黄龙见，醴泉通，河出龙图，洛出龟书，江出大贝，海出明珠；德至八方则祥风至佳气时喜，钟律调，音度施，四夷化，越裳贡。——《白虎通德论·封禅》②

章帝元和二年，凤皇三十九、麒麟五十一、白虎二十九、黄龙四、青龙、黄鹄、鸾鸟、神马、神雀、九尾狐、三足乌、赤乌、白兔、白鹿、白燕、白鹊、甘露、嘉瓜、秬秠、明珠、芝英、华平、朱草、木连理实，日月不绝，载于史官，不可胜纪。——《东观汉记》

除了以上的汉代文献外，《宋书·符瑞志》中的记载因与武梁祠的瑞兽图像对应情况较密切，也录于此：

① 程翔评注：《说苑》，商务印书馆 2018 年版，第 845 页。

② 班固：《白虎通德论》，上海古籍出版社 1990 年版，第 43 页。

> 麒麟者，仁兽也。牡曰麒，牝曰麟。不刳胎剖卵则至。麕身而牛尾，狼项而一角，黄色而马足。含仁而戴义，音中钟吕，步中规矩，不践生虫，不折生草，不食不义，不饮洿池，不入坑阱，不行罗网。明王动静有仪则见。牡鸣曰“逝圣”，牝鸣曰“归和”，春鸣曰“扶幼”，夏鸣曰“养绥”。①

以上是较为常见的对汉代麒麟进行研究时使用的文献著录，可见古代文献对于麒麟形象的表述以及其作为祥瑞动物出现时的一些组合语境。反观汉代的出土文献，恰好有两例是以较多祥瑞景象组合的方式出现的。其中一例是武梁祠的两块盖顶石，另一例出现在和林格尔壁画墓中。

1. 武梁祠盖顶石文字（图 24）

祥瑞石一

第一列：浪井、神鼎、麒麟、黄龙、蓂荚

第二列：六足兽

第三列：白虎

祥瑞石二

第一列：玉马、玉英、赤罴、木连理、璧流离、玄圭、比翼鸟、比肩兽、白鱼、比目鱼、银瓮

第二列：后稷诞生、巨畅、渠搜献裘、白马朱鬣、泽马、玉胜

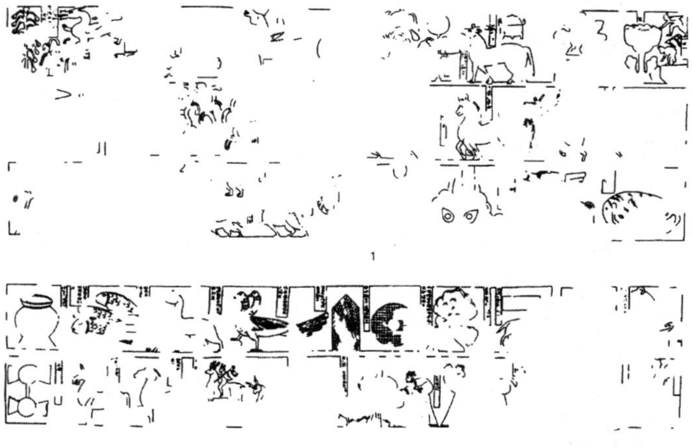

图 24　武梁祠盖顶前后坡征兆画像石线描图，林巳奈夫绘

①《宋书·符瑞志》，中华书局 1974 年版，第 791 页。

2. 和林格尔祥瑞（图 25）

骐驎、青龙、灵龟

甘□、澧泉、神鼎、三足乌、一角敖、白狼、白鹤、白鲴、圭□、玉□、玉圭、玉衣、上□□、□兔、三角□、□曲、赤爵、白眷（象）、玉羊、□□离、赤罷（羆）、□马、甘露、浪井、明珠、白乌、□□兽□、白狐、白马、金□、银□、玉马、姜元

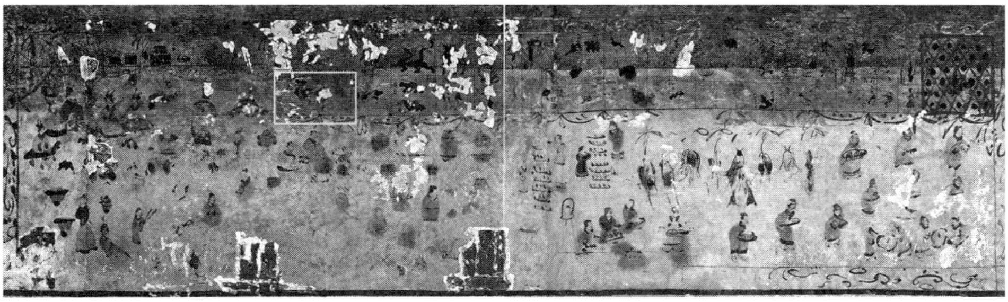

图 25　祥瑞图（摹本），和林格尔汉墓中室北壁

两处画像石也提及了有序列排布的祥禽瑞兽以及各类代表异象的器物，对比可以发现，与《白虎通》《东观汉记》所记的系列组合类似。关于此类图谱类组合的研究见于巫鸿先生《武梁祠——中国古代画像艺术的思想性》中《屋顶——上天征兆》一章，他认为此类图像属于以图录风格出现的可以揭示天意的图谶。这一点对于理解汉代祠堂和墓葬中此类图录式瑞兽排列提供了更好的角度，而在这个视角之下，麒麟属于其中的一种，与上一节最后论及的状况是一致的。

四、结论及余论

麒麟作为汉代形象中重要的神兽，在两汉时期的文献和图像中都有较多遗存。但目前相关论述和图录对麒麟形象的认定仍然相对宽泛和模糊，有好几类形象被认为是麒麟。本文在对汉代标准麒麟形象进行总结的基础上，系统梳理和通检各地的汉代形象材料，并对麒麟形象被指认的具体语境进行了检验和分析，得出了如下认识和规律：

（一）麒麟的形象辨识

通过对汉代麒麟形象的文献、图像和研究语境的梳理，麒麟形象包括麒麟异体、鹿（獐）形、马形、羊形等几种形态。以汉代有榜题的标准件来看，带有单独肉角的

鹿形麒麟是汉代尤其是东汉时期最可靠的麒麟形象。鹿形麒麟的分布范围最广，且不同区域之间有很大程度的相似性，可见在广大的汉朝范围内人们对其具有统一的认识。除了独角有肉的麒麟以外，其他几种是否可以称为麒麟，还有待更多的图像材料验证。

（二）麒麟形象的演变

从汉代四百年文献记录来看，麒麟形象有一定程度的变化。但是否存在地方性的麒麟形象，或者与外来因素相结合，出现从羊形麒麟演变为鹿形麒麟的过程目前还没有实际的证据。具体到汉代语境下麒麟形象是否有多种可能也需要进一步探讨。

本文虽未涉及汉代以后麒麟形象的演变，但这一形象在东汉以后的变化也较为重要。在东汉彭城相缪宇墓的发掘报告中，周晓陆先生结合文字的变化提出："东汉时代所画的麒麟形象温驯，与六朝所见的独角、两翼、四足奔腾的猛兽形象迥然有异。前者偏旁皆从'马'，却为鹿形，后者偏旁从'鹿'，而为马形。麒麟形象的变化，当在东汉至六朝之间。"① 从目前看到的图像系统来看，确实有这种发展的趋势。但从战国到西汉再到东汉，麒麟形象是否有单线性或多线性的演变，还需要对更多的图像证据进行细致考察。

（三）图录式形象中的麒麟

通过对图像中出现的麒麟形象及其组合的观察，麒麟出现的场景大概可以分为三类：其一为固定模式的组合，如与凤的固定搭配；其二为作为零散的瑞兽出现在西王母图像中；其三则是出现在图录式的瑞兽组合中。在这三类不同的语境中，麒麟所起的作用和图像含义也有所不同。

除上述观点外，笔者在写作和验证过程中还有一些关于汉代名物及图像研究的反思。

1. 麒麟形象的重要性在于，有一定数量的带有榜题的案例，给我们提供了一个良好的可供在图像志方面检验的标本。但是画像石上所刻画的形象具有一定程度的模糊性，虽然有标准件作为参考，但在形象查找和辨析过程中还需警惕图像观察中的疑斧现象。以麒麟形象的辨识为例，马鬃中间梳起的类似独角的形象与马形麒麟如何区分，还需要对所处语境进行细致分析。

2. 常见图像母题的研究方法。在没有榜题的情况下，目前的研究往往依靠图像整

① 南京博物院、邳县文化馆:《东汉彭城相缪宇墓》，《文物》1984 年第 8 期。

体梳理排比，与文献记述进行对应。如图像与文献无法完全匹配，在此基础上得出的结论则难以立足。虽然越来越多的材料被公开，数据库建设和使用越来越便利，建立在图像志基础上的验证能够让形象的可信性大大提高，但实际情况仍然是无法在穷尽材料的理想基础上展开研究，而且现存图像和实物也都只是偶然的遗存，当下的名物研究能在多大程度上贴近当时人的认知仍然处于值得怀疑的状态。

以诃梨勒为例看古代外来药物在陆海丝路上的传播与应用*

胡肖言

（云南大学历史与档案学院）

【摘　要】　产自印度的诃梨勒，是古代中西医学文化互鉴的典型例证。敦煌、吐鲁番等地出土的医学文书，证实早期诃梨勒主要依靠北方丝绸之路进入中国。自唐宋起，关于诃梨勒源流的文献记载更多与沿海地区相关联，可见诃梨勒入华的重心已由陆路转向海路。同时，南方丝绸之路始终为诃梨勒提供了一条深入中国西南地区的辅助通道。诃梨勒入华后地位下降，相关临床应用范围有所改变，体现了中西医学体系的差异性。与中原地区相比，诃梨勒更受藏族、蒙古族等少数民族推崇，呈现出中西医学文明互鉴过程的复杂性。

【关键词】　诃梨勒　丝绸之路　中西医学　交流互鉴

古代丝绸之路，亦是中西医学互鉴之路。其中，药物是中外医学交流的重要物质载体，主要通过商贸、朝贡、传教、战争等方式实现跨文化、跨区域的流动与交换。依托南、北、海上三条丝绸之路，苜蓿、绿盐、安息香、罗望子、诃梨勒、丁香、荜茇、荸荠、沉香、龙脑香、檀香、肉豆蔻、使君子、乳香、芦荟、迷迭香、龙涎香等西方外来药材及其相关药用知识陆续进入中国。同时，中国传统本草医典以及甘草、麻黄、冰片、樟脑、硫磺、当归、茯苓、乌头、附子、细辛等本土生长的药物，也沿着陆海丝绸之路传播至世界各地。古代中西药物的融合与交流丰富了世界药物种类，

---

* 本文系国家社会科学基金重大项目“历史上北方、南方和海上丝绸之路的互动关系研究及数据库建设”（18ZDA185）的阶段性成果。

促进了方剂学的发展，对各个国家和地区的临床用药思想产生了深刻影响，使得中药并非只是“中国产、中国人用”，西药也绝不只是“西方产、西方人用”。

诃梨勒（图 1），别称诃黎勒、诃利勒、诃子、随风子、呵黎勒、藏青果、阿如拉（藏药）、码腊（傣药）等，属使君子科植物诃子（Terminalia chebula Retz.）或绒毛诃子（Terminalia chebula Retz. var. tomentella Kure）的成熟果实。它是一种降火利咽、涩肠敛肺的常见药物，主要分布于印度、斯里兰卡、尼泊尔、缅甸、越南、印度尼西亚等南亚、东南亚地区。中华人民共和国成立后，在云南、广西等地发现了大量野生的诃梨勒。古代中医所使用的诃梨勒基本依靠从印度进口。自秦汉起，诃梨勒作为印度传统药材大量输入中国，古代医书、正史、西域文书、佛教经书、笔记小说、诗词等亦有丰富的文献记录。

图 1　诃梨勒果实①

近年来学术界围绕诃梨勒的产地与传播途径、贸易概况、实际药用功能、文化意义以及相关敦煌医学文书的考证等方面展开研究，并取得不少成果。② 本文将在前人

① 参见陈士林、林余霖主编：《中国药材图鉴・中药材及混伪品鉴别》第 2 卷，中医古籍出版社 2008 年版，第 390 页。

② 关于古代诃梨勒的优秀研究成果主要有：陈明：《“法出波斯”：“三勒浆”源流考》，《历史研究》2012 年第 1 期；黄晓红、王颋：《“诃梨勒”的产地及其在中国的药用考略》，《湖南农业大学学报（社会科学版）》2012 年第 2 期；僧海霞：《唐宋时期“药中王”诃梨勒医方探析——基于敦煌医药文献考察》，《敦煌研究》2016 年第 2 期；乔天：《唐代三勒浆杂考》，《唐史论丛》2017 年第 2 期；范振宇、王兴伊：《文明互鉴视域下的中外医学交流——以诃黎勒入华途径为例》，《医疗社会史研究》2020 年第 1 期；武佼佼、王进玉：《丝绸之路上的诃黎勒及其在医药中的应用》，《敦煌学辑刊》2021 年第 2 期；闫艳、白霞：《“诃梨勒”及其多元文化意义》，《历史文献研究》2021 年第 2 期；张海超：《中古云南的香药与贸易：以诃梨勒为中心》，《自然科学史研究》2022 年第 2 期；等等。

研究的基础上，试图实现两方面的拓宽：一是从整体史视角出发，分别阐述南、北、海上三条丝绸之路对诃梨勒入华的贡献；二是采用对比研究的方法，分析诃梨勒在中、西医学体系下地位、药用价值的差异，并延伸探讨诃梨勒在国内民族地区的具体使用状况，旨在揭示古代中外医学文明交流互鉴的基本特点。

一、出土文书见证诃梨勒在北方丝绸之路的传播

汉唐时期，北方丝绸之路是东西商品交换、佛教传播的主要路径，大量诃梨勒随之逐渐进入中亚、西域以及中原地区。

（一）诃梨勒原产地：印度

关于诃梨勒的来源，不少汉文正史有所记录。如《魏书·西域传》载："波斯国，都宿利城，在忸密西，古条支国也……出金、银……诃梨勒、无食子、盐绿、雌黄等物。"①《旧唐书》亦载："波斯国，在京师西一万五千三百里……出马骆及大驴……诃黎勒、胡椒、荜拨、石蜜、千年枣、甘露桃。"② 还有《周书》《北史》《隋书》《通典》等不少汉文典籍提及诃梨勒为波斯国特产。

然而，诃梨勒的原产地并非波斯，而是印度地区，理由如下：一是关于诃梨勒的记录最早出现于印度佛教经典以及印度生命吠陀医学文献之中。现存最早的梵文医学文献《鲍威尔写本》记载了诃梨勒来源的神话传说可精准对应《本草纲目》中"诃梨勒，梵言天主持来"③。诃梨勒深受印度佛教文化推崇，这一点在众多汉译印度佛经中有所佐证。义净译《金光明最胜王经》赞誉诃梨勒为"药中王"，"具足有六味，能除一切病"。④ 玄奘法师译《阿毗达磨俱舍论》卷十二记载了诃梨勒的神奇功效："若能以一诃梨怛鸡，起殷净心，奉施僧众，于当来世，决定不逢疾疫灾起。"⑤ 后秦鸠摩罗什所译《大智度论》亦载："以一诃梨勒果药布施，九十一劫不堕恶道，受天人福乐，身常无病。"⑥ 二是从自然环境分析，干旱少雨的波斯国并不适合诃梨勒生长，何来特

---

① 魏收：《魏书》卷一〇二《西域传》，中华书局 1974 年版，第 2270—2271 页。

② 刘昫：《旧唐书》卷一九八《西戎传》，中华书局 1975 年版，第 5311—5312 页。

③ 范振宇、王兴伊：《文明互鉴视域下的中外医学交流——以诃黎勒入华途径为例》，《医疗社会史研究》2020 年第 1 期。

④ 义净奉制译：《金光明最胜王经》卷九《食·除病品》，中华书局 2012 年版，第 322 页。

⑤ 世亲造：《阿毗达磨俱舍论略注 上》，玄奘译，智敏注，上海古籍出版社 2016 年版，第 421 页。

⑥ 龙树菩萨造：《大智度论 上》，鸠摩罗什译，宗教文化出版社 2014 年版，第 578 页。

产之说。而印度地区雨水充沛，更适宜种植诃梨勒。结合上述史料，充分说明诃梨勒产自印度。国内外学者①一致认为波斯在诃梨勒传入中国的过程中，充当了中介角色。产自印度的诃梨勒很可能沿着北方丝绸之路率先传入波斯地区，之后继续沿着丝绸之路深入中国各地。这一史实，在敦煌、吐鲁番等地出土的大批文书中获得印证。

（二）敦煌文书与诃梨勒

目前出土的敦煌医药文书中，P.2662－2《不知名医方第十六种残卷》、P.2882《不知名医方第六种残卷》、P.3378《杂疗病药方残卷》、P.3596《不知名医方第九种残卷》、P.3731《唐人选方》丙卷、P.4506《金光明经除病品第十五》、S.5091《某僧向大德乞药状》、大谷3526《美味药》残片、大谷3537《诃梨勒方》残片、大谷1052《心痛方》残片之三以及俄罗斯藏敦煌文献Дx02999、Дx030582《残存羊乳甘草等药物医方书》等均载有涉及诃梨勒的医方，说明汉唐时期诃梨勒相关药用知识在西域地区实现了相当程度的传播与普及。吐鲁番文书中同样出现了关于诃梨勒的记录，如日本学者池田温整理研究的《唐天宝二年交河郡市估案》提及当时诃梨勒的市场物价："大谷7639号物价文书：诃梨勒一颗 上直钱贰文伍分 次二文 下壹文伍分。"② 由此可见，北方丝绸之路上确实存在与诃梨勒相关的贸易往来活动，诃梨勒俨然成为沿线药材市场的热销商品之一。

同时，日益频繁的佛教交流促进诃梨勒源源不断地进入西域地区。汉唐时期，敦煌成为北方丝绸之路的重要枢纽，是中西文化交流的门户，很多中印僧人往来此地并积极开展佛教交流活动。敦煌文书P.3353《年代不明舍施文》："酥一升，充法师乳药；诃梨勒两颗，充侯那。"③ S.2575《己丑年应管内外都僧统为道场纳色目榜》："右奉处分，令置受戒道场，应管得戒式叉沙弥尼等，沿法事，准例合有所税。人各麦油壹升，概两笙，诃梨勒两颗。"④ P.3850《酉年四月僧神威等牒残卷》（图2）载："诃

① 美国学者劳费尔提出诃梨勒的果实由印度输入波斯（参见劳费尔：《中国伊朗编》，林筠因译，商务印书馆2001年版，第203页）；国内学者陈明在梳理包括诃梨勒在内的三勒浆的源流演变的过程中，同样强调波斯具有印度文化的接受者与传播者的双重角色（参见陈明：《"法出波斯"："三勒浆"源流考》，《历史研究》2012年第1期）。

② 池田温：《中国古代籍帐研究》，龚泽铣译，中华书局1984年版，第314页。

③ 唐耕耦、陆宏基：《敦煌社会经济文献真迹释录》第三辑，全国图书馆文献缩微复制中心1990年版，第107页。

④ 唐耕耦、陆宏基：《敦煌社会经济文献真迹释录》第四辑，全国图书馆文献缩微复制中心1990年版，第145页。

梨勒计纳得一百廿九颗，破用九十四颗，见在卅五颗。”① P.4640《吴僧统碑》：“又有僧王云胜，办诃梨勒二千颗，同助功德。”② 显然，诃梨勒传入西域与佛教僧人有着密切关联。不少行走在北方丝绸之路上的僧人常以行医为业，传教的同时还将包括诃梨勒在内的大量外来药材及相关医药知识传播至敦煌地区。根据文书中涉及诃梨勒数量、市价的相关记录，可知诃梨勒作为外来药物很珍贵但不算稀缺，是普通百姓能用得起的大众物品。③

图2　敦煌文书 P.3850 真迹

此外，新疆出土的印度医学著作《鲍威尔写本》，吐鲁番出土的回鹘语医书《医理精华》《八支心药方本集》等海外医书文献都记载了诃梨勒的药理知识和临床经验，《太平广记》讲述了天宝年间高仙芝伐大食时将诃梨勒带回长安的传说，这些亦可从侧面说明北方丝绸之路是早期诃梨勒传入中国最为重要的通道。

二、“舶上来者”：诃梨勒由海上丝绸之路入华

自唐宋起，中西文明交往的重心由陆路转向海路，数量相当的诃梨勒开始沿着海上丝绸之路持续输入中国沿海地区以及其他东亚国家。

① 唐耕耦、陆宏基:《敦煌社会经济文献真迹释录》第三辑，全国图书馆文献缩微复制中心 1990 年版，第 304 页。

② 郑炳林:《敦煌碑铭赞辑释》，甘肃教育出版社 1992 年版，第 64 页。

③ 参见武佼佼、王进玉:《丝绸之路上的诃黎勒及其在医药中的应用》，《敦煌学辑刊》2021 年第 2 期。

（一）诃梨勒自海上而来与移植广州

唐代《新修本草》记载诃梨勒“生交、爱州”[①]，又有唐代李珣《海药本草》载“诃梨勒……生南海诸地”[②]，宋代《证类本草》转引《图经》云“诃梨勒，生交、爱州”[③]。上述文献中关于诃梨勒产地的认识虽不够准确，却不约而同地透露出诃梨勒的输入方向——海上。正因为通过海路传播，才使时人误以为诃梨勒生长于沿海地区。作为外来药材，诃梨勒很可能是由经营海上贸易的外国商人带到中国的。唐人包佶曾作诗《抱疾谢李吏部赠诃黎勒叶》：“一叶生西徼，赍来上海查。岁时经水府，根本别天涯。方士真难见，商胡辄自夸。此香同异域，看色胜仙家。茗饮暂调气，梧丸喜伐邪。幸蒙祛老疾，深愿驻韶华。”[④] 这首诗记录了诃梨勒的神奇功效，并强调诃梨勒生于“西徼”，由胡商贩运而来。其中，波斯商人成为贩运诃梨勒的代表性外商群体。萧炳《四声本草》指出诃梨勒“波斯舶上来者”[⑤]，李珣《海药本草》提到波斯人将诃梨勒、大腹槟榔等作为海上必备药品，并发现了诃梨勒有洗水中大鱼涎滑的功能[⑥]。唐代，波斯商人控制着大多数海上商贸活动，因此诃梨勒入华可能与海上丝绸之路上的波斯商人活动有密切联系。

值得注意的是，诃梨勒不仅作为外来药材商品进入中国市场，而且还被移植在广州的土地上，促进了中西物种的交流。《证类本草》“诃梨勒”条转引唐元和进士孟琯《岭南异物志》记述广州法性寺内种植诃梨勒的具体情形：

> 广州法性寺佛殿前有四五十株，子极小而味不涩，皆是六路，每岁州贡，只以此寺者。寺前有古井，木根蘸水，水味不咸。每子熟时，有佳客至，则院僧煎汤以延之。其法用新摘诃子五枚，甘草一寸，皆碎破，汲木下井水同煎，色若新茶。今其寺谓之乾明，旧木犹有六七株，古井亦在。南海风俗尚贵此汤，然煎之不必尽如昔时之法也。[⑦]

---

① 苏敬等:《新修本草》，尚志钧辑校，安徽科学技术出版社 1981 年版，第 358 页。

② 李珣:《海药本草》，尚志钧辑校，人民卫生出版社 1997 年版，第 63 页。

③ 唐慎微:《重修政和经史证类备用本草》（以下简称《证类本草》）卷一四“诃梨勒”，人民卫生出版社 1957 年影印本，第 342 页。

④《全唐诗》，上海古籍出版社 1986 年版，第 484 页。

⑤《四声本草》已佚，部分佚文见《证类本草》所引“臣禹锡等谨按萧炳”诸条目。唐慎微:《证类本草》卷一四，人民卫生出版社 1957 年影印本，第 342 页。

⑥ 参见李珣:《海药本草》，尚志钧辑校，人民卫生出版社 1997 年版，第 63 页。

⑦ 唐慎微:《证类本草》卷一四，人民卫生出版社 1957 年影印本，第 342 页。

关于法性寺栽培诃梨勒以及煎诃子汤的风俗，在北宋钱易《南部新书》中亦有相似记载，并补充诃子汤有“消食疏气”的功效，高度评价诸汤难以与诃子汤相比，“士大夫争投饮之”①。法性寺培植诃梨勒也绝非特例，《唐大和尚东征传》提及广州大云寺内生长了两株诃梨勒，“子如大枣”②。这些史料证实诃梨勒曾在中国沿海地区实现了小范围的引种，侧面反映诃梨勒沿海上丝绸之路进入中国同样与佛教文化有所关联。然而，或因当地自然环境不能完全适合诃梨勒的生长，其移植结果并不理想。孟琯记载时法性寺内最初种植的四五十株，后仅存活六七株。到了清末张之洞笔下，因兵乱等多种原因该寺内仅存活一株诃梨勒。③

（二）诃梨勒沿海路继续传播，见证中日友好交流

唐代扬州是海上丝绸之路的重要集散地，为佛教文化东渐提供了便利的交通条件，产自印度的诃梨勒也参与到这段中日文化交流的历史片段中。《唐大和尚东征传》记录了天宝二年（743）鉴真法师从扬州启程东渡日本时准备的物品清单，包括“岭南道采访使刘臣邻之军舟一只”，还有佛经法器、佛像、大小铜器、各色香料以及充足的粮食、“毕钵、呵梨勒、胡椒、阿魏、石蜜、蔗糖等五百余斤”④，但是此次东渡并没有成功，之后鉴真法师辗转各地传教，并在广州大云寺院内见到了两株诃梨勒树。

诃梨勒是否在真正意义上通过佛教交流和政治交往输入日本，日本正仓院的遗物及其文献记载给出了准确答案。正仓院是日本奈良市东大寺专门存放皇室珍宝的地方，藏品近九千件，种类丰富，多为唐朝文化影响下圣武天皇时期的遗物。光明皇后将所有宝物逐一登记造册，形成《东大寺献物账》五卷本。《种种药账》（图 3）列有 60 种源自唐王朝的药物和药方，其中诃梨勒共 1000 枚。因诃梨勒为鉴真和尚主推药材，需求量较大，原先记载的诃梨勒基本全部用完，仅存一颗实物发现于正仓院北仓 133 库中。经日本宫内厅鉴定，这颗诃梨勒很可能产自缅甸。⑤ 由此可见，诃梨勒沿着海上丝绸之路入华后，继续沿着海路进入日本，成为唐代中日文化交流的见证者。

① 钱易:《南部新书》卷七，黄寿成点校，中华书局 2002 年版，第 107—108 页。

② 真人元开:《唐大和尚东征传》，汪向荣校注，中华书局 1979 年版，第 73 页。

③ 张之洞《忆岭南草木·虞苑诃子树》诗云：“兵火残美荫，艰难存一株。棱棱缀秋实，苦涩不可咀。”《张之洞全集》卷二九六，河北人民出版社 1998 年版，第 12 册，第 10536 页。

④ 真人元开:《唐大和尚东征传》，汪向荣校注，中华书局 1979 年版，第 47 页。

⑤ 参见范振宇、王兴伊:《文明互鉴视域下的中外医学交流——以诃黎勒入华途径为例》，《医疗社会史研究》2020 年第 1 期。

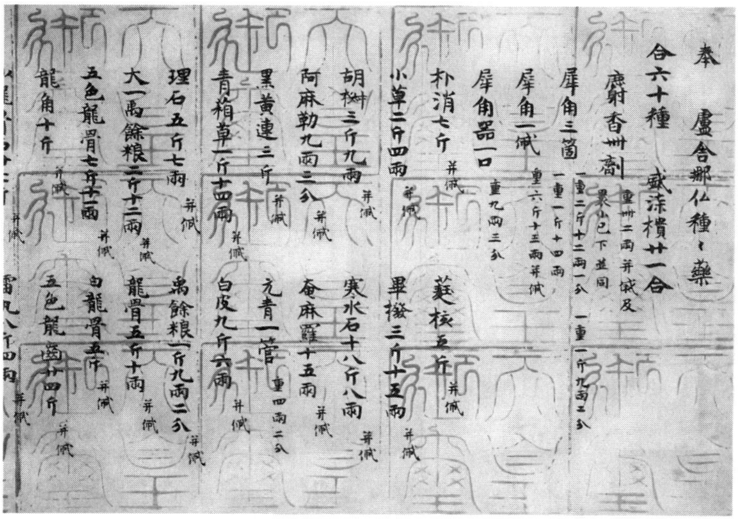
奉　盧舍那仏種々藥
合六十種　盛漆櫃廿一合
麝香卅劑　重卅二両并帒及裹　以下並同
犀角三箇　一重二斤十二両一分　一重一斤十四両　一重一斤九両二分
犀角一帒　重六斤十三両并帒
犀角器一口　重九両三分
朴消七斤　并帒　蕤核五斤　并帒
小草二斤四両　并帒　畢撥三斤十五両　并帒
胡椒三斤九両　并帒　寒水石十八斤八両　并帒
阿麻勒九両三分　并帒　菴麻羅十五両　并帒
黑黄連二斤　并帒　元青一管　重四両二分
青葙草一斤十四両　并帒　白皮九斤六両　并帒
理石五斤七両　并帒　禹餘粮一斤九両二分　并帒
大一禹餘粮二斤十二両　并帒　龍骨五斤十両　并帒
五色龍骨七斤十一両　并帒　白龍骨五斤　并帒
龍角十斤　并帒　五色龍歯廿四斤　并帒
雷丸八斤四両　并帒

图 3　《种种药账》卷首部分
（采自正仓院事务所监修:《正仓院》，财团法人菊叶文化协会 1993 年版，第 30 页。）

三、另一种可能：诃梨勒经南方丝绸之路进入云南

诃梨勒存在第三条辅助型传播路径——南方丝绸之路。该丝路沿线出土了具有早期印度文化因素的鎏金盘舞铜扣饰、祖先崇拜器物以及来自印度洋的海贝等先秦文物，充分说明南方丝绸之路是早期中印文化交流的重要通道。《史记》记载张骞出使西域时在大夏国（今阿富汗地区）见到了由当地商人从印度转运而来的“蜀布、邛竹杖”等蜀物，可知秦汉时期四川与印度有着相对频繁的商贸活动。魏晋时期，河西走廊的阻塞以及海上航行的不安全性，促使不少中印僧人选择经“河南道”以及南方丝绸之路开展传教活动，南方丝绸之路对中印佛教文化交流发挥了重要作用。

自唐宋起，云南与东南亚、南亚之间的经济交流和文化互动进入新的历史阶段，印度佛教文化沿着南方丝绸之路经东南亚不断向云南渗透。从前文诃梨勒在北方以及海上丝绸之路的传播情形来看，不难发现中国对诃梨勒的需求以及相关药理知识的积累往往与传教活动同步发展。唐代樊绰《云南志》载：“荔枝、槟榔、诃黎勒、椰子、桄榔等诸树，永昌、丽水、长傍、金山并有之。”① 诃梨勒作为代表性的佛教药材，唐

① 樊绰:《云南志补注》，向达原校，木芹补注，云南人民出版社 1995 年版，第 103 页。

宋时期伴随南方丝绸之路上频繁的佛教活动将其成功引种至云南的可能性极大。同一时期的史书文献中未有关于诃梨勒的更多记载，然而在一些考古资料中仍能找出有用的线索。考古工作者先后在大理崇圣寺千寻塔、洱源火焰山塔中挖掘出一批药材，由于古代修建佛塔坛场时有将五宝、五香、五药、五谷等重要物品放入建筑物内的惯例，因此从出土药物的情况能推测出当时的医学水平。其中，千寻塔基座潮湿，保存下来的药物不多，佛塔中并未发现诃梨勒①。火焰山塔内则发现了 30 种药物，可辨认的包括金箔、珊瑚、玛瑙、珍珠、干姜、檀香等共计 24 种，还有 6 种无法辨认②。有学者对火焰山塔的考古工作报告中识别为“桃仁”的药材持不同观点，认为从炮制手法、惯例等角度分析该种药材很有可能是诃梨勒。③

明清时期，地方文献中关于云南各地种植诃梨勒（诃子）的记载明显增多。如大侯州土产“诃子秋熟，味苦又甘”④；“诃子出潞江”⑤；《徐霞客游记》亦载有枯柯附近（今属昌宁）“南北大丈余，东西大七尺……中高丈余”⑥ 的枯柯树，经后人考察为空心枯诃子树⑦；“诃子俱出土司地方”⑧；腾越州“其产海贝……诃子”⑨；等等。同时，诃梨勒还是傣族、佤族、阿昌族、傈僳族、回族、壮族、布朗族等云南民族地区的传统常用药材。因其在中医以及少数民族医学文献中的名称并不统一，故诃梨勒在古代云南的实际种植以及应用情况远不止于汉文文献中的简要记录。

四、对比视角下中医对诃梨勒的应用

（一）诃梨勒在中医药体系中的地位变化

诃梨勒在古代印度传统医学体系中的地位极高，深受推崇。现存最早的梵文书写的印度医学著作《鲍威尔写本》出土于新疆，约成书于 3—6 世纪，属于生命吠陀医

① 参见云南省文物工作队:《大理崇圣寺三塔主塔的实测和清理》，《考古学报》1981 年第 2 期。
② 参见云南省文物工作队:《洱源火焰山砖塔出土文物简记》，《云南文物简报》1977 年第 7 期。
③ 参见张海超:《中古云南的香药与贸易：以诃梨勒为中心》，《自然科学史研究》2022 年第 2 期。
④ 李贤:《大明一统志（八）》卷八三至九〇，方志远点校，巴蜀书社 2017 年版，第 3924 页。
⑤ 周季凤纂修：正德《云南志》卷十三《金齿军民指挥使司》，载方国瑜主编:《云南史料丛刊》第六卷，云南大学出版社 2000 年版，第 219 页。
⑥ 徐霞客:《徐霞客游记》，中华书局 2009 年版，第 624 页。
⑦ 朱惠荣:《徐霞客在云南》，生活·读书·新知三联书店 2014 年版，第 202 页。
⑧ 檀萃辑:《滇海虞衡志校注》，宋文熙、李东平校注，云南人民出版社 1990 年版，第 253 页。
⑨ 王崧:《道光云南志钞·边裔志上·南掌载记》，云南省社会科学院文献研究所 1995 年编印，第 236 页。

学体系。其中第二卷《精髓集》是一个具有实用性的药方手册，这一部分的第十一章专门阐述了诃梨勒的药理，赞美诃梨勒“是吉祥的，药效快捷、无害、令人舒适、促进健康”①。《精髓集》记录了一种由诃梨勒、白花丹根的油、长胡椒、岩盐、阿魏、印度酸模属、糖蜜等原料制成的丸状药剂，甚至“可以防止衰老和死亡，治疗所有的疾病。……它不能给任何无子嗣无门徒的人服用，也不能给国王的任何敌人，还不能给任何坏良心的罪孽深重的人使用”②。由此可见，诃梨勒在印度医学体系中的评价之高。

印度的诃梨勒分东、西两路向世界传播。古代阿拉伯地区与印度地区在语言、文化等方面存在诸多相似之处，两地交往频繁，诃梨勒很早便西传至波斯、埃及、地中海等地。印度与阿拉伯医学体系之间联系紧密，阿拉伯医学大胆接受、吸纳了来自印度的各种医学理论和大量药方。因此，诃梨勒在阿拉伯世界同样受到了重视，应用广泛。11世纪，埃及甚至将诃梨勒出口到整个地中海东部地区，尤其是通过西西里岛出口到了欧洲。诃梨勒位列古代开罗犹太人聚居区常见的十种药材之榜首，当地居民常用诃梨勒治疗视力模糊等眼疾及消化问题、偏头痛等多种疾病③。

与之相比，诃梨勒沿着陆海丝绸之路东向输入中国后，地位发生变化。古代中医药文化体系秉持着兼容并包思想，不仅充分接受、吸纳、拓展了包括诃梨勒在内的外来药物在临床中的使用，而且还按照中医药理论，对其药性、功效、应用等予以梳理、总结与记载，并流传于世。④ 诃梨勒在传统中医本草典籍中属于很普通的外来药品，多被置于“木部”品类之下，并没有能治一切病痛、战胜死亡等之类的夸张性表述。

国内关于诃梨勒最早的文字记录见于东汉张仲景的《金匮要略》“气利，诃梨勒散主之”⑤，之后西晋嵇含的《南方草木状》记录了诃梨勒外形特征以及“变白髭发令黑”⑥ 的功效等。唐宋时期，外来药物诃梨勒的良好药效逐渐得到中医认可，对其应

① 陈明：《殊方异药：出土文书与西域医学》，北京大学出版社2005年版，第297页。

② 同上书，第245页。

③ Amar，Zohar，Efraim Lev. “The Significance of the Genizah's Medical Documents for the Study of Medieval Mediterranean Trade”，*Journal of the Economic and Social History of the Orient*，Vol. 50，No. 4，2007，pp. 524 - 541.

④ 杨志军、张瑞欣、郭胜等：《以敦煌本草卷子为例看唐朝外来药物的输入及中药化》，《中国中医药现代远程教育》2022年第16期。

⑤ 张仲景：《金匮要略》，中国医药科技出版社2016年版，第97页。

⑥ 嵇含《南方草木状》云：“诃梨勒，树似木梡，花白，子形如橄榄。六路，皮肉相着，可作饮，变白髭发令黑。出九真。”嵇含：《南方草木状》，王根林校点，《汉魏六朝笔记小说大观》本，上海古籍出版社1999年版，第261页。

用更加普遍。中医典籍记载诃梨勒味苦、酸、涩又微甜，但不同时期对其药性的认识存在差异。唐代《海药本草》记载诃梨勒“味酸、涩，温，无毒”[①]，元代王好古则认为诃梨勒“苦而酸，性平”[②]。明代《药品化义》将诃梨勒标为“寒性”，李时珍则注为“温性”。实际上诃梨勒为收涩药，其药性并不明显，幼果性微寒，炒制后偏温性，因此才导致了医典相关记载的不同。《本草通玄》记载诃梨勒“生用则能清金行气，煨用则能暖胃固肠”[③]，可知诃梨勒在中医中既可生用，又能经炮制后使用。不少汉文医书都对诃梨勒的具体炮制方法进行了详细总结。汉代通常将诃梨勒裹上面粉置于火塘灰中煨熟后，去核，研磨成末。唐代相关炮制方法有炙、蒸、煨、熬、火炮等，《雷公炮炙论》发明了诃梨勒核肉分用，酒作为辅料“内浸”“后蒸”的制法[④]。之后，宋元医者创新出湿纸裹煨、面炒、烧灰、姜汁炒等方法。明清时期，诃梨勒的炮制工艺继续发展，有的辅以麸炒，有的浸入醋中后去核晒，还有“酒润，草纸裹煨熟，肉与核共捣细”[⑤] 以及“甘草、白芍药、枳壳、白术、肉豆蔻面裹煨”[⑥] 等方法。

总的来说，诃梨勒在中医药体系中并未受到高度吹捧，地位不高，对其药性、外形特征、疗效、炮制工艺等各个方面的认识与记录，始终是在中医药理论框架之内展开的。究其原因，这与中医体系的相对独立性、成熟性有关。诃梨勒进入中国时，中医体系的建构已较为成熟。面对外来药物及相关药方，历代医者更倾向于有选择的利用、吸纳、改造，而非全盘接受与认可。

（二）诃梨勒广泛应用于古代中国临床医学之中

与地位相匹配，诃梨勒在古代西方临床医学的实践范围极为广泛，囊括内科、外科、眼科、精神科、皮肤科、妇产科、儿科、传染病科、泌尿科、保健学等。成书于7世纪中叶的印度临床医学著作《医理精华》详细记录了很多使用诃梨勒的药方，主要用来治疗热病、发烧、便秘、痔疮、结石、哮喘、咳嗽、痢疾、眼疾、肺痨、风湿、失音、胸痛、疝痛、肿瘤、头痛、脾脏病、皮肤病、尿道病、心脏病、黄疸、麻风病、出血症、寄生虫病、内部脓疱等各类疾病，还有促进消化、明目、减肥、改善肤色、生精壮阳等功效。作为内服药的组成部分，诃梨勒或呈粉状，或为药液，或捏

① 李珣：《海药本草（辑校本）》，尚志钧辑校，人民卫生出版社1997年版，第63页。

② 王好古：《汤液本草》，陆拯、郭教礼、薛今俊校点，中国中医药出版社2013年版，第115页。

③ 李中梓：《本草通玄》，中国中医药出版社2015年版，第62页。

④ 雷敩：《雷公炮炙论》，张骥补辑，施仲安校注，江苏科学技术出版社1985年版，第69页。

⑤ 倪朱谟：《本草汇言》，郑金生、甄雪燕、杨梅香校点，中医古籍出版社2005年版，第372页。

⑥ 同上书，第373页。

揉成团，或与药西瓜、木苹果、白花丹、余甘子、粗糖等混合酿造成专治胃病、痔疮等疾病的“果子酒”①。诃梨勒能制成外用药品，如患不规则热病时，可用“大麦、白芥末、闭鞘姜、无患子叶、印度没药、菖蒲、诃梨勒和酥”配制的药液熏鼻②；患有皮肤病时可将“诃梨勒、印度山毛榉、白芥、姜黄、驱肠虫斑鸠菊、乌盐、酸藤子”研磨的散剂与牛尿混合涂抹患处③。

出生于11世纪阿拉伯巴格达地区的知名医生伊本·梯勒密兹（Ibn al-Tilmīdh），在其医学著作（*Al-Aqrābādhīn al-Kabir*）中提及433种药物④，笔者统计书中应用诃梨勒的药方多达45个。其中同时应用三勒即诃梨勒（包括Yellow，black，and chebulic myrobalan）、毗梨勒（beleric myrobalan）、庵摩勒（emblic myrobalan）的药方共计16个，主要用于治疗肠胃和消化问题、癫痫、痔疮、痉挛、忧郁症、苔癣、肝病、头痛、视力减退、衰老和健忘的症状并有改善肤色、理顺心绪、增强精神、壮阳等功能。于阗文《耆婆书》医典中专治热病、精神涣散、腰痛、嘴唇开裂等症状的“无伤酥”药方中也使用了诃梨勒⑤。

作为外来药物，诃梨勒进入中国后虽地位有限，但其在中医临床中的应用同样普遍。敦煌出土汉文文书中，有不少使用诃梨勒的组合医方。大谷3526提及诃梨勒、白塩、羖羊乳三种药物，专治口吃、耳聋和哑巴。⑥ P.2662-2记载诃梨勒、槟郎（榔）可煎汤服用，适用于泻痢后重；诃梨勒的果皮入药，可治疗咳喘、吐血等症状。⑦ P.2882同样取材诃梨勒皮，用于治疗心痛、牙痛、风痛、脚气、疝气、瘟瘴等。⑧ P.3378关于诃梨勒的记录相当丰富，该种药物被应用于“疗风冷热不调方”“三黄汤方”“疗人一切百种风病方”“疗人鼻肉（血）不正（止）方”“疗人上气咳嗽方”“疗人腹度（肚）痛不正（止）方”“疗人赤白利（痢）不正（止）方”“疗发落方”等相关医方中。该文书还提及诃梨勒可做外用，主治脱发。P.4506为药酥方，适用于热病发作。P.3596中就“加减调中理贤（肾）汤”方的适用病症、药材种类与用

① 陈明：《印度梵文医典〈医理精华〉研究》，商务印书馆2014年版，第286页。
② 同上书，第255页。
③ 同上书，第282页。
④ 参见Oliver Kahl（eds.），*The Dispensatory of Ibn at-Tilmīd: Arabic Text, English Translation, Study, and Glossaries*, Leiden/Boston: E. J. Brill, 2007, p. 28。
⑤ 参见陈明：《殊方异药：出土文书与西域医学》，北京大学出版社2005年版，第53页。
⑥ 参见王兴伊、段逸山：《新疆出土涉医文书辑校》，上海科学技术出版社2016年版，第156—157页。
⑦ 参见袁仁智、潘文主编：《敦煌医药文献真迹释录》，中医古籍出版社2015年版，第284—285页。
⑧ 参见上书，第339—340、347页。

量以及制剂方式都有详细说明，并强调了相关的医学禁忌——“忌冷水，油腻、陈臭、桃李”[①]。S.5901为某僧人要求施主布施的书札，该文书列有诃梨勒、附子、茱萸、人参、胡椒、地黄等共计25种药物[②]，借此可了解当时北方丝绸之路沿线僧人的常用药材。上述出土文书虽记载简略且存在部分缺失，但确实为现存很多医药方剂存在的合理性、科学性提供了佐证，同时也能从中窥探唐宋时期诃梨勒在西域地区的具体交流状况以及使用的普遍性。

历代很多医书、医方同样记录了诃梨勒的疗效与临床应用，主要集中在以下两个方面。第一，诃梨勒能治疗各种肠胃消化问题。《本草经疏》记载诃梨勒有涩肠止泻、止血的功效：“甄权用以止水道，萧炳用以止肠僻久泄，苏颂用以疗肠风泻血、带下，朱震亨用以实大肠，无非苦涩收敛，治标之功也。”[③] 据《普济方》记载诃梨勒可治白痢、赤白痢等痢疾，相关组方有“赤石脂丸”“阿胶丸”“宝肠散”“乌梅散”“肉豆蔻散”“石榴皮散”“三将军方”。[④] 诃梨勒能消食开胃，治疗胃虚呕吐，如《外台秘要方》载：“诃梨勒散，疗一切风气痰冷，霍乱食不消，大便涩方。”[⑤] 书中“疗呕逆不能多食”方[⑥]中也用到了诃梨勒。诃梨勒适用于脘腹胀痛、食滞、胸满不食以及肝经湿热导致的形瘦乏力等消化疾病。诃梨勒还专治儿童赤痢问题，如《圣济总录》记录了一种小儿特效诃梨勒散：“诃梨勒（煨，去核）、栀子（去壳）各30克，制剂上为细末。”[⑦] 第二，诃梨勒专治各种咳嗽疾病。如《海药本草》载“其皮主咳”[⑧]；《本草汇言》提到诃梨勒“治口疮经久不愈”[⑨]；《雷公炮炙论》亦载诃梨勒可“生津止渴，治咳开音”[⑩]。诃梨勒还能清热、消痰、敛肺、治疗气喘等。《汤液本草》就诃梨勒的药效持不同意见：“肺苦气上逆，急食苦以泄之，以酸补之。苦重泻气，酸轻不能补肺，故嗽药中不用。”[⑪]

① 袁仁智、潘文主编：《敦煌医药文献真迹释录》，中医古籍出版社2015年版，第369页。
② 同上书，第472页。
③ 吴世铠：《本草经疏辑要》，田思胜等校注，中国中医药出版社2015年版，第235页。
④ 参见朱橚等编：《普济方》第5册《诸疾4-3》（卷一八五至卷二二六），人民卫生出版社1959年版，第3118—3141页。
⑤ 王焘：《外台秘要方》，高文铸校注，华夏出版社1993年版，第108页。
⑥ 同上书，第110页。
⑦ 赵佶敕编：《圣济总录》卷一七八，人民卫生出版社1962年版，第2886页。
⑧ 李珣：《海药本草（辑校本）》，尚志钧辑校，人民卫生出版社1997年版，第63页。
⑨ 倪朱谟：《本草汇言》，郑金生、甄雪燕、杨梅香校点，中医古籍出版社2005年版，第372页。
⑩ 雷敩：《雷公炮炙论》，张骥补辑，施仲安校注，江苏科学技术出版社1985年版，第69页。
⑪ 王好古：《汤液本草》，陆拯、郭教礼、薛今俊校点，中国中医药出版社2013年版，第110页。

此外，诃梨勒能治疗肾虚脱精、寒热不调、脱发、气胸等多种疾病，还可制作成饮品诃子汤，属于药膳食疗范畴。北宋钱易《南部新书》具体讲述了诃子汤的做法与药效："用新诃子五颗、甘草一寸，并拍破，即汲树下水煎之，色若新茶，味如酪乳，服之消食疏气。"①

从对比视角出发，诃梨勒在西医临床中的应用范畴与价值略高于中医，这一点在眼科临床实践方面尤为突出。古代阿拉伯地区的眼科医学水平相当发达，诃梨勒被普遍应用于当地眼疾的预防、诊断与治疗中。当地著名的医生伊本·纳菲斯（Ibn al-Nafis）留下了关于10世纪阿拉伯地区治疗眼疾的各种药方手稿，其中诃梨勒常作为外用药使用。不同颜色的诃梨勒可与藏红花、丁香、肉桂、墨鱼骨等磨成粉末服用，可治疗沙眼、角膜混浊、血管翳等眼疾；黄色的诃梨勒与胡椒、枸杞、树胶等混合雨水可形成洗眼剂②。10世纪伊斯兰教著名的临床物理学家和化学理论家拉齐（Abu Bakr Muh. b. Zakariyâ al-Râzī）在其医学著作（*al-Tajârib*）中同样提及诃梨勒在临床方面的实践经验：拉齐医生面对一名头部伴有搏动性疼痛且眼睛通红、角膜有斑点长达两个月的中年男子，首先进行了抽血术，之后患者服用了由诃梨勒、芫荽、番泻叶和决明子混合制成的药水，最终患者疼痛减轻并痊愈③。

然而，中医在眼科领域相对薄弱，诃梨勒并不是主治眼疾的常用中医药材。诃梨勒能治疗眼疾的案例，仅有零星记录。如《海药本草》载"（诃梨勒）肉炙治眼涩痛"④，《圣剂总录》提及诃梨勒可作为"治飞血赤脉疼痛"⑤ 的外用药。

五、中国少数民族医药学中的诃梨勒

作为外来药物，诃梨勒通过陆、海丝绸之路持续输入中国各地，不仅成为中医临床中的常见药材，而且还被丝路沿线各民族广泛接受、吸纳、应用于当地医疗生活之中。其中，以藏医和蒙医最为典型。

① 钱易:《南部新书》卷七，黄寿成点校，中华书局2002年版，第107—108页。

② 参见 Smith, Emilie Savage. "Drug Therapy in Trachoma and Its Sequelae as Presented by Ibn Al-Nafis", *Pharmacy in History*, Vol. 14, No. 3, 1972, pp. 95 - 110。

③ 参见 Hamarneh, Sami. "Development of Arabic Medical Therapy in the Tenth Century", *Journal of the History of Medicine and Allied Sciences*, Vol. 27, No. 1, 1972, pp. 65 - 79。

④ 李珣:《海药本草（辑校本）》，尚志钧辑校，人民卫生出版社1997年版，第63页。

⑤ 赵佶敕编:《圣济总录》第6册，王振国、杨金萍主校，中国中医药出版社2018年版，第2340页。

藏医 诃梨勒在藏族地区别名诃子、阿如拉、阿如热等。古代青藏地区是中印文化交流的重要桥梁，相较于中原地区，藏区与印度医学文化的联系则更为紧密。因此，藏族医学延续了古印度医学的传统，对诃梨勒推崇备至，应用极为广泛。古代藏族医学中有一特殊形象教具“曼唐”，是将抽象的医学理论知识转化为挂画、插画的形式教育世人。“曼唐”中绘有“药王城”（图4），“城中有无量宫，其中心莲花座上端坐着药王菩萨，手托圣药诃子”①，证实了诃梨勒在藏药中的神圣地位。藏族著名医学家帝玛尔·丹增彭措著作《晶珠本草》对历代藏族医学典籍展开系统性考证，学术价值很高，被称为藏药学中的《本草纲目》。该部著作对诃梨勒给予高度赞誉：“诃子对诸病均有疗效。无论祈愿的威力、性味、功能，都能对治诸病，成为众药之王。在诸种药典和歌诀中，都称‘佳品药王为诃子’。”②

图4 药师佛左手持甘露瓶，右手持诃子树枝及果实③

现存最早的古代藏医文献《月王药诊》记述了七滴甘露化为七种诃子的传说故事。藏医学集大成者《四部医典》成书于8世纪，书中记载诃梨勒（诃子）“除咸味外，还具备酸、苦、辛、涩、甘等五味，其功效是滋养身体，升胃火、助消化，能医治龙、赤巴、培根诱发的疾病”，疗眼病、邪魔病以及“吉祥如意”的作用。④ 该医书

① 蔡景峰:《藏医学通史》，青海人民出版社2002年版，第151页。

② 帝玛尔·丹增彭措:《晶珠本草》，上海科学技术出版社1986年版，第52页。

③ 吕章申主编:《四部医典曼唐 娘本》，安徽美术出版社2017年版，第13页。

④ 宇妥·元丹贡布等:《四部医典》，马世林等译注，上海科学技术出版社1987年版，第38—39页。

涉及诃梨勒的组方包括“冰片二十五味方”“缓泻剂”“竹黄八味散”“竹黄九味方”“檀香九味方”“红花方”“诃子四味方”“诃子十味方”“岩精五味方”“牛黄五味方”“沙棘药膏”“金丹甘露方”等等。诃梨勒既可内服也可外用，能治疗肠胃、肝脏、皮肤、神经、淋巴、头部、腰部、眼睛等各部位相关疾病，还能解毒、长寿、壮阳、治疗不孕等。成书于8—9世纪的藏医著作《医学四续》同样对诃梨勒的临床应用进行了详细记录，内容与《四部医典》大致相同，不再赘述。

诃梨勒在藏医中炮制方法复杂多样，自成一体。2016年，藏药“阿如拉”炮制技艺已被列入国家级少数民族非物质文化遗产名录之中。

蒙医　诃梨勒的蒙古名为arura，音译为阿茹日。古代蒙医深受《四部医典》为代表的藏医理论知识影响，因此当地同样对诃梨勒评价较高。蒙医视诃梨勒为药物之王，能治百病，称其为治诸病之上品，是蒙药中最常见的药物之一。19世纪蒙药学家占布拉道尔吉撰写的《蒙药正典》被称为蒙医学三大经典之一，该医书视诃梨勒为“药王的化身，迷人的天女之祈祷而生长的”①。《蒙药正典》将诃梨勒分为七种，可调和药效、消食、舒心、增肌、滋补、生热以及抑制一切赫依、巴达干、协日引起的多种疾病。诃子与川楝子、栀子合称为三子或三拉，可与其他药物搭配制成“平息协日汤剂枝”“清糖依油剂”等方剂。

《传统蒙药与方剂》将诃梨勒分为金色诃子、诃子、西青果三类，该医典记载诃梨勒具有清热解毒、消肿、生肌、敛伤、利咽、利胆、止泻、明目、调元、清希日、助消化以及调节赫依、希日、巴达干失调等功效，可制成诃子十八味散、成二十五味接骨愈伤散、成狂犬毒十味散、阿敏额尔敦丸、解毒汤、萨仁汤、寒水石二十一味散等药剂，比比皆是②。据学者统计，《传统蒙药与方剂》“共收录了275个方剂，其中含有‘诃子’的方剂有66个，所占比重为24%”③，足以凸显诃梨勒在蒙药临床应用中的重要性与普遍性。

在蒙药炮制方法中，常用诃子汤作为辅助药物，不仅能达到降低毒性、消除副作用的效果，如诃子汤浸木鳖子、草乌等，而且能在一定程度上提高药效，如诃子汤浸铁屑等。

---

① 柳白乙拉主编：《蒙药正典》，民族出版社2006年版，第79页。

② 参见奥·乌力吉、布和巴特尔编著：《传统蒙药与方剂》，内蒙古科学技术出版社2013年版，第52—53、175—176页。

③ 闫艳、白霞：《“诃梨勒”及其多元文化意义》，《历史文献研究》2021年第2期。

六、结论

依托陆海丝绸之路，古代中西医学体系之间始终保持着密切的交流活动。其中“不仅有作为商品的药材贸易，而且有理论化的医学观念的互动、作为文化载体的医学写本的流传，还有作为救死扶伤的医疗技术的传承，甚至是与宗教和巫术密不可分的医用咒术的使用”①。古代中西医学体系的进步，既是内部的传承与延续，更是基于对外来优秀文化的不断吸收与借鉴。

产于印度的诃梨勒，成为古代中西医学文化互鉴的典型例证。诃梨勒拥有三条入华路径选择：第一，北方丝绸之路沿线出土了不少涉及诃梨勒的中外医学文献，拼凑出了一幅中西医学文化彼此交织的壮观景象。第二，唐宋以来海上丝绸之路成为中外文化交流的主要通道，包括诃梨勒在内的各种外来药物扎根于中国南部沿海地区，并继续沿海路进入日本，实现了外来药物及其医药知识的多次转向与传递。第三，南方丝绸之路在中西医学互鉴中的辅助作用不可忽视，云南成为中国接触异域文化的窗口，南方丝绸之路为包括诃梨勒在内的印度传统药品进入中国西南地区提供了另一条可能路径。

诃梨勒在中、西医学体系下地位与药用价值的差异，体现出中外医学互鉴过程中的自主性。诃梨勒在印度以及广阔的阿拉伯地区地位极高，被广泛应用于西方临床医学之中。然而，诃梨勒沿着陆海丝路来到中国后，其实际使用范围和地位发生改变。在成熟、完整的中医体系中，诃梨勒地位骤降，仅属于普通外来药材，对其认识和使用始终基于中医自身的体系。诃梨勒在中国完成了“中药化”改造，实现了西药“西方产、中国用”。这一变化既凸显中医文化兼容并包的思想，更说明中西医学互鉴中各自文明的相对独立、自主与成熟。与此同时，诃梨勒在中国各地区实际运用成效即“在地化”过程，则更是错综复杂。三条彼此互通的丝绸之路共同构成了中国与世界交流的平台，诃梨勒能随之渗透进国内各民族地区，一定程度上拓展了诃梨勒及相关医学知识的影响范围。相较于中医，诃梨勒在藏族、蒙古族地区深受推崇，其实际适用范围更为广泛，充分展示了中西医学文明交流互鉴的复杂性。

① 陈明:《丝路医明》，广东教育出版社 2017 年版，第 346 页。

丝路贸易与文化交融
——17世纪以来德国“东方茶饮”接受史研究*

吴若明
（南开大学文学院）

【摘　要】　自17世纪中叶以来，中国的茶叶经荷兰、英国东印度公司等贸易抵达德国，在英荷等国饮茶风尚的带动下，来自东方的茶具与饮茶之风也成为德国地区贵族生活的新风尚。来自远东的茶叶与陶瓷茶具促进了德国对东方茶饮的在地化接受，物的流动成为社会生活不同地域间文化融合的媒介与载体。本文从海上丝绸之路茶叶贸易史出发，结合17—18世纪德国地区所藏中国明清外销陶瓷茶具，系统阐述德国地区“东方饮茶”的接受与发展，探讨海上丝路背景下的文化交融。

【关键词】　德国　茶叶　贸易　明清　茶具

一、从茶马古道到海上丝路：中欧茶叶贸易发展史

从4世纪开始，源于巴蜀地区的茶叶逐渐向中原地区传播，对茶叶的认知由早期药用转为佳饮后，消费量在5—6世纪有很大增长，自唐时起茶叶已成为中国文化和宗教等领域中的重要元素。随着唐代制茶及饮茶之道日臻完善，方便运输的中国茶叶

* 本文系国家社会科学基金艺术学一般项目“中西陶瓷艺术交融图像史研究（1553—1858）”（23BG118）的阶段性成果。

不仅在内部市场销售，并经川藏、滇藏茶马古道销往周边地区。① 唐朝茶叶东传日本等地，宋代时开始外销，到明朝时茶叶和瓷器渐发展为中国最重要的两种外销产品。② 明代茶税制度始于洪武时期，延续至清代，主要在产茶区设茶课司，储茶地设仓库，互市设茶马司，验茶设批验所，常派御史出去巡察，内地为用税不榷，西域地区茶叶贸易则延续茶马古道“榷茶易马”传统，茶叶价格常有波动（表1）。茶叶海外出口始于明永宣时期，中国的远洋船队在东南亚和印度洋一带的贸易中，茶叶是主要出口种类。明朝在福建设有管理茶税的专门机构，称为茶盐提举司，监管市舶司。③

表1　明代平均茶马交易比率

年代	茶额（斤）	马匹（匹）	平均每匹马易茶比率数（斤/匹）
洪武十五年（1382）	300 000	13 400	22
洪武三十年（1397）	500 000	13 800	36
永乐年间（1403—1424）	80 000	700	114
弘治三年（1490）	400 000	4000	100
弘治十二年（1499）	600 000	10 000	60
嘉靖三十年（1551）	800 000	25 300	31
隆庆三年（1569）	340 000	8000	42
万历二十九年（1601）	500 000	11 900	42

数据来源：凌大珽《中国茶税简史》，中国财政经济出版社1987年版，第96页。

明代最早进入中国、日本等远东地区的传教士逐渐适应了东方饮茶习惯，并将其传入欧洲。1556年抵达中国的葡萄牙传教士加斯博·克兹在四年后返回欧洲，提及茶叶，认为上等人家大都以茶敬客，这种饮料源自药草煎熬汁液，味道以苦为主，红色，并可以治病。随后，来到远东地区的意大利传教士路易斯·阿尔梅达（L. Almeida）在1565年寄回的信件中也提及日本的饮茶与药草的属性问题。一些旅行者在各自的信札、日记中也先后提到茶叶，如玛菲诺（Maffeno，1576）、塔雷拉（Tareira，1610）等，1610年法国传教士对中国及日本茶的具体饮用方法和品种等都

① 唐代饮茶的习惯扩展到社会各个阶层，并在制作中将茶叶蒸后压制为茶饼，再穿孔和烘烤，方便运输且不易变质。详见罗伊·莫克塞姆:《茶：嗜好、开拓与帝国》，毕小青译，生活·读书·新知三联书店2015年版，第52页。

② 参见张信刚:《茶与咖啡》，北京大学出版社2011年版，第9页。

③ 参见凌大珽:《中国茶税简史》，中国财政经济出版社1987年版，第99页。

加以了介绍。①

在茶叶的远东贸易中，最初运送到欧洲的是绿茶，后来改为武夷茶。红茶很快取代绿茶占据市场主导，成为最主要的市场销售茶类。直到1756年，红茶在欧洲市场仍为珍贵的奢侈品和贵族饮品。从中国抵达欧洲长达一年以上的运输费用和征收茶叶税都让茶叶价格变得更为昂贵。② 英国和荷兰东印度公司③在远东贸易中占有重要地位，荷兰东印度公司首次将茶叶带到欧洲，1636年法国人开始饮茶，1638年俄罗斯也有了茶叶，1650年后英国人开始大规模开展茶叶贸易。17世纪初期，随着新航线的开辟及澳门地区和中国内地的直接接触，葡萄牙人开始将远东货物从澳门发出，经爪哇（Java）经半年至一年的航行后运抵欧洲。1606—1607年，荷兰东印度公司商人由澳门将茶叶运送到爪哇的巴达维亚（Batavia，今雅加达），1610年运抵欧洲，开始将远东的茶叶在欧洲进行销售。荷兰人当时试图直接和广州华商贸易，但是受阻于葡萄牙，后来将中国台湾占作据点，直到1662年被驱逐。1762年，荷兰在广州建厂，茶叶贸易也在17世纪下半叶和18世纪开始走向高峰。

荷属东印度首府巴达维亚是早期茶叶全球贸易中的重要枢纽，位于爪哇的西北区。巴达维亚也是荷兰东印度公司亚洲贸易的中心。来自广州和其他港口的船只长期以来一直将包括茶叶在内的货物带到巴达维亚，在那里他们用茶叶交换来自印度的胡椒和其他中国需求的货物。这条贸易路线减少了对白银作为支付手段的交易的需求，而这正是荷兰人所期待的。④ 英国东印度公司也在17世纪上半叶开始与中国通商，其曾于1627年抵达广州，但被葡萄牙阻止并将英国船只扣留在澳门。1635年英国与葡萄牙签订商约，同意英商在澳门与明朝进行贸易，同年两广总督允许英国在广东通商。远东物品不仅从中国输入，也可以在中转地区爪哇购买，经由印度的马德拉斯，再抵达欧洲销售。⑤

荷兰阿姆斯特丹曾是欧洲最早的茶叶市场，也是欧洲第二大茶市，每年成交茶叶约3000万磅，在早期全球茶叶贸易中具有重要的引导价值。荷属东印度公司用武装船运输大批茶叶，分销欧洲他国。伦敦则发展为欧洲最大的茶叶市场，来

① 参见威廉·乌克斯:《茶叶全书》，依佳等译，东方出版社2011年版，第21—23页。

② 参见文基营:《红茶帝国：从产地到品牌，有关红茶的一切》，殷潇云、曹慧译，华中科技大学出版社2016年版，第246页。

③ 英国和荷兰分别于1600年和1602年在欧洲成立东印度公司。

④ 参见 Hanna Hodacs, *Silk and Tea in the North: Scandinavian Trade and the Market for Asian Goods in Eighteenth-Century Europe*, Basingstoke, UK: Palgrave Macmillan, 2016, pp. 29 - 30。

⑤ 威廉·乌克斯:《茶叶全书》，依佳等译，东方出版社2011年版，第742页。

自中国等地的东方茶叶抵达欧洲后再继续转售，不仅有私人议价转售，在伦敦和阿姆斯特丹还有茶叶拍卖。在茶叶贸易兴起的 1720—1731 年，荷兰和英国常年运输大量茶叶抵达欧洲，在 1722—1723 年更是分别高达 133 994 公斤及 712 428 公斤（表 2）。

表 2　荷兰和英国的茶叶进口欧洲贸易量（1720—1731）　　单位：公斤

年份	荷兰	英国
1720—1721	43 092	143 547
1721—1722	108 329	479 543
1722—1723	133 994	712 428
1723—1724	84 447	50 148
1724—1725	113 079	226 284
1725—1726	87 280	151 746
1726—1727	91 214	264 097
1727—1728	92 644	287 465
1728—1729	71 279	614 655
1729—1730	240 524	676 621
1730—1731	456 654	476 515

数据来源：Martin Krieger, Martin Kriege, *Geschichte des Tees: Anbau, Handel und globale Genusskulturen*, Köln: Böhlau, 2021, p. 111。

从 17 世纪 90 年代末开始，法国和英国船只也陆续与中国进行直接贸易，茶叶很快成为最重要的商品。此后瑞典、丹麦、德国等国商人也陆续抵达广州从事直接贸易，直到 18 世纪末及 19 世纪上半叶茶叶贸易不再由欧洲的东印度公司垄断，私人茶叶贸易得以发展。从康熙八年（1669）开始，中国茶叶大量输出国外。在 18 世纪至 19 世纪上半叶的中国茶叶出口统计中，英国仍是最主要的茶叶贸易经销商。美国在 1785 年“中国皇后”号平安返回纽约后，也开始了和中国的大规模茶叶贸易（表 3）。

表 3　1942 年前海路输出茶叶统计表　　单位：担

年份	英国	法国	丹麦	荷兰	瑞典	美国	德国	共计
乾隆六年（1741）	13 345	9450	6400		8500			37 695
乾隆十五年（1750）	21 543	14 944	2304	9422	12 629			60 842
嘉庆五年（1800）	230 458		7226		16 818	35 620	6016	296 138

续表

年份	英国	法国	丹麦	荷兰	瑞典	美国	德国	共计
嘉庆二十五年（1820）	244 483					40 153		284 636
道光十三年（1833）	258 301							258 301

数据来源：凌大珽根据《国际贸易导报 · 华茶贸易史》整理，详见《中国茶税简史》，中国财政经济出版社 1987 年版，第 95—96 页。

早期全球茶叶贸易中的主要产茶国为中国，中国茶叶贸易的程序通常为：先由各地的茶贩分散向茶农收购，再经由茶栈（茶行）销售给外国出口商或洋行。在外国出口商或洋行大量采购、销售之前，需将各类装在标识中文牌号或标记的小罐里的茶叶交付外国茶师对色泽、叶脉和茶汤等进行审验。中国茶栈通常收取茶叶销售 1%的佣金。[①] 从乾隆二十二年（1757）至 19 世纪中叶，广州是中国唯一的通商口岸，此后又陆续增加上海、宁波、福州和厦门口岸。19 世纪中叶，广东输出的茶叶占中国茶叶出口的 50%以上。[②] 17—19 世纪，广东是欧洲和中国茶叶贸易的重要港口，印度和锡兰的茶叶供给也在后期加入海上茶路贸易（图 1）。

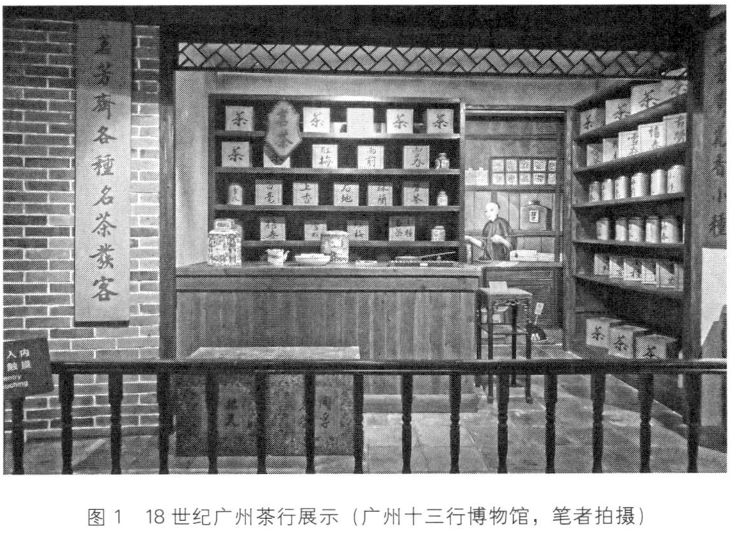

图 1　18 世纪广州茶行展示（广州十三行博物馆，笔者拍摄）

1780 年东印度公司从广东进口茶树苗，在印度加尔各答种植，此后，印度茶叶种植逐渐盛行。[③] 英属印度、锡兰（今斯里兰卡）、荷属爪哇和苏门答腊等地开始广泛种

① 参见威廉 · 乌克斯：《茶叶全书》，依佳等译，东方出版社 2011 年版，第 642—647 页。

② 参见上书，第 655 页。

③ 参见戎新宇：《茶的国度：改变世界进程的中国茶》，上海交通大学出版社 2019 年版，第 2 页。

植茶叶，也在茶叶的国际贸易中享有一定份额。茶叶的销售包装主要采用木制茶箱，内部衬有铅皮或铝皮，每箱可以装 100 磅茶叶。与中国的茶叶生产不同，印度和锡兰的茶园规模较大，所有权属于欧洲人经营的公司。

二、品茗消费：德国东方茶饮与丝路文化交融

最早传入德国的东方茶叶是在 1650 年通过荷兰辗转入境的，随后茶叶渐渐发展成为德国市场中的常见商品，销售价格不菲。主要销售于德国的东佛利西亚①（Ostfriesland）等地，该地是德国最先接受东方茶饮的地区，随后发展成为德国茶文化重要区域。② 1657 年，北豪森地区（Landkreis Nordhausen）每一把茶叶售价约 15 Gulden③（1.7 马克），到 1704 年普鲁士的物价表记载中，1 Loth（15 克）的茶叶售价 5 Groschen（60 芬尼）。④ 相较于其他欧洲国家来说，德国的饮茶接受相对较为缓慢，主要集中在和荷兰相近的临海东佛利西亚西北地区及一些港口城市。尽管德国也从事与远东的茶叶贸易，但数量相对有限。⑤ 神圣罗马帝国皇帝查理六世（Holy Roman emperor Charles VI）认识到对外贸易的重要性，创建奥斯坦德公司（Ostend Company），即德国东印度公司（German Ostendische Kompanie，or Ostende-kompanie），在 1722—1731 年经营贸易，试图从荷兰和英国东印度公司赢得的财富中获利。最初德国东印度公司的特许经营期为 30 年，与东印度群岛、西印度群岛和非洲进行贸易，但之后发展又受到限制。⑥ 德国神圣罗马帝国东印度公司的贸易，以汉堡港口为主，服务于德国的茶叶进口贸易。⑦

① 这一地区位于德国西北部，和荷兰位置相距较近，交易频繁，也是早期中国茶叶传入德国的重要区域。

② 参见威廉·乌克斯:《茶叶全书》，依佳等译，东方出版社 2011 年版，第 29 页。

③ 德国金盾，也译作古尔登或哥尼币，德国地区原先流行货币，2 Gulden = 1 $\frac{1}{3}$ Reichsthaler = 1 Speciesthaler（1753 年之前）=1 Convention Thaler（1753 年之后）。

④ 参见威廉·乌克斯:《茶叶全书》，依佳等译，东方出版社 2011 年版，第 815 页。茶叶在欧洲一开始是上流社会享有的奢侈品，英国的茶叶价格早期为每磅 15—16 先令。

⑤ 早期德国的茶叶主要来自荷兰以及英国等东印度公司远洋贸易抵达欧洲后的转销。18 世纪下半叶开始，德国也从中国直接购买茶叶，在表 3 的统计中，德国有 6016 担的中国茶叶贸易额，但仍相对有限，远低于其他国家。

⑥ 参见 Hanna Hodacs, *Silk and Tea in the North: Scandinavian Trade and the Market for Asian Goods in Eighteenth-Century Europe*, Basingstoke, UK: Palgrave Macmillan, 2016, pp. 29 - 30。

⑦ 参见 Martin Krieger, Martin Kriege, *Geschichte des Tees: Anbau, Handel und globale Genusskulturen*, Köln: Böhlau, 2021, p. 114。

茶叶在德国的接受史离不开医生的推荐，特别是参与荷兰和德国东印度公司贸易随船远航至东方的医生。他们关注到这种充满异域风情的植物，并在巴达维亚植物园尝试种植，甚至将其带回欧洲。1692 年，萨克森选帝侯宫廷园丁乔治·迈斯特（George Meister）在德国东部地区萨克森首府德累斯顿出版了《东方——印度的园林艺术和兴趣》（*Orientalisch—Indianische Kunst-und Lust-Gärtner*），推进了德国人对茶的认知。一些服务于选帝侯等贵族的医生们也积极推荐茶的饮用功能，特别是曾效力于普鲁士大选侯（der Große Kurfürst）腓特烈·威廉（Friedrich Wilhelm von Brandenburg，1620—1688）的医生科尼利厄斯·凡·波特克斯（Cornelius van Bontekoes），曾在 1701 年的遗作中提及茶有解渴、利呼吸、清洁肠胃、降血脂及增强记忆等九种功效（Neun Kraft），是一种和鸦片相反的几乎能将人从坟墓复活的植物，甚至咖啡的功能也低于茶叶。①

当时主要从事远洋茶叶贸易的英荷东印度公司在饮茶习惯上多借鉴当时的中国产茶区，即以茶壶浸泡茶叶的饮茶习俗。德国的饮茶习俗主要受到英荷等国特别是紧邻的荷兰地区影响，也先以茶壶浸泡茶叶，再将汁液倒入茶杯饮用。到 18 世纪，英国和荷兰地区的饮茶文化很快在欧洲地区广泛传播，并从贵族群体的奢华热饮（luxury hot beverage）推广到整个社会。② 在中国饮茶发展的不同时期，分别有煎茶、点茶和浸茶（泡茶）等三种方式。明清时期，饮茶技艺最显著的改变就是由传统的“点茶”改为“浸茶”（泡茶）。③ 值得注意的是，17—19 世纪，英国贵族饮茶礼仪在“在地化”过程中出现了一些与远东不同的习俗，比如“一碟茶”（a dish of tea），即将热茶倒在茶碟里方便快速变凉饮用。但后期这种行为被认为不礼貌，茶碟仅能作为茶杯的配套器皿使用。④

三、东方茗器：17—18 世纪德国所藏中国陶瓷茶具

明代典型的茶具有茶炉、茶盏和茶壶等，炉的材质为铜（铜铁铸之）、铁（煅铁

① 参见 Edith Heischekel-Artelt, “Kaffee und Tee im Spiegel der medizinischen Literatur des 17. Bis 19. Jahrhunderts”, *Medizinhistorisches Journal*, 1969, Bd, 4, h, 3/4, pp. 251 - 252。

② 参见 Chirs Nierstarasz, *Rivalry for Trade in Tea and Textiles: The English and Dutch East India Companies (1700 - 1800)*, Basingstoke, UK: Palgrave Macmillan, 2015, p. 91。

③ 参见冈仓天心:《茶之书》，高伟译，四川文艺出版社 2017 年版，第 32 页。

④ 参见塔妮娅·M. 布克瑞·珀斯:《茶味英伦》，张弛、李天琪译，北京大学出版社 2021 年版，第77 页。

为之）或陶（运泥为之），形状有如三足鼎器，适用于明代泡茶法的饮用方式。① 在流传文本中提及的明代茶壶有银、铜、瓷和紫砂，还有琉璃、玉器和玛瑙等，但最常见的还是陶瓷。② 明代的茶壶，即茶注。从正德时期开始，流行紫砂陶质的小壶或瓷壶，以宜兴紫砂为好。③ 特别是在明代晚期嘉靖到万历年间，紫砂茶具不断发展，出现多位制壶名家，如董翰、赵梁、元畅、时朋及时大彬等。茶盏，也称为茶瓯、茶碗、茶盂、茶杯等，明代罗廪《茶解》之“器”篇提到茶壶（茶注）和茶盏（茶瓯），强调“注以时大彬手制粗砂烧缸色者为妙，……茶瓯以小为佳，不必求古，只宣、成、靖窑足矣”④。可见明代茶盏器型较之唐宋偏小，并以宣德、成化、嘉靖年间的景德镇瓷器为上，白瓷为佳。清代延续明代的茶具形制及饮茶方式，景德镇和宜兴成为当时重要的陶瓷茶具产区，用于沏茶和盛汤饮茶的主要茶具如茶盏与茶壶等，也逐步成为明清时期广为流行的外销茶具。

德国对于中国陶瓷茶具的收藏和使用最初从 17 世纪的宫廷开始，并影响到德国社会的东方饮茶文化接受史的发展。德国的宫廷文化开始于中世纪，宫廷（Höflisch）一词最早出现在《皇帝编年史》等文学作品中，与“宫廷”文化领域密切相关，产生于 12 世纪的欧洲宫廷，如德语中的 hövesch 和 hövescheit 在 13 世纪均与宫廷制度相关。这一时期德意志宫廷的物质文化（Sachkultur）也得到了一定的发展。“宫廷”有“宫廷的、骑士社会的”“高雅的、优雅显贵的”两层意思。⑤ 欧洲各地的诸侯所在的宫廷也是社会和文化的中心，彼此间在婚姻、外交等活动中互相影响。

20 世纪以来，德国各地结合宫殿等历史或新兴建筑群体，以博物馆陈设形式纷纷展示其自身瓷器的历史收藏，旨在呈现其收藏品的原始陈设样式和历史传承。王室家族旧藏等成为博物馆重要的文物来源。此外，藏品中还包括陆续流入的拍卖收购及私人藏家捐赠等。⑥ 德国各地选帝侯曾活跃的东部地区柏林、勃兰登堡州、萨克森州和南部的巴伐利亚州等，以及重要港口或贸易城市如汉堡、莱比锡、法兰克福等地区是德国历史中亚洲瓷器收藏的重要地区，其中柏林、勃兰登堡及萨克森首府德累斯顿、波茨坦等地区不仅有一定数量的亚洲瓷器收藏，并存在相关的瓷器置换、馈赠等历史

① 参见蔡定益:《香茗雅器：明代茶具与明代社会》，中国社会科学出版社 2019 年版，第 12 页。

② 参见上书，第 144—146 页。

③ 参见胡小军:《茶具》，浙江大学出版社 2003 年版，第 147 页。

④ 叶羽主编:《茶书集成》，黑龙江人民出版社 2001 年版，第 210—211 页。

⑤ 约阿希姆·布姆克:《宫廷文化：中世纪盛期的文学与社会》，何珊等译，生活·读书·新知三联书店 2006 年版，第 7、70—73 页。

⑥ 参见孙亮:《漫谈德国艺术博物馆的早期收藏及战后重建》，《中国美术馆》2012 年第 10 期。

关联，在相关收藏中还展示了 17—18 世纪德国收藏的中国明清外销茶具。茶具的收藏类别以中国产紫砂陶器、瓷器为主，后期中国外销银制茶具也逐渐增多。此外，日本的伊万里茶具和韩国高丽青瓷也有收藏。

（一）德国收藏的早期中国陶瓷茶具及其多重功用

17—18 世纪的陶瓷茶具主要来自中国，包括陶器和瓷器，瓷器有青花、白瓷、彩瓷、青瓷等，陶器以紫砂为主。早期抵达德国的中国茶具由贵族用作室内装饰及收藏，茶碗（杯）和水杯以及酒壶和茶壶的功能分类并不十分明确。自荷兰和英国东印度公司在 17 世纪初成立以来，陶瓷开始作为最重要的中国贸易器皿被运输于东西方之间，贸易初期运输的瓷器包括宜兴紫砂，景德镇彩瓷、青花及德化白瓷等，茶具可以作为压舱物置于船底，茶杯（碗）是初期茶具相关器型中最常见的一类，且尺寸多样。

在较早进行亚欧茶叶贸易的荷兰东印度公司陶瓷档案记录中，按照尺寸划分为全杯 Hele（whole-size，直径 13—16 厘米）、半杯 Halve（half-size，直径 12—14 厘米）、三分之一杯 Een-derde（one-third size，直径 10—12 厘米）。1608 年的贸易记录仅包括 500 个全杯，1616 年有 3000 全杯和 4000 半杯，但 1633 年的贸易则记载了 450 个小杯（small cups）和 1000 个带圈足的小杯（small cups with feet），这一年也同时订购了 100 件壶（酒壶或茶壶）。碟子不仅作为茶托，在贸易档案中更多被记载为黄油碟（butter dish）。①

17 世纪中叶，勃兰登堡-普鲁士（Brandenburg-Preußen）开始领土的整合与扩展，特别是在大选侯弗里德里希·威廉及其继承者统治期间，军事得以发展，国力强盛。柏林地区勃兰登堡-普鲁士收藏了明代万历时期口径为 11—12.6 厘米的青花葵口瓷碗，碗内壁和外壁有万历时期典型的克拉克瓷多开光装饰，并绘有流行的海马纹或花鸟纹。其在造型上和茶杯接近，对唐宋时期茶碗（茶盏）造型有所延续，属于 17 世纪早期瓷杯的常见形式，但尺寸偏大，在实际功能上不局限于饮茶（图 2），也可用于盛放汤水或其他食物，以及装饰宫殿内墙壁等。

16 世纪末到 17 世纪上半叶外销瓷中用作茶壶的汲水器物形式多样。这一时期常见的汲水器有提梁壶、象形军持、球形口流军持（图 3），以及方瓶、波斯瓶、葫芦瓶等其他形式多样的执壶，如杜塞尔多夫陶瓷博物馆（杜塞尔多夫黑提恩斯博物馆）的葫芦形执壶（图 4）。这些最早出口到欧洲的陶瓷汲水器多为酒壶，而不是茶壶，其中

① 根据荷兰东印度公司早期贸易档案整理。详见 T. Volker, *Porcelain and the Dutch East India Company, as Recorded in the DAGH-REGISTERS of Batavia Castle, Those of Hirado and Deshima and Other Contemporary Papers 1602 -1682*, Leiden: E. J. Brill Press, 1971。

图 2　明万历青花瓷碗/杯（德国柏林亚洲艺术博物馆，笔者拍摄）

提梁壶造型适宜饮茶。明代饮茶习惯的变化，促进了市场对茶壶需求的上升。茶壶形制的设计通常借鉴早期青铜或金银酒壶造型，但位于上方的茶壶把柄（提梁）不方便清洗茶叶，更适合作为酒壶方便倾倒的实际应用，因此后期广为流行的茶壶把柄多在壶身侧面。①

图 3　提梁壶、象形军持、球形口流军持线图（笔者绘制）

图 4　明万历葫芦形红绿彩执壶（德国杜塞尔多夫陶瓷博物馆，笔者拍摄）

① 参见塔妮娅 · M. 布克瑞 · 珀斯：《茶味英伦》，张弛、李天琪译，北京大学出版社 2021 年版，第 105—106 页。作者同时在图片说明中描述万历提梁壶或为烧水壶，也体现了早期亚欧贸易中陶瓷茶具器型功用的不确定性。

自明代“浸茶”的饮茶方式发展以来，对茶壶的需求也应运而生。以传统酒器造型为基础发展而来的梨形执壶符合茶饮的实用功能，也是德国早期收藏的外销陶瓷茶壶中的流行式样（图 5）。17—18 世纪德国收藏的中国明清陶瓷茶具也日益丰富，装饰从单色青花发展为粉彩等丰富釉色，突出造型的装饰性。德国杜塞尔多夫陶瓷博物馆所藏的清代粉彩茶壶不仅延续了这一茶壶造型，同时还制作了配套的茶杯和茶托，并在粉彩装饰纹样中保持一致（图 6）。

图 5　元代青花执壶（德国法兰克福应用艺术博物馆，笔者拍摄）

图 6　清雍正粉彩茶壶（左）与粉彩茶杯茶托（德国杜塞尔多夫陶瓷博物馆，笔者拍摄）

（二）德国收藏中国茶壶兴盛期的经典式样与装饰转型

17 世纪晚期茶叶进入欧洲上层社会，从陶瓷茶具到漆制茶桌等都成为欧洲饮茶的时尚之需。漆制茶桌体积庞大不适于大规模外销，数量相对有限，陶瓷茶具则广泛出现在外销市场上。18 世纪上半叶饮茶之风在欧洲兴起，扩大了欧洲市场对中国陶瓷茶具的需求，茶具成为流行的实用器皿。随着茶叶贸易的兴起和中国内地明清茶具的发展，专门的陶瓷茶具也应运而生，并大量销往欧洲。销往欧洲的中国陶瓷茶壶主要有青花、粉彩、白瓷和紫砂等，并结合了镂空雕刻、青花粉彩、几何棱式和贴塑花卉等多重装饰技法以迎合欧洲市场。其中，在国内市场盛行的紫砂茶壶也成为外销陶瓷茶具中的重要品种。据荷兰东印度公司的记录，1679 年由漳浦运抵巴达维亚七箱紫砂朱泥茶壶，此后亦有大量宜兴紫砂随其他青花、五彩等器皿一起销往欧洲。[①]

紫砂在欧洲早期被称为博卡洛陶（Baoccaro），名称来源于葡萄牙殖民者在拉丁美洲发现的一种红色陶壶。[②] 随着外销宜兴紫砂数量的增加，其中数量最多的茶壶根据产地被称为 Yixing Teapot（宜兴茶壶），而宜兴紫砂则被统称为 Yixing Stoneware（宜兴炻器）。国内市场的紫砂壶造型多拙朴中略显古意，同时擅以“拟真”造型凸显奇巧之意，创作灵感直接来自自然界。球形茶腹（bulbous vessel）的侧柄式样逐渐发展成为明清时期常见的茶壶造型，也是宜兴紫砂外销茶壶中最常见的类型之一。相对于内销市场中的古拙奇巧立意，外销紫砂茶壶多以“拟真”的植物藤蔓进行贴塑装饰。从造型拟真到装饰转型，以“浅浮雕”立体效果呈现东方纹饰的紫砂壶展现了工匠的想象力，逐渐发展成外销紫砂茶壶最常见的装饰。[③] 德国萨克森选帝侯奥古斯特二世的历史旧藏和清单是今天现存唯一的自 17—18 世纪留下的宜兴紫砂收藏目录清单，其中尚存的约 80 把紫砂茶壶中也有这种造型的茶壶（图 7）[④]。最常见的球形茶壶结合浮雕贴塑的装饰，改变了同种器型在内销市场上常见的古雅风格，以迎合欧洲市场的华丽之风，甚至后期还曾被加以金彩，以符合巴洛克和洛可可时期的欧洲宫廷华丽的审美之风。这种颇具自然主义风格的茶壶造型及转型装饰，也常见于德国及欧洲其他地区的收藏，并在欧洲被大量仿制。居于 1687 年出版的《茶叶、咖啡和巧克力最佳用法》插图显著位置的茶壶也体现了这种茶壶的广泛影响，尽管它有可能是来自欧洲工匠的银质或锡质壶（图 8），器物表面清晰可辨的藤蔓纹饰与图 6 中同期外销紫砂茶壶的贴塑装饰也颇为相近。[⑤] 需要指出的是，这种立体化的贴塑装饰是 17 世纪至 18 世纪上半叶最流行的外销欧洲茶具的装饰技法，18 世纪中后期中国外销紫砂茶具为迎合海外市场审美，更多尝试与多种颜色釉彩纹饰或描金绘画结合，从而和这一时期日益增多的绚丽粉彩外销茶具竞争欧洲市场。

---

① 参见郭丹英：《中国古代外销陶瓷茶具研究》，浙江大学硕士学位论文，2007 年。

② 参见帕特里斯・万福莱：《销往欧洲的宜兴茶壶》，施云乔译，西泠印社出版社 2015 年版，第 30 页。

③ 参见塔妮娅・M. 布克瑞・珀斯：《茶味英伦》，张弛、李天琪译，北京大学出版社 2021 年版，第 106 页。

④ 参见帕特里斯・万福莱：《销往欧洲的宜兴茶壶》，施云乔译，西泠印社出版社 2015 年版，第 47 页。

⑤ 参见上书，第 50—51 页。

图 7　清康熙宜兴紫砂茶壶（德国德累斯顿国家艺术博物馆，笔者拍摄）

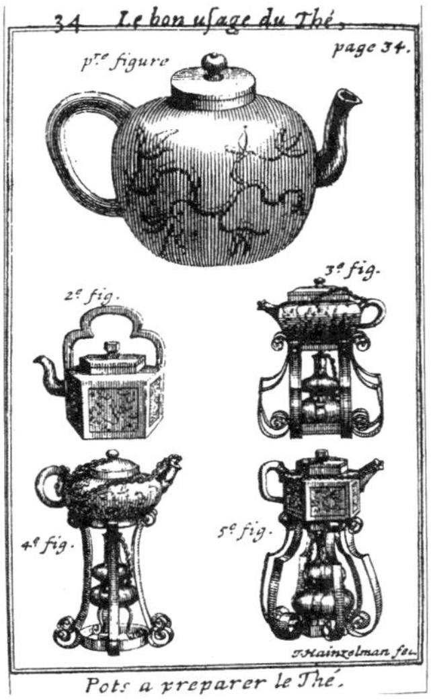

图 8 《茶叶、咖啡和巧克力最佳用法》插图（采自帕特里斯·万福莱:《销往欧洲的宜兴茶壶》，施云乔译，西泠印社出版社 2015 年版，第 51 页。）

（三）德国收藏中国陶瓷茶具的套式与功能

唐代陆羽《茶经》记载中国的茶具种类丰富，包括茶笼、砧椎、茶铃、茶盏、茶瓶等组合使用。[①] 茶具中的茶盏和茶瓶[②]等多为陶瓷材质，也是茶叶在 17 世纪抵达欧洲后，欧洲收藏的中国陶瓷茶具最初的套式（in set）组成。最典型的茶具是一种小巧

① 参见陆羽等:《茶经（外四种）》，临玥君点校，浙江人民美术出版社 2016 年版，第 125—126 页。

②《茶经》中所载茶瓶，强调器型小者，易于候茶汤，并在点茶注汤时备用，与后期发展的茶壶形式相近。参见陆羽等:《茶经（外四种）》，临玥君点校，浙江人民美术出版社 2016 年版，第 126 页。

玲珑的器皿，茶杯顶部直径 2.25 英寸（5.71 厘米），底部直径 1.25 英寸（3.17 厘米），杯托直径 4.5 英寸（11.43 厘米），后来变得较大。① 茶托最初或为木制，但因在欧洲曾有将热饮置于茶托（茶碟）饮用的习俗，② 之后茶托也以瓷质为主，促进了茶托、茶杯与茶壶的套式陶瓷茶具的发展。此外，陶瓷制的茶叶罐也是茶饮套式中不可或缺的一部分。

17 世纪中国的茶杯和茶托传入欧洲，时间稍晚于咖啡和可可，但同属于这一时期带有异域风情的时尚热饮，甚至在欧洲较之其他“新大陆”（New World）③ 的饮食更受欢迎。④ 适用茶饮的陶瓷茶具和咖啡、可可的饮用器皿具有一定的相通性。瓷杯的使用功能也会出现混淆，如德累斯顿国家艺术博物馆萨克森宫廷旧藏的一组（14 件）高度为 3.1—6.6 厘米的清康熙德化白瓷杯，杯子的形状为当时外销瓷中流行的八角形，其中犀角杯造型的白瓷杯随后在麦森瓷厂被仿制。这类杯子在荷兰东印度公司的贸易记录中被命名为 pimpelken，表明其在欧洲用于白兰地等饮品。而在德累斯顿 1721 年历史文档中，其被描述为 chocolate tassen（巧克力杯）或 coffee copgen（咖啡杯）。⑤ 同时，奶壶和糖罐对于咖啡和茶饮亦有共通性，在德国成套的茶具中，还会出现和咖啡共享部分器皿套式的组合，紫砂或瓷质的配套茶叶罐也成为陶瓷茶具固定的组合套式之一。（图 9）

图 9　17—18 世纪德国陶瓷茶具常见套式组合（笔者绘制）

① 参见威廉·乌克斯:《茶叶全书》，依佳等译，东方出版社 2011 年版，第 972 页。

② 即“一碟茶”（a dish of tea）的风俗，第一部分有相关论述，不赘。

③“新大陆”是欧洲人对 15 世纪末航海发现的美洲大陆及邻近这片新土地的称呼，可可和咖啡主要来源于这一区域，随后传入欧洲。

④ 参见 Erika Rappaport, *A Thirst for Empire: How Tea Shaped the Modern World*, Princeton: Princeton University Press, 2017, p. 26。

⑤ 参见 Eva Stroeber, *“La maladie de porcelaine” East Asian Porcelain from the Collection of Augustus the Strong*, Leipzig, 2001, p. 116。

随着贸易中对于饮茶和咖啡器具的需求量不断增加，18 世纪下半叶，特别是 19—20 世纪的咖啡、可可与饮茶器具有了更为细致的区分，咖啡壶与茶壶整体造型产生了明显的区别，咖啡壶造型尺寸更高，茶壶相对较矮。杯子的造型与功能也日趋明细化，高度在 8 厘米以上的为高杯，是典型的巧克力杯，用来喝从墨西哥进口的可可。茶杯的高度则在 7 厘米以下，并在茶饮中配合牛奶罐（milk jug），带盖子的汤碗可以用来放从南美洲进口的糖。

在东方茶饮的烹茶过程中，成套茶具的使用是常见的，但在销售的贸易环节，出于包装、运输等多方面因素的影响，茶具并非按照固定套式运输，而是在销售过程中根据流行的成组套式及相似的纹样进行重组，仅壶盖和茶壶的组合是初始的特定单元套式。因倒茶时盖子易脱落，通常会在欧洲通过金属镶嵌的方式，将两条链子固定在手柄和壶嘴上，在固定了基本茶具套式的同时，也增强了陶瓷茶具的奢华。事实上，除了特别的家族定制外，在荷兰东印度公司的贸易记录中，同一艘贸易船只的茶杯数量和茶碟、茶壶往往并不一致。但在销售和购买过程中，基于同主题的纹饰风格，陶瓷茶具的组合购买和套式运用是常见的形式。

德国德累斯顿国家艺术博物馆陶瓷收藏中的成套茶具，通常也是在购买收藏中逐渐形成组合套式的。如一组七件的康熙青花茶具，在欧洲金属镶嵌壶口流处的茶壶（brass-mounted teapot，历史编号 P. O. 2692），档案记载是 1725 年 7 月后纳入收藏，壶身装饰山水楼台纹样，高 11. 8 厘米。套式呈现的茶碗和茶碟（tea bowl and sauce，茶碗高 3. 4 厘米，碟子直径 10. 2 厘米，历史编号 P. O. 3260）则是流行的修长仕女（Long Eliza）和花卉纹饰，档案记载也是萨克森选帝侯在 1725 年 7 月后获得，即与山水楼台茶壶同时收藏。值得注意的是，另一件编号 P. O. 2690 的茶壶（brass-mounted teapot）同样在欧洲经过金属镶嵌，器型高达 11. 6 厘米，同样装饰了流行的修长仕女和花卉纹饰，从纹饰器型看极为统一的套式茶具档案记载却显示早在 1721 年就成为萨克森选帝侯的荷兰宫（Holländisches Palais）获得的收藏之一。[①]

此外，18 世纪随着德国等欧洲国家硬质瓷生产的发展，制瓷厂生产出了成套的茶具，同时促进了后期银质茶具的成套生产。[②] 19 世纪之后中国销往欧洲的陶瓷以及银质茶具，也更多以成套的固定销售形式代替了早期的自由组合形式，茶具类型也受到

---

① 参见 Ulrich Pietsch, Anette Loesch, Eva Ströber, *Die Porzellansammlung zu Dresden. China, Japan, Meissen*, Berlin: Deutscher Kunstverlag, 2006, p. 38。

② 参见威廉·乌克斯:《茶叶全书》，依佳等译，东方出版社 2011 年版，第 963 页。

欧洲影响，生产茶壶的同时，增加了奶壶、糖缸等欧式茶具的新套式。①

四、德国东方茶饮的延续与物境合一

随着德国对东方饮茶习俗的逐步接受，除了中国的“泡茶”习俗外，19—20 世纪德国及其他欧洲饮茶风俗还受到日本茶道的影响。日本的饮茶之风最早来自中国，南宋时，日本荣西禅师在 1166 年和 1187 年来中国学习禅宗教理，并把煎茶带回日本。至江户时代，千利休（Sen no Rikyu）创立抹茶道，重新确立煎茶的法与道。特别是 20 世纪初期，来自日本的冈仓天心（Okakura Tenshi）在美国出版英文著作《茶之书》（*The Book of Tea*），对德国等欧美地区也产生了一定影响。书中提及日本茶道源于中国佛教寺庙的饮茶风俗，唐以后逐渐成为上流社会的风雅之物，经由宋代诗僧与文人的发展形成评鉴体系。② 日本茶道不仅关注茶饮，同时注重茶的空间营造，茶室包括建筑部分（茶室）及外部庭院（露地）。茶室标准面积约为 8 平方米，从“一帖台目”到“四帖台目”均有，应为具有“山居”气息的“草庵”。③ 在德国的亚洲艺术博物馆中，也常装饰一间“茶室”（Tea house），如柏林亚洲艺术博物馆内的茶室（图 10），即以展示型空间营造体现茶道为亚洲的一种礼仪方式。

图 10　德国博物馆东方茶室展示（德国柏林亚洲艺术博物馆，笔者拍摄）

① 宁波中国港口博物馆编：《白银芳华：从外销银器看晚清民初社会和商贸变迁》，西泠印社出版社 2022 年版，第 61—63 页。

② 参见冈仓天心：《茶之书》，高伟译，四川文艺出版社 2017 年版，第 33 页。该书最初在美国纽约出版，详见 Okakura Tenshi, *The Book of Tea*, New York: Putnam' Press, 1906，后陆续翻译成英、法、德、中等多种语言。

③ 参见王英健：《日本茶庭与茶室》，机械工业出版社 2019 年版，第 20—22 页。

西方社会的下午茶亦为重要的社交活动，精美的茶碟和托盘及欧洲本地的甜点，成为欧洲一直以来最为广泛的饮茶用具和食品。德国的咖啡与茶饮用习惯延续至今。此外，德国还是世界茶叶“中转中心”，在世界茶叶贸易上有着重要地位。进口的茶叶一部分供自己国家饮用，另一部分则再加工后运往欧美其他地区。2015 年中国对德出口的茶叶总额位居德国市场第一位，德国也是中国对欧盟出口茶叶第一国，约占总输出的 50% 以上。① 尽管德国人的茶叶消费在世界范围内相对较少，如在 2016—2018 年的世界茶叶市场消费报告统计中，人均消费最多的是土耳其，平均每人 3.04 公斤，中国和印度人均 0.82 公斤，德国为 0.36 公斤。② 但东方茶饮的习俗仍在德国延续下来，时至今日已成为德国社会生活的一部分，人们也客观认知到其作为健康饮品的科学属性：每 100 克茶含纤维 55.4 克、蛋白质 26.4 克、脂肪 5.2 克、饱和脂肪酸 0 克、碳水化合物 0.8 克、钙 302 毫克、铁 17.2 毫克、钠 6 毫克及镁、氟化物和少量维生素。③

三餐之外，德国人每天上下午都有固定的咖啡或茶点时间，通常在工作日上午 9：30和下午 3：00 开始（夏时制是上午 10：30 和下午 4：00 开始），并融入了德国企业文化。和大多数欧美国家饮茶时间（Tea time）相近，德国人通常称之为 Kaffeepause（咖啡休息），包括咖啡、茶饮及甜点。④ 在一些公共场域的文化活动特别是跨文化交流活动中，东方茶饮也是德国经常展示的环节，如在 2015 年德累斯顿国家艺术博物馆举办的博物馆之夜活动中，该馆取出东亚陶瓷展厅茨温格（Zwinger）宫的馆藏高丽青瓷茶盏，由博物馆瓷器专家讲解，随后由笔者参与古琴演奏，展示东方听琴品茗的传统习俗。现场配以日本抹茶（Japan Matcha Wa），由德国知名的奇闻茶叶公司（Tee Gschwendner GmbH）提供，这是一家总部位于波恩附近的梅肯海姆（Meckenheim）的德国茶叶贸易公司，有百余家专卖店分布于欧洲、美国、南美及中东。其选用仅占全球茶叶产量 0.5%的最高品质的茶叶，产品不仅在德国境内销售，也远销欧洲其他国家及美国。⑤ 沏茶的过程由德国奇闻茶叶公司的茶叶鉴定师完成，现场在座的每位博物馆之友（赞助人）在听完高丽青瓷茶具讲解、中国古琴演奏后，观赏沏茶并参与品茗，完成了一次独特的视觉、听觉、味觉三维一体的“东方茶饮”活动（图 11）。

---

① 参见倪彧、唐欣悦：《一带一路背景下中国茶文化在德国的传播》，《文化创新与比较研究》2019 年第 18 期。

② 参见 Peter Rohrsen, *Das Buch zum Tee: Sorten-Kulturen-Handel*, München: C. H. Beck, 2022, pp. 142 - 143。

③ 参见 Peter Rohrsen, *Der Tee: Anbau, Sorten, Geschichte*, München: C. H. Beck, 2013, p. 93。

④ 参见蔡玳燕：《德国饮食文化》，暨南大学出版社 2011 年版，第 62—63 页。

⑤ 信息来自德国奇闻茶叶公司官方网站 https://www.teegschwendner.de/，2023 年 8 月 4 日访问。

图 11　德国德累斯顿国家艺术博物馆“东方茶饮”主题活动（笔者供图）

五、结语

从 17 世纪开始，随着海上丝路茶叶贸易的发展，受到英荷影响的德国在“东方茶饮”接受过程中，逐渐形成了自己的饮茶风尚，并促进了德国地区对中国陶瓷茶具的收藏和使用。中国的陶瓷茶具与茶叶一同远销欧洲各国，在德国被广为收藏，这些外销陶瓷茶具不仅体现了其自身装饰的不断发展，也与当地审美相协调，促进了与英荷相近又带有当地特色的德式东方茶饮的形成与发展。无论来自中国、日本、印度还是斯里兰卡的茶叶，最终在德国东方茶饮史中被接受，成为一种东方符号在西方的文化演绎。中国饮茶方式的德国“在地化”和套式变迁也更好地促进了跨区域的文化融合与交流发展。德国不仅是欧洲东方饮茶的传承者，也形成了自己的茶文化，并在当代茶叶贸易中具有重要的意义。

从“泰兴号”沉船看清代德化青花瓷外销与海上丝绸之路

马　涛

（南京大学文化遗产保护利用所）

【摘　要】　德化青花瓷产生于明代中叶，至清代工艺技术臻于成熟并趋于精美，是中国最主要的外销瓷器之一，在当时极具代表性，见证了中国海上丝绸之路的繁盛。1999年在南海打捞出水的中国清代商船“泰兴号”沉船的35万多件德化青花瓷就是这一历史的重要见证。经专家鉴定，这些瓷器以青花盘、碗、杯、碟、罐、盖碗等日用瓷器为主，对见证海上丝绸之路沿线国家和地区的文明交往具有非常重要的意义。本文从“泰兴号”沉船出水清代德化青花瓷器状况出发，阐述清代德化青花瓷的生产及外销情况，厘清清代德化青花瓷在海上丝绸之路上的地位，以增强德化青花瓷与海上丝绸之路间紧密关系的认知，也为进一步研究国内古瓷外销史及中国古代港口贸易情况提供些许理论参考。

【关键词】　“泰兴号”沉船　青花瓷器　外销瓷　海上丝绸之路

一、“泰兴号”沉船及其出土的青花瓷概况

“泰兴号”是一艘清代道光年间的中国商船，它在印度尼西亚海域沉没。这艘船于清道光二年（1822）从福建厦门出发，原定前往东南亚的巴达维亚（今雅加达）。船名“Tek Sing”被译为“泰兴”。船上载有商人、水手、乘客共计约2000人以及大量货物，包括香料、丝绸、茶叶和瓷器等。在抵达马来西亚东部的刁曼岛后，为了避

免海盗的袭击，船长决定不按照几个世纪以来的传统航线通过邦加海峡，而是改变航线，穿越勿里洞岛和邦加岛东侧的加斯帕海峡。加斯帕岛周围是船舶事故频发的区域，从18世纪末至19世纪初，至少有50艘船在此沉没，“泰兴号”也在此遭遇不幸，触礁沉没。在沉船事件发生时，一艘载有鸦片的英国乡村货轮“印第安纳号”恰好经过，该船的船长出于人道考虑，对幸存者进行了救援，最终成功救起了190人。

由于部分幸存者的存在，当地报纸对“泰兴号”沉船事故进行了报道。参与救援的“印第安纳号”货轮在其航海日志中详细记录了这次事故的经过。得益于保存下来的大量关于“泰兴号”的文献资料，大约200年后，沉船探险家们依据这些文献中的线索进行搜寻和打捞。1999年5月，澳大利亚一家海洋公司在中国南海附近将“泰兴号”打捞出水，船长50米，宽10米，重1000多吨，并捞获了35万多件中国清代瓷器。这些瓷器大都是18世纪和19世纪初德化生产的用于出口亚洲市场的青花瓷，以青花盘、碗、杯、碟、罐、盖碗等日用瓷器为主。

图1　“泰兴号”出水清代青花花篮纹碟

图2　“泰兴号”出水清代青花山石牡丹纹碟

在2000年11月17—25日的德国斯图加特拍卖会上，部分从“泰兴号”沉船打捞上来的德化青花瓷器被拍卖，德化——这些瓷器的原产地，也参与了竞拍并成功购回了72件珍贵的古瓷器。随后，在2001年6月13日，这些古瓷在德化县陶瓷博物馆举行了对外展览。“泰兴号”沉船中发现的古瓷器对于深入研究清代德化青花瓷的生产和外销具有重大意义，其不仅彰显了德化作为中国古代著名窑口在瓷器外销领域的重要地位，也为了解当时的陶瓷贸易提供了宝贵的实物证据。

图 3 “泰兴号”出水清德化青花灵芝纹碗

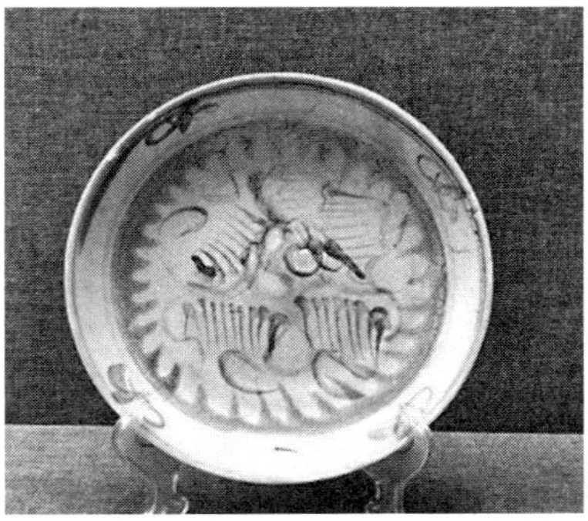

图 4 “泰兴号”出水清德化青花火龙纹盘

2018 年，泮庐集团从海外购回了超过 10 万件“泰兴号”沉船的出水瓷器。2019 年 8 月 13 日，在德化县政府推荐下，泮庐集团将这些瓷器中的 40 多种共计 190 多件捐赠给了中国国家博物馆。这些瓷器大多产自 19 世纪初的闽南地区，以青花瓷为主，也包括一些白釉瓷、褐釉瓷和红绿彩瓷等。中国国家博物馆所获赠的“泰兴号”沉船古瓷中，典型的德化青花瓷包括灵芝纹青花盘碗碟、“晨兴半炷香”青花盘、梅雀图青花盖碗、圈点纹青花小碗等。这些瓷器的纹饰多为富有民族特色的生活图案，而青花料大多使用了国产的石子青等，色泽晕散且相对柔和。2020 年，泮庐集团又向中国航海博物馆捐赠了 100 件“泰兴号”沉船的出水瓷器。这些瓷器的回流，为国内“泰兴号”沉船出水文物的展示和研究提供了重要的实物依据。

二、清代德化青花瓷的生产及外销

（一）德化青花瓷的生产

从德化当地及国外相关考古资料看，德化青花瓷约产生于明代中叶，至清代工艺技术臻于成熟，繁荣于清康熙、雍正、乾隆三朝，并趋于精美。[①] 又以乾隆朝处于黄金时段，嘉庆时高潮有所延续。可以说，国内学术界不少人认为清代是德化青花瓷生产的全盛期，也是历代窑址数最多的一个时期，达 177 处。这些窑址中有 70 多处发现有外销瓷器，在德化古代瓷器生产中占很大比例，在技术上和质料上也体现了它的科学性能。

① 参见林忠干、王文径:《德化青花瓷的艺术成就》，载《德化陶瓷研究论文集》，内部资料，2002 年。

清代嘉庆时期，德化人士郑兼才在其诗作《窑工》中描绘了当时德化窑业的繁荣景象："骈肩集市门，堆积群峰起。一朝海舶来，顺流价倍蓰。不怕生计穷，但愿通潮水。"这首诗反映了当时德化窑业生产和出口贸易的兴旺局面。另外，一份19世纪40年代关于福州府贸易情况的外文文献提道：福州附近大量生产着用于出口的瓷器，据当地人称，有超过500座窑炉需要持续全力生产。虽然我们认为这个数字有所夸大，但可以确认至少有320座窑炉正在全力运作。① 这段描述证实了当时德化及其周边地区瓷器生产规模的宏大。可见，嘉庆、道光年间，青花瓷在德化窑的产品中占据核心地位，成为生产和销售的主要品种。

德化以储藏极为丰富的优质高岭瓷土资源而享有盛名，其森林资源乃闽中地区之最，为古代瓷器生产尤其是在海上丝绸之路背景下大宗青花瓷的生产提供了可靠且有力的资源及质量保障。从目前发现的青花古窑址看，大部分瓷土矿物质含铁元素较低，是生产青花瓷的优质瓷土。因此，德化青花瓷坯体有着以白见长、品相良好的优点，可很好地呈现出"白地青花"中白的特质。釉下青花以氧化钴为主配成颜料在坯体上作画，外施无色透明釉，高温烧成。由于青花画在釉下，色料本来很细，经过烧制后，完全熔化在胎釉之间，显得光滑平润、晶莹剔透，色阶丰富，又不易受外界氧化、酸化影响而腐蚀脱落。因此，青花瓷器一进入国际市场就广受欢迎，成为当时对外贸易中重要的商品之一。这直接促进了德化青花瓷的生产甚至飞跃，德化境内几乎所有的清代窑址都生产青花瓷，甚至没有村落的地方都能发现清代窑址，其中以上涌、葛坑、汤头、浔中、龙浔、三班等地最为密集。特别是城关的宝美村、浔中村、高阳村、隆泰村和三班镇的泗滨村等地几乎每家都有人从事瓷业，仅高阳村清代窑址就达23处②，遍布每个山头。据记载，清朝盛时德化瓷工多至2.5万人。可见，当时德化青花瓷生产规模之大、产量之高。

学者通过对窑址采集的瓷器标本进行研究后发现，有些瓷窑仅属于一个商号，但大多数青花窑址标记有两个或两个以上的商号，例如"丰盛""丰裕""胜玉"等。这一现象表明，在德化青花瓷的生产中，有的窑由单一家庭独立经营，而更多的则由两户或多户家庭联合经营，其中联合经营的情况更为常见。在联合经营模式下，各户首先独立制作瓷坯，然后在烧窑时集中共同进行烧制，形成了"分户制坯、联合烧窑"的生产模式。这种独特的生产方式要求生产者必须同时考虑产品的生产效率和市场销

① 参见姚贤镐编:《中国近代对外贸易史资料（1840—1895）》第一册，中华书局1962年版，第598页。
② 参见庄为玑:《德化白瓷的窑口与港口问题》,《古陶瓷研究》第一辑，厦门大学印刷厂，1982年。

售。为了在激烈的市场竞争中实现经济效益，生产过程需要快速高效，产出更多的成品，这意味着不能过分追求精细的工艺，也不能过于粗糙。因此，德化瓷窑逐渐发展出了一种简约而不失实用的青花瓷艺术风格，这种风格不追求过分的装饰，体现了民间艺术的自然和朴素，满足了广大消费群体的审美需求。

德化青花瓷器的种类丰富，包括撇口碗、侈口深腹碗、敛口深腹碗、弧腹盘、折腹盘、茶盘、杯子、小碟子、凤尾尊、三足炉、筒式炉、折沿鼓腹三足炉、带盖缸、梅瓶等。这些瓷器的制作通常工艺精细，外形圆润且具有古典美，装饰图案多样，主题包括山水、人物、植物、佛教图案和文字等。多年来，在德化的月记、日记、似玉、源裕、合珍等多个窑址出土的青花瓷器，其形状和装饰图案与“泰兴号”沉船中发现的古瓷器完全一致。

图 5　清德化青花“晨兴半炷香”纹盘

研究人员通过对德化窑址出土的瓷片标本与“泰兴号”沉船中的青花瓷器的对比分析，认为青花瓷器是清代德化窑中数量最丰富、最具代表性的作品。德化青花瓷在制作过程中，使用了含有氧化钴等矿物质的颜料，在瓷器的生胎上直接绘制图案和纹饰，随后覆盖一层透明釉，经过高温一次性烧制成釉下彩，由于钴料在高温烧制后呈现蓝色，因此得名“青花”。加之原料的淘洗不够精细，导致色调中带有一些黑色或灰色，并且存在轻微的晕染效果，但整体色调浓郁，绘制的图案别具一格，带有水墨画的风韵。装饰艺术是德化青花瓷器工艺技术中最具有表现力的部分，其装饰手法与印花技术相结合，通过民间工匠的巧妙手艺，在白瓷的素坯上绘制出丰富多彩的图案，上釉烧制后，图案融入釉中，在光滑的瓷面上透出明亮的花纹，展现出鲜明的时代特色和生活气息，彰显出独特的艺术魅力。目前学术界普遍认为，德化青花瓷的装饰技术主要有三种：第一种是直接在瓷坯上进行绘画，称为“绘青花”；第二种是使用带有图案的印章在瓷坯上进行印制，称为“印青花”；第三种则是绘画与模印技术结合使用。① 其中，第一种用法较普遍，第二、三种用法较少见。

① 参见何振良：《德化青花瓷器上的诗情画意》，载中国古陶瓷学会编：《中国古陶瓷研究》第十三辑，紫禁城出版社 2007 年版。

图 6　“泰兴号”出水的青花碗

德化青花瓷器的装饰内容充满了浓厚的民间特色，涵盖了人们普遍喜爱的植物、动物、人物、文字以及辅助性图案，迎合了当时人们对于吉祥寓意的追求和审美趋势。例如，在人物图案中，常见的有描绘文人雅士的高士图和展现琴棋书画的仕女图。文字装饰方面，包含了寓意吉祥的短语和寿字纹，以及“寿”“喜”“丰”“福”“多”等单字，或者是诗句如“志在书中”“晨兴半炷香”“画栋朝飞南浦云，珠帘暮卷西山雨”“此中有真意”“心在书中”等等。此外，还有竹叶、蕉叶、莲花、雷云、树叶、缠枝、回纹、卷草、船只等辅助性纹饰。这些纹饰的表现形式丰富多样，构图严谨有序，通过弦纹将图案划分为多个层次，使得主题纹饰与辅助纹饰分明，主题纹饰因此得以突出，一目了然。例如，碗和盘类瓷器的主题纹饰通常位于器物的内底中心，有的也出现在外壁，主要是花卉图案，而辅助纹饰则主要分布在口沿的内外两侧、内壁等部位，充满了民间生活的乐趣和乡土气息。

图 7　“泰兴号”出水的青花花卉纹盘

（二）德化青花瓷的外销

明末清初，泉州港和漳州月港逐渐衰落，厦门港开始崛起。德化瓷器的外销路线也相应地发生了变化，开始主要通过厦门港进行出口。青花瓷造型也更加丰富，贸易对象除明代已有的朝鲜、日本等外，还新增了东南亚及欧美等地区。除此之外，德化青花瓷还通过大樟溪及其支流运输到安平港和福州港，再从这些港口出海，销往世界各地。

德化旧志曾记载：“清康熙年间，青花瓷器畅销东南亚。”1924 年英国牛津大学编著的《远东陶瓷概述》曾记载 17 世纪后期和 18 世纪初期，到达厦门的欧洲商人使欧洲对德化的瓷器熟悉起来，其中不少是由法国人介绍过去的。英国柯玫瑰女士在《福建出口陶瓷类型及其在西方的保存》一文中专门提到德化青花瓷在西方的大量留存，同时证明清初以后，德化青花瓷逐渐取代德化白瓷的地位，成为销往欧美市场的主流产品。①

近几年来，国外出土了大量德化青花瓷器。据有关考古资料表明，在东非的坦桑尼亚坦噶尼喀，亚洲的叙利亚、印度尼西亚、印度、斯里兰卡、越南、柬埔寨、泰国、菲律宾、新加坡等国均出土有德化青花瓷。② 尤其在印尼，发现的德化青花瓷器数量庞大，其中包括“圈点纹小碗、牵牛花碗、花篮纹盘、印寿字纹碗”等，这些器物在德化青花窑址的出土物中十分常见。同样地，那些远销至非洲的中国青花瓷盘，也在德化的几个窑址有所发现，包括后所、大垄口、内坂、桐岭、林地、水尾、尾仑、瓷窑垄、二板桥、后寮板、苦竹堰等地。③ 在非洲地区尤其是肯尼亚和坦桑尼亚，出土了大量的德化窑青花瓷器。这些瓷器包括青花圈点纹碗，吉祥纹青花盘、碟以及花兰纹青花盘等。在苏丹的墓地中也发现了德化窑的火珠云龙纹青花碗，碗的外底绘有四株小草，这些瓷器大约是清朝嘉庆至道光年间的产品。④ 1974—1975 年，广东省博物馆对西沙群岛进行了两次文物调查，其间发掘出大量德化青花瓷器，包括牵牛花纹的青花盘、碗、碟，云龙纹和火珠纹的青花碗，城楼纹的青花碗，佛手纹的青花盘，寿字纹和半寿字纹的青花盘，等等。这些德化青花瓷器中有一部分可能是当地居

---

① 参见柯玫瑰:《福建出口陶瓷类型及其在西方的保存》，载中国古陶瓷学会编:《中国古陶瓷研究》第十四辑，紫禁城出版社 2008 年版。

② 参见夏鼐:《作为古代中非交通关系证据的瓷器》，《文物》1963 年第 1 期。

③ 参见叶文程:《畅销国际市场的古代德化外销瓷器》，《海交史研究》1990 年总第 2 期。

④ 参见叶文程、林忠干:《福建陶瓷》，福建人民出版社 1993 年版。

民的生活用品，但大多数应该是德化瓷器通过南海航线外销时遗留在西沙群岛的。1984年“南海一号”沉船及1999年“泰兴号”沉船中，都发现了大量的德化地区制造的瓷器。这些瓷器包括牵牛花纹的青花碗、盘、碟，云龙纹的青花碗、盘，火珠云龙纹的青花碗，城楼纹的青花碗，佛手纹的青花盘，寿字纹的青花碗，半寿字纹的青花盘，等等。[①] 西沙群岛出土的德化瓷器、“南海一号”沉船出水的德化瓷器，特别是“泰兴号”沉船中发现的古瓷器，进一步证实了清代早期德化青花瓷的外销达到了顶峰。据史料记载，德化青花瓷作为当时出口到世界各地的陶瓷艺术精品，其外销价值之高，曾有“一笼陶瓷换一箱银”的说法。而“泰兴号”沉船的发现，正是这一历史事实的重要证据。

三、清代德化青花瓷外销的影响

清代德化青花瓷产品除了供应国内需求外，海外市场是其主要导向，其流播范围以东南亚为最，远至非洲、欧美等地。清代，德化青花瓷外销对中外文化交流发挥了重要作用。如东南亚一些国家在中国瓷器传入以前，多以植物叶子为食器，“饮食以葵叶为碗，不施匕筯，掬而食之”[②]。中国陶瓷的输入提供了精美实用的器皿，原来的生活习俗才被改变。[③] “从中国运入菲岛的陶器与菲人早年的社会及农村生活有着密切的关系，菲人拥有陶器成为估量个人财富及声望的主要准绳。”[④] 可见，清代德化青花瓷对提高当地人民生活起了一定作用。德化青花瓷的外销不仅在经济上对泉州乃至整个中国东南沿海地区产生了深远的影响，而且在文化交流和生活方式上也对欧洲社会产生了重要的作用。泉州地区作为海上丝绸之路的重要起点，自古以来就有着丰富的海外贸易历史。《泉州府志》中提到的“资食于海外，资衣于吴越，资器用于交广”，反映了泉州地区与海外贸易的紧密联系。德化青花瓷的大量外销，正是这种贸易联系的直接体现，它推动了泉州一带经济的发展，改善了当地人的生活状况。到17世纪晚期，中国外销瓷的欧洲市场完全形成。18世纪，欧洲国家甚至在广州设立贸易机构，以方便陶瓷更快捷地输往欧洲。这一举措不仅促进了德化青花瓷的外销，也使得

---

① 参见广东省博物馆:《广东省西沙群岛文物调查简报》，《文物》1974年第10期。

② 冯承钧校注:《诸蕃志》卷上“登流眉国”条，中华书局1956年版。

③ 参见冯承钧校注:《瀛涯胜览》“爪哇国”条，商务印书馆1935年版。

④ 富斯:《菲律宾发现的中国陶器》，许其田译，载菲律宾《新闻日报年鉴》，1962年，转引自徐本章:《瓷都探论》，厦门大学出版社2020年版，第49页。

瓷器成为欧洲人常用的日用器具。德化青花瓷以其独特的艺术风格和实用性，迅速在欧洲市场上占据了一席之地，成为欧洲贵族争相追捧的珍品。德化青花瓷传入欧洲，不仅改变了欧洲人的日常生活习惯，也成为欧洲人认识中国的第一窗口。瓷器的流行，滋长了所谓的“中国趣味”——流行于18世纪欧洲上流社会的充满异域情调的独特艺术品位，外销陶瓷就是传递这种中国趣味的代表性商品之一。德化青花瓷的外销，还促进了沿海一带瓷器制造业的发展。以福建德化窑为代表的瓷器开始畅销海外，不仅带动了当地经济的繁荣，也为当地居民提供了大量的就业机会。德化人根据外国客户的文化、风情、习俗等设计生产了“私人定制”“外国风”瓷器，这种适应不同市场需求的创新，使得德化青花瓷在海外市场上更具竞争力，同时也促进了东西方文化的交流互鉴。

德化窑生产的军持在一些国家成为宗教信徒的必需品。例如，雅加达博物馆收藏的三件德化窑军持，就是为了满足东南亚伊斯兰教徒的需求而生产的，上面还刻有阿拉伯文字。马来人改信伊斯兰教后，对军持的需求增加，日常生活中用于小净，朝觐麦加时用来携带溪水，归途中则用来装麦加的渗渗井水和阿拉伯蔷薇水，以赠送亲友或自用。这表明，德化青花瓷的外销成为连接东西方文明的重要物质媒介之一。

清代德化瓷器的外销，对国外烧造陶瓷技术的形成与发展也产生了直接或间接的影响。日本的窑炉就是深受德化阶级窑的影响而设计的，如长崎县大村市阴平町土井浦窑、佐贺县西松浦郡有田町原明窑、上白川区天狗谷窑，以及19世纪的熊本县天草町高浜窑①、爱知县濑户市西茨町勇右卫门窑②等，所以日本把德化的窑“估计为串窑的始祖”③。德化瓷器在进入欧洲市场后，在皇室贵族中引起了极大的轰动。在皇室的推动下，欧洲开启了长达300年的德化瓷器仿制历史。法国自1708年起，已经能够仿制中国的德化白釉瓷和孔雀绿釉瓷，但烧制的温度较低，仍然属于软瓷。1709年，德国的伯特格尔利用优质的高岭土成功烧制出欧洲第一件白釉瓷器，随后在次年建立了新的迈森瓷厂，专门烧制白瓷和彩绘瓷器，这一成就在整个欧洲引起了轰动，使迈森瓷厂成为欧洲瓷器制造的杰出代表。英国的《远东陶瓷概述》也记录了18世纪欧洲瓷器工人仿造德化瓷器的事实。其中，英国的威基伍德烧制的奶色陶瓷一度非

① 参见熊本县教育委员会:《生产遗迹基本调查报告书》(Ⅱ)，1980年。

② 参见濑户市历史民俗资料馆:《濑户市历史民俗资料馆研究纪要》(Ⅵ)，1987年。

③ 铃木巳代三:《窑炉》，刘可栋、谢宗辅合译，建筑工程出版社1959年版，第133页。

常流行。乌里奇·皮奇在他的文章《瓷器——德国及欧洲接受中国文化的一面镜子》[①]中提到，德化青花瓷对德国迈森窑的生产有着重要的推动作用，迈森窑不仅学习青花瓷的构图和图案，更是结合本国的特色，将某一纹样进行发挥，设计出了新的迈森纹样。如今，在欧美40多个国家的知名博物馆中，都可以找到德化青花瓷的馆藏。

四、"泰兴号"沉船与海上丝绸之路航线

专家们在研究出水瓷器和沉船的同时，也特别关注这艘沉船是否与海上丝绸之路有关，以及沉船的位置是否位于海上丝绸之路的航线上。

德化青花瓷的外销促进了德化制瓷业的发展，而制瓷业的繁荣又进一步推动了德化海上丝绸之路航线的扩展。德化位于闽江支流大樟溪上游，靠近福州出海口。明代时，德化东北的水口以下地区已有船只与福州往来。到了明末，随着厦门港的兴起，德化瓷器的外销主要通过厦门港进行。从清顺治七年至康熙元年（1650—1662），每年平均有60多艘商船从厦门前往日本，十几艘前往南洋。然而，由于清政府多次实行"禁海"政策，厦门港的对外贸易时盛时衰。1727年，厦门港对外贸易恢复后，再次繁荣起来，成为商船聚集、货物丰富的对外贸易重要港口。第一次鸦片战争后，中国封建经济加速解体，以家庭手工业为主的德化瓷业遭受重创，生产和外销受到严重影响，但德化瓷器的生产和外销并未完全中断，主要市场仍然是传统的东南亚和非洲地区，这一点已得到考古发现的证实。此外，德化青花瓷还通过大樟溪及其支流直达安平港、福州港，然后出海销往国外。

有学者提出，希望将"泰兴号"沉船与南海、大西洋以及印度洋、太平洋等海域发现的其他沉船遗址联系起来，勾勒出中国古代对外贸易的海路，即"海上丝绸之路"。据清代的描述，德化瓷器风靡全球，可以用"器行天下"来形容。荷兰占领台湾后，于1642年开辟赤嵌港，以台湾为基地进行大规模的瓷器贸易。在这种情况下，从福建的福州、泉州等港口出口的瓷器流向台湾，再转运到世界各地。运输主要通过海路，福建的泉州、福州等地成为重要的出海口。特别是清康熙二十三年（1684），朝廷解除海禁，在厦门设立海关，由户部派员征收闽海关税务，德化青花瓷器大量通过厦门出口，销往雅加达、新加坡、暹罗、六坤、柬埔寨、安南、吕宋等国和地区。

① 乌里奇·皮奇:《瓷器——德国及欧洲接受中国文化的一面镜子》，吴鹏译，《中国历史文物》2005年第4期。

1650年，郑成功在厦门建立根据地，厦门成为郑成功对外贸易的中心。乾隆四十七年（1782）起，吕宋商人常到厦门购买布匹、瓷器。道光二十年（1840）刊行的《厦门志》卷五“洋船”条记载，德化瓷器通过厦门港输往噶喇吧（雅加达）、三宝垄、实叻（新加坡）、马辰、埭仔（属泰国）、暹罗、柔佛、六坤、宋居朥（宋卡）、丁加卢、宿务、柬埔寨、安南、苏禄、吕宋等国和地区。

专家曾指出，海上丝绸之路实际上是唐宋时期中国与东南亚、中东及欧洲之间交换器物、交流文化的通道。他们认为，从泉州及福建沿海各港口出海的主要航线有两条：一条是东洋线，从泉州出发，往东北方向，经过浙江、江苏，再前往日本；另一条是南洋线，从泉州出发，南下经过广东、东南亚，横渡印度洋，到达南亚乃至非洲，将中国的丝绸、瓷器等物产运往欧洲。海上丝绸之路是中国古代对外贸易的重要通道，历史上有记录的沉船事件就有100多宗。沉船中发现的外销陶瓷器，作为重要的海外贸易商品，是海外贸易史研究中最为突出、最具说服力的实物资料。然而，海上丝绸之路的具体航线和停泊港口至今仍是一个谜。从“泰兴号”沉船发现的大量德化外销青花瓷来看，这可能为进一步探索海上丝绸之路航线等提供帮助。

物质文化的“间性”与“共通”
——兼论作为方法的丝绸之路*

王　垚

（兰州大学文学院）

【摘　要】　“物的社会生命”和“物的文化传记”的提出，更新了当代物质文化研究的理论和方法。这种从文化史的角度“为物立传”的研究范式整合传统人类学中商品与礼物的两条交换理论的研究路径，强调事物在价值流转中的能动性。以布鲁诺·拉图尔的物的能动性和“事物间性”理论为支撑，探讨物质文化的“间性”，旨在以“非人类中心”的视角揭示物与人纠缠共存的关系，关注物作为“居间者”参与的文化价值变换。同时，物质文化间性论也在文化批评实践的层面，打破以欧洲为中心的文明与异域对立的帝国话语秩序，通向世界性的跨文化交往的丝绸之路。把丝绸之路作为方法，可见事物在价值流转中带给人的共通感使不同时空、不同文化的人们联结在一起。

【关键词】　物质文化　间性　共通　丝绸之路

晚近的物质文化研究一个重要的聚焦是以交换理论为基础，重审物在文化中的流动，追踪物的轨迹。从非人类中心的视角审视事物（尤其是特殊的事物）在确立文化秩序、构建身份认同、维持日常生活、塑造审美感知等方面的重要性，是如今物质文化理论的主要课题。该领域早期工作的大部分内容是从西方政治、经济及宗教层面对

* 本文系国家社会科学基金重大项目“丝路审美文化中外互通问题研究”（17ZDA272）、国家社会科学基金青年项目“当代西方文论的‘物质文化转向’研究”（22CZW005）的阶段性成果。

作为商品的物品进行历史解读，从而以人的活动为中心，考察事物被人类主体使用的方式、与人的特殊关系，或人赋予事物何种特殊意义。有鉴于此，当代物质文化理论重申事物被淡化、忽略甚至否认的“物质”的一面，同时也涉及对早期工作的批判和重新评估。

本文首先在文化史的视域下探讨20世纪80年代文化人类学领域的重要理论和方法论转向：物的社会生命和为物立传。可以说这是近40年物质文化研究领域最有影响力也最具活力的思想与方法。其次，不论是哪个视域，文化史、物质文化的哲学①，还是物的审美文化，物的生命力及其能动性都作为理论基础来对抗主客二分的知识范式。物质文化研究不可避免地要以各种方式强调人与物之间的递归和亲密关系，这为我们讨论物质文化的“间性”问题提供了契机。最后，随着物质文化的“间性”的提出，我们一方面摒弃了主客二元论，另一方面在强调交流与协作是人类行动的典型模式的同时，也应通过考察物的跨文化的价值生产历程，揭示曾经被忽略的美学问题。

一、为物立传：一种文化史的视角

传统人类学和社会学研究总是将某一特定地区和族群的社会看作稳定而有边界的实体存在，倾向于以一种“物证”式的视角考察那些作为博物馆展品的物以及可以收藏的物品，物品被理解为特定社会文化的实物证据和意义表征。这产生了两种考察的向度：一是在西方现代文明的视野中探索异域，二是在当代的文化语境中追寻古代。无论是异域还是古代，都被认为真实且有稳定意义。在当代物质文化理论看来，这种“物表征某种社会事实”的逻辑未能以物为中心揭示实践的动态性和复杂性，但不可否认的是，后来的很多研究都受此启发、从中受益，这就包括彼得·伯克所说的文化史研究。

“文化史学家在传统上一直比较重视思想，而对物质文化不够关注，将关于物质的研究领域让给了经济史学家。”② 在20世纪中后期，文化史学家逐渐转向物质文化研究，并从前人的研究中发掘出不寻常的视角。彼得·伯克指出，虽然诺贝特·埃利

① 参见 Beth Preston, *A Philosophy of Material Culture: Action, Function, and Mind*, New York: Routledge, 2013, p. i。

② 彼得·伯克：《什么是文化史》，蔡玉辉译，北京大学出版社2020年版，第93页。

亚斯致力于在概念上区分“文明”与“文化”，并声称自己研究的是文明的进程，但他的研究在今天看来是一种文化史研究的典范。在埃利亚斯有关“礼貌”（civility）和“文明”关系的论证中，暗含的逻辑是：刀、叉、匙、盘、盆、餐巾等餐具的历史就是“礼貌”的历史。随着“politeness”（礼节）替代“civility”成为涉及规范化行为时使用得更频繁的词语，这些概念与“人性”等同起来的倾向更加鲜明了。① 概念的转变意味着上层阶级对餐具的使用规范被固定下来，形成就餐礼节，完成了从上到下的传导和渗透，成为社会化的日常生活。埃利亚斯向后世的文化史研究者揭示了餐具、体育、（时序计量意义上的）时间等事物在社会秩序和自我控制机制的建立与巩固中至关重要。

在经济史和文化史的“争夺”中，可以梳理出物作为商品和物作为礼物的两条线索。商品的方法关注物在贸易流通中适应金钱秩序。沿着这条线索，物质文化理论家围绕商品经济和消费展开讨论，但他们试图拒绝市场和货币原则在思考物品价值时的优先地位，比如米歇尔·德·塞托、丹尼尔·米勒。在礼物的方法中，以交换为主题，涂尔干、马塞尔·莫斯、马林诺夫斯基以及后来的列维-斯特劳斯、马歇尔·萨林斯等学者贡献了一种范式，即考察物品的赠予、互惠如何参与社会关系和文化秩序的构成。如果经济的归经济，文化的归文化，那么物的商品状况和礼物状况就被割裂开，这会导致两个问题：其一，一个社会不可能简单划分为商品的社会和礼物的社会；其二，商品和礼物的社会特征分类法又有可能落入西方与异域、现代与古代的二元论窠臼。

于是，摒弃礼物与商品二分的路径依赖，超越对稳定的社会事实的想象与预设，在物质文化流动的视域中重新解释和整合交换理论，成为20世纪80年代以来的物质文化研究理论家的主要工作。英国学者尼古拉斯·托马斯指出：“如果假定礼物必然是礼物，商品必然是商品，那么我们就无法理解物品的变迁和语境的变化。”② 物质文化研究考察的是物的动态性，而不是某种含义、分类或者静态的时刻。也就是说，重要的不是物品被制造成什么，而是它们变成了什么。比如，物品作为商品有其一般意义上的价值和使用价值，但在不同的语境中，同一物品可能作为珍宝（或垃圾）具有浓厚的文化内涵。黄金既是货币和商品，又可以作为珍宝（藏品、圣物、纪念物）而

---

① 参见诺贝特·埃利亚斯：《文明的进程——文明的社会发生和心理发生的研究》，王佩莉、袁志英译，上海译文出版社2013年版，第110页。

② Nicholas Thomas, *Entangled Objects: Exchange, Material Culture, and Colonialism in the Pacific*, Cambridge, MA.: Harvard University Press, 1991, p. 39.

抵抗交换。有时候，珍宝的拥有者会被迫处理掉它。在这种情况下，它的拥有者之所以可能会承担一些损失，不仅因为黄金价格的波动，也因为它曾是一件与拥有者的生活息息相关、紧密纠缠的物品。对于其他人来说，这是一件褪去了记忆、情感和生活经历的普通物。这种思考的角度也源于安妮特·韦纳研究莫斯的《礼物》时提出的“不可让与的占有物”①（inalienable possessions）概念的启发。韦纳旨在说明在不同的文化语境中，物品的分类系统在实践中具有不稳定性，这使我们意识到，“商品”和“礼物”并不完全分离、互相排斥。在流动和转移中，一件物品的价值和意义不断发生变化，或进入市场，或被收藏，或被丢弃，或被挪用（appropriation）再生产为衍生物。

事物在重新语境化的过程中呈现出流动和可变性，在阿尔君·阿帕杜莱那里被描述为“物的社会生命”。和人一样，物也有社会生命。这个观点建立在阿帕杜莱对西方现代思想中人与物对立观念的质询之上，他指出：“当代西方常识建立在哲学、法律和自然科学的各种历史传统之上，具有将‘词’（words）与‘物’（things）对立起来的强烈倾向。”② 在这种常识系统中，物是相对于人类主体的客体，沉默而被动，其意义产生于语言解释。在理论层面，人类学、社会学、艺术史学总是得出这样的结论：人类的行为使事物符号化，符号化的过程即是赋予物意义的过程。但阿帕杜莱提醒我们，在方法论层面，不论在何领域研究事物，都在通过考察运动中的事物揭示事物所处的人文和社会语境，这被他称为“方法论的拜物教”。正因如此，阿帕杜莱宣称：“我们必须追随事物本身，因为事物的意义铭刻在它们的形式、用途和轨迹之中。”③

以物为中心追踪物的轨迹，考察物的社会生命历程的观念以及“物的社会生命”提法，是阿帕杜莱对伊戈尔·科普托夫“为物立传”的方法论的概述和呼应。在那篇著名的文章《物的文化传记：商品化作为过程》中，科普托夫开宗明义：像写人的传记一样为物立传采取的是一种文化的视角。在此视角中，“商品的生产也是一个文化和认知的过程：商品不仅在物质上作为物品被生产出来，还在文化上被标记为某种物

① Annette B. Weiner, *Inalienable Possessions: The Paradox of Keeping-While-Giving*, Berkeley: University of California Press, 1992, p. 17.

② Arjun Appadurai, “Introduction: Commodities and the Politics of Value”, in Arjun Appadurai (ed.), *The Social Life of Things: Commodities in Cultural Perspective*, Cambridge: Cambridge University Press, 1986, p. 4.

③ Ibid., p. 5.

品”[①]。阿帕杜莱和科普托夫的研究都试图改变商品/礼物二分、经济领域与文化视域分隔的局面，把商品化状况理解为物的漫长文化史（或“社会生命”历程）中的阶段。“一部传记之所以是文化传记，并不在于它讲述了什么，而在于它如何讲述以及以何视角讲述。”[②] 总而言之，在当代去欧洲中心化的批判西方文化霸权的语境中，为物立传的文化史研究为“解释文化的相遇”[③] 提供了方法论，有助于我们通过物质文化研究揭示不同文化互相碰撞的真实面貌。

二、“物在行动”与物质文化的“间性”

在文化史的维度，为物立传反映了20世纪90年代人文社会科学中“事物理论”的兴起，以及文化研究、艺术史、文学理论中相应的“物质文化转向”（或“物转向”）。人类学、社会学、民族志研究领域长期以来对物品交换与流通的兴趣与“事物理论”取得的进展结合起来，揭示出主客二分的“现代”分类模式与我们的实际生活方式并不相符。包括布鲁诺·拉图尔、唐娜·哈拉维、简·贝奈特、W. J. T. 米切尔在内的思想家们一致认为人类并不是生命力、能动性的唯一拥有者。其中，拉图尔的“我们从未现代过”的断言和行动者网络理论在近年的事物理论发展中起到提纲挈领的作用。

现代知识范式制造出的主体的人与客体的物之分离体系成为判断一切的准绳。尽管霍布斯与波义耳之争已然做出了这种区分，但在日常生活实践中，科学与政治、文化与自然之间的分离并不成立。“现代”的悖论就在于此。对此拉图尔说道：“如果我们考虑一下杂合体，那么我们现在所处理的就仅仅是自然与文化的杂合物；如果我们考虑纯化的工作，那么我们所遭遇的就是在自然与文化之间的一个决然分裂。”[④] 现代制度能够解释一切的前提是忽略那些处在两极中间的事物，而当我们站在中间地带，则可以以一种对称性人类学的立场同时研究人类和非人类，并且不再以西方为一极而将“异域”（他者）区分为另一极。在这种对称中，人类与非人类都具有能动性

① Igor Kopytoff, “The Cultural Biography of Things: Commoditization as Process”, in Arjun Appadurai (ed.), *The Social Life of Things: Commodities in Cultural Perspective,* Cambridge: Cambridge University Press, 1986, p. 64.

② Ibid., p. 68.

③ 彼得·伯克：《什么是文化史》，蔡玉辉译，北京大学出版社2020年版，第165页。

④ 布鲁诺·拉图尔：《我们从未现代过：对称性人类学论集》，刘鹏、安涅思译，上海文艺出版社2022年版，第63页。

(agency)。拉图尔的意思是，客体（物）也有能动性，我们应该关注那些在其他行动者的行动中改变事态、产生影响的事物。“如果行动先验地局限于有‘意图的’、‘有意义’的人类行为，那么就很难理解锤子、篮子、门、猫、地毯、马克杯、清单或标签如何行动。”① 这种方法勾勒出一个包含多种多样的时间、地点、事物、人的错综复杂的关系网络，使不同行动者的能动性及相互的互动联结变得可见，对物质文化研究来说极具启发意义。

概括地说，拉图尔的行动者网络理论是一种关系本体论，其基本内容是：人和非人都是行动者，行动者的行动动态联结了社会网络，世界就是一个由行动者间的关系形成的网络。拉图尔的这种“间性”理论主张通过一篇名为《论事物间性》的文章确立下来。文中拉图尔调转了涂尔干（旧译“迪尔凯姆”）的“把社会事实当作客观事物”② 的社会学准则，声称应该“把事物当作社会事实”，并且“以人类和非人类行动者之间的属性交换取代互动和社会这个对称的幻觉，实证地追踪在地化和全球化”③。事实是过程的产物。从居间的、关系的角度看，重要的不是事实之物，而是“关涉之物”④ (matters of concern)。换言之，“重要的不是物是什么，而是物所处的整体，物之间的关系以及物是如何发挥作用的”⑤。于是，在行动者网络理论中，拉图尔总是试图描述一个随机的足够大而广的整体性网络，来呈现行动者之间普遍的相互影响又相互依存的关系。在消弭主客二元论的同时，平等地尊重每一个行动者，是拉图尔的目标，为了达到这一目标，他频繁用网络、关系、转译、集合等术语联结人与非人。

但是，“行动者网络”也面临重大的伦理和政治困境。其中一种批评的声音来自阿帕杜莱，他指出行动者网络的疑难是：在一个不再完全由人类行动主体组成的世界中，如何解决公平、权力和不平等问题。在拉图尔的“物的议会”中，行动者以民主平等的方式获得能动性，那么人类内部的问责、审判是否也要邀请一个“物的议会”来审定一个“行动者网络”的罪责？阿帕杜莱举例道：“未来的法院是否只能对‘手枪-身体-子弹-血’或‘注射器-海洛因-瘾君子-毒贩’或‘蓖麻毒素-信封-信

① Bruno Latour, *Reassembling the Social: An Introduction to Actor-Network-Theory*, Oxford: Oxford University Press, 2005, p. 71.

② 埃米尔·迪尔凯姆:《社会学方法的规则》，胡伟译，华夏出版社 1999 年版，第 2 页。

③ Bruno Latour, "On Interobjectivity", *Mind, Culture, and Activity*, Vol. 3, No. 4, 1996, pp. 228 - 245.

④ Bruno Latour, *What Is the Style of Matters of Concern?* Assen: Van Gorcum, 2008, p. 39.

⑤ 张进、王垚:《新世纪文论：从文本间性到事物间性》，《兰州大学学报（社会科学版）》2017 年第 3 期。

箱-信使’之类的组合进行审判？更糟糕的是，谁将是法官、证人、陪审团、检察官和辩护人？”[①] 因此，阿帕杜莱指出：“或许我们可以将注意力从所有‘行动者’（actants）转移到一个更小圈层中的能动性存在，我更愿意称之为‘居间者’（mediants）。”[②] 在此意义上，我们的视野又被拉回“人类世”的社会文化当中，只是这一次，人类不再是唯一的行动者，还有物质性的有生命力、行动力的“居间者”在我们周围。

诸多追踪物的行动轨迹的研究成果都向我们展示了地球上的社会生活方式和文化样态比人们此前站在以人类为中心的视角想象的要更多样。人和物总是复杂而亲密地“纠缠”[③]（entanglement）在一起。罗安清（Anna L. Tsing）“为蘑菇立传”的《末日松茸》就是一个“美妙非凡的实例”（拉图尔语）。相比在全球化研究浪潮中备受关注的标准化供应链中的商品（包括糖、小麦、煤、棉花等），松茸是一种因无法人工栽培而未能标准化、规模化生产的物。它是多元物种（包括人类在内）互动共存的馈赠，在自然与文化间穿行：它在森林中，在废墟中，在人的餐桌上，在审美文化系统中；它连接泥土，它气味浓郁；它在中国云南的农贸市场，在美国俄勒冈州的松茸商业中心，在芬兰北部的森林，在日本的馈赠关系和奈良时代的诗歌选集中；它从礼物到商品再回归礼物。从罗安清的研究中我们可以窥见，作为阿帕杜莱意义上的“居间者”，松茸的行动历程展现了人类与非人类之间不断变化的“协作共存”[④]。值得一提的是，该书结尾章节的标题是“事物之间”，意在以一种蘑菇的民族志讲述物种间聚集依赖的共生关系，而非简单的以人类为中心的“捕食—猎物关系”。

在行动者之间的关系中，传统事物研究的那种主客二分的结构被消解，从而走向一种强调“事物间性”的物质文化研究。由是观之，理论家们无论强调“物的社会生命”还是提出要“为物立传”，再到声称物是行动者、居间者，都是要走出一种固有的以人为中心，视物为工具、手段、载体的知识生产范式。在更进一步考察阿帕杜莱与拉图尔对话的过程中，物质文化的“间性”逐渐清晰、凸显。总结来说，一方面，“间性”意味着去人类中心，走向人与非人之间平等、互动、共存的观念范式；另一方面，“间性”

① Arjun Appadurai, “Mediants, Materiality, Normativity”, *Public Culture,* Vol. 27, No. 2, 2015, pp. 221 - 237.

② 同上。

③ 伊恩·霍德：《纠缠小史：人与物的演化》，陈国鹏译，文汇出版社 2022 年版，第 24 页。

④ 罗安清：《末日松茸：资本主义废墟上的生活可能》，张晓佳译，华东师范大学出版社 2020 年版，第 13 页。

要求我们考察具体的物质性文化实践，通过书写某物的文化史，揭示物如何使其他物和人流动、聚拢、依赖、纠缠，关注作为居间者的物参与的文化价值变换。

三、跨文化的价值生产与审美共通

物质文化之“间性”的提出不仅突破了以人类为中心的主客二分结构，也在文化批评实践的层面，打破了以欧洲为中心的文明与异域对立的帝国话语秩序。正如弗朗索瓦·朱利安所言：“为了不让文化与思想本质化，以说明中欧思想‘之间’如何流通，就是使‘之间’在它们之间发挥作用。”[①] 我们在此强调“间性”，为的是发现和重组充满活力的跨文化的交往网络。跟随物的生命轨迹，旨在重新审视物品在其生命的不同阶段的价值及其产生的效应，在“复数”的文化中探索事物的价值流转和生产及其激活的审美空间。

在物质文化研究领域，一旦认识到“以欧洲为中心”的视野偏狭，一条连通世界、贯穿古今的网络便凸显于我们面前。这个网络在被德国地理学家李希霍芬命名为“丝绸之路”之时，已经活动了两千年。之所以称之为网络，是为了强调丝绸之路并非一条通常意义上的“道路”，而是由众多事物与人的活动联结而成的。作为最重要的标识，“丝绸”显然已经超出了其本身的含义，它既是丝绸之路上最重要的流动物，也向我们说明了事物在勾连丝绸之路网络中发挥着举足轻重的作用。

那么，我们如何看待作为物质性网络的丝绸之路？又如何研究在丝绸之路中充满活力的行动者？首先，如上文所述，我们坚持一种文化的视角。“文化是流动的，并不因为政权的敌对而完全断绝交流，文化的因子会通过其他途径输入或传出。”[②] 这里所说的因子，即可以被理解为行动者和居间者。

其次，物质文化研究需要以丝绸之路为研究对象。这种“需要”也正来自物质文化的“间性”。如弗兰科潘所说：“如果把罗马看成是西欧文明的祖先，我们就忽略了一个事实：它与东方紧密相连并在许多方面受到东方的影响。”[③] 这有助于我们理解全球化不是一个当代状况，而是丝绸之路跨文化交流和互通早已形成的事实。

---

① 朱利安：《间距与之间：论中国与欧洲思想之间的哲学策略》，卓立、林志明译，五南图书出版股份有限公司 2013 年版，第 73 页。

② 荣新江：《丝绸之路与东西文化交流》，北京大学出版社 2015 年版，第 3 页。

③ 彼得·弗兰科潘：《丝绸之路：一部全新的世界史》，邵旭东、孙芳译，浙江大学出版社 2016 年版，第 22 页。

最后，去中心化、无本质的“间性”指向审美的“共通”性。“‘审美文化’是介乎‘道’与‘器’、理论与实践、科技与道德之间的特殊文化形态。”① 已有的研究谈及丝绸之路中的物质时，过于偏重商品贸易和文物考古，而很大程度上忽视了审美的层面。詹姆斯·克利福德分析的“艺术—文化系统”（art-culture system）启发我们考察跨文化的价值生产活动，关注不同的物质文化场域（比如商品/文物/器物/艺术）之间的关系。也就是说，丝绸之路中的物在行动的历程中“聚集、标记和保护了人的最优秀、最有趣的创造”②。“艺术—文化系统”的运行机制是事物分类和价值生产。一种事物或一件物品可能在不同的分类系统中获得不同的身份（商品、普通日常用品、艺术品）。随着物品的“再语境化”，价值在跨文化流转中动态滑动。

传统的交换理论被过多地与贸易、等价、互惠等联系在一起，这样一来，丝绸之路上的丝绸就只是商品（或货币）。交换应该与跨文化的价值再生产相关联，交换中始终蕴含着超越等价交换的文化价值，并且，这种价值有时通过抵抗交换而产生。举例来说，最初传入中国的辣椒（被认为通过海上丝绸之路进入中国）并未进入种植培育和商品流通领域，而是作为“甚可观”的审美观赏植物被明代文人所赏玩。在一部“辣椒在中国”的文化传记研究中，达白安向我们展示了辣椒作为外来物种进入中国后，如何在烹饪、中医药、审美文化等领域活动，并成为中国人文化身份的一部分。食用、药用价值凸显后，从精英文人的审美对象到作为商品流通全国的辣椒于是成为中国饮食—味觉系统的重要物种，尤其形塑了川、渝、云、贵、湘、陕、甘、新等地多元的辣椒文化。几百年来，辣椒流转于饮食文化与审美文化之间，从早期的观赏性植物，到进入文学、文化文本中，与中国审美文化和价值取向融合成为性别审美意义上的女性性格、中国革命精神、当代中国人对日常生活的火热愿景等。如达白安所言：“来自不同地域、阶层、性别的中国人都能在辣椒上找到一些引人入胜和激动人心的东西。”③ 可以说，辣椒在文化实践中获得新生，在价值重组中塑造着人的审美感知。

辣椒的文化史说明了物品通过跨文化的交换（或特定时空的不移动）而在不同的价值系统中流通。值得注意的是，正如辣椒的审美价值变迁所呈现的那样，无论何种价值系统，都并非“在地化”的固有建构，它们很大程度上在物质文化的意指实践中不断变化、生成。物质文化的“共通”意味着不仅要关注某物什么时间从何处来、到

① 张进：《论丝路审美文化的属性特征及其范式论意义》，《思想战线》2019 年第 4 期。

② James Clifford, *The Predicament of Culture: Twentieth-Century Ethnography, Literature, and Art*, Cambridge, MA.: Harvard University Press, 1988, p. 234.

③ 达白安：《吃辣：辣椒的中国史》，董建中译，北京联合出版社 2023 年版，第 242 页。

何处去，更重要的是考察它与当地的文化如何交融，如何生成脱离了工具实用性的审美价值。艺术是一种特定的文化分类，既具有社会历史属性，又要求一定程度的“自律”，人的审美感知经由这种自律而被“召唤”。具有审美属性的某物，同样可以用来证明人类与世界的存在方式的整体性与关联性。

在康德那里，审美共通感是普遍有效的，他说：“鉴赏判断必定具有一条主观原则，这条原则只通过情感而不通过概念，却可能普遍有效地规定什么是令人喜欢的、什么是令人讨厌的。”[①] 也就是说，共通感为审美趣味共识的达成提供依据。康德的共通感在社会学领域遭到批判的主要原因恰恰在于预设了对所有人普遍适用的“绝对”普遍性，而在布尔迪厄这样的社会学家看来，审美趣味与人所处的阶级圈层和文化场域相关。当代物质文化理论家（如丹尼尔·米勒）在研究消费和物品的使用时，反对将阶级视为区隔与固定趣味的基底，指出人们的日常审美活动中蓄积着创造性的力量。在米勒那里，当代物质文化研究的一个重要任务就是挑战资本主义精英文化资本所建立的“消费—趣味”框架。米勒的意思是，商品消费和文化身份合谋建立的分类制度可能会随着物品的使用、交换和“重新语境化”[②] 而失效。

于是，事物在价值流转中作为审美对象带给人的共通感使不同时空、不同文化的人们联结在一起。换句话说，趣味的确具有社会属性，但并不总是某一阶级的固定特权。在此问题上，雅克·朗西埃也通过重返康德的审美共通感而反驳布尔迪厄的阶级区隔论。朗西埃在多个场合提到铺地板的木匠高尼的例子。高尼出卖劳动为老板提供利润，为别墅业主提供有用的服务。而某一个时刻，他从工作中停歇下来，视线转移到窗外的景色，“使自己成为这个世界的物质的、具体的、审美的主人，解放已经从这里开始”[③]。也就是说，我们对审美共通感的理解又回到了普遍性的角度，并由朗西埃的提示而走向审美的政治。朗西埃对“歧感”的阐发使我们认识到，审美感觉在不断重新分配的审美体制中生成，共通感不意味着同一性，不应因为“歧感”而否定共通，反而应该在“感觉秩序的裂痕”[④] 和趣味的多样性中寻求共通感。

总而言之，经典美学的局限在于没有广泛地关注物质文化，而总关注已被归为艺

---

① 康德：《判断力批判》，邓晓芒译，人民出版社 2002 年版，第 74 页。

② 丹尼尔·米勒：《物质文化与大众消费》，费文明、朱晓宁译，江苏美术出版社 2010 年版，第 184—185 页。

③ Jacques Rancière, Peter Engelmann, *Politics and Aesthetics*, Wieland Hoban Trans., Cambridge: Polity, 2019, p. 30.

④ Jacques Rancière, *The Politics of Aesthetics: The Distribution of the Sensible*, Gabriel Rockhill Trans., New York: Continuum, 2004, p. 88.

术的艺术作品。物质文化研究的一个重要见解是物品在生命历程中被不同的文化标记，具有不同的文化类别，文化价值也因此被生产，成为艺术品只是其中的一个阶段。那么，跨文化的价值生产和流动如何保持畅通并维持活力？审美共通感为文化间的遭逢和可沟通提供了依据。拿佛教造像来说，“虽然佛教造像主要并非追求审美的产物，而更多的是追求神圣的产物”①，但是当犍陀罗佛教造像以希腊化的面庞、身形和衣饰品示人时，人们依旧欣然接受了这种以身体为美的最高理想的审美范式。后在河西走廊沿线的造型演化中发展出新的“凉州模式”，并影响了云冈、龙门、麦积山等样式。时至今日，佛教造像艺术既是中国式审美样态的典范，又在调解和构建审美共通感的层面获得了持久性的价值。

四、结语：作为方法的丝绸之路

诚如魏泓在其研究丝绸之路物质文化的著作中所说：“通过考察器物如何与它们所遇到的文化，即制造、搬运、接收、使用、售卖和废弃它们的文化相互影响，我们可以获得看待那些时代那些文化的新视角。”② 我们之所以“为物立传”，追踪物的文化史，反复强调物的能动性、物与人的关系，是因为我们总是对它们视而不见。不论是“路”还是“网”的指称都“暗示了这里将要描述的整体框架的内在关联性”③。道路意味着流通和运动。显然，通过前文的论述和考察，我们试图通过强调物质文化的“间性”和“共通”，走出欧洲中心主义的模型局限，从而以一种“世界”或“星球”眼光，平等而谦逊地讲述关系、互动、与物共生、纠缠网络的故事。

以丝绸之路为方法的要义不在于以溯源论或影响论来画出一条从东往西或从西向东的路线，而是在物质文化的引领下揭示丝绸之路中不断流动再生的文化关系和审美范畴。显然，论及以丝绸之路为方法，参照了沟口雄三论及的“作为方法的中国”之说。沟口雄三说：“以中国为方法，就是以世界为目的。”④ 借鉴这种思路可知，原有的“世界”“全球化”只不过是欧洲和欧洲化而已。因此，作为方法的丝绸之路不仅指向该网络中的物质流通和文化交融研究，还应更进一步描述和理解一个多元多彩、价值协商、审美共通、“万物为一”的世界。

① 柯嘉豪：《佛教对中国物质文化的影响》，赵悠等译，中西书局 2015 年版，第 54 页。
② 魏泓：《十件古物中的丝路文明史》，王东译，民主与建设出版社 2021 年版，第 3 页。
③ 罗德里希·普塔克：《海上丝绸之路》，史敏岳译，中国友谊出版社 2019 年版，第 17 页。
④ 沟口雄三：《作为方法的中国》，孙俊悦译，生活·读书·新知三联书店 2011 年版，第 130 页。

科兹洛夫1923—1926年的蒙古考察及其影响

耿义锦

（中国社会科学院大学历史学院）

【摘　要】　20世纪20年代初期，苏俄国内战争逐渐平息。俄国著名中亚考察家科兹洛夫趁势于1923年递交了以布达拉宫为目的地的蒙古-西藏考察报告，但由于苏维埃政权建立初期国内文化政策的收缩及国际形势的复杂化，考察队基本滞留于蒙古北部。困于内陆的科兹洛夫一行却因祸得福，因在博格多乌拉山区发现古代贵族匈奴墓葬——诺音乌拉古墓群而再次名噪考古界。本文将在中俄现有研究的基础上，通过对考察家日志和科兹洛夫博物馆档案资料的解读，深入探析此次考察活动的缘起、路线、成员变动、整体流程、成果及科兹洛夫蒙古考察的国内外影响。

【关键词】　科兹洛夫　蒙古考察　诺音乌拉古墓群　俄国地理学会　西藏

彼得·库兹米奇·科兹洛夫（Петр Кузьмич Козлов，1863—1935），俄国考察家、军事家、地理学家、民族学家、考古学家，也是19世纪末英俄中亚大博弈的参与者。他师从普尔热瓦尔斯基，先后六次参与或领导以我国新疆、内蒙古、藏区、川陕交界为目的地的大型考察探险活动。[①] 1909年，他领导的蒙古-四川考察队在现内蒙古额

① 1883年科兹洛夫在普尔热瓦尔斯基西藏考察队中获得了考察知识和技能；1889年在佩夫佐夫西藏考察队中习得动物学相关理论及实践；1893—1895年随罗博罗夫斯基考察我国新疆、甘肃一带，因罗氏健康状况不佳，后期科兹洛夫基本担任考察队领导；1899—1901年科兹洛夫独立领导蒙古-西藏考察团，盗走我国大量动植物标本；1905年，科兹洛夫在经库伦前往内地考察期间拜会了逃至国外的达赖喇嘛，并给他吃下一颗“亲俄定心丸”，但理论上讲此次外出不应列入其中央亚细亚考察之列；1907—1909年，科兹洛夫率领蒙古-四川考察队在额济纳旗发现黑水城；1923—1926年，他率领的蒙古-西藏考察队在蒙古北部地区发现了匈奴贵族墓葬群。详见王希隆、丁淑琴：《柯兹洛夫的探险生涯及其第六次考察》，《西北师大学报（社会科学版）》2001年第6期。

济纳旗的考古挖掘活动中揭开了唐古特文明的神秘面纱，用西夏王朝的独特艺术品丰富了俄罗斯博物馆馆藏，同时巩固了俄国在中亚地区科学研究的优势。在额济纳河下游北岸荒漠发现的珍贵考古遗址激发了考察家更深层次的学术兴趣，1914 年 8 月，科兹洛夫以实现国家利益（与十三世达赖喇嘛及其随员建立密切联系）及突破前次考古成果（再访黑水古城并深入拉萨）为契机，向俄国地理学会提交了蒙古-西藏考察报告。但第一次世界大战、俄国资产阶级革命、十月革命、苏俄内战的接连爆发使探险计划被无限期推迟。

1921 年底，国内形势趋于稳定，年轻的苏维埃政权开始寻找新的外交伙伴，领导层对东方，特别是对恢复与蒙古及西藏地方所谓政府外交和贸易关系的兴趣有所回升。外交人民委员部派出的霍姆特尼科夫西藏秘密勘察队也顺利返回莫斯科①，这些信号表明科兹洛夫期待已久的拉萨之行终于有了希望。

一、关于考察队行前的探讨

1922 年 8 月 22 日，科兹洛夫向俄国地理学会理事会递交了 1914 年制订的中央亚细亚科学研究报告，意在重启蒙古-西藏考察。

（一）考察计划的初步制订及审核过程

科兹洛夫拟设的初期活动范围为哈拉浩特和额尔齐斯河下游，中途将派遣助手运送挖掘文物成果回国。与此同时，其他成员随科兹洛夫一路向南，以一年为期，经柴达木登上青藏高原，途中将对长江、澜沧江和怒江的上游流域进行实地勘测。此外，计划在考察基地建仓库和气象站，对昆仑山支脉布尔汗布达山地区的蒙古族和北部藏族游牧部落进行民族学考察。拟定的整体路线为库伦②—哈拉浩特—甘州，南山—柴达木—青藏高原，经察汗乌苏河周边山地进入拉萨，对当时俄国考察大队研究较少的内蒙古和西藏进行探索。③

① 1921—1922 年，俄罗斯苏维埃联邦社会主义共和国人民委员会与共产国际执行委员会远东秘书处一起决议，向拉萨派遣了由瓦·阿·霍姆特尼科夫率领的侦察队。霍姆特尼科夫考察队的使命是与达赖喇嘛及西藏地方建立所谓友好往来，为苏联政府与西藏地方之间的进一步和解奠定基础。

② 旧称乌尔加，后改称库伦，1924 年蒙古人民共和国成立后改名乌兰巴托。文中按照时间节点对名称加以区分。

③ Юсупова Т. И. История одного не совсем обычного путешествия: Монголо-Тибетская экспедиция П. К. Козлова (1923－1926 гг.)/Из истории естествознания. С. 57.

俄国地理学会在 9 月 27 日的内部会议上宣布，将对科兹洛夫的考察计划给予全力支持。随后，地理学会向人民委员会经济部门提交了科兹洛夫将在中亚国家开展 2—3 年考察的审议报告。人民委员会办公厅主任尼古拉·彼得罗维奇·戈尔布诺夫（Н. П. Горбунов）很快批准了此次考察活动。10 月 24 日，以主席尤里·米哈伊诺维奇·绍卡林斯基（Ю. М. Шокальский）和弗拉基米尔·列奥吉耶维奇·卡马洛夫（В. Л. Комаров）为代表的俄国地理学会委员会又一次向人民委员会寻求帮助，请求为科兹洛夫的考察活动拨款。为加大得到政府大额拨款的机会，科兹洛夫西藏考察的政治意义被不断放大。地理学会领导人数次重申这次考察将是一次十分特殊的活动，或将成为最重要的地理功勋。他们还强调此次考察不仅是科学领域的璀璨成就，还可能会拥有非常重要的实践成果，即与中亚地区和民族建立新的且更加紧密的联系。① 考察队的构成和所需详细预算的信息也附在考察报告之后：历时 3 年的蒙古-西藏考察预计共需要花费 10 万金卢布。

11 月 11 日，科兹洛夫亲自前往外交人民委员部争取得到格奥尔基·瓦西里耶维奇·契切林（Г. В. Чичерин）的许可，并得到满意答复。他的方案同时被提交到外交部东方司，并于一星期后收到了列夫·米哈伊洛维奇·加拉罕（Л. М. Карахан）不反对其西藏科考的回复。这一阶段，考察家单纯的科研兴趣与苏俄政府渴求的地缘政治利益不谋而合，领导层也意识到促成科兹洛夫的考察会使时代大形势偏向新生的苏维埃政权②，是百利而无一害的。当时，契切林和加拉罕甚至比科兹洛夫更想要穿越拉萨禁区，以扩大苏俄对于中亚地区及佛教界的整体影响，同时打击中国西部的英国势力。因此，考察队初期手续的办理异常顺利，外交人民委员部还额外付给科兹洛夫考察队 4000 金卢布，用于给达赖喇嘛及其随从购置礼物。③

（二）考察计划的合理性惨遭质疑

1923 年 1 月 26 日，国家计划委员会科学委员会会议研究了科兹洛夫的考察计划。与会成员有俄共（布）中央委员会成员阿列克谢·伊万诺维奇·雷科夫

① 1909 年科兹洛夫自哈拉浩特返回后就已提出蒙古-西藏考察设想，但由于第一次世界大战的发生被推迟，当时的科兹洛夫已有明确计划，此时只不过是二次呈递自己的初设方案。

② Юсупова Т. И. История одного не совсем обычного путешествия: Монголо-Тибетская экспедиция П. К. Козлова (1923 - 1926 гг.)/Из истории естествознания. С. 55.

③ Андреев А. И. От Байкала до Священной Лхасы. Новые материалы о русских экспедициях в Центральную Азию в первой половине XX века (Бурятия, Монголия, Тибет). С.-Петербург-Самара-Прага, 1997.

（А. И. Рыков）、教育人民委员会副主席米哈伊尔·尼古拉耶维奇·巴克洛夫斯基（М. Н. Покровский）、科学院副主席弗拉基米尔·安德烈耶维奇·斯基科洛夫（В. А. Стеклов）院士、彼得·彼得罗维奇·拉扎列夫（П. П. Лазарев）院士、国家计划委员会主席彼得·约基莫维奇·巴利钦斯基（П. И. Пальчинский）和财政部代表谢尔盖·叶戈罗维奇·丘茨卡耶夫（С. Е. Чуцкаев）。会议最终决定为科兹洛夫西藏考察拨放 5 万银币和 5 万金币的装备费用。席间只有斯基科洛夫认为科兹洛夫的考察不合时宜，因为这次考察与科学院正在计划的一次西藏考察有所重合。在国家组织局彼得格勒办召开的会议上，斯基科洛夫再次质疑了科兹洛夫考察的合理性。

然而，科兹洛夫考察有望获得的丰富成果仍优先于对其他科学事业阻挠的微弱弊端：蒙古-西藏考察队是政府性质的，在某种程度上可以加速实现苏联政府的政治意愿。[①] 科兹洛夫在《西藏和达赖喇嘛》一书中提到过官方的明确表态："俄国派至西藏的科学考察团是为随后向那里派驻商贸使团'探路'的"[②]，"希望通过科学研究和商业往来巩固两地的政治和经济关系"[③]。因此，科学院的反对并未得到任何正面反馈。2 月 9 日，小人民委员会[④]审议通过了《关于为科兹洛夫西藏考察队所需装备提供人民委员会基金》的决议。27 日，大人民委员会[⑤]肯定了由俄国地理学会发起、科兹洛夫领导的为期 3 年的蒙古-西藏考察的重要性，并批准了国家计划委员会的拨款申请。这一举动暂时压制了科学院和地理学会的分歧。

在四个月的紧急装备后，考察队如期抵达彼得格勒（1923 年 6 月底），等待出行。但启程前夕，奥夫钦尼科夫和巴尔索夫的护照莫名被拒发，考察队所有成员护照随后也被没收以备核查。科兹洛夫的日记帮助我们了解了当时更多的具体情况："我们被无故滞留在彼得格勒，出现了大量的无效支出，所剩时间真的不多了。戈尔布诺夫说因为某些原因要选派一名政治委员加入此次探险行动，我们能有什么问题呢？这位委

① Большевики в Тибете: Неизвестная страница из истории тайной дипломатии Кремля. URL: http://www.redov.ru/istorija/vremja_shambaly/p2.php

② Обручев В. А. Об очередных задачах исследования Монголии // Новый Восток. 1924. № 6. С. 287-290.

③ П. К. Козлов. Монголия и Амдо и мертвый город Хара-Хото: [Экспедиция Рус. геогр. о-ва в Нагорной Азии. 1907-1909] / П. К. Козлов. -2-е изд., сокр. -Москва: Гос. изд-во геогр. лит., 1948. -328 с.; Козлов П. К. Тибет и Далай-лама. Петербург, 1920. С. 12.

④ 小人民委员会是苏联政府下属的一个辅助性行政机构，成立于 1917 年 11 月。

⑤ 大人民委员会是 1918—1946 年苏联政府的名称。

员又能对考察队做出什么贡献呢?”① 7 月 17 日，莫斯科最终同意在政府专员丹尼尔·米哈伊洛维奇·乌布古诺夫（Д. М. Убугунов）等三名工作人员与考察队会合后前往蒙古。后因考察进程及考察路线的变化，队内成员构成也发生了巨大变动。除被莫斯科无故召回者、因身体原因中途退出者和科学院后期增派的各领域专家外，科兹洛夫还重新配置了考察队成员。笔者通过对科兹洛夫 1923—1926 年蒙古-西藏考察日志的梳理，将主要人员的变动情况汇至表 1 做整体呈现：

表 1　考察队成员变动情况

初始成员	队长科兹洛夫、2 名高级助手（植物学家尼古拉·瓦连京诺维奇·巴甫洛夫和地理学家谢尔盖·谢尔盖耶维奇·格拉戈列夫）、4 名普通助手（生物学家伊丽莎白·弗拉基米罗夫娜·科兹洛娃——科兹洛夫的妻子、医生兼昆虫学家叶莲娜·彼得罗夫娜·戈尔布诺娃——尼古拉·彼得罗维奇·戈尔布诺夫的姐姐、植物学家安德烈·德米特里耶维奇·西姆克夫和地质学家鲍里斯·米哈伊洛维奇·奥夫钦尼科夫）、2 名实验标本制作者（巴维尔·斯捷潘诺维奇·萨维利耶夫和维切斯拉夫·米哈伊洛维奇·卡纳耶夫）、6 名护卫（巴维尔·米哈伊洛维奇·萨拉采夫、达尼连科·康斯坦丁·康斯坦丁诺维奇、尼古拉·尼古拉耶维奇·巴尔索夫、维克多·马特维耶维奇·胡佳科夫、纳迪尔·尤苏夫·卡西莫夫、谢尔盖·亚历山大罗维奇·康德拉季耶夫）和 1 名摄影师（马克·瓦西里耶维奇·纳利奥特内伊）。
出发前的人员变动	奥夫钦尼科夫和巴尔索夫护照被扣；政党人士丹·米·乌布古诺夫及妻子乌布古诺娃加入考察队。
特罗伊茨科萨夫斯克	格拉戈列夫、萨维利耶夫、萨拉采夫和纳利奥特内伊被外交人民委员部召走；应科学院要求，布里亚特人沙·埃尔德涅耶夫和阿·乌·博辛于 1923 年 8—10 月加入考察队；巴梅托夫和穆赫拉伊恩于 1923 年 8—9 月加入。
滞留蒙古北部期间	猎人图加利诺夫和巴里索夫加入考察队；1924 年 9 月应科学院要求考古学家杰普拉乌霍夫，矿物学家弗·伊·克雷扎诺夫斯基，土壤学家鲍·鲍·波雷诺夫、格·奥·鲍罗夫科加入考察队；胡佳科夫、卡西莫夫、巴梅托夫三人转途返乡；穆赫拉伊恩因无法忍受高强度的山地工作离开考察队；斯捷潘诺夫和杰列绍夫于 1924 年 1 月离开。
返回莫斯科期间	契切林允许格拉戈列夫归队，同时普尔热瓦尔斯基的孙子尼古拉·普尔热瓦尔斯基加入考察队。
最终返回人员	科兹洛夫、古谢夫、达尼连科、卡纳耶夫、西姆克夫、普尔热瓦尔斯基和格拉戈列夫。

① Козлов П. К. Дневник Монголо-Тибетской экспедиции (далее просто Дневник)//Архив квартиры музея П. К. Козлова. № 1., запись от 2 августа 1923. С. 284.

（三）考察队最终滞留蒙古北部的真实原因

现有资料显示，导致科兹洛夫考察队成员发生巨大变动的政审因素是科兹洛夫本人的政治立场问题。科兹洛夫一行到达彼得格勒后，布尔什维克成员阿列克谢·马尔蒂诺夫①致信国家政治安保局主席菲利克斯·埃德蒙多维奇·泽尔任斯基（Ф. Э. Дзержинский）：

> 亲爱的泽尔任斯基，《红色的新生事物》出版社的工作人员察尔别（Е. Н. Цербе）提请我注意科兹洛夫西藏探险队的构成，因为他们可能对我国造成非常严重的后果……他是这次考察行动的负责人，亲力亲为组建了一支"自己人"考察队。但不容忽视的是，他在沙皇时期曾被授上校。我记不清是他还是他队内的成员曾说过三年为期的探险工作结束后，苏维埃将没有人民委员会或苏联当局，他们也不会再返回此处。国家计委会已经为考察队拨款8万金卢布，但是探险队成员到底将如何使用这些钱？考察队前往英势力覆盖的地区是真正为了科学研究还是鼓动反苏革命？如果会面临这样的结局，那么放弃这次考察，或重新组建是否更明智……②

"白卫因素"在苏维埃政权建立初期的敏感性不可否认③，因此，泽尔任斯基毫不怀疑马尔蒂诺夫信息来源的可靠性。6月24日，考察队全员护照被没收。泽尔任斯基警示安保局外事处充分重视"白卫举报信"的内容，同时与全俄中央执行委员会秘书商议让探险队暂时远离西藏，其余另行通知。④ 两日后，泽尔任斯基又向政治局发送备忘录："我认为有必要告知你们，即将出发的科兹洛夫蒙古-西藏探险队是由与苏联

① 阿列克谢·马尔蒂诺夫是一名职业革命者、孟什维克领袖之一，1919年后逐渐转向与之对立十五年的布尔什维克，于1923年春加入布党。同年，他开始在全俄中央执行委员会下的马克思恩格斯学院工作，成为"俄罗斯社会主义思想史的科学领袖"。从1924年起直到去世，他一直是共产国际印刷物《共产国际》的编辑委员会成员。20世纪20年代，马尔蒂诺夫在苏联期刊包括《红色的新生事物》上发表多篇文章（例如，1922—1923年，他发表了《论孟什维主义和布尔什维主义》《论消除孟什维主义》等文章）。文章中无不透露他对布尔什维克十分充满信心，也因此他被布党人充分信任。

② Юсупова Т. И. История одного не совсем обычного путешествия: Монголо-Тибетская экспедиция П. К. Козлова (1923 - 1926 гг.)/Из истории естествознания. С. 55.

③ 尼·伊·布哈林:《俄罗斯知识分子的命运》，黄登学译，《当代世界社会主义问题》2004年第3期。

④ Андреев А. И. От Байкала до Священной Лхасы. Новые материалы о русских экспедициях в Центральную Азию в первой половине XX века (Бурятия, Монголия, Тибет). С.-Петербург-Самара-Прага, 1997. С. 101 - 103.

利益无关的人组成的。队长科兹洛夫在 1921 年末曾与美国领事馆有过联系，西藏处于英国政治势力范围内，这样的团队构成很有可能被英国政府看成又一次挑衅信号，甚至会扰乱外交人民委员部原本的工作进程。因此，应当成立一个特别委员会，重新考虑这支探险队在当今时代背景下前往蒙古和西藏是否合适。"① 于是就有了乌布古诺夫的加入。8 月 9 日，政治局决定派出外交人民委员部东方司成员谢尔盖·斯捷潘诺维奇·鲍里索夫（С. С. Борисов）领导的苏联外交使团前往拉萨②，完成沙俄上校科兹洛夫可能再也无法达成的使命。

诚然，马尔蒂诺夫的告密信使考察队的内部纯粹性遭到多方质疑，契切林在该进程中同样扮演了重要角色。他曾于 9 月 21 日致信政治局："我从一位后加入考察队的共产党员那里获知了某些成员极端且激进的言论。如果由这类人和毫无行动力的共产党员组成的探险队到达拉萨，一定会在拉萨对苏维埃政府甚至苏维埃制度进行最无底线的抹黑，甚至会破坏我们的西藏政策。因此，我们有必要更加认真地审查探险队的成员构成：科兹洛夫肯定放在首位，但其他可疑同伴必须更换，否则我们将面临严重危险。"③ 10 月 22 日，俄共（布）中央委员会政治局会议上，外交人民委员部和国家政治安保局统一认为科兹洛夫对苏维埃政权不忠，会上决定停止蒙古-西藏考察队的一切活动，勒令考察队回国。④ 人民委员会也认为该考察队中存在严重的"反苏情绪"，极有可能破坏他们精心设计的整个西藏考察计划。但包括斯大林在内的苏维埃领导层并未想过完全重组这支科考队，因此，考察队只能毫无意义地滞留在蒙古北部地区。

综上可知，科兹洛夫考察队在筹备初期一切进展相当顺利。但后期由于成员无故被调换、莫斯科久未颁发任何进一步指令和各科学部门的冷待，考察队被迫长期滞留

---

① Андреев А. И. Почему русского путешественника не пустили в Лхасу//Ариаварта. Нулевой выпуск. СПб., 1996. С. 199－223.

② 鲍里索夫考察团作为一个政府官方代表团于 1924 年 1 月抵达西藏，在拉萨停留约 3 个月，并于 1925 年 5 月返回莫斯科。他的外交使命并未达成，究其主要原因，除鲍里索夫的一些外交失误外，还在于英国外交官和情报员贝利少校发挥的反作用。后者多次向达赖喇嘛和噶伦指出西藏境内存在"布尔什维克阴谋"，最终成功阻止了苏联代表与西藏地方领导层的谈判。详见 Public Record Office. FO 371. 10291. P. 67。此外，两支西藏探险队的首领曾在库伦碰面，当时正在库伦进行科学考察的费·伊·谢尔巴茨基院士提供了一个非常奇怪的证词："科兹洛夫与鲍里索夫发生激烈争吵，许是因为他们的探险队没法前往拉萨。"

③ Монголо-Тибетская экспедиция: сентябрь 1923 － сентябрь 1926. URL: http://kozlovmuseum.org/1923－1926 тибето-монгольская экспедиция.

④ РГАСПИ. Ф. 17. Оп. 3. Д. 395. Л. 1.

在蒙古北部地区，考察进展几乎为零。其原因可以归结为以下几点：（1）苏联科学机构已派出 1921 年霍姆特尼科夫和 1922 年鲍里索夫率领的两支外交考察团，与科兹洛夫科考团的时间重合。对于苏维埃政府的初期建设而言，外交考察明显比科学考察更具指向性，寄于科兹洛夫考察队的政治友好意义被其他考察队完全取代。换言之，科兹洛夫纯粹的科考热情与苏联新的外交政策严重不符，他注定无缘拉萨。①（2）马尔蒂诺夫的告密信使对科兹洛夫队内一切无凭证的质疑迅速扩大化。布尔什维克党认为，旧知识分子想为新祖国效力，就必须表明自己的政治态度，但对一切阴谋毫不知情的科兹洛夫根本无从证明。② 如果细致研究科兹洛夫的政治倾向，会发现他确实容易引起布尔什维克的怀疑：十月革命前，科兹洛夫就曾多次受沙皇私下接见；沙皇曾为他的考察计划提供了许多精神和物质上的支持。他曾在 1924 年 2 月 18 日蒙古-西藏考察日记中提道："我一直在读《革命档案》，记忆涌现……阿克谢耶夫、科尔尼洛夫、高尔察克等人都是历史上最光辉、最杰出、最优秀的爱国主义象征。不论现实多么不公，我们都应该永远怀念这些俄国的孩子。"③ 不难看出，科兹洛夫对于君主制的破灭和布尔什维克专政的诞生有怎样的感觉。④ 但这也并不代表科兹洛夫符合上述指证中的反苏倾向。（3）20 世纪 20 年代，科学院的科研主体地位回升，而科兹洛夫所在的地理学会沦为仅负责帮助考察家获得考察许可的次要机构。⑤ 在两派权威学者针对科兹洛夫考察的方式、性质、报告的数次博弈中，地理学会无一占优。⑥ 即便在科兹洛夫获得重大考古成就后，地理学会作为派出考察队的主要机构也无法争取到将所

① 科兹洛夫曾表示自己的态度："科学与政治是两种完全不同的事物，如果非要问我，我会毫不犹豫地选择前者。" 详见 Юсупова Т. И. История одного не совсем обычного путешествия: Монголо-Тибетская экспедиция П. К. Козлова（1923 - 1926 гг.）/Из истории естествознания. С. 51。

② 1924 年初，科兹洛夫将考察队成员戈尔布诺娃派往莫斯科，想让她通过私人关系找出考察队迟迟不能出发的原因。1924 年 5 月，戈尔布诺娃返回蒙古后才告诉科兹洛夫被滞留的某些不全面原因："这次考察并不是暂时被推迟，早在 11 月我们的活动已被彻底取消了。他们等着我们返回莫斯科，因此没有回复任何电报。我们的考察方式不被看好，整个考察系统也不是现代化的。总之，科学院现在已经知道我们夏季的工作获得了艰难回报，在考虑考察队未来的去向时，他们也将非常重视上述几点。" 详见 Монголо-Тибетский дневник 1923 - 1926 гг. С. 965。

③ А. И. Андреев, Т. И. Юсупова, История одного не совсем обычного путешествия: Монголо-Тибетская экспедиция П. К. Козлова（1923 - 1926 гг.）/Из истории естествознания. С. 72.

④ 参见 Более подробно о советско-тибетских отношениях см.: Андреев А. И. Большевики в борьбе за Тибет в кн. От Байкала ... С. 121 - 226。

⑤ 参见 Отчет о деятельности Государственного географического общества в 1924 году. -Т. 17. -Часть 2. -Л., 1925. -С. 175。

⑥ 参见 Юсупова Т. И. Центральная Азия в судьбе и открытиях П. К. Козлова//Российское изучение Центральной Азии: исторические и современные аспекты（к 150-летию П. К. Козлова）. СПб.: Политехника-сервис, 2014. С. 13 - 31。

有挖掘物尽数置于博物馆的机会。这也是考察队最终长期滞留蒙古的重要因素。

二、考察队整体行程及所获成果

1923 年，受苏联初期国内政治文化因素和英俄博弈的影响，艰难启程的科兹洛夫考察队最终确定滞留库伦地区，科兹洛夫于是重组考察队，决定就近考察蒙古北部。科兹洛夫考察队的活动主要分两个阶段：一是 1923 年底至 1925 年初，在蒙古北部的博格多乌拉山区和蒙古南部的阿尔泰地区从事自然地理考察，同时在诺音乌拉山区进行考古考察；二是 1925—1926 年在额济纳旗黑水城进行二次挖掘。此外，科兹洛夫还有过一次返回苏联领土（1924 年底）和三次入境中国（1923 年 9 月因其妻家中私事在哈尔滨作短暂停留①；1925 年前往北京查探中国护照办理进度并在北京大学进行学术交流；1926 年前往额济纳旗指导格拉戈列夫挖掘小分队）的经历。

（一）考察队在蒙古国境内的活动

考察队最初将主要注意力集中在肯特山区的自然地理考察，根据考察家日志整理的初期考察成果如下：完成 3500 公里的天文观测；对湖泊进行深度测量；收集水生动植物群；收集诺音乌拉山、杭爱山、戈壁和额尔齐斯河下游的气象观测数据；收集 750 种植物、60 种哺乳动物、350 种鸟类、大量爬行动物和 2000 多种昆虫；收集 30 000多种鱼类、爬行动物和两栖动物标本；收集岩石和大量如犀牛、长颈鹿、三趾马、山羊、鹿、啮齿动物和鬣狗等第三纪脊椎动物的遗骸及其他古生物学材料；拍摄古代墓葬、遗址和其他带有图片与题字的纪念碑照片。除此之外，考察队还在鄂尔浑河盆地中发现了发源于玄武岩峡谷流入鄂尔浑河的乌兰茨特大瀑布（Уланцету，科兹洛夫将其命名为考察团瀑布）。②

1924 年 2 月，再次确定前往西藏无望后，科兹洛夫开始留意当地有关考古发现的消息。在熟人蒙古东方学家扎姆察拉诺（Ц. Ж. Жамцарано）的帮助下，他深入了解了库伦历史，得知了关于该市北部诺音乌拉自然山区公主墓的相关信息：一位名为阿·巴洛特（А. Баллод）的俄罗斯-比利时萌果洛尔（Монголор）采矿公司的技术人

---

① 参见 А. И. Андреев, Т. И. Юсупова, История одного не совсем обычного путешествия: Монголо-Тибетская экспедиция П. К. Козлова (1923 - 1926 гг.)/ Из истории естествознания. С. 76。

② 参见 Борейко В. Е. П. К. Козлов. Малоизвестные факты природоохранительной деятельности (к 130-летию со дня рождения)//Известия РГО. Т. 125. Вып. 5. 1993. С. 64 - 66。

员于1923年在宗莫德地带意外发现了一批颇有价值的文物，并将其中的一部分上交伊尔库茨克博物馆。蒙古的考古学家们不以为意，但科兹洛夫却认为巴洛特的这些发掘具有特殊意义。1924年2月末，特派康德拉季耶夫进入公主墓考察大致情况，发现了林林总总200座大小不一的古墓，科兹洛夫于是决定在考古学领域再碰运气。

科兹洛夫在1924年4月1日写给苏共中央政府的报告信中就提道："今年2—3月，在对蒙古进行自然地理考察时，我发现诺音乌拉山区内有两三组看似古老的墓葬群，墓中或许是中国皇子的遗体，或者皇帝自己的，重要的是他们被完好保存至今。我们已经陆续挖开了一些土墩，工作还在持续进行，这些历史古迹定将使我们考察队的价值得到极大提升。"① 日志中记载了一切新奇发现：

> 古墓中有太多散装的豪华刺绣了！绣着人物和动物的装饰品、带画像的毯子、用黑色毛发编制的毛毯碎片、镶嵌饰品的丝质地毯等。还有一条厚实且极具特色的年轻女性的辫子，末端还用红色丝绸和蕾丝编织在一起，太新奇了！坟墓下面又发现了一些上面缝有麋鹿、猛犸、山猫和许多绘有神话动物的毛毯，还有青铜器、带有印章的陶瓷，等等。最值得关注的单品有：马鹿、带有鹿角金属底座的木制雕像、古早的马鞍、许多木制的圆形雕刻品、透明晶石块的半成品，好像还有为萨满或中国戏剧演员精加工的面部装饰品。发现物中的大量丝绸品上都摹有图案和汉字。②

诺音乌拉墓葬区中的大部分墓穴规模宏伟，多呈矩形或正方形，两个墓穴中间通常由许多大而形状各异的石头或是深陷的土墩隔开。墓葬本身距离地表5—7俄丈深，内里是非常坚固的木质结构，中间被南北向的坟墓隔开，两边是双层或三层原木板，以更好承受土层压力。

挖掘工作主要分三组进行③：第一组集中在苏祖克特地区，考察队在此处发现了上墓、下墓、湿墓以及一些探井。上墓位于苏祖克特陵墓子墓的东北部，周边都是白桦林和稀有松树，探井内坡上还有一棵160年历史的百年松树桩。上墓位于苏祖克特陵墓最大的丘陵之一，也是其子墓东北部最大的古墓之一。科兹洛夫亲切地将苏祖克

---

① Монголо-Тибетский дневник 1923－1926 гг. С. 168.

② Монголо-Тибетский дневник 1923－1926 гг. С. 354.

③ Монголо-Тибетский дневник 1923－1926 гг. С. 189.

特的考古发现物称为 1924 年考察队考古领域的第一大成就。第二组挖掘工作在祖鲁姆特地区进行，先后发掘了安德烈耶夫墓、巴洛特墓、蒙古墓和康德拉季耶夫墓。祖鲁姆特地区是考察队成员西姆科夫在 1924 年 4 月 24 日发现的，大部分墓较之前的挖掘对象更浅，较好挖掘。第三组的挖掘对象主要是古吉尔特地区的中型墓葬，集中在 8 月完成。后来又陆续挖掘了 23、24、25、26 号墓，成果颇丰。这些墓葬的尺寸对比如下：尺寸最大的是巴洛特墓，其次是蒙古墓、上墓，上墓尺寸与 25 号墓和康德拉季耶夫墓尺寸相当，康德拉季耶夫墓的挖掘最令科兹洛夫满意，因为发现物多为价值极高的古玩。考察队古墓挖掘工作始于 3 月 24 日，5 月 20 日结束了首次挖掘。1925 年 1 月以来，所有 145 件考古发现物都储存在列宁格勒。

与此同时，三组主墓穴四周遍布多岩石的森林和山脉，因此，考察队在诺音乌拉山区也进行了非常成功的植物、哺乳动物、鸟类和几乎所有昆虫标本的收集。此外，考察沿途持续记录了季节和鸟类生活的观察日志，在索果淖尔地区的多山峡谷、土拉河流域和博格多乌拉山脉对蒙古的自然风貌也展开了系统研究。随着自然历史收藏中实体材料的积累，开始向列宁格勒输送战利品。1925 年 3 月初，考察队成员们开始对上墓进行二次挖掘。但由于季节性原因，上墓坑壁坍塌，工作被迫中止，其中的墓葬品仍有大量剩余。次月，又重新组织了对上墓的二次发掘并小有斩获。与此同时，科兹洛夫寄往莫斯科的阶段性考察报告引起了学界的极大关注，奥登堡于是部署了一些专业的"外来人员"① 加入考察队。

顺利结束诺音乌拉山区的考古工作后，科兹洛夫领导的西线分队于 1925 年 8 月 1 日沿土拉河河谷朝西南方向前往杭爱山，计划调查杭爱山西部和蒙古阿尔泰的大部分地区。

1926 年春，西线分队一直在杭爱山区东南郊的霍尔特河附近进行古生物学研究，科兹洛娃前往戈壁阿尔泰山脚附近的奥勒克淖尔湖进行了鸟类学观测及标本收藏。是年夏，考察队专注于奥勒克淖尔湖和奥金格尔河畔奥鲁苏梅地区的一座古老修道院的发掘。他们还使用折叠帆船对湖岸进行了路线调查和水库深度测量。考察结束时，科兹洛娃等人收集的鸟类学标本数量约为 31 700 个，受到苏联科学界的高度评价②。

① 鲍·格里高利（来自俄罗斯埃尔米塔什博物馆）和谢·亚·杰普拉乌霍夫（来自俄罗斯国家博物馆）等考古学专家被派往蒙古协助科兹洛夫考察队更好地完成考察任务。具体可参照表 1 成员名单。

② Елизавета Козлова. Исследования Центральной Азии/Т. Н. Овчинникова. П. К. Козлов — исследователь Центральной Азии, Среди людей и птиц: орнитолог и путешественница Е. В. Козлова. URL: https://diletant.media/excursions/35566535/.

（二）考察队在内蒙古境内的活动

诺音乌拉山考古发现的轰动为一直受各方限制不得深入中国的蒙古考察队赢得希望，考察队完全获准继续 1909 年在哈拉浩特未竟的挖掘事业，政府也提供了额外资金。1907—1909 年，科兹洛夫在蒙古-四川考察过程中发现了位于南戈壁额济纳河下游的死城哈拉浩特，从这座著名的“苏布尔干”中挖出的资料让学术界重燃了还原曾存在于当代中国北方领土上约 250 年（982—1227 年）的被遗忘的唐古特西夏王国历史的希望①。这是对我国境内文物遗址的一次大规模盗掘，我国西北地区保存的珍贵文物和文献因此遭受了巨大损失。但对于科兹洛夫来说，再访哈拉浩特是他梦寐以求的旅程。因为当年受行李限制无法带走所有挖掘物，他不得不将许多大型雕像就地掩埋并做好标记，为下次来华大规模盗墓提供便利②。

1925 年夏，格拉戈列夫领导的南线分队向南经蒙古阿尔泰深入戈壁到达博格达山，后沿额尔齐斯河一路探寻，打算再次挖掘科兹洛夫 17 年前发现的古城。该分队的主要考察任务是绘制古城平面图、保留完整的地理日志、记录动植物样本和标本的收集情况、对哈拉浩特所有废墟进行准确且详细的勘察，全力寻找 1909 年遗留的大型黏土佛像及其他考古材料。

1926 年 6 月 21 日，科兹洛夫本人也赶往哈拉浩特，陪同参观挖掘现场并指导年轻成员们的工作。在他的指示下，格拉戈列夫小分队迅速投入工作状态，挖掘古城堡遗址，进行一系列的地理和气象观测工作。他们还对当地进行了民族学考察，对位于哈拉浩特东北部的诺彦博格多及其周边地区进行了全面研究③。但古城西北角——黑将军居所前面的楼梯已不复存在，唯一通向“苏布尔干”的入口被大雨或堆积的泥沙破坏了。④ 他们最终也未能找到科兹洛夫的精心埋藏地⑤，只简单地用木筏测量了索果淖尔湖的深度，勾勒其底部轮廓，同时测绘通往霍尔特河的路线，探索萨弗雷山

---

① 参见 Юсупова Т. И. Центральная Азия в судьбе и открытиях П. К. Козлова//Российское изучение Центральной Азии: исторические и современные аспекты（к 150-летию П. К. Козлова）. СПб.: Политехника-сервис，2014. С. 13 - 31。

② 科兹洛夫第六次考察期间在黑城的发掘共有两次，首次运回俄国的文物有 10 大箱，二次发掘收集到的文物更多，是用 40 头雌骆驼驮回俄国的。

③ 参见 Северная Монголия. Краткий отчет о Монголо-Тибетской экспедиции Русского географического общества 1923—1926 гг. С. 44。

④ 科兹洛夫蒙古-四川考察队发现哈拉浩特之后，考古学家斯坦因也来这里进行了大规模挖掘活动，并尝试使坍塌的楼梯恢复原样，但成果并不如意。

⑤ Монголо-Тибетский дневник 1923 - 1926 гг. С. 944.

脊，完成九个小时的气象观测。二次挖掘的实体成果中包括壁画、陶瓷、泥塑人像以及金属斧头、犁头等，最有价值的就是一些在苏布尔干大致位置附近收集的信件碎片和彩绘雕像、佛像。

综合中俄学界的相关论述，笔者认为此次哈拉浩特补充挖掘收效甚微的原因莫过于如下两个：一是因风沙堆积等自然原因导致的埋葬地偏移①；二是科兹洛夫 1909 年成就引发欧美国家考古兴趣后，其他考察家纷纷前往哈拉浩特掳掠文物。② 但后续来访者也并未明确提出发现了科兹洛夫的大量遗留物③，科兹洛夫当年埋藏的重约 30 俄磅、50 多个编号的宝物下落成了世界之谜。因此，在关于西夏学和黑水城的作品中都鲜少提到此次补充挖掘。

（三）科兹洛夫往返苏联境内的活动

科兹洛夫考察队 1924 年上半年在诺音乌拉墓葬区的挖掘成果引起了苏联国内科学界的广泛关注。11 月中旬，科兹洛夫相继收到莫斯科和列宁格勒国家科研机构的来信，他们纷纷表示了对科兹洛夫成果的肯定以及对他尽快回苏汇报的期望，从而做出进一步部署④。除此之外，科兹洛夫的重大发现还引起了蒙古学术委员会的密切关注，关于这批在蒙古发现“宝藏”的归属问题也令科兹洛夫极其为难，这在一定程度上加速了科兹洛夫的回国进程。

1924 年 12 月 18 日，科兹洛夫途经特罗伊茨克萨夫斯克和上乌金斯克于十日后抵达列宁格勒。两天后，科兹洛夫前往地理学会，报告了蒙古考察队在蒙古北部地区的主要活动和既得成果，并展示了照片和土丘剖面图。会上，科兹洛夫针对俄国地理学会和苏联科学院关于藏品收集地的争议发表看法。⑤ 会后，他着手准备与考古发现相关的展览和讲座。

1925 年 2 月 6 日，他前往莫斯科举办了四次讲座，在与外交人民委员部和国家政

---

① 对此，斯坦因与科兹洛夫的推断大致相同。详见斯坦因:《斯坦因西域盗宝记》，海涛译，西苑出版社 2009 年版，第 194—195 页。

② 确曾在黑水城做过实地考察并盗走文物的有四批人：抢先盗掘者是沙皇俄国；1914 年以斯坦因为首的“英国第三次中亚探险队”；1923 年以兰顿·瓦尔纳为首的“美国哈佛大学学术调查团”以及 1927 年以斯文·赫定为首的“中瑞西北科学考察团”。详见赵汝清:《西夏学的国际化（上）》，《西北师大学报（社会科学版）》1994 年第 6 期。

③ 赵汝清:《西夏学的国际化（下）》，《西北师大学报（社会科学版）》1995 年第 1 期。

④ Козлов П. К. Монголо-Тибетской экспедиции 1923 - 1926 / Ред. -сост. Т. И. Юсупова. Сост. А. И. Андреев. СПб. , 2003. С. 354 - 358.

⑤ Козлов П. К. о своих работах в Монголии (письмо начальника Тибетской экспедиции путешественника П. К. Козлова) // Известия. 1924. 15 июля.

治安保局的负责人会见期间，特请召回初期被召回的考察队成员并增拨 2.2 万金卢布作为后续考察经费。简言之，科兹洛夫偶然的考古挖掘促成了他接下来考察计划的深入实践。27 日，科兹洛夫因公返回列宁格勒，分别于 3 月 3 日、9 日和 10 日在礼拜堂和科学院讲述了他神奇的蒙古之行以及 1923—1924 年的诺音乌拉山考古发现。14 日，他又回到莫斯科举办了两场讲座。他还在东方研究科学协会和语言学家协会的会议上、蒙古国委员会大厅、科学家之家大厅、理工博物馆和历史博物馆及朋友家举办了一系列非正式讲座。

归国期间，科兹洛夫多次被约稿发文，受邀亲临或以电台广播形式在其他城市举办演讲。但由于科兹洛夫坚持在春洪前返回乌兰巴托，当时的诸多邀请并未到场。3 月 25 日，考察家经鄂木斯克最终返回蒙古地区。他在上乌金斯克当地国家政治安保局负责人阿布拉莫夫处得知了鲍里索夫已从西藏返回乌兰巴托的重要消息，从十三世达赖喇嘛侍从阿旺·德尔智那里了解到鲍里索夫的旅程以及他和十三世达赖喇嘛谈判中的许多趣事，还听鲍里索夫远征队的喇嘛成员谈起十三世达赖喇嘛对他的挂念。因此，几天后，他放下所有事情亲自前往北京询问中国护照的派发进度。不难看出，他去西藏的苏方主要障碍已经完全消除了。

（四）科兹洛夫的北京之行

科兹洛夫于 1925 年 5 月 9 日离开乌兰巴托，并于三日后到达北京。获得中国护照并非此行的唯一目的，科兹洛夫还希望游览北京和天津等城市，将他的印象与普尔热瓦尔斯基的描述进行比对。入京后，科兹洛夫同英、美、法、德、苏、日等国家的外交代表一起住在北京的使馆公寓中。科兹洛夫赴京的消息迅速扩散，并受到英国代表和苏联公使的热情款待。

关于这部分的中文资料不多，我们只能暂以对俄文文献的研究作为主要线索。参加了英国和苏联代表举办的招待会后，科兹洛夫在苏联大使馆和北京大学举办了两次关于诺音乌拉古墓挖掘工作的讲座，哈尔滨当地出版的俄国报刊也曾刊登关于科兹洛夫独特考古发现的文章①。20 世纪 20 年代初是中国考古学开始形成的时期，因此，尽管存在语言障碍，科兹洛夫在北大的演讲仍受到热烈欢迎。除此之外，科兹洛夫还和北大的学者们举行了一次关于诺音乌拉山考古发现的专门会议。由于中国同行对苏

---

① 1909 年，由俄国东方学家协会创办的《亚细亚时报》中就有关于科兹洛夫考察队的报告。详见 Вестник Азии. 1909. № 2。

联考察家勘测物的注明日期——汉朝表示怀疑，科兹洛夫答应将挖掘期间额外的边角材料送给他们，以明确葬物时间。

为表对苏联研究人员的尊重，他受邀在北京大学名誉访客书上签字。5 月 23 日，科兹洛夫在苏联驻北京大使馆又做了关于 1907—1909 年哈拉浩特伟大考古发现的报告。他还在中国代表的陪同下参观了天坛、颐和园、北京大学、北京博物馆等地，游览了张家口和天津，5 月 25 日启程回蒙古。①

此行过后，获取护照的尝试依然没有成功。1925 年 6 月 11 日，人民委员会收到了中国政府拒绝科兹洛夫入藏申请的回复，因为当时中国的各个地方都存在大量土匪，国内的安全环境不适合国外考察家工作的顺利开展。② 半年后，加拉罕再次提出该请求，但那时考察进程已至末期，无法再随意更改考察计划了。

三、科兹洛夫蒙古考察的影响

自提交考察计划之日起，科兹洛夫就在队伍中配备了地理学、动物学（主要是鸟类学）、植物学、人种学和考古学的各类专家，加之路线勘测与静态工作的深入结合，科兹洛夫始终对此次考察将获得丰富且全面的成果充满自信。③ 但原定的拉萨计划受到了苏联两个最有影响力的组织——国家政治安保局和外交人民委员部政治和意识形态方面的钳制而无法实现，被迫改变计划研究蒙古北部。

考察队于 1924—1925 年在蒙古地区博格多乌拉山区和杭爱山区进行了覆盖领域极广的自然地理研究，并在诺音乌拉古墓群对四个墓地进行了细致研究。经确认，他们意外发现的正是汉朝匈奴贵族墓葬，墓葬内部保存完好的古物及其广泛的科学意义引起了公众的广泛响应。在科学院考古学家的帮助下，研究人员彻底且全面地研究了

① 参见 Козлов П. К. Монголо-Тибетской экспедиции 1923 - 1926 / Ред.-сост. Т. И. Юсупова. Сост. А. И. Андреев. СПб., 2003. С. 523 - 528。

② 一战结束后，中国国内军阀混战，各国列强则趁机加紧对中国的侵略和干预。在这种背景下，北洋政府依然试图恢复与西藏的关系。政府蒙藏院奉大总统徐世昌令，致电甘肃省省长兼督军张广建，意在选派合适人员与西藏建立联系。然而，由于外部势力的干预，特别是英国在西藏事务的强硬立场，北京政府的努力面临许多障碍。英国通过条约限制了其他各方对西藏的考察与接触，使得民国政府难以在西藏事务中发挥影响。此外，20 世纪 20 年代初期，民国政府在协约国势力的影响下，与新生苏维埃政权在外交层面产生了摩擦，这一系列因素共同导致了科兹洛夫西藏考察活动的最终失败。

③ 参见 Кондратьев С. А. Дневник 1923 - 1924 гг. // Жизнь и научная деятельность С. А. Кондратьева (1896 - 1970) в Монголии и России / Ред.-сост. И. В. Кульганек, В. Ю. Жуков. СПб., 2006. С. 142。

墓葬群的所有细节，跨学科方法和自然科学方法的结合也对有关地区人口数据的提取提供了有力帮助。这次“考古乌龙”是科兹洛夫生平的最后一次考察活动，其根本的盗窃性质不可否认，但其考古价值和学术意义亦不容贬斥，对蒙古地方、苏联、中国和中苏关系都产生了一定影响。

于蒙古。科兹洛夫到达库伦后总是立即与当地的科学委员会联系，坦陈其所有探险活动。科兹洛夫对蒙古境内土拉河、哈拉河、鄂尔浑河、苏什山口、纳利姆塔-乌拉山、图忽姆-淖尔河谷及其周边环境都有所记载，为蒙古地方志的编纂提供了基本数据。科兹洛夫带领的蒙古科考队和蒙古科学委员会的关系最为友好，考察结束后他们还应邀继续研究蒙古的自然地理状况，帮助蒙古科学委员会编写地方志，协助建立蒙古自然历史博物馆，为苏蒙之间科学和文化链接的持续发展作用巨大。蒙古多年来一直被苏联（沙俄）领导人当作缓冲国及推行革命思想的预备基地。① 这也是考察队后期得到更多政府支持的原因。

于苏联。经考究，上述贵族墓葬出自汉代（公元前 3—1 世纪），是 4 世纪从亚洲入侵东欧的匈奴部落首领的所属物。考古学家、人种学家和处理过部分诺音乌拉墓葬遗迹的历史学家们对科兹洛夫从蒙古带回来的资料最感兴趣。研究者亚历山大·纳塔诺维奇·别恩施塔姆（А. Н. Бернштам）写道：“由科兹洛夫领导的 1924 年苏联考察队在诺音乌拉墓葬群中的发现理应归于 20 世纪最有价值的发现之列。”② 1947 年，发表了关于科兹洛夫考古收藏的意义以及苏联考古学家对其收集资料研究的整体报告：“中央亚细亚几乎很少有任何类似的历史古迹。可以和科兹洛夫此次发现的科学价值相媲美的可能只有亚德林采夫发现的蒙古鄂尔浑河、敦煌洞穴以及楼兰古国的发现了！”可见，苏联学者对这次考察成果的科学价值评价极高，他们一致认定此次考察结果的价值必定远超战乱年间前往拉萨的考察③，其成果有效填补了俄罗斯东方学的

① 布尔什维克政府对蒙古国的定位可参见苏联外交家阿·亚·伊奥菲（А. А. Иоффе）1922 年 10 月 28 日给 В. И. 列宁的信：“在未来全球劳动者同资产阶级的全面战斗中，蒙古国作为革命发源地毫无疑问在联系俄罗斯同亚洲民族方面起着重要的作用。”详见 Железников А. С. Монгольская цивилизация в 20 векеЖелезняков А. С. Монгольская цивилизация. История и современность. Теоретическое обоснование атласа. -М.: Институт востоковедения РАН, Издательство «Весь Мир», Институт социологии РАН, 2016. - С. 232。

② А Н Бернштам. Нойон-Ульские курганы // Вестник Маньчжурии. 1926. № 1 - 2.; А. Н. Бернштам. Гуннский могильник Ноин-ула и его историко-археологическое значение. // Изв. АН СССР. ООН. №4. 1937. С. 947 - 968.

③ 参见 А. И. Андреев, Т. И. Юсупова, История одного не совсем обычного путешествия: Монголо-Тибетская экспедиция П. К. Козлова (1923 - 1926 гг.)/ Из истории естествознания. С. 78 - 95。

空白。

于中国。一百年来，诺音乌拉墓葬群一直是中国考古界的关注焦点，其发掘为深入中亚最古老游牧民族之一的匈奴研究提供了巨大的学术动力。由于其长期且广泛的时空存在，匈奴对许多亚欧国家的发展产生了重大影响。科兹洛夫的战利品①中给出了匈奴葬礼仪式、家庭、服装和珠宝的基本概念，处理各种材料和武器的技术及匈奴信仰，生动描绘了匈奴的文化及其对外联系，为我国相关学科研究者的工作提供便利。同时，其考察日志也是研究匈奴历史、蒙古高原上各民族相互关系和相互影响的宝贵资料。

于中苏关系。1926 年秋，时任蒙古内政部副部长的扎姆察拉诺邀请科兹洛夫为到访乌兰巴托的中国教授、考古学家②于右任展示诺音乌拉古墓。结伴参观诺音乌拉古墓之际，于右任在破译象形文字和确定发现物的年代方面为科兹洛夫提供了许多帮助，科兹洛夫也在和于右任的谈话中清楚认识到这些从蒙北肯特山脉挖掘出的匈奴古坟的巨大考古价值。③ 这次见面不仅是考察家传记纪实中的插曲，同时也被作为一个历史事件载入史册，说明了中苏学者相识的第一步。尽管这次北京之行并未给西藏之行带来任何正面结果，但科兹洛夫了解了中国的历史和考古工作，从而推进了中苏两国在考古领域的进一步合作。随着双边科学联系的进一步发展，科兹洛夫的地理著作被译为中文，为中国的考古研究者提供启示和借鉴。

① 参见 В погребениях Ноин-Улы были найдены ковры, шерстяные и шелковые ткани, золотые украшения, деревянные и металлические изделия, образцы керамики, волосы, заплетенные в косы, и другой археологический материал, характеризующий культуру хунну времени китайской династии Хань. Особенно ценными и уникальными являются ткани, прекрасно сохранившиеся в условиях вечной мерзлоты. Коллекция тканей и вышивок из Ноин-Улы как по количеству, так и по сохранности не имеет себе равных в мире。

② 事实上，于右任是积极的国民党领导人、孙中山密友，他支持与苏联的和解路线。但于右任书法家的身份明显被误认为是研究古代遗址的学者，应该是当时翻译方面出现的疏忽。详见 А. И. Андреев, Т. И. Юсупова, История одного не совсем обычного путешествия: Монголо-Тибетская экспедиция П. К. Козлова (1923 - 1926 гг.)/ Из истории естествознания. С. 73。

③ 参见 Советско-монгольские отношения. 1921 - 1974. Т. 1. М.-Улан-Батор, 1974。

丝路访谈

考古是一种生活方式*

——提什金教授访谈录

牧金山　马克西姆

（西北大学丝绸之路考古合作研究中心　阿尔泰国立大学考古学、民族学与博物馆学系）

提什金教授在蒙古包内

A. A. 提什金教授　阿列克谢·阿列克谢耶维奇·提什金（Алексей Алексеевич Тишкин），历史学博士，教授，俄罗斯著名考古学家，阿尔泰国立大学考古学、民族学与博物馆学系主任（2014 年至今），曾兼任阿尔泰国立大学副校长（2013—2016）。2018 年、2022 年两度当选为俄罗斯史学界“年度教授”；2023 年获得由俄罗斯总统普

* 本文系国家社会科学基金青年项目“阿尔泰山早期铁器时代考古学文化与丝绸之路的关系研究”（24CKG020）和“全国考古人才振兴计划”（2024－267）的阶段性成果。

京颁发的“俄罗斯联邦高等教育荣誉工作者”荣誉称号，同年在俄罗斯考古学家排行榜中名列第七。

提什金热爱田野。从1983年开始，除了短暂的军队服役，他每年都参与考古调查、发掘。1988年提什金开始独立带队，发掘区域集中在俄罗斯阿尔泰及蒙古国北部、中部和西部。提什金笔耕不辍，迄今为止刊发了1000多篇论文、26部专著和教材（多为合著）。代表性成果为《斯基泰时期阿尔泰居民的社会结构和世界观》（Социальная структура и система мировоззрений населения Алтая скифской эпохи）、《创建分期和文化编年框架：研究阿尔泰古代和中世纪民族的历史经验与现代方案》（Создание периодизационных и культурно-хронологических схем: исторический опыт и современная концепция изучения древних и средневековых народов Алтая）。

牧金山：阿列克谢·阿列克谢耶维奇，您好！虽然和您学习了四年，有过很多次面对面的交流，但是您一直很忙，有很多事情需要处理，每次和您见面您都是迅速地给我安排任务，我向您直接提问的机会并不多。所以十分感谢您给我提供这样的机会，我十分珍惜！

一、俄罗斯和阿尔泰考古

牧金山、马克西姆：我第一个问题是，考古学对您来说意味着什么？您一直从事考古学研究工作，不久前您度过了自己的60岁生日，这是一个十分重要的时刻。

提什金：对我而言，考古是一种生活方式：田野发掘、参加会议、参观考察、出版文章和专著、举办学术讲座，甚至是日常的娱乐和交流等都与考古相关。我生命中的一切都服务于考古学，我无时无刻不在工作，即使在飞机或者火车上。考古学也给我提供了自我实现的机会，无论是身体上的、精神上的还是道德上的。我有很多的学术成就，可以列举很多。我想要特别提及的是统筹编写《阿尔泰史》第一卷的工作。虽然这本书是集体成果，但它依据的框架是我很多年前的博士学位论文构建的。

牧金山、马克西姆：我知道您在年轻的时候从事过很多不同的职业，例如运动员、卡车司机、书店经营者、小学教师等，请问您为什么最终选择了考古学？

提什金：这个问题你提得不对，我没有专门从事过其他职业。我最初毕业于鲁布佐夫斯克师范学校（Рубцовское педагогическое училище），学的专业是小学教育，体育运动只是我的兴趣爱好。是的，我当过司机、装卸工、清洁工、小学教师，这些是我在大学学习至攻读博士学位期间的兼职。顺便提一下，我还当过消防员，这是我完成兵役之后的事。原因很简单，我需要钱去读书，我们家有三个兄弟姐妹，我们当时都在求学。作为一个成年人，我羞于开口向父母要钱，当然他们肯定会帮我。也是在求学期间，我有了自己的小家庭，我不得不更加努力地工作。我有博士奖学金，但它是荒谬的，我一个月的博士津贴甚至买不了一公斤的黄油。这些发生在 20 世纪 90 年代，整个国家艰难地从社会主义向资本主义转变，人道主义缺失。我还在中学、职业学校工作过，在大学当过合同工。我不得不做很多工作，甚至同时做几份兼职，没有时间休息。我所做的一切仅仅是为了生存，首先是我自己，然后是我的家人。幸运的是，我有驾照，我开着卡车跑运输，获得了丰厚的报酬。我在工作的同时也在坚持自己的学业，没有间断撰写博士学位论文。我只能这样，别无选择。从大学二年级分专业之后，我便坚定地学习考古学，我从来没有考虑过将其他工作当成自己的终生职业，所以你这个提问是有问题的。

牧金山、马克西姆：在俄罗斯，考古学属于历史学科，您怎么看？

提什金：首先需要明确的是，不仅在俄罗斯，而且在更为宽泛的欧洲，考古学都是脱胎于历史学的。其次需要指出的是，俄罗斯考古从根源上受到了法国、德国等欧洲国家的影响。在俄罗斯，过去知识分子和贵族都学法语和德语，俄罗斯重要的科学著作也是用这两种语言书写的。现在世界流行的是英语，它是伴随着大规模的侵略和资本主义的扩张殖民而传播开来的。俄罗斯考古学中的古人类学派是在法国的影响下形成的。谢尔盖·伊万诺维奇·鲁登科（Сергей Иванович Руденко）的老师是人类学和民族学派的著名学者费奥多尔·康德拉季耶维奇·沃尔科夫（Федор Кондратьевич Волков），而沃尔科夫在巴黎生活了很长一段时间，接受了系统的法国人类学派的训练。С. И. 鲁登科本人也曾在巴黎访学，和法国的人类学派建立了联系，研究了很多保存在巴黎的人类学材料。自凯瑟琳二世以来，德国的科学家经常受邀来到俄罗斯。所以，我不会说考古学是俄罗斯的某种发明，它属于广泛的欧洲传统。我觉得相比于欧洲，俄罗斯考古的发展十分迅猛，这从俄罗斯颁布的法律、法令中可见一斑。1859 年，俄罗斯成立了帝国考古委员会——一个由沙皇本人直接资助、管理的庞大机构。我不知道当时在其他国家有没有类似的机构。在欧洲，据我了解，当时只有一些私人机构。在俄罗斯，考古属于国家项目，帝国考古委员会安排了大量的资金用于考古学的发展。在苏联时期，考古学被马克思主义武装了起来。当下，考古学属于“历史科学和考古学”学科大类。未来，俄罗斯的考古学完全有可能发展成一门独立的学科。

牧金山、马克西姆：后来的苏联考古学和俄罗斯（帝国）考古学之间是什么关系？

提什金：苏联考古学和俄罗斯（帝国）考古学不能完全分割开来，也就是说，苏联考古学是俄罗斯（帝国）考古学的延续，甚至在1917年、1918年、1919年乃至20世纪20年代，俄罗斯帝国时期的一切都留存了下来，只是“招牌”变了。剧烈的变化发生在20世纪30年代，当时马克思列宁主义武装了苏联考古学，苏联考古学因此取得了重大突破，至今仍然保持着先进性。因为目前，国际上还没有一套清晰、先进的考古研究体系。在任何欧洲国家、中国、美国，材料是所有研究的基础，但大多数也只停留在材料层面。我认为我们作为考古学家，需要做的是处理物质材料、研究材料，在此基础上重建古代的社会关系、经济关系、生产关系和世界观等等。在这些方面，苏联考古学家们取得了极大的进步。很多年以前，我开始出国参加各种学术会议，让我感到十分惊讶的是，西欧同事和美国同事可以完美地描述他们的工作内容，但是他们说不清楚意义，也就是说他们无法重建历史。有一次，我听了一个报告，他们发现了一个保存完好的工具制作作坊。我问报告人，您如何解释您的发现？她回答：“嗯……我们的任务是记录一切，解释这些遗迹是未来的事。”我觉得对考古材料的解释正是世界考古学所欠缺的，尽管当下的考古学已经用不同的自然科学方法武装了起来。

牧金山、马克西姆：您在回答上面问题的时候，说了很多次的“重建”，请您举一个例子说明一下俄罗斯考古学家是如何“重建”的？

提什金：我所有的专著（超过25部）都是例子。我在重建古代社会时，使用了哲学、社会学、心理学、历史学和自然科学方法获得的信息，考古学的材料只是提供了一个框架。我和我的学生彼得·康斯坦丁诺维奇·达什科夫斯基（Дашковский Петр Константинович）合写的专著（《斯基泰时期阿尔泰居民的社会结构和世界观》）是一个很好的例子。这本书印刷了1000册，在很短的时间内便销售一空，随后我们把它上传到网络上，现在这本书是我引用率最高的作品之一。第二个例子是我创建了一个年代-文化系统来研究中世纪阿尔泰的古代民族。为此，我综合了很多信息，包括放射性碳测年、树木年轮校正、古遗传学数据、金属研究等等。我将这些信息和历史知识结合起来，动态重建了历史进程。如果我创建的年代框架能持续25—30年，我会十分高兴。因为随着材料的积累，一定的调整是必要的。过去我们都依赖米哈伊尔·彼得罗维奇·格里亚兹诺夫（Михаил Петрович Грязнов）的年代框架，它在1956年的专著中得到了充分的论证，但现在格里亚兹诺夫的框架已经“过时”了，这是一个完全正常的过程。我一直对我的学生说“考古学家不是那些挖掘和寻找有价值遗物的人，考古学家是那些分析和研究遗物中蕴藏的历史信息的人”，所以，考古学家的目标是“重建”历史，考古学家需要综合多方面的信息，既包括发掘过程中的所有信息，也包括多学科手段获得的多方面的信息。

牧金山、马克西姆：您觉得，当下的俄罗斯考古学受到哪些方面的影响？

提什金：近几十年来，我们十分积极地同外国同行合作，我们之间相互影响。我认为古遗传学对考古学的发展做出了很大的贡献，但客观地说，俄罗斯的古遗传学并不发达，至少我所有推广动物古遗传学的努力都没有引起很大的反响。我们关于绵羊古遗传学的文章已经发表，这是一个很好的课题。现在我们正在积极地研究马的遗传学信息，而研究马遗传学的中心位于欧洲，为此我们和法国图卢兹第三大学的路德维希·奥兰多（Ludovic Orlando）紧密合作。我们还和哈佛大学医学院的大卫·莱赫（David Reich）合作。由于这项合作，我们在《科学》《自然》等评级最高的期刊上发表了一些文章。我们还将发表更多的文章，持续推进这一领域的研究。其次我要说的是中国，我曾经专注于中国考古学的研究，因为中华文明是世界上最伟大的文明之一，它对古代游牧民族产生了深远的影响，这一点是我感兴趣的。这种影响一直以来都是双向的，例如，在唐朝，一些贵族就特别喜欢在城市中搭建游牧民族的帐篷，并在帐篷中招待客人。贵族还喜欢模仿游牧民族的服饰和饮食，这些都与中国传统的农业精神相悖。我参观了中国的许多博物馆，在博物馆的建设和运营方面，中国是许多国家的榜样，包括俄罗斯。我还在南京大学讲学，在中国举办的学术会议上发言，发表中文文章，不断结识中国的同事，我希望我们的合作能够继续下去。其他的，老实说，我们选择的是一些俄罗斯并不完备的领域和国外合作，例如 AMS 测年。虽然在俄罗斯也有几个实验室可以做，但这些实验室使用的都是一些老旧的方法，并没有能力满足所有的测年需求。当然俄罗斯考古学的分析实验室也在发展，例如数字技术在当下的俄罗斯考古学中积极发展，包括我们大学。我们利用数字技术对破碎陶器进行了复原，目前还处于开发阶段，也就是说在某些条件下，我们可以完成这一目标。我们现在制作了大量石像的三维模型，包括保存在博物馆中的石人、石雕和存放在野外的鹿石。世界上也没有人系统性地对鹿石进行三维复原。还有学术期刊的国际化，有大量的俄罗斯考古期刊进入了 Web of Science、Scopus 等国际引文数据库。至于传统的考古学，我无法举例。我觉得俄罗斯考古研究的制度可能是世界上最为先进的。俄罗斯发掘的材料必须在当年整理出来，形成报告，提交给监管部门审查、保存等，这些都是受到法律约束的。考古遗产就像是矿产一样，它属于国家，必须要严格地监管。

牧金山、马克西姆：您可以简单谈一下您的研究兴趣吗？

提什金：我的研究兴趣是亚洲内陆古代和中世纪的游牧民族。研究地域以阿尔泰为中心。阿尔泰是亚洲内陆的心脏，是“所有世界”的交汇点。阿尔泰和亚洲内陆有着十分广泛的联系。我想首先提及的是中国北方和新疆地区；尽管这些区域的考古学文化各有特点，但总的来说，它们和阿尔泰可能不断地处于“同一个世界”之中。我要特别提及的是蒙古国，因为这里保存了最大规模的鹿石，而鹿石是我从学生时代便感兴趣的课题，这么多年一直在研究。还有图瓦，那里有斯基泰早期基础的、关键的遗址：阿尔然 1 号、阿尔然 2 号、青基台大墓（Аржан-1，Аржан-2，Чингите）等等。这些墓葬的考古材料保存完好，为我们的考古重建和年代测定提供了标尺。所以，研究阿尔泰一定要关注图瓦地区的材料。还有哈卡斯，作为不同文化的交汇地区，我对它也很感兴趣。我的研究方向集中在跨学科分析和社会重建上，也涉及一点游牧民族世界观的研究。但我不专门讨论世界观，这是一个专门的方向，有独特的方法论。我的研究课题很广泛，和古代游牧民族相关的我都感兴趣。我特别关注马具，从最早的材料到元朝。我发表的第一篇学术文章和早期斯基泰文化相关，当时，这一方向在阿尔泰是空白。十分幸运的是，我的第一次考古发掘也和早期斯基泰相关，其中出土了大量的马具，我对马具进行了非常详尽的类型学研究。我一直对巴泽雷克文化的研究情有独钟，一直在关注最新的研究动态，我自己也一直带队发掘巴泽雷克文化的遗迹，积累考古材料。为了理解现在，我们需要深入了解过去，动态研究过去是十分重要的。当我们动态地对过去进行比较分析时，我们能更快地理解重建的对象。这就是为什么我的博士学位论文重建了阿尔泰从早期斯基泰到元朝的历史进程。我一度对突厥墓葬很感兴趣，也让博士生撰写了相关的学位论文。我从突厥墓葬的发掘中并没有获得很多的材料，所以我的注意力都放在了茔区的设计、结构和技术方法上。对突厥墓葬的研究也有助于我在蒙古国开展切木尔切克文化的研究，而切木尔切克文化也有石围。我有一笔专门的资助，用于研究游牧民族的生业模式。游牧民族很好地适应了自己所处的环境，即使在现代化无孔不入的今天，他们仍然顽强地生存了下来。所以，我认为，无论世界怎么变化，游牧民族都不会消亡。我还掌握了 X 荧光光谱分析法，用它来研究阿尔泰各种金属的合金成分。我在我的学生身上实施了“长臂理论”，也就是说，如果一个人没有足够的手臂，他可以发明发掘机，如果一个人没有足够的大脑，他可以借助电脑来存储大量的信息。我没有足够的时间，因此让我的学生去研究我感兴趣的课题。很久以前，我就想研究巴泽雷克文化的陶器，但是一直没有机会。后来我把这一任务交给了金山，他做了很多的工作，完成了博士学位论文的答辩。这一领域仍然有宽广的研究前景。

牧金山、马克西姆：据我所知，无论是在苏联时期还是现在，很多最杰出的考古学家都和阿尔泰相关。那么，为什么小小的阿尔泰能够成为杰出考古学家的“摇篮”？

提什金：阿尔泰是亚洲内陆的心脏，是“所有世界”的交汇点。阿尔泰也是一个富饶的地方，拥有丰富的矿产和自然资源，吸引着古代人群不断地迁徙、融入。另外，阿尔泰的遗物还以特殊的方式被保存了下来，比如冻土墓，比如一些人迹罕至区域的墓葬。尽管在历史上盗掘活动连绵不绝，但阿尔泰还是保存了丰富且完好的考古材料。我在几年前发掘了一座匈奴时期的墓葬——亚拉曼-2号。这座墓葬里的木质遗物被完好地保存了下来，尽管它并没有冻土。2021年我们和德国同事一起发掘了下索鲁遗址（Нижние Соору）。这是一处阿凡纳羡沃文化的聚落，我们获得了很多令人惊叹的资料。究竟有多少这样的遗址散落在阿尔泰？可惜这个问题根本没有人关心。有一段时间，我致力于阿尔泰防御堡垒的研究。刚开始我认为，阿尔泰似乎没有这类遗址。后来，我发现了第一座堡垒，叫作库雷-埃塔什（Куре-эташ）。这座堡垒位于高山河谷地带，没有可供通行的道路，只能骑马。当时整个团队只有我会骑马，因为我从小生活在村子里，家里养了马，从小马就是我最喜欢的动物。我骑着马儿到达了堡垒，随后调查、绘图、拍照、定位等等。我们在阿尔泰第一次发现了这样的遗址。随着研究的推进，我们发现了一系列的堡垒和防御工事。我们意识到，阿尔泰本身就是巨大的堡垒，一个可以利用地形地势充分防御的地区。我举这些例子是想说明阿尔泰是个考古的“天堂”，考古资源取之不尽！我一直在组织出版系列专著《阿尔泰考古》，至今已经完成了七本。我认为，在未来几十年的时间里，我们还可以出三十部这样的书，如果我们有足够的时间、精力和金钱。

二、提什金教授的学术研究

牧金山、马克西姆：您不久前才从蒙古国回来，您是去蒙古国研究鹿石的。请问，您这次有什么收获？

提什金：我们今年首先在蒙古国西部做了一些调查、发掘。这一区域我们已经工作了很多年，所以今年我们的工作重点放在了蒙古国的中部。我有一个蒙古国的博士研究生正在研究这个区域的鹿石。我们今年拍摄了大量的照片，有100多块鹿石，获得了大量的图像信息。之后我们可以单独研究鹿石上的短剑、腰带、盾牌、弓箭、铸币、珠宝、帽饰和动物纹饰等。我们现在准备购买配置更高的电脑，对拍摄的鹿石材料进行三维建模。我们一方面想要最大限度地获取鹿石上的所有信息，做更为细致的研究。另一方面，我们将鹿石以及鹿石上的具体图像放到特定的情境中去研究。我们还和蒙古国同事一起在蒙古国中部做了小规模的发掘。十分幸运的是，我们今年发掘出土了一些制作鹿石的工具，有石杵、石锥、磨石等，总计超过 30 件。这些工具在蒙古国的发现是第一次。以前在阿尔泰，弗拉基米尔·德米特里耶维奇·库巴列夫（Кубарев Владимир Дмитриевич）曾在尤斯德遗址群（Юстыский археологический комплекс）发现过类似的遗物。下一步，我们将对这些工具进行微痕分析。

牧金山、马克西姆：好像已经有很多关于鹿石的研究成果了，那么您为什么还要研究鹿石？

提什金：问得好！我有一个俄罗斯科学基金会的项目“内亚古代游牧民族的世界：物质文化、石像和经济模式的跨学科研究”。在这一项目框架下，我需要对鹿石进行全面的研究。关于鹿石，前人已经做了很多工作，蒙古国的考古学家认为研究鹿石是他们的应尽之责。2021 年蒙古国考古学家结集出版了 3 卷本的鹿石图录，收集了 1300 多块鹿石，展现了他们寻找、拍照、描述、记录的全过程。但这三本书也只是给出了鹿石的简短信息，而且在准备这些图册的时候，不断有新的鹿石材料出现。也有很多俄语文献。В. Д. 库巴列夫于 1979 年出版了一本专著，这本书体量不大，但在 80 年代是足够申请博士学位论文答辩的。德米特里·格列博维奇·萨维诺夫（Дмитрия Глебовича Савинова）、纳塔利娅·利沃夫娜·切列诺娃（Наталия Львовна Членова）、瓦西里·瓦西里耶维奇·沃尔科夫（Василий Васильевич Волков）都撰写了专著。在我看来，他们都是研究鹿石的知名学者。中国也有王博和祁小山。比这些更早，尼古拉·米哈伊洛维奇·亚德林采夫（Николай Михайлович Ядринцев）和格里高利·尼古拉耶维奇·波塔宁（Григорий Николаевич Потанин）等人就关注过鹿石。鹿石的重要性在哪里？我觉得鹿石是唯一能够让我们重建公元前 2 千纪末到公元前 1 千纪初古代游牧民族文化的考古材料。这一时期，在蒙古国境内有大量的赫列克苏，但是赫列克苏被大量破坏、盗掘，出土的遗物很少，且遗物多为采集。与之相对，鹿石则相对完好地被保存了下来，因此可以说是重建这一时期游牧民族文化最重要的资料。我们为什么要重新研究鹿石？我们至今还未完全理解鹿石在古代游牧民族丧葬活动中的意义；同样地，我们也没有完全理解鹿石与其他各类遗迹的组合关系。所以，以往对鹿石的研究都处于初级阶段。我们现在使用数字技术三维建模，可以获得更加全面的、质量更高的图像信息。我们已经获得了大量的数据信息，可以用于重建众多的历史进程，包括重建最古老的游牧帝国。在公元前 2 千纪末到公元前 1 千纪初，这一古老的游牧帝国出现了一种新的传统，即一种纪念遗迹，可能是为了纪念阵亡的士兵。实际上，古今是一体的，现在俄罗斯的每个村庄都有为纪念伟大的卫国战争而建的纪念碑。每年的5月9日是俄罗斯的胜利日，胜利日是俄罗斯非常盛大的节日，是爱国主义教育的有机组成部分。在胜利日，人们自发地聚集在一起缅怀这些逝去的战士，我不知道在中国是否有这样的传统。顺便提一下，前面我们谈到了欧洲文化对俄罗斯考古学的影响。实际上，俄罗斯有很多来自东方的政治、社会和文化的影响。其中之一是来自金帐汗国的影响。我不知道是否有联系，在金帐汗国境内也分布着大量类似的和军事相关的纪念遗迹。他们可能是一种标记，塑造的是一个国家共同体的观念。再回到鹿石，在蒙古国西端巴彦乌列盖省查干戈尔河流域的一个遗址发现了152块鹿石。这是我所知的鹿石数量最多的遗址。在蒙古国中部、北部，我们发现了很多数量较少的鹿石遗迹综合体。它们以特定的方式建造，反映了广大领土上共同的传统、习俗和观念。鹿石是这个综合体的重要一环。鹿石本身太可爱了，它们蕴含着丰富的信息，我会继续研究它们。蒙古国的同事在图录中收录了1318块鹿石，实际的数量会更多。我们今年在呼什-丹士-4号（Хушун-денш-4）遗址新发现了8块鹿石，可能还会有更多。我们还发现了一些突厥人使用鹿石制作的石围，也就是说突厥人并不知道古人留下的鹿石是什么，他们重新改造这些石头，将鹿石翻过来，头朝下埋在土里。在赫列克苏-鹿石文化的同时期，所谓的“石板墓文化”也使用了鹿石。它们可能代表了不同的部落联盟，相互之间可能争夺牧场。我们也看到了石板墓人群打断了鹿石，以适应自身的建筑需求。我也在文献中看到这样的信息：成吉思汗命令他的士兵携带鹿石，随后将它们安放在所征服的土地上，以示主权。今年，我们新获得了一项资助，以确定鹿石的分布边界。为了确定鹿石分布的西部和西北部边界，我们前往吉尔吉斯斯坦工作，发现了少量装饰简单的鹿石。为了确定鹿石分布的东南部边界，我们需要前往新疆工作。研究内亚的游牧文化，新疆是十分重要的地区。阿列克谢·安纳托里维奇·科瓦廖夫（Алексей Анатольевич Ковалев）甚至认为早期游牧文化的中心是新疆，创造鹿石的文化传统最初形成于新疆，斯基泰文化也起源于新疆。

牧金山、马克西姆：请您展开说一下，为什么鹿石材料可能表明存在着一个大的游牧帝国？

提什金：好的，我已经谈到了鹿石和游牧帝国。我认为，鹿石是某种意识形态的载体，它是由国家形态的政体创造的。大体上，我们可以说处于早期国家或国家形成阶段的游牧民族十分流行英雄史诗。例如，吉尔吉斯斯坦人有史诗《玛纳斯》，他们为此感到十分自豪。什么是史诗？史诗是对英雄的礼赞！我们从赫列克苏和鹿石上看到了类似的现象。可惜的是，对此并没有明确的文字记载。中国的史书可能有所涉及。西周时期，中原民族将北方游牧民族统称为“胡”，并认为“胡”人是野蛮的、未开化的。实际上，所谓的“胡”人包括很多不同的民族，可能创造鹿石的人群也包括在“胡”人的范围内。回到我们的问题，鹿石在大多数情况下是战士的形象，象征着军功荣耀，展现的是英雄主义。从鹿石图像上我们发现，有的战士装备精良，拥有剑、斧头、盾牌等武器，有的战士装备较少：它们是某种意识形态的反映。游牧帝国，有时候也称草原帝国。我认为最重要的标志是幅员辽阔。我们现在发现的鹿石分布十分广阔，从西边的帕米尔高原延伸到韩国，从北部的针叶林到南部的戈壁沙漠。游牧帝国的第二个标志是中心的存在。蒙古国中部集中了大量的鹿石，大型的赫列克苏、数千个祭坛，这是伟大的丧葬遗迹群。很明显，这些至少可以表明蒙古国中部是游牧帝国神圣的祭祀中心。我们不久前才去了蒙古国中部的后杭爱省工作，这里拥有多样化的地貌景观和大量的河流湖泊。也就是说，蒙古国中部是块福地，那里的自然条件可以支撑其成为游牧帝国的中心。当然，游牧帝国可能还有数个副中心，蒙古国西部可能是副中心之一，新疆也是这个游牧帝国的副中心之一，也有可能新疆是更古老的帝国中心。金山曾经翻译了我的一篇文章，写的是巴泽雷克人群的国家形态。我在那篇文章里提出了很多游牧国家形成的标准。我们用鹿石材料去看这些标准，也有很多可以成立。鹿石和赫列克苏通常是一起的，有的赫列克苏规模很大，直径可达350米。建造这样大型的复杂建筑需要极为严密的组织系统、强大的资源调度能力。我说过，我们今年发现了专门用于制作鹿石的工具，可能表明了生产专业化的存在。十分遗憾的是，这一群人没有文字，可能也有，鹿石上的动物图像可能有类似的文字功能。当然还有很多其他的证据，我觉得“古代游牧帝国”这样的定义十分便利，可以方便地向人们传达出游牧民族的社会和文化发展水平。到目前为止，我们还没有完全证明这一观点，我们必须沿着这一方向前进，这是研究赫列克苏-鹿石文化的正确方向。

牧金山、马克西姆：那么巴泽雷克文化人群呢？是否有充分的证据证明他们创造了新的游牧帝国？

提什金：我有一篇文章就是写这个的，金山也将这篇文章翻译成了中文。是的，巴泽雷克社会的发展水平很高，我们可以更加确定地说巴泽雷克人已经走在了国家形成的道路上。С. И. 鲁登科认为，巴泽雷克人群就是中国史书记载的月氏。据中国史书的记载，大月氏的活动范围大致是河西走廊及其邻近地区；还有小月氏，它位于大月氏的北部，更加接近阿尔泰。当然这个问题可以再讨论；巴泽雷克人是月氏的假说也需要更多的证据；也有可能史书中完全没有一点关于巴泽雷克人群的记载。如果我们把巴泽雷克遗址全都标在地图上，我们会发现它们至少占据了整个阿尔泰山。这是一个巨大的空间范围。巴泽雷克人建造了规模巨大的封堆和木椁墓，展现了组织结构的专业化。巴泽雷克人的木工水平很高，明显已经超越了家庭手工业的阶段。现在在戈尔诺-阿尔泰国立博物馆保存着巴泽雷克5号大墓出土的木椁。我们在那里发现了数字标记，它们服务于木椁的组装。也就是说，巴泽雷克人已经有了一整套符号系统，类似于1、2、3……我在金山翻译的文章中详细列举了很多有关国家的标准，巴泽雷克人群都可以满足，所以我可以肯定地说巴泽雷克社会达到了早期国家的标准或者早期国家的某种变体。金山研究了巴泽雷克陶器的动态发展过程，他发现在巴泽雷克文化的最后一个阶段，大约是公元前4—前3世纪，巴泽雷克陶器发展到了巅峰。结合其他的材料，我们认为大约在公元前3世纪巴泽雷克社会到达了顶点，随后匈奴的冒顿单于向北扩张，打垮了巴泽雷克人群。巴泽雷克人群并不热衷于发展军事，我觉得这是他们的缺点。匈奴人在军事组织、武器装备等方面都要远胜于巴泽雷克人。他们可能发生过一些战争，巴泽雷克人被打败了，最终逃到某个地方。事实上，匈奴在极短的时间内征服了南西伯利亚，动用了这片土地上的资源，和汉帝国进行战争。我们现在对巴泽雷克文化的研究转向了普通墓葬，从最广泛的材料中提取新的信息。金山对陶器的研究就是在这一框架下进行的，它已经引起了学界的一些关注。我们可以通过陶器来重新考虑巴泽雷克人群的对外联系，重新思考巴泽雷克人群的生产、交换组织等。我认为这一方向是需要进一步深化的。对于其他的材料，可能更加复杂。因为巴泽雷克人群在丧葬传统中使用了模型，他们的墓葬可能就是模仿居所建造的。也有一些遗物是按照原始的形式摆放的，例如陶器和马具，因此，这两类遗物十分重要。当然，还有很多领域值得进行进一步的研究，如巴泽雷克人群的马具、武器、农业、遗传学信息等。我们对巴泽雷克文化的研究已经取得了大量的成果，可以明确的是，巴泽雷克整体的社会发展水平比之前和之后居住在阿尔泰的游牧民族都更高。

牧金山、马克西姆：您提到巴泽雷克和月氏之间的关系，中国学者对这一话题很感兴趣。A. A. 科瓦廖夫认为巴泽雷克就是楼烦，您怎么看？

提什金：是的，A. A. 科瓦廖夫认为巴泽雷克就是楼烦，但是这一观点的证据也不充足。巴泽雷克社会是由不同的人群构成的，也就是说有可能它吸收了一部分的楼烦和月氏。因此，我很难对巴泽雷克人群的族属进行回答，但是显然巴泽雷克文化是月氏的观点更值得研究。Л. С. 马尔萨多洛夫还有一个假说，他认为原始的巴泽雷克人已经是一个多民族、多种族的部落联盟。他们最初生活在今天的土耳其境内，随后向东迁徙进入阿尔泰。在今天的土耳其安卡拉附近的戈迪翁冢墓（Курганы Гордиона）发现了和巴泽雷克大墓十分相似的结构。但是这两处墓葬存在着年代缺环，墓葬形式也有不少差异，要证实这一假说还需要更多的证据。在我看来，巴泽雷克文化的主体可能不是在阿尔泰形成的，可能来自东方的某处，也有可能是从不同的方向汇聚到了阿尔泰。我们现在需要搞清楚巴泽雷克人群来自哪里，为此，我们需要系统研究巴泽雷克人群和其他游牧民族（包括中国北方和新疆）的古遗传学信息。这项研究有助于我们回答："阿尔泰是原始巴泽雷克人征服的土地吗？巴泽雷克人是否是从其他地方迁徙而来的？他们来自什么地方？可能在什么时候进入阿尔泰？"随着巴泽雷克文化的扩张，他们占据了更多靠南的土地，可能一部分属于今天的新疆。问题是我们对巴泽雷克了解得很多，但对于新疆、帕米尔和中国北方的考古学文化了解得很少。这制约着我们进一步研究巴泽雷克人群的来源。中国北方领土上确实有巴泽雷克文化的元素。我在十多年前曾考察过陕北的纳林高兔墓葬。很明显，这个墓葬和巴泽雷克文化密切相关。问题是巴泽雷克文化的材料分布在不同的国家，而我们一直都以本国的材料为主，对他国的了解不够，这个问题必须解决。我觉得，巴泽雷克文化的研究深化依赖于密切的国际合作，尤其是俄罗斯、中国和哈萨克斯坦研究人员之间的合作。

牧金山、马克西姆：您认为巴泽雷克人迁徙而来，我想问的是难道他们和阿尔泰更早的人群没有关系吗？

提什金：是的，巴泽雷克文化和阿尔泰之前的考古学文化之间没有直接联系。从苏联时期开始直到今天，许多考古学家都在努力证明巴泽雷克文化的本地来源。事实上，显而易见的是，巴泽雷克文化和阿尔泰之前的比肯文化、麦埃米尔文化没有任何共同点，包括墓葬形式、丧葬仪式和随葬器物等；也就是说巴泽雷克人是从其他地方迁徙到阿尔泰的。最近我们又得到了新的证据，我们对阿尔泰地区的马进行了古 DNA 的研究，发现比肯文化的马和巴泽雷克文化的马是不同的：它们有不同的来源。巴泽雷克人应该是带着他们的马匹来到了阿尔泰并形成了独特的考古学文化。麦埃米尔文化的特征完全没有反映在巴泽雷克文化中。麦埃米尔文化分布在阿尔泰山西南、西北麓的草原地区，包括额尔齐斯草原、阿尔泰草原和库伦达草原。这些地区和山区的资源禀赋存在着差异。比肯人和麦埃米尔人比邻而居，在一些遗址中，他们的墓葬共同存在；他们可能是同时的，也可能不是。无论如何，他们以某种方式接触过，但没有明显的冲突。关于比肯人，我有几种假说，他们可能是从阿尔泰西南——新疆地区——迁徙过来的。中国出版了几本新疆考古的报告，我看到了新疆的材料和阿尔泰西北比肯文化之间的一些相似之处。也有可能他们来自更远的地区，因为在印度东北部与巴基斯坦接壤的地方有类似的墓葬。英国人发掘了那处墓地，A. A. 科瓦廖夫给我带来了它的发掘报告。当然比肯文化还有可能受到赫列克苏-鹿石文化的影响。因为鹿石和赫列克苏都存在于比肯文化中。比肯文化和巴泽雷克文化是具有完全不同意识形态的古代游牧民族文化，它们以完全不同的方式埋葬死者。在比肯人的世界观中，世界是一个水平的模型，这样的思维在青铜时代便已经成型。而巴泽雷克人则有一种新的世界观，认为世界是垂直的。新思想的形成可能和巴泽雷克人群的对外联系有关。巴泽雷克人面对的是强大的阿契美尼德帝国和中国。巴泽雷克墓葬出土了来自中国的铜镜、丝绸和漆器。这些东西在比肯文化中都不存在。比肯人群是贫穷的，虽然他们也生活在阿尔泰山的山谷地带。比肯人处于一个很大的游牧世界的外围，而这一游牧世界的中心是赫列克苏-鹿石文化，其中当然包括图瓦。比肯人是否遗留了下来，参与到巴泽雷克文化的形成中？这是值得讨论的问题，有些人认为卡拉科宾遗存是比肯文化的遗留，因为比肯文化和卡拉科宾遗存的死者都埋在石棺内。我觉得这是对材料的误读。早在 1986 年，彼得·伊万诺维奇·舒立加（Петр Иванович Шульга）就表明："卡拉科宾墓葬并不能称为文化，它最多只能称为某种类型。"因为在巴泽雷克大墓里，有"附属者"被埋在石棺中，一般在墓葬的开口处；他们几乎没有随葬品。显然，他们是影响力很小的从属人群。我们很难看出这些埋在石棺中的人和比肯人之间的相关性，他们的人类学类型也不相同。因此，我不同意存在单独的卡拉科宾文化的观点。我认为，没有卡拉科宾文化，只有一种单独的巴泽雷克文化，在巴泽雷克文化内部有不同的墓葬类型，我甚至会统称为巴泽雷克共同体。与巴泽雷克文化的起源一样，我觉得比肯-麦埃米尔文化的起源是值得关注的问题。在这两个文化之前，也就是青铜时代晚期，阿尔泰没有任何遗址。是的，阿尔泰在青铜时代早期、中期有很多遗址，但它们和早期铁器时代之间缺环明显，至少有 1000 年。在早期铁器时代，比肯-麦埃米尔文化和巴泽雷克文化之间缺少连续性。总之，研究巴泽雷克文化和更早的早期铁器时代阿尔泰人群之间的关系是没有前景的。

牧金山、马克西姆：突厥也是从别的地方迁徙而来的，但您和您的同事认为突厥人形成于阿尔泰，为什么？

提什金：事实上，突厥文化形成于俄罗斯阿尔泰东南和蒙古国阿尔泰西北部。这两个区域是紧密相接的，在古代没有国界的区分。随后，突厥人统一了布兰科宾文化的部落，占据了阿尔泰人口稠密的区域，突厥文化在内亚地区迅速传播。阿尔泰是古代突厥形成的中心之一，因为早期的突厥遗址目前都发现于阿尔泰，其他地方没有这样的遗址。我们从 20 世纪 90 年代开始，做了 30 多年的工作，得出了这一结论。我和瓦迪姆·弗拉基米拉维奇·戈尔布诺夫（Вадим Владимирович Горбунов）合作了一本专著，总结了我们关于早期突厥遗存的发掘和研究。突厥墓葬是很少的，更多的是突厥的石围。一般认为突厥石围是祭祀遗迹。我觉得突厥石围是墓葬-祭祀综合体，有一些是墓葬，可能是游牧民族的亲属死在了其他地方，或者由于某种原因，他们并没有下葬。突厥石围的材料很多，我们还有很多相关研究没有发表。这个课题还有很大的研究空间，我们会继续工作的。很多人不明白阿尔泰在突厥形成中的作用，他们对阿尔泰的材料以及阿尔泰的优势不甚了解。阿尔泰有突厥向外扩张所需的所有资源：人力、物力和马。想象一下，突厥在很短的时间内便征服了从太平洋到黑海、从泰加森林到古代中国的广阔土地，建立了第一突厥汗国。突厥人有前往西藏的战役、草原上的战役，还有和唐王朝的战役，等等。这种优势只有建立在强大的军事上，依靠小股部队就可以摧毁其他的游牧民族，我们可以想象成坦克对阵步兵。在哈拉-哈德（Хар-хад）岩画上有突厥骑兵的形象：突厥士兵骑在战马上，身披铠甲，手拿长矛，战马身上也披着铠甲，普通的弓箭手和步兵根本无从靠近、突破。可能就像成吉思汗时期的苏布台-巴格图尔（Субудей-Багатура）一样，突厥将军也擅长带一支小股部队，长距离奔袭，制造混乱和恐慌。因此，突厥人在军事装备和军事组织方面的压倒性优势，使得他们可以迅速地横扫欧亚大陆。征服的过程是十分残酷的，旧的地方精英被一扫而空。我们可以类比柔然的例子。关于柔然的故事很多，他们征服了所有的部落，随后杀掉了所有高于车轮的孩子，为的是消除共同的历史记忆。吉尔吉斯斯坦作家艾特玛托夫（Айтматов）有一部精彩的作品《一天比一个世纪更长》（И дольше века длиться день），描述了柔然操控俘虏的过程。柔然人俘虏了一个年轻人，剃光了他的头发，在他的头上套上一张骆驼皮。柔然人将俘虏绑起来，让他遭受风吹日晒，经历可怕的折磨。之后骆驼皮开始收缩，挤压头骨，头发重新生长，使得年轻俘虏的智力瘫痪，成为顺从的奴隶。这个故事的真实性无从考证，它可能讲的是一个象征性的神话：一个人被剥夺了历史记忆，他不知道自己的根，不知道先祖的功绩，他丧失了自我意志，轻易地被别人操控。同样地，可能突厥人也做过类似的事情。他们迅速地占据了广大的土地，随后在广大的范围内留下了自己的文化记忆。

牧金山、马克西姆：阿尔泰地区存在柔然人的遗址吗？这个问题也是您的硕士研究生于梁一直想知道的。

提什金：在阿尔泰地区，没有任何形式的柔然人的遗存。但是阿尔泰受到了柔然物质文化的影响，这是显而易见的。就具体的人群而言，在阿尔泰居住的仍然是匈奴时期的遗民，还有小部分新的移民迁入。不只是柔然，在公元前1世纪到公元1世纪，阿尔泰也没有典型的匈奴遗址。要了解柔然遗址，我觉得就要明确阿尔泰是否有鲜卑遗址。鲜卑人和中国的交往十分活跃，他们的很多东西都是从中国借鉴而来的，并根据自己的需求进行了吸收改造。这就是我们称很多东西是“鲜卑式的”，而不是“鲜卑人的”的原因。毫无疑问，阿尔泰属于鲜卑帝国的一部分。中国的史料说，他们曾经将自己称为匈奴；在鲜卑贵族开始统治亚洲内陆草原时，他们宣称自己为鲜卑。这种现象在游牧世界经常出现，即所谓的统治精英的更迭。大多数的人群还是一样的，鲜卑占据统治地位后，阿尔泰的游牧人群就自称为鲜卑，以前他们自称为匈奴。差异体现在精英文化上。实际上柔然是一个非常复杂的问题，中国有很多文献资料，很多已经被翻译成俄语。我们知道所有的柔然皇帝和部落。这一切都是有文字记载的。但矛盾的是，在柔然人的领土上，几乎没有发现他们的遗址。可能他们的墓葬没有地面标识，也就是说，可能只会有一些随机的考古发现。也有可能柔然人很少有埋葬死者的习俗，他们可能和蒙古人一样，把死者放到草原上，让鸟儿啄食。柔然人是游牧民族或者是半游牧民族，他们的居址也很难发现。柔然人即使是征服了汉人的某个定居点，也不会住在那里；他们只是从汉人手中拿走贡品。与这些情况形成鲜明对比的是，在柔然时期的阿尔泰，我们发现了大量的材料。最近我与谢列金・尼古拉・尼古拉耶维奇（Серегин Николай Николаевич）、谢列盖・谢尔盖耶维奇・马特雷宁（Сергей Сергеевич Матренин）一起出版了一本专著，专门介绍柔然前期的一个小型墓葬群。我们可能发掘了一些士兵的墓葬，发现了铁甲、刀剑、大量的箭头和马鞍的木质底座。类似的遗址在阿尔泰有很多。我们认为阿尔泰是柔然汗国的一部分，阿尔泰可能是汗国的边界。阿尔泰在汗国中占据什么样的地位，我很难回答。我唯一可以明确的是，此时的阿尔泰温暖湿润，人口众多，十分有利于游牧民族的繁衍生息。在这一时期，阿尔泰有很多大型的墓地，证明人群长期在此生活。我想也正是这种资源优势，有助于形成一个新的突厥世界。史书记载，柔然人将阿史那部落迁到了阿尔泰，而阿史那部落是突厥的先祖。他们是冶金工匠，可以制作武器，柔然人将他们安置在阿尔泰是因为阿尔泰蕴藏着丰富的铁矿资源。我们看到，在柔然时期，阿尔泰的人群是多元的。阿尔泰北部有一群人，而在阿尔泰中部生活的是另一群人，他们以某种方式互动。可能他们的互动并不频繁，相互之间并没有形成统一的制度。从游牧帝国的理论来看，当帝国的中心被边缘形成的另一个中心征服时，帝国会保持稳定。这种情况可能就发生在柔然时期。当时在阿尔泰的阿史那部落统一了其他人群，形成了一个新的中心；他们组建了自己的军队，打败了柔然人，甚至可能只是柔然精英，因为广大的人民群众并没有发生变化。突厥人随后进行了大规模的迁徙并占领了新的领土。

这时，同样的情况出现了，所有在突厥汗国居住的人群都被称为突厥人，因为他们有统一的突厥语言、突厥发型、突厥礼仪传统，一切都是突厥人的特征。总之，柔然汗国的历史比我们已知的要复杂得多，我们根据现有的材料还无法重建柔然的历史，也无法明确阿尔泰在柔然汗国中的位置，这些都需要专门的研究，需要和中国、蒙古国的考古学家密切合作。

三、学术生涯的展望

牧金山、马克西姆：除了传统的考古学研究，您还广泛使用自然科学方法，十分积极地和不同领域内的专家合作。请问，您觉得自然科学技术方法在俄罗斯的考古研究中有什么样的作用？

提什金：自然科学方法是考古学研究的有力助手，但只使用自然科学方法并不能解决考古学的问题；我始终觉得自然科学方法是对传统考古学的辅助和补充。以古遗传学为例，似乎现在古遗传学所做的研究都是在证实之前人类学家得出的结论。是的，新的数据和信息在不断地获得，但总的来说，我觉得目前还处于对旧有结论的检验阶段。从另一个层面上来说，自然科学方法的优势也很明显，它可以独立于考古学家的研究单独进行，随后和考古学研究结合起来。但同样地，这一切也都取决于样本本身：样本是在哪里采取的、谁采取的、怎么分析的、样本的保存状况和检测样本的目的等等。有一段时间，俄罗斯的每个人都对碳十四测年趋之若鹜，常常在不考虑情境的情况下使用它，结果得出了一些与传统研究“相悖”的数据。我有一个X射线荧光光谱仪，我用它来做金属样品的成分分析。我发现在样品的不同位置检测会得到不同的数据，因为样品表面的倾斜角度、氧化物、金属结构并不相同；甚至测试的时间、地点、计算机程序等都会影响检测数据。获得可靠的检测数据，只是研究的第一步，它们仅仅是加深了我们对于金属成分的初步了解；对于更进一步的研究，我们还需要结合具体的问题做大量的补充。因此，我觉得那些认为自然科学方法已经极大领先的考古学家们错了，这些方法有时会给我们带来积极的结果，有时则是十分消极的。我有时候会感到很受挫，因为人们有时候会百分之百地相信检测的结果，把它当成解决问题的灵丹妙药。为了正确地使用、理解、解释自然科学方法，考古学家需要非常了解这些方法。不幸的是，我们并没有这样的条件。考古学家不负责任地将分析的结果视为赤裸裸的事实，并作为关键证据，这样做是弊大于利的。因此，无论在什么情况下，我们都该以传统的考古学研究为主。

牧金山、马克西姆：前面您也说过，在俄罗斯考古学从属于历史学科。那么自然科学方法的广泛运用，是否会冲击俄罗斯考古学历史学科的定位？

提什金：没有。我觉得俄罗斯考古学派的优势在于始终以传统的考古学研究为根基，以历史重建为目标，所以自然科学方法只能是考古学研究的辅助。如果这个关系弄混了，考古学研究就会走进死胡同。俄罗斯考古学始终以严格的、规范的、明确的传统考古学研究为主，随后是自然科学方法、艺术史、社会学和数学等的补充。在俄罗斯，我十分积极地在考古学研究中引入自然科学方法；我总是为考古学中的新事物所吸引。目前我十分热衷于数字技术和人工智能在考古学领域的开发和应用。我认为考古学研究应该是综合的、可验证的，也就是说，重要的结论是可以通过不同的方法验证的。事实上，考古学家和考古研究是十分严谨的，可以类比于法医。法医的结论会影响别人的命运和法院的判决等。考古学家的任务更加艰巨，他需要研究、复兴古代文化，考古学家需要对人类的过去负责。

牧金山、马克西姆：您从 21 世纪初就十分热衷于国际合作，这是您当下的工作重心之一。我想问的是在这项工作中您有哪些困难？

提什金：完全没有困难。国际合作的成功与否取决于很多因素。首先，我想说，我只在特定的合同框架下进行工作，我与所有外国同事的合作都基于明确的书面协议。书面协议保证了国际合作的正当性、合法性。其次，我所有的国际合作项目都获得了资金的支持。通常项目合作的做法是双方各承担一半的工作，这不只是资金，可能还涉及其他方面，例如基础设施或运输工具的使用、一些基本问题的处理（例如发掘许可）。当然，有时候也会遇到合同无法履行的问题。我有过这样的经历，有一次我将自己的样品送到了一所令人尊敬的欧洲大学进行检测，我们签署了协议，可是后来我并没有获得检测结果。和中国同事之间的合作也面临着这样的问题，可能有一些无法预料的突发情况吧。我研究的是游牧民族，最直接的兴趣是蒙古国，我在那里工作了很多年。我在哈萨克斯坦、塔吉克斯坦和吉尔吉斯斯坦都工作过。无论是联合研究还是出版材料，我们都遵守双方共同的协议，我没有看到有什么困难。根据协议，我们发掘的所有遗物都必须保存在当地，我们不能将其带回俄罗斯。如果有需要的话，我们会去蒙古国测量、拍照、绘图、描述和研究。同样的情况也适用于俄罗斯。我们和德国、中国同事之间有一些合作项目，他们带队到俄罗斯发掘，随后所有发掘出土的材料都移交给了俄罗斯的博物馆。所以，跨国的联合工作是一个相当完善的系统，有许多国际公约需要严格执行。是的，我也有一些负面的经历，我觉得最主要的是找到信得过的人，我会选择那些严格履行义务并愿意遵守、尊重不同国家规定的人合作。也就是说，最重要的是，我选择有价值的合作伙伴；他们对我的利益负责，相应地，我也会对他们的利益负责。这一点从我的文章、专著中也能看出来。我的大部分出版物都是合作的成果。在合作中，我负责任地遵守所有的协议，没有违反过。

牧金山、马克西姆：您今年满 60 岁了，对于人文学科的研究者而言，您正处于自己学术生涯的黄金时期。所以，最后一个问题我想请您谈一下您接下来的打算。

提什金：接下来的工作？我有很多的计划。60 岁对我来说是一个明确的信号，它提醒我，接下来我要将更多的精力放在出版已有的材料上，减少田野工作。对于过去积累的资料，我不仅要整理，还会分析研究。所以，近期我打算出版一系列专著和文章，出版这些材料的基础工作我们已经完成了：我们过去做了很多拍照、画图、描述等工作。当然，无论如何，我都会继续开展田野工作，我会继续进行小范围的考古调查与发掘，使用数字技术对鹿石材料进行三维建模。我会继续在蒙古国测绘鹿石，我也会推进在吉尔吉斯斯坦的工作，那儿也有一些鹿石。我也有兴趣在塔吉克斯坦开展工作，为的是开阔我的视野，可能并不会获得任何重要的成果。此外，我还有一个大的项目致力于建设开发考古学和博物馆学领域的数字技术实验室。实验室已经成立了，随后我们将研发新的专利，并公开一部分信息。我打算继续和外国同行开展合作，包括那些正在制裁俄罗斯的国家，如德国、法国、匈牙利和美国，我们只是完成已有的项目，不会再有新的项目。我还打算出版一些散落在各地博物馆的和阿尔泰相关的藏品，比如弗罗洛夫·彼得科兹米奇（Фролов Петр Козьмич）的收藏。他在革命前期生活在阿尔泰，担任科雷瓦诺-沃斯克列先工厂（Колывано-Воскресенский завод）的负责人。他曾在阿尔泰收集过一批考古资料，这些材料现在保存在艾尔米塔什博物馆，还没有相关的研究。这是我的任务之一。阿尔泰的地方志学家尼古拉·斯捷潘诺维奇·古利亚耶夫（Николай Степанович Гуляев）也曾经在巴尔瑙尔收集了大量的古物，这些古物现藏于阿尔泰共和国博物馆；可能托木斯克国立大学博物馆和阿尔泰边疆区博物馆中也有一些藏品。我还希望继续研究马的遗传学信息。这是一个很大的课题，我已经组建了一个小的团队，并取得了一些成果，后续会陆续发表。总之，我之后的时间会集中在处理已有的考古材料上，减少考古发掘与调查工作。今年是著名的考古学家阿列克谢·帕夫洛维奇·乌曼斯基（Алексей Павлович Уманский）诞辰 100 周年。他是阿尔泰本土最早的考古学家，他和格里亚兹诺夫有过密切的合作。我曾经问他："阿列克谢·帕夫洛维奇，您的考古生涯有什么遗憾吗?"他说："遗憾的是我没有及时地停下来，没有发表我获得的材料，因为我自己最了解我所发掘的材料，我觉得没有人会比我更好地写出这些东西。"我深深地赞同他的观点。在我的发掘过程中，一些信息没有被及时地记录下来，我都已经忘了。因此，我的愿望是将目前已有的材料、保存的信息尽快地发表出来。我有大量的材料积压。这将是一个严肃、巨大、复杂的工作，为此，我计划每年出版 1—2 本专著，写一些文章，等等。我不会单打独斗，我喜欢在团队中工作，大家可以相互讨论，相互指出错误，交流信息，互相帮助，这样工作起来效率更高。这也是为什么我的专著和文章很多都是合著的。一方面，我十分乐于分享自己的材料；另一方面，我觉得和不同的人合作有助于提高我的作品质量。

附录：采访在 2023 年 10 月底进行，大纲由笔者设计。在采访中，笔者还邀请了阿尔泰国立大学考古学专业本科生马克西姆录音记录。采访完成后，马克西姆将俄语原稿誊写出来，提什金教授校正了全稿，笔者翻译和改写成中文，最后，张良仁教授对中文稿进行了润色。

《丝路文化研究》集刊投稿指南

南京大学中华文化研究院、南京大学建筑规划设计研究院文化遗产保护利用所联合主办的《丝路文化研究》学刊，由商务印书馆出版，每年两辑，为CSSCI来源集刊（2023—2024）。学刊是人文社科类综合研究集刊，稿件涵盖陆上丝路和海上丝路的历史与现实问题，涉及文学、历史、考古、艺术、民俗等领域，拓展深化丝路文化的综合研究。

学刊常设主要栏目如下：

1.［特稿］　对“一带一路”文明互鉴的历史与现状的宏观论述或对“一带一路”学术前沿问题的深入探讨。

2.［丝路史探］　从历史学角度，关于丝路文化传播与交流的研究，包括史实考辨、史料勾陈、观念探讨等方面。

3.［丝路文脉］　着重关注丝路沿线国家的民俗、社会观念、文学文本的形成与发展，对于当代“一带一路”建设的现实意义。

4.［丝路文化遗产］　聚焦对丝路沿线国家和地区的物质文化遗存、艺术品的保护与研究，涉及考古学、艺术史等领域。

5.［丝路访谈］　以访谈、对话的方式，对“一带一路”文明互鉴中的文化现象，民俗学、非物质文化遗产等领域的问题，开展调查、记录和探讨。

《丝路文化研究》欢迎学界同仁投稿，字数以1—2万字为宜。凡投稿论文：

1. 正文前应有摘要和关键词，摘要字数控制在500字以内。

2. 正文各级标题，一级标题用“一、二、三、……”，二级标题用“（一）、（二）、（三）、……”，三级标题用“1. 2. 3. ……”，四级标题用“（1）（2）（3）……”。

3. 正文注释采用当页脚注形式，正文中的注释序号和脚注序号均用①②③……按序标识，每页单独排序。正文中的注释序号统一置于包含引文的句子（有时候也可能是词或词组）之后，标点符号之前左上角。如需大段引用典籍文献原文，请单独另起一段落，楷体，引用符号置于标点符号之后右上角。

4. 脚注采用文献—注释制，直接引述或摘述原著内容时，需标出所引著作的页码。间接引述或提及相关著作时，不需标出页码。直接引述原文时，所引的较短原文可径入正文，外加引号。若所引原文较长（如超过40字或正文的三行时），以另起一段为宜；引文首行第一字空四格，折行空两格，上下各空一行，不需用引号。

5. 本刊欢迎作者随文配附相应能够说明文字内容的各类图版，在文中标示清楚图版序号（图1、图2、图3），图版标题为叙述式，图版质量在300 dpi以上，并要求注明图版无版权问题。图版需单独发送。

投稿方式：稿件通过电子邮箱投递，无需寄送纸质版。

电子邮箱：silkroadnju@163.com

联络人：徐志君

地址：南京市栖霞区仙林大道163号南京大学仙林校区中华文化研究院（星云楼）409室